개정판

한눈에 \쏙/ 들어오는

**아파트 경리실무**

**Accounting for Apartment Management**

# 공동주택회계

박승풍 · 박재영 공저

도서출판 건기원

# 시작하는 글

오늘날 우리나라 사람들의 가장 일반적인 주거공간은 공동주택이다. 공동주택은 주거전용부분과 공용부분으로 나뉘는데, 공동주택관리는 공용부분의 관리를 주 대상으로 한다. 이에 따른 관리비용을 입주민들에게 어떻게 투명하고 공정하게 분배하는가의 문제를 재무적으로 다루는 분야가 공동주택회계이다.

그동안 공동주택의 회계는 공동주택단지별로 자체 관리규약으로 정하는 바에 따라 이루어졌으나, 2016년 8월 12일 공동주택관리법이 주택법에서 분리 독립되어 제정 및 시행되고, 2016년 8월 31일 국토교통부 고시 제582호로 공동주택회계처리기준이 제정되어 모든 공동주택에 통일된 회계처리기준이 적용되기에 이르렀다.

지금까지 공동주택관리 현장에서 종사하는 회계담당자나 공동주택관리 경리분야에 취업하고자 준비하는 사람들에게 참고가 될 만한 공동주택회계 실무서가 거의 없었으며, 기존에 출판된 것은 대부분 주택관리사시험 준비서인 일반 회계원리 책자나 아파트경리학원의 전산회계자격시험 준비서에 불과한 실정이었다.

그리고 현재 공동주택단지의 회계담당자도 회계프로그램의 단순 작동에만 익숙할 뿐 그 속에 담긴 회계원리와 전체적인 공동주택관리법령 체계에서의 실무지식이 부족한 상황이다. 따라서 아파트 경리실무를 배우고자 하는 사람에게 실무처리과정을 마치 옆에 앉혀 놓고 한눈에 쏙 들어오도록 하나하나 짚어가며 가르쳐주는 심정으로 이 책을 집필하였다.

또한 필자의 공동주택관리 현장경험을 바탕으로 일반 회계원리, 공동주택의 경리실무·예산·서무관리·노무관리·세무관리 등 전반적인 공동주택 관리업무를 실무위주로 정리했다. 회계업무 총괄자인 관리사무소장이나 중간관리자도 이 책을 통하여 회계실무 역량을 키울 수 있는 기회가 되었으면 하는 바람이다.

회계원리는 기초적인 회계용어의 개념과 복식부기의 전체적인 회계처리 흐름을 최대한 쉽게 풀어서 기술했으며, 예산은 공동주택의 정산제 특성과 정부의 예산제를 비교하였다. 특히 경리실무는 회계프로그램의 운영방법과 관리비·사용료의 부과과정을 따라할 수 있도록 실무상황을 단계별로 구분하여 설명했다. 물론 실무적인 감각은 공동주택단지별로 운영되고 있는 회계프로그램을 실제로 실습하며 습득해야 할 것이다. 그리고 관리기구의 공용시설 관리를 제외한 서무, 노무, 세무 등의 관리업무는 해당법령에 따른 실무처리 방법을 정리했으며, 부록에는 공동주택관리 실무와 관련된 해당법령의 다양한 서식들과 관리비부과명세서 및 관리비고지서를 예시하였다.

이 책이 나올 수 있게 격려해 주신 대한주택관리사협회 김흥수 충남도회장님과 경리실무 집필에 도움을 준 이미영 관리사무소장님·박재영 관리사무소장님, 회계프로그램의 운영방법에 대한 실무처리과정을 생생하게 시범을 보이며 필자에게 경리실무의 이해를 높여준 회계담당자 성노영님, 출판을 허락해 주신 도서출판 건기원과 책임편집을 맡아 수고한 김경화님께 큰 감사의 말씀을 전한다.

저자 박승풍

## 개정에 즈음하여

「공동주택회계」 책자는 국토교통부의 고시에 의거 「공동주택회계처리기준」이 2017년 1월 1일부터 시행됨을 계기로 공동주택관리 현장의 회계실무에 도움을 주고자 집필하게 되었는데 벌써 7년의 세월이 흘렀습니다. 그동안 독자들로부터 꾸준한 호응에 힘입어 개정판을 낼 수 있게 되어 감사의 말씀을 전합니다. 여러 독자분 중에 입주자대표회의의 감사 직책을 수행하면서 관리주체의 업무를 이해하고자 본 책자를 접하게 됐다면서 관리비와 관련된 상담전화를 받았을 때, 공동주택경리 양성기관에서 교재로 채택되었을 때에는 보람을 느끼기도 했습니다.

제3차 개정판은 그동안 공동주택관리법 중 관리비 및 회계운영 분야의 개정법률을 반영하고, 관리비 부과업무에 대한 실무적인 내용을 중점적으로 보완하였습니다. 회계담당자의 매월 반복되는 일자별 월간업무와 월간 수시업무를 상술하고, 회계담당자가 관리비 회계프로그램에서 부과작업하는 업무 FLOW에 맞추어 실무적인 내용을 전면적으로 재구성했습니다. 특별히 공동주택 경리업무의 핵심인 관리비회계처리 순환과정인 관리비의 지출, 관리비의 수납, 월간결산 및 관리비 부과명세서 작성, 관리비의 부과를 알기 쉽게 구체적으로 기술하였습니다.

제4차 개정판은 세대민원 업무에서 분쟁의 소지가 많은 전유·공용부분의 범위를 상술하였고, 입주민의 주요 의사결정의 수단으로써 회계프로그램 상에서의 전자투표를 추가하였으며, 시각적인 이해를 돕고자 아파트관리비 회계계정항목 표준분류를 부록에 추가하였습니다.

본 책자를 교재로 수년간 한국폴리텍대학(아산캠퍼스)의 '공동주택정보처리과정'에서 경리실무를 강의하고 있는 박재영 관리사무소장께서 개정작업을 함께하게 되어 더욱 뜻깊게 생각합니다. 이 과정은 주로 임신, 출산, 육아 등의 사유로 경제활동이 중단된 경력단절여성을 대상으로 하는 재취업교육입니다.

「공동주택의 경리라는 직책은 전체 입주민들의 주요 관심사인 관리비를 부과, 징수하는 업무의 특성상 수년간의 경력직만 찾고 초보자는 취업이 어려운 현실 여건을 고려하여 경리실무를 처음 접하는 초보자라도 책을 보면서 쉽게 학습하여 아파트실무현장에서 적용할 수 있도록 직접 가르쳐주는 심정으로 이번 개정작업을 함께하게 되었다.」라는 박재영 저자님에게 감사의 말씀을 전하며, 바쁜 일정에도 불구하고 실무적으로 많은 도움을 준 주변 동료  직원들과 기꺼이 개정에 응해 준 도서출판 건기원 대표님께도 감사의 말씀을 전합니다.

저자 박승풍·박재영 씀

# C·O·N·T·E·N·T·S

## 부록

Chapter

# 1 공동주택관리와 회계



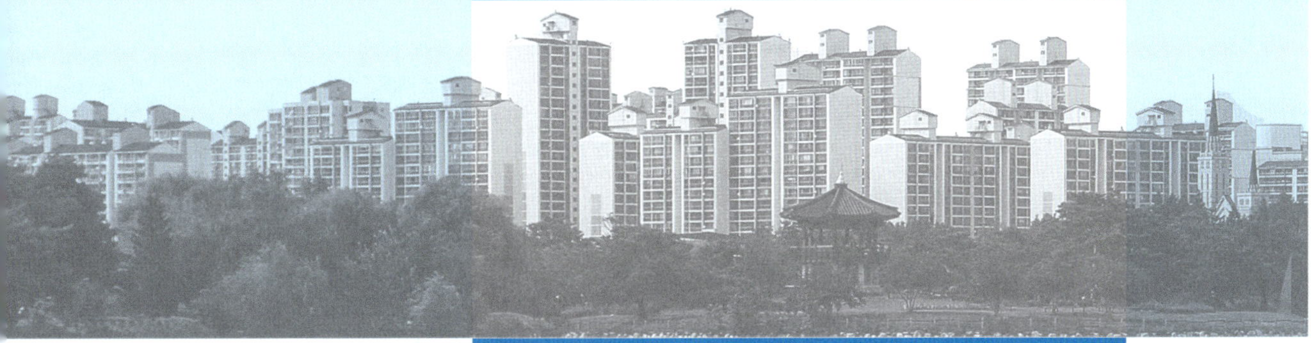

제 1 장

# 공동주택의 관리

## 1.1 공동주택의 의의

공동주택이란 건축물의 벽·복도·계단이나 그 밖의 설비 등의 전부 또는 일부를 공동으로 사용하는 각 세대가 하나의 건축물 안에서 각각 독립된 주거생활을 할 수 있는 구조로 된 주택을 말하며, 공동주택의 종류는 건축법시행령 [별표 1] 제2호에 따른 아파트, 연립주택, 다세대주택이다.

공동주택의 범위는 주택법 제2조제3호에 따른 공동주택, 건축법에 따른 건축허가를 받아 주택 외의 시설과 주택을 동일 건축물로 건축하는 건축물(주상복합건축물 등을 말한다)과 주차장, 관리사무소 등과 같은 부대시설 및 어린이놀이터, 경로당, 주민운동시설 등과 같은 복리시설을 포함한다. 이 경우 일반인에게 분양되는 복리시설은 제외한다.

## 1.2 전용·공용부분의 범위 및 관리책임

### (1) 입주자등의 의의

입주자란 공동주택의 소유자 또는 그 소유자를 대리하는 배우자 및 직계존비속을 말하며, 사용자란 공동주택을 임차하여 사용하는 사람(임대주택의 임차인은 제외한다) 등을 말한다. 입주자등이란 공동주택관리법 제2조제1항제7호에 따른 법률용어로서 입주자와 사용자를 말하며, 흔히 입주민이라고도 한다.

### (2) 주거전용면적과 공용면적

주택공급에 관한 규칙 제21조제5항에 따라 공동주택의 공급면적을 세대별로 표시하는 경우에는 주거의 용도로만 쓰이는 면적 즉, 주거전용면적으로 표시하여야 한다. 공동주택관리정보시스템에 공개되는 관리비 공개단가의 기준은 주거전용면적(실무상 관리비 부과기준은 주택공급면적이다)이다. 다만, 주거공용면적인 계단, 복도, 현관 등 공동주택의 지상층에 있는 공용면적과 주거공용면적을 제외한 지하층, 관리사무소, 노인정 등 그 밖의 공용면적을 별도로 표시할 수 있다.

### (3) 전용부분의 관리책임과 부담

전용부분은 입주자등이 세대에서 단독으로 사용하는 공간으로서 세대내부의 마감부분과 전용으로 사용하는 벽체, 현관문 및 창, 배관·배선, 그 외의 건물에 부속되는 설비로써 실제 주거공간의 면적이며 입주자등의 책임과 부담으로 관리한다.

### (4) 공용부분의 관리책임과 부담

공용부분은 전용부분을 제외한 주택부분·부대시설 및 복리시설과 그 대지를 말한다. 공용부분의 관리책임은 관리주체에게 있고, 그 공동주택의 유지관리를 위하여 필요한 관리비와 사용료는 실제거주하고 있는 입주자등이 부담하며, 주요시설의 교체 및 보수를 위한 장기수선충당금은 입주자(소유자)가 부담한다.

## 1.3 공동주택의 관리목적 및 의무

공동주택의 관리주체는 입주자등으로 하여금 쾌적한 주거생활을 영위하게 하고, 입주자의 재산인 건물과 그 부대시설 및 복리시설을 안전하게 유지·관리함으로써 「**입주자등의 삶의 질 향상과 공용부분의 적정관리**」를 관리목적으로 한다.

또한 **공동주택관리법**은 "공동주택 관리에 관한 사항을 정함으로써 공동주택을 투명하고 안전하며 효율적으로 관리할 수 있게 하여 국민의 주거수준 향상에 이바지함을 목적으로 한다." 따라서 공동주택관리법 제63조제2항에 따라 "관리주체는 공동주택을 이 법 또는 이 법에 따른 명령에 따라 관리하여야 한다."

## 1.4 의무관리대상 공동주택

의무관리대상 공동주택이란 150세대 이상 공동주택 중 해당 공동주택을 전문적으로 관리하는 자를 두고 자치 의결기구를 의무적으로 구성하여야 하는 등 법령상으로 일정한 의무가 부과되는 공동주택을 말하며, 그 범위는 (1) 300세대 이상의 공동주택, (2) 150세대 이상으로서 승강기가 설치된 공동주택, (3) 150세대 이상으로서 중앙집중식 난방방식(지역난방방식을 포함한다)의 공동주택, (4) 건축법 제11조에 따른 건축허가를 받아 주택 외의 시설과 주택을 동일건축물로 건축한 건축물로서 주택이 150세대 이상인 건축물이다.

## 1.5 공동주택의 관리주체 업무

### (1) 관리주체의 의의

분양주택의 관리주체란 관리업무를 인계하기 전의 사업주체와 자치관리하는 경우의 관리사무소장 또는 위탁관리하는 경우의 주택관리업자를 말하며, 임대주택의 경우에는 임대사업자를 말한다.

사업주체란 주택법에 따라 주택건설사업계획의 승인을 받아 그 사업을 시행하는 국가, 지방자치단체, 한국토지주택공사, 주택건설사업자 등으로서 소위 시행사를 말하는데, 시행사로부터 발주를 받아 건설을 담당하는 시공사와 구별된다. 임대사업자란 민간임대주택법 제2조제7호에 따라 공공주택특별법 제4조제1항에 따른 공공주택사업자가 아닌 자로서 주택을 임대하는 사업을 할 목적으로 임대사업자등록을 한 자를 말하며, 기업형임대사업자와 일반형임대사업자로 구분한다.

### (2) 관리주체의 관리업무

관리주체는 입주자등으로부터 관리비를 부과, 징수하여 공용부분을 관리하는 다음과 같은 관리업무를 수행한다.

① 공동주택의 공용부분의 유지·보수 및 안전관리
② 공동주택단지안의 경비·청소·소독 및 쓰레기 수거
③ 관리비 및 사용료의 징수와 공과금 등의 납부대행
④ 장기수선충당금의 징수·적립 및 관리
⑤ 관리규약으로 정한 사항의 집행
⑥ 입주자대표회의에서 의결한 사항의 집행
⑦ 공동주택관리업무의 공개·홍보 및 공동시설물의 사용방법에 관한 지도·계몽
⑧ 단지안의 토지, 부대·복리시설에 대한 무단 점유행위 방지 및 위반행위시 조치
⑨ 공동주택단지 안에서 발생한 안전사고 및 도난사고 등에 대한 대응조치
⑩ 하자보수청구 등의 대행

## 1.6 공동주택의 관리기구

공동주택 공용부분의 유지·보수 및 관리 등을 위하여 자치관리하는 경우에는 입주자대표회의가 관리기구(관리사무소를 말한다)를 구성해야 하며, 위탁관리하는 경우에는 주택관리업자가 관리기구를 구성해야 한다. 통상 공동주택의 관리기구는 단지규모에 따라 관리업무를 총괄하는 관리사무소장과 부대시설 및 복리시설을 관리하는 기술인력, 회계·서무업무 담당자 등으로 구성되며, 청소, 경비, 승강기유지관리 등의 관리업무는 직영하거나 외부의 전문 관리업체에게 용역을 준다.

# 제 2 장 공동주택의 회계

## 2.1 공동주택 회계의 특징

"재무회계(財務會計, financial accounting)는 기업 외부에 존재하는 다양한 이해관계자의 경제적 의사결정에 유용한 재무정보를 측정·보고할 목적으로 이루어지는 소위 외부보고 목적의 회계를 의미한다."(1) 그리고 그 방법은 재무회계정보를 회계처리 과정을 거쳐 요약된 재무보고서인 재무제표(財務諸表, financial statements)에 의해서 이루어진다. 일반 영리기업은 외부의 기관투자자와 수많은 소액주주, 잠재적 투자자로부터 자금을 조달하는 주식회사 형태가 많으므로 외부 재무보고의 중요성이 매우 크다. 그러나 공동주택의 회계는 재무회계의 성격도 있지만, 공용부분의 관리에 따른 비용을 부담주체인 입주자등에게 투명하고 공정하게 배분하기 위한 관리회계의 성격이 강하다는 특징이 있다.

## 2.2 공동주택 회계의 목적

공동주택은 수많은 입주자등의 주거생활공간으로서 입주세대 각각의 관리책임 영역인 주거 전용부분을 제외한 공용부분에 대한 관리수요 때문에 관리주체가 필요한 것이다. 관리주체의 공동주택 회계는 관리목적 달성을 위한 공용관리비와 세대별로 사용하는 전기료, 수도료 등의 개별사용료, 주요 공용시설의 교체 및 보수를 위한 장기수선충당금 등에 대한 회계처리를 주요 대상으로 한다.

"관리회계(管理會計, management accounting)는 조직내부의 관리자(경영자)가 경영의사 결정을 내리는 데 필요한 회계정보를 제공하는 내부보고 목적의 회계이다."[(2)] 공동주택의 경우는 관리주체가 관계 법령상의 관리의무를 성실히 이행하고, 그 관리과정에서 발생하는 관리비용을 회계처리하여 이해당사자인 입주자등에게 매월 관리비정보로서 관리비부과명세를 개별 통지하고 결산재무제표를 보고한다.

그리고 해당 공동주택단지의 홈페이지에 공개하고 대외적으로 공동주택관리정보시스템에 공개한다. 이와 같은 관리회계 성격이 강한 공동주택 회계의 목적을 요약하면 「**관리목적 달성을 위한 관리비의 적정부과**」이다.

## 2.3 관리비의 의의

공동주택은 공용부분에 대한 유지관리가 필수적이기 때문에 관리활동을 지속적으로 유지하기 위하여 전문인력과 기술, 장비 등이 필요하다. '관리비 등'은 공동주택관리법시행령 제23조 제1항~제23조제5항에 따라 공동주택의 유지관리를 위하여 필요한 관리비(아래 [별표 2]의 **협의의 관리비**를 말한다)와 입주자등이 주거생활을 하는데 사용한 전기료, 수도료와 같은 사용료 등, 소유자만 부담하는 주요시설의 교체 및 보수를 위한 장기수선충당금, 주민공동시설 등 공용시설물의 이용료를 총칭하는 광의의 관리비를 말한다. 공동주택회계처리기준 상의 회계용어인 관리비용은 **광의의 관리비**를 말한다. 사용료 등이란 전기료, 수도료와 같은 사용료와 사용료 성격이 아닌 건물보험료, 입주자대표회의 운영경비 등이 포함된 용어이다.

또한 공동주택관리법 제25조에서는 관리비등을 집행하기 위하여 사업자를 선정하려는 경우, 광의의 관리비를 포함하여 하자보수보증금, 공동주택단지에서 발생하는 모든 수입에 따른 금전을 '관리비등'이라고 규정하고 있다. 이는 회계적으로 관리수익(관리비수익, 사용료수익, 장기수선충당금수익을 말한다)과 관리외수익을 포괄하는 의미의 수익용어이다. 관리비는 공동주택관리법시행령 제23조제1항에 규정하고 있으며, 관리비 10개 항목 및 구성명세는 아래의 [별표 2]와 같다. 사용료 등의 9개 항목은 공동주택관리법시행령 제23조제3항에 규정하고 있으며, 이에 대한 구체적인 설명은 아래의 **제3장 운영성과표의 계정과목**에서 후술한다.

[별표 2] **관리비의 비목별 세부명세(공동주택관리법시행령 제23조제1항 관련)**

| 관리비 항목 | 구 성 명 세 |
|---|---|
| 1. 일반관리비 | 가. 인건비 : 급여, 제수당, 상여금, 퇴직금, 산재보험료, 고용보험료, 국민연금, 국민건강보험료 및 식대 등 복리후생비<br>나. 제사무비 : 일반사무용품비, 도서인쇄비, 교통통신비 등 관리사무에 직접 소요되는 비용<br>다. 제세공과금 : 관리기구가 사용한 전기료, 통신료, 우편료 및 관리기구에 부과되는 세금 등<br>라. 피복비<br>마. 교육훈련비<br>바. 차량유지비 : 연료비, 수리비, 보험료 등 차량유지에 직접 소요되는 비용<br>사. 그 밖의 부대비용 : 관리용품구입비, 회계감사비 그 밖에 관리업무에 소요되는 비용 |
| 2. 청소비 | 용역 시에는 용역금액, 직영 시에는 청소원인건비, 피복비 및 청소용품비 등 청소에 직접 소요된 비용 |
| 3. 경비비 | 용역 시에는 용역금액, 직영 시에는 경비원인건비, 피복비 등 경비에 직접 소요된 비용 |
| 4. 소독비 | 용역 시에는 용역금액, 직영 시에는 소독용품비 등 소독에 직접 소요된 비용 |
| 5. 승강기 유지비 | 용역 시에는 용역금액, 직영 시에는 제부대비, 자재비 등. 다만, 전기료는 공동으로 사용되는 시설의 전기료에 포함한다. |
| 6. 지능형 홈네트워크 설비 유지비 | 용역 시에는 용역금액, 직영 시에는 지능형 홈네트워크 설비 관련 인건비, 자재비 등 지능형 홈네트워크 설비의 유지 및 관리에 직접 소요되는 비용. 다만, 전기료는 공동으로 사용되는 시설의 전기료에 포함한다. |
| 7. 난방비 | 난방 및 급탕에 소요된 원가(유류대, 난방비 및 급탕용수비)에서 급탕비를 뺀 금액 |
| 8. 급탕비 | 급탕용 유류대 및 급탕용수비 |
| 9. 수선유지비 | 가. 법 제29조제1항에 따른 장기수선계획에서 제외되는 공동주택의 공용부분의 수선·보수에 소요되는 비용으로 보수용역 시에는 용역금액, 직영 시에는 자재 및 인건비<br>나. 냉난방시설의 청소비, 소화기충약비 등 공동으로 이용하는 시설의 보수유지비 및 제반 검사비<br>다. 건축물의 안전점검비용<br>라. 재난 및 재해 등의 예방에 따른 비용 |
| 10. 위탁관리 수수료 | 주택관리업자에게 위탁하여 관리하는 경우로서 입주자대표회의와 주택관리업자간의 계약으로 정한 월간 비용 |

## 2.4 관리비용과 관리수익의 회계처리

공동주택 회계의 관리비용은 광의의 관리비인 관리비 등(이하에서는 약칭으로 '관리비'라 한다)을 말한다. 관리비용은 공동주택회계처리기준에서 공용관리비, 개별사용료, 장기수선충당금으로 구분한다. 공동주택은 비영리단체로서 발생한 관리비용만큼만 관리수익으로 인식하므로 영리기업처럼 매출액 관련 계정과목이 없다. 즉, 관리비용 = 관리수익이므로 당기순이익이 발생하지 않는다.

공동주택 회계에서 운영성과표(손익계산서를 말한다)에서 비용의 대부분은 관리비용이 차지한다. 그 외에는 입주자등에게 부과하지 않는 관리외비용이 있다. 잡수입이란 공동주택관리법 시행령 제23조제8항에 따른 재활용품의 매각수입, 복리시설의 이용료 등 공동주택을 관리하면서 부수적으로 발생하는 수입을 말한다.

이 잡수입에서 복리시설의 운영, 자치활동 등을 통하여 발생하는 관리외비용을 차감하면 당기순이익이 된다. 잡수입에 해당하는 회계용어는 관리외수익이며, 관리외수익의 상대계정은 관리외비용이다. 이를 회계등식으로 표현하면, 「당기순이익 = 관리외수익 − 관리외비용」이다.

관리주체는 공동주택단지의 공용부분 관리와 관련된 관리비 지출요인이 발생하면 현금, 예금 등을 지출하고, 이를 관리비용으로 회계처리한다. 이후 지출된 관리비용에 충당하기 위하여 입주자등에게 관리비를 부과·징수하여 수납하게 되는데, 이러한 부과분을 공동주택회계처리기준 상의 회계용어로 '관리수익'이라고 한다. 관리수익은 공동주택회계처리기준 제46조제2항에 따라 관리비수익, 사용료수익, 장기수선충당금수익으로 구분한다.

실무적으로 전월 중 발생하는 관리비용은 발생할 때마다 지출하고, 관리수익은 실제로는 관리비 통장에 입금되지 않았지만 전월(부과월) 말일자로 전액 수익으로 인식하여 관리비용과 기간대응을 시키고, 관리비 부과작업은 관리비 부과월의 익월에 실시한다. 관리비 부과에 따른 수납도 익월 하순경 관리비 통장에 입금된다.

즉, 관리비의 지출과 관리비의 부과·수납이 약 1개월의 시차가 발생하는 것이 공동주택 회계의 가장 큰 특징이다. 이 특징으로 인하여 **'전월 지출, 당월 부과'**라는 「관리비 정산제」가 공동주택의 회계관습으로 굳어지게 된 것이다.

관리비 부과 이후 세대별로 납부하는 관리비가 관리주체의 관리비 통장에 입금되면 자산계정인 미수관리비에서 차감하는 형식으로 회계처리한다. 이와 같은 관리비의 회계처리 분개는 아래의 2.5 관리비의 회계처리 및 부과과정과 같다.

## 2.5 관리비의 회계처리 및 부과과정

(1) 전월 중 비목별로 관리비용 지출 시(공동주택단지 신규 입주 시 관리비를 최초 부과·수납하기 전에는 관리비예치금으로 지출한다)

차변 관리비용(비목별 비용계정) ×××　　　대변 예금(자산계정) ×××

(2) 전월 말일자 결산 시(실무상으로 당월의 관리비 부과작업 직전에 결산한다)

| | | | | | |
|---|---|---|---|---|---|
| 차변 | 미부과관리비(자산계정) | ××× | 대변 | 관리수익(수익계정) | ××× |
| | | | | 부과차익(수익계정) | ×× |

(3) 당월에 전월분 관리비 부과 시 미수관리비로 대체

| | | | | | |
|---|---|---|---|---|---|
| 차변 | 미수관리비(자산계정) | ××× | 대변 | 미부과관리비(자산계정) | ××× |

(4) 당월에 관리비 부과 이후 세대별로 관리비 통장으로 수납 시

| | | | | | |
|---|---|---|---|---|---|
| 차변 | 예금(자산계정) | ××× | 대변 | 미수관리비(자산계정) | ××× |

## 2.6 관리비의 공개

관리비를 입주자등에게 부과한 관리주체는 공동주택관리법 제23조제4항에 따라 그 명세를 다음 달 말일까지 해당 공동주택단지의 인터넷 홈페이지와 공동주택관리정보시스템(www.k-apt.go.kr)에 공개하여야 한다. 잡수입의 경우에도 동일한 방법으로 공개하여야 한다. 인터넷 홈페이지가 없는 경우에는 인터넷포털에서 제공하는 유사한 기능의 웹사이트(관리주체가 운영·통제하는 경우에 한정한다)나 해당 공동주택단지의 관리사무소, 게시판 등에 공개하여야 한다.

# 제 3 장 운영성과표의 계정과목

## 3.1 계정과목의 분류

2013년 9월경 공동주택관리의 주무부처인 국토교통부는 의무관리대상 공동주택의 관리비 계정과목을 47개 항목으로 통일하여 세분류하도록 추천하였다. 이는 관리비를 공동주택관리정보시스템에 공개하기 위한 것이다. 관리비 공개의 목적은 의무관리대상 단지에 공통적으로

적용되어 관리비의 투명성을 확보하고 관리비의 절감을 도모하기 위한 것이며, 전국의 다른 단지와 관리비의 비교도 가능하다.

관리비는 공동주택관리법시행령 제23조제1항 [별표 2] '관리비의 비목별 세부명세'에서 10개 항목으로 구분하였으나, 개별사용료 항목으로 구분한 난방비와 급탕비를 제외한 8개 중분류 항목을 아래 3.2 공용관리비에서와 같이 35개 항목으로 세분류하였다.

사용료 등은 공동주택관리법시행령 제23조제3항에서 전기료, 수도료, 가스사용료, 지역난방 방식인 공동주택의 난방비와 급탕비, 정화조오물수수료, 생활폐기물수수료, 공동주택단지 안의 건물 전체를 대상으로 하는 보험료, 입주자대표회의 운영경비, 선거관리위원회 운영경비 등 10개 항목으로 세분류하였다.

관리주체가 매월 입주자등에게서 부과·징수하고 사용자가 대신 납부한 부분을 추후에 소유자로부터 정산 받는 방식으로 소유자만 부담하는 장기수선충당금과, 잡수입은 별도 항목으로 분류하였다.

국토교통부가 47개 항목 추천 시 설명한 내용(아래의 3.2 공용관리비~3.5 잡수입)과 함께 연차수당, 퇴직금, 4대보험, 장기수선충당금, 관리외수익, 관리외비용 등 주요계정의 분개를 다음과 같이 예시한다. ※ 부록 1. 아파트관리비 회계계정항목 표준분류(한국부동산원) 참조

## 3.2 공용관리비

관리비는 공용부분의 관리비이므로 '공용관리비'라는 명칭을 사용한다.

### (1) 일반관리비(아래의 ① 인건비~⑦ 그 밖의 부대비용)

#### ① 인건비

인건비란 급여, 제수당, 상여, 퇴직금, 산재보험료, 고용보험료, 국민연금, 국민건강보험료 및 식대 등 복리후생비 등을 말한다.

**ⓐ 급여**

미화원과 경비원을 제외한 관리사무소 직원에 대해 급여 지급기준에 의해 지급하는 급여를 말한다. 경비원의 급여는 경비비에 포함되고 청소원의 급여는 청소비에 포함된다.

**ⓑ 제수당**

제수당이란 급여지급 기준에 의거하여 발생하는 인건비 중 기본급여 이외의 모든 개별수당을 총칭한다. 실무에서는 주택관리사, 전기기사, 소방안전관리자 및 보조자 등의 자격수당, 관리

사무소장, 관리과장 등의 직책수당, 근속수당, 회계담당직원의 출납수당, 야간당직자의 야간 근무수당, 비상근무 시의 휴일근무수당 등이 있다. 공동주택단지에서 관리사무소장 등에게 업무추진비를 지급한다면 제수당에 포함하며, 수당지급을 위해 연차수당충당금을 설정하여 운용하는 경우에도 제수당에 포함한다.

◉ 말일자 연차수당 부과 시

차변 제수당(비용계정) ×××　　대변 연차수당충당금(부채계정) ×××

◉ 연차수당 지급 시

차변 연차수당충당금(부채계정) ×××　　대변 예금(자산계정) ×××

**ⓒ 상여금**

정기적으로 지급하는 상여금과 특별성과에 지급하는 특별상여금 등을 말한다. 공동주택단지에 따라 실무에서 지급되는 명절떡값, 하계휴가비는 복리후생비로 분류한다.

**ⓓ 퇴직금**

근로기준법에 의거하여 직원 퇴직 시 지급될 퇴직급여충당금상당액을 계상하여 이를 월할 안분하여 충당금으로 설정하는 경우에 발생하는 비용 계상액을 말한다. 관련법규에 의거, 퇴직연금을 납부한다면 퇴직금에 포함한다.

◉ 말일자 부과 시

차변 퇴직금(비용계정) ×××　　대변 퇴직급여충당부채(부채계정) ×××

◉ 퇴직급여충당부채를 별도로 예치하는 경우, 익월에 관리비통장으로 수납하여 예치금통장에 대체입금 시

차변 퇴직급여충당예치금(자산계정) ×××　　대변 예금(자산계정) ×××

◉ 퇴직 시 퇴직소득세를 공제하고 예금(또는 퇴직급여충당예치금)으로 지급 시

차변 퇴직급여충당부채(부채계정) ×××　　대변 예금(자산계정) ×××<br>예수금(부채계정) ×××

◉ 퇴직소득세 신고·납부 시

차변 예수금(부채계정) ×××　　대변 예금(자산계정) ×××

**ⓔ 산재보험료**

산업재해보상보험법에 따른 산재보험료를 말한다. 신고한 직원보수총액을 기준으로 근로복지공단에 납부한다.

◉ 말일자 부과 시

차변 산재보험료(비용계정) ×××　　대변 미지급금(부채계정) ×××

◉ 익월 10일자 자동이체 또는 지로납부 시

차변 미지급금(부채계정) ×××　　대변 예금(자산계정) ×××

### ⓕ 고용보험료

고용보험법에 따른 고용보험료 중 사업자분을 말한다. 신고한 직원보수총액을 기준으로 고용노동부에 납부한다. 고용보험료, 국민연금, 건강보험료의 직원 부담분 예수금은 급여 지급일에 대변 예수금계정으로 직원 급여에서 차감하여 분개하여야 하며, 사업자 부담분은 고용보험료 등의 계정으로 분리 분개한다. 통상 4대보험의 전표는 1개로 통합처리한다.

◉ 급여 지급 시(고용보험료, 국민연금, 건강보험료 공통)

| | | | |
|---|---|---|---|
| 차변 | 급여(비용계정) ××× | 대변 | 예수금(부채계정) ×××<br>(직원부담분) |

◉ 말일자 부과 시

| | | | |
|---|---|---|---|
| 차변 | 고용보험료(비용계정) ××× | 대변 | 미지급금(부채계정) ×××<br>(사업자부담분) |

◉ 익월 10일자 지로납부 시

| | | | |
|---|---|---|---|
| 차변 | 미지급금(부채계정) ×××<br>(사업자부담분)<br>예수금(부채계정) ×××<br>(직원부담분) | 대변 | 예금(자산계정) ××× |

### ⓖ 국민연금

국민연금법에 따른 국민연금 중 사업자분을 말한다. 신고한 직원보수총액을 기준으로 국민연금관리공단에 납부한다.

◉ 말일자 부과 시

| | | | |
|---|---|---|---|
| 차변 | 국민연금(비용계정) ××× | 대변 | 미지급금(부채계정) ×××<br>(사업자부담분) |

◉ 익월 10일자 지로납부 시

| | | | |
|---|---|---|---|
| 차변 | 미지급금(부채계정) ×××<br>(사업자부담분)<br>예수금(부채계정) ×××<br>(직원부담분) | 대변 | 예금(자산계정) ××× |

### ⓗ 건강보험료

국민건강보험법에 따른 국민건강보험료 중 사업자분을 말한다. 신고한 직원보수총액을 기준으로 국민건강보험관리공단에 납부한다.

◉ 말일자 부과 시

| | | | |
|---|---|---|---|
| 차변 | 건강보험료(비용계정) ××× | 대변 | 미지급금(부채계정) ×××<br>(사업자부담분) |

◉ 익월 10일자 지로납부 시

| 차변 | | | 대변 | |
|---|---|---|---|---|
| | 미지급금(부채계정)<br>(사업자부담분) | ××× | 예금(자산계정) | ××× |
| | 예수금(부채계정)<br>(직원부담분) | ××× | | |

**ⓘ 식대 등 복리후생비**

관리사무소 직원의 근로환경 개선과 근무의욕의 향상 등을 위해 지출하는 비용 등을 말한다. 실무상 복리후생비에는 관리직원의 식대, 회식비, 체력단련비, 명절상여, 하계휴가비 등 직원복리를 위해 사용되는 비용(잡비 성격은 제외)과 공동주택관리관련 단체협회비 등이 있다.

### ② 제사무비

제사무비란 관리사무소에서 직접 사용하는 행정 또는 사무용품 구입비용 등을 말하며, 일반사무용품비, 도서인쇄비, 여비교통비, 소모품비 등이 있다.

**ⓐ 일반사무용품비**

관리사무소에서 사용하는 행정 또는 사무용품비를 말한다.

ⓐ-1. 비품 등 구입비

컴퓨터, 복사기, 프린터, 가구류(책상, 테이블, 캐비넷 등) 등

ⓐ-2. 사무용품 소모품비

복사지, 문구류, 프린터 또는 복사기의 토너 등 소모품 비용

실무에서 일반사무용품비와 관리용품구입비 구분이 모호할 때가 많으나, 관리사무소에서 사용되는 물품구입비는 일반사무용품비로, 기계실·전기실·경비실에서 사용되는 물품구입비는 관리용품구입비로 구분한다. 필요 시 컴퓨터, 복사기, 프린터 등의 감가상각 처리(사무용품을 자산계정인 비품으로 계상한 경우를 말한다)를 위해 사무용품 감가상각비 계정과목을 일반사무용품비 내에 신설, 추가도 가능하다.

**ⓑ 도서인쇄비**

전산 프로그램(회계프로그램, 관리비고지서 인쇄 등 포함) 사용료, 인쇄비, 신문구독료, 도서구입비, 인장제작비, 사진현상비, 복사비 등이 있다.

**ⓒ 여비교통비**

관리사무소 업무 수행을 위해 외부 출장 시 지급된 여비와 교통비 발생액을 말하며, 일반적으로는 대중교통비 등이 해당한다. 개인차량을 업무용으로 이용한 경우에는 주차비와 연료비 상당액 등을 교통통신비(여비교통비)로 처리가능하다. 통신비는 여비교통비로 처리하지 않고 제세공과금의 통신료로 처리한다.

### ③ 제세공과금

제세공과금이란 관리기구가 사용한 전기료, 통신료, 우편료 및 관리기구에 부과된 세금과 공과금 등을 말한다.

**ⓐ 공과금 중 전기료**

공동전기료에 포함되지 않는 전기료 등을 의미(실무상으로는 거의 없다)한다. 공동 전기료에 포함되는 경우에는 관리비가 아니라 사용료 중 전기료로 처리한다.

**ⓑ 통신료**

관리사무소 업무용 전화료, 인터넷 사용료, 무전기 이용 시 전파 사용료 등을 말한다.

**ⓒ 우편료**

관리기구에서 사용한 우편등기료, 택배비 등을 말한다.

**ⓓ 제세공과금 등**

세금, 공과금 등을 처리한다.

### ④ 피복비

관리업무 수행을 위하여 동절기와 하절기용 근무복과 작업복 등을 구입하는 경우 소요되는 비용을 말한다. 미화원과 경비원의 피복비는 포함하지 않는다(청소비와 경비비에 각각 포함한다).

### ⑤ 교육훈련비

관리사무소 직원에 대한 법정교육 참가비 및 관리효율, 관리비 절감 등을 위한 직무향상 교육 등에 소요되는 비용을 말한다.

### ⑥ 차량유지비

**ⓐ 연료비**

관리기구에서 운영하는 차량의 연료비를 말한다. 비상발전기에 사용되는 연료비는 수선유지비로 분류한다.

**ⓑ 수리비**

관리기구에서 운영하는 차량의 수리비를 말한다.

**ⓒ 보험료**

관리기구에서 운영하는 차량의 보험료를 말한다.

**ⓓ 기타차량유지비**

관리기구에서 운영하는 차량에 발생하는 기타 모든 비용(주차료, 통행료, 검사비 등 포함)을 말한다.

### ⑦ 그 밖의 부대비용

**ⓐ 관리용품구입비**

기계실, 전기실, 경비실에서 사용하는 물품 구입비를 말한다.

ⓐ-1 공기구 등 구입비

공구, 기구(제설기, 조경 소독기구 등) 등(다만, 컴퓨터, 프린터, 복사기 등이 기계실, 전기실에서 사용된다 하더라도 이는 일반사무용품비로 분류)을 말한다.

ⓐ-2. 관리용품 소모품비

장갑, 공용부분 전등, 제설용 염화칼슘, 공구용 오일 등을 말한다. 필요 시 공구, 기구 등의 감가상각 처리를 위해 '관리용품 감가상각비' 계정과목을 관리용품구입비 내 신설, 추가도 가능하다.

**ⓑ 전문가자문비등**

회계감사비, 변호사·법무사·노무사 수임료 등 전문가의 자문(감사) 비용을 말한다. 필요 시 회계감사비, 그 외 전문가자문비 등으로 계정과목을 세분화하여 운용도 가능하다.

**ⓒ 잡비**

송금수수료, 인지대 등 기타 발생하는 지출을 말한다.

### (2) 청소비

청소비란 용역 시에는 용역업체와 계약된 금액, 직영 시에는 청소원의 인건비, 피복비, 청소용품비 등 청소작업에 직접 소요되는 경비를 말한다. 직영으로 청소업무를 수행하는 단지의 경우, 청소원에 대한 4대보험의 사업주부담분 등은 청소비에 포함한다.

### (3) 경비비

경비비란 공동주택 단지의 공용부분에 대한 경비업무 수행 시 필요한 비용으로, 용역 시에는 용역금액, 직영 시에는 경비원 인건비와 피복비, 경비용품비 등 경비에 직접 소요되는 비용을 말한다. 직영으로 경비업무를 수행하는 단지의 경우, 경비원에 대한 4대보험의 사업주부담분 등은 경비비에 포함한다.

### (4) 소독비

소독비란 소독 작업을 수행할 경우, 용역 시에는 용역금액, 직영 시에는 소독요원 인건비, 피복비, 약품비, 소독용품 등 소독작업에 직접 소요된 비용을 말한다.

### (5) 승강기유지비

승강기유지비란 용역 시에는 용역금액, 직영 시에는 자재 및 인건비, 제부대비 등을 말한다.

다만, 승강기전기료는 사용료인 공동전기료에 포함되며, 장기수선계획에 반영된 항목의 교체, 수선비용은 장기수선충당금을 사용하고, 이외의 비용은 수선유지비가 아닌 승강기유지비로 회계처리한다.

#### (6) 지능형 홈네트워크 설비 유지비

용역 시에는 용역금액, 직영 시에는 지능형 홈네크워크 설비 관련 인건비, 자재비 등 지능형 홈네트워크 설비의 유지 및 관리에 직접 소요되는 비용. 다만, 전기료는 공동으로 사용되는 시설의 전기료에 포함한다.

#### (7) 수선유지비

① 수선비

장기수선계획에서 제외되는 공용부분의 수선·보수에 소요되는 비용으로 보수용역 시에는 용역금액, 직영 시에는 자재 및 인건비를 말한다.

② 시설유지비

어린이놀이시설 안전검사비, 수질검사비, 승강기안전점검비용, 전기안전관리비(대행료), 소방안전관리비(대행료), 전기시설물 안전검사비 등을 말한다.

③ 안전점검비

건축물의 안전점검 비용을 말한다.

④ 재해예방비

재난 및 재해(전염병재해 포함)를 예방하기 위해 지출하는 비용을 말한다.

#### (8) 위탁관리수수료

주택관리업자에게 위탁하여 관리하는 경우로서 입주자대표회의와 주택관리자 간의 계약으로 정한 월간비용을 말한다.

### 3.3 개별사용료

사용료 등은 개별세대가 부담하는 사용료 등이므로 '개별사용료'라는 명칭을 사용한다.

#### (1) 난방비

난방비는 난방 유형에 불구하고(중앙집중식, 지역난방 등) 모든 형태의 난방비로써, 난방 및 급탕에 소요된 원가(유류대, 난방비 및 급탕용수비)에서 급탕비를 뺀 금액을 말한다.

(2) 급탕비

급탕비란 급탕용 유류대 및 급탕용수비를 말한다. 난방비, 급탕비는 법령상 관리비이나, 실질적으로 개별사용료 성격이고, 타 단지와의 금액 비교를 위한 분류목적 등을 감안하여 개별사용료로 분류한다.

(3) 가스사용료

취사에 사용하는 가스나 개별난방 시 사용하는 가스에 대한 사용료를 말한다. 중앙집중식 난방방식에서 가스를 연료로 사용하면 사용된 가스료는 난방비로 분류한다.

(4) 전기료

한전에서 부과하는 전기요금을 말하며, 공동으로 사용하는 시설의 전기료를 포함한다.

(5) 수도료

수도사업소에서 부과하는 수도요금을 말하며, 공동으로 사용하는 시설의 수도료를 포함한다.

(6) 정화조오물수수료

매년 정화조 청소 시 발생하는 수수료를 말한다. 정화조시설 유지관리 대행비는 수선유지비로 처리한다.

(7) 생활폐기물수수료

음식물 수거업체의 수거비용을 말한다.

(8) 입주자대표회의 운영비

관리규약으로 정한 입주자대표회의 운영비용(회의 관련 비용 포함)을 말한다.

(9) 건물보험료

건물 화재보험과 승강기, 어린이놀이시설, 지하주차장, 독서실, 운동시설 등에 소요되는 보험료를 말한다.

(10) 선거관리위원회 운영비

관리규약으로 정한 선거관리위원회 운영비용을 말한다.

## 3.4 장기수선충당금

관리주체가 매월 입주자에게 부과 징수하는 장기수선충당금을 말하며, 장기수선비로 회계처리한다.

◉ 말일자 부과 시

차변 장기수선비(비용계정) ××× 대변 장기수선충당금(부채계정) ×××

◉ 익월에 수납하여 관리비통장에서 예치금통장으로 대체입금 시

차변 장기수선충당예치금(자산계정) ××× 대변 예금(자산계정) ×××

◉ 장기수선충당금 사용 시

차변 장기수선충당금(부채계정) ××× 대변 장기수선충당예치금(자산계정) ×××

◉ 이자수익 발생 시

차변 장기수선충당예치금 ××× 대변 이자수익(관리외수익) ×××

차변 장기수선충당금이자전입액(관리외비용) ××× 대변 장기수선충당금 ×××

## 3.5 잡수입

옥상 중계기 설치에 따른 수입, 재활용품 매각수입, 알뜰시장 운영수입, 광고수입 등 공동주택관리와 관련하여 발생하는 제반 수입을 말한다.

## 3.6 공동주택회계처리기준의 계정과목

공동주택회계처리기준에 따른 관리비용의 계정과목은 위의 국토교통부 추천항목과 일치한다. 그러나 관리외수익과 관리외비용의 계정과목은 다음 (1), (2)와 같이 손익원천별로 세분류한다.

(1) 관리외수익

공동주택회계처리기준 제47조제2항에 따라 잡수입을 '관리외수익'이라는 명칭을 사용한다. 관리외수익은 복리시설의 운영, 자치활동 등을 통해서 발생하는 손익과 '관리손익'에 속하지 아니하면서 경상적이고 반복적으로 발생하는 손익으로서 입주자기여수익과 공동기여수익으로 중분류한다. 입주자기여수익은 중계기임대수입, 어린이집임대수입, 장기수선충당예치금이자

수입, 하자보수충당예치금이자수입, 기타의입주자기여수입 등 5개 항목으로 세분류한다.

공동기여수익은 주차수입, 승강기수입, 운동시설이용수입, 독서실이용수입, 재활용품수입, 알뜰시장수입, 광고수입, 검침수입, 이자수입, 연체료수입, 부과차익, 공동주택지원금수익, 고용안정사업수익, 기타의공동기여수익 등 14개 항목으로 세분류한다.

### (2) 관리외비용

관리외비용은 입주자등에게 부과하지 않는 비용으로, 복리시설의 운영, 자치활동 등을 통하여 발생하는 비용을 말한다. 이는 충당금전입이자비용, 승강기운영비, 주차장운영비, 독서실운영비, 알뜰시장비용, 재활용품비용, 검침비용, 공동주택지원금비용, 고용안정사업비용, 부과차손, 자치활동비, 차감관리비, 기타의관리외비용 등 13개 항목으로 세분류한다.

### (3) 공동기여수익의 회계처리 분개 예시

◉ 재활용품수입 발생 시

차변 예금(자산계정) ×××　　대변 재활용품수입(관리외수익계정) ×××

◉ 관련 비용 발생 시

차변 재활용품비용(관리외비용계정) ×××　　대변 예금(자산계정) ×××

또는 비용일부를 차감관리비(청소비인 경우)로 회계처리 시

차변 청소비(관리비용계정) ×××　　대변 미지급금(부채계정) ×××

청소비(관리외비용계정) ×××

◉ 공동기여수익의 이익잉여금 결산처분 시

예비비적립금으로 결산처분 시

차변 미처분이익잉여금(순자산계정) ×××　　대변 예비비적립금(순자산계정) ×××

또는 기타적립금으로서 수선적립금으로 결산처분 시

차변 미처분이익잉여금(순자산계정) ×××　　대변 수선적립금(순자산계정) ×××

◉ 예비비적립금 사용 시

차변 예비비적립금(순자산계정) ×××　　대변 예금(자산계정) ×××

### (4) 입주자기여수익의 장기수선충당금 회계처리 분개 예시

◉ 장기수선충당금으로 결산처분 시

차변 미처분이익잉여금(순자산계정) ×××　　대변 장기수선충당금(부채계정) ×××

◉ 장기수선충당예치금으로 예치 시

차변 장기수선충당예치금(자산계정) ×××　　대변 예금(자산계정) ×××

◉ 장기수선충당금 사용 시

차변 장기수선충당금(부채계정) ×××　　대변 장기수선충당예치금(자산계정) ×××

제 4 장

# 재무상태표의 계정과목

## 4.1 계정과목의 분류

재무상태표의 계정과목은 운영성과표와 달리 국토교통부에서 추천하지 않았다. 공동주택회계처리기준 제44조에 따라 "재무상태표는 특정시점의 공동주택 관리사무소의 자산과 부채의 명세 및 상호관계 등 재무상태를 나타내는 재무제표"로서 자산·부채 및 순자산으로 구분하여 표시한다.

자산은 유동자산과 비유동자산으로 구분하고, 부채는 유동부채와 비유동부채로 구분한다. 장기수선충당예치금, 장기수선충당금 등 사용 시기를 특정할 수 없는 자산과 부채는 비유동자산과 비유동부채로 구분하며, 순자산은 적립금과 미처분이익잉여금으로 구분한다.

따라서 공동주택관리 실무에서는 공동주택회계처리기준 [별지 1호 서식]의 재무상태표 계정과목을 참고(서식의 계정과목은 열거규정이 아니고 예시규정이다)하여 명료성과 중요성의 원칙에 따라 해당 공동주택단지의 특성과 여건에 맞게 계정과목을 설정하여 운용하면 된다.

## 4.2 계정과목의 세분류

공동주택회계처리기준 [별지 1호 서식]의 재무상태표에서 유동자산은 당좌자산과 재고자산으로 중분류하고, 당좌자산은 현금, 예금, 미수관리비, 미부과관리비, 선급비용, 미수수익, 미수금, 가지급금, 부가가치세대급금 등 12개 항목으로 세분류한다.

비유동자산은 투자자산, 유형자산, 기타비유동자산으로 중분류하고, 투자자산은 장기수선충당예치금, 퇴직급여충당예치금, 하자보수충당예치금 등 5개 항목으로 세분류한다.

유동부채는 미지급금, 미지급비용, 예수금, 부가가치세예수금, 중간관리비예치금, 선수수익, 선수금, 가수금, 수선충당금, 연차수당충당금 등 15개 항목으로 세분류한다. 비유동부채는 관리비예치금(종전의 자본계정에서 부채계정으로 변경되었다), 퇴직급여충당부채, 하자보수충당부채, 장기수선충당금, 임대보증금 등 6개 항목으로 세분류한다.

자본은 '순자산'이라는 명칭을 사용한다. 순자산은 적립금과 미처분이익잉여금으로 중분류한다. 적립금은 예비비적립금, 공동체활성화지원적립금, 기타적립금으로 세분류하고, 미처분이익잉여금은 전기이월이익잉여금과 당기순이익으로 세분류한다.

Chapter

# 2 재무제표의 이해

제 1 장 재무제표의 의의 및 종류

제 2 장 재무상태표

제 3 장 손익계산서

제 4 장 회계원칙

제 1 장

# 재무제표의 의의 및 종류

재무제표(財務諸表)는 문자적으로 '재무적인 여러 표'라는 의미이다. 이는 기업의 경영활동을 재무적(화폐적)으로 표현한 여러 회계보고서를 말한다. 재무제표의 종류는 상법과 기업회계기준 등에서 달리 구분하고 있다. 상법은 제447조에 따라 대차대조표, 손익계산서, 그밖에 회사의 재무상태와 경영성과를 표시하는 것으로서 자본변동표, 이익잉여금처분계산서 또는 결손금처리계산서와 그 부속명세서로 구분한다.

우리나라의 기업회계기준은 재무상태표, 포괄손익계산서, 현금흐름표, 자본변동표와 이를 작성하는 데 기준이 된 중요한 회계정책의 요약, 주석으로 구분하며, 공동주택회계처리기준은 재무상태표, 운영성과표, 이익잉여금처분계산서(또는 결손금처리계산서), 주석으로 구분하고 있다.

제 2 장

# 재무상태표

## 2.1 재무상태표의 의의와 기능

재무상태표(財務狀態表, statement of financial position)라는 재무보고서는 '대차대조표'라고 불리기도 하는데, 이 대차대조표(貸借對照表)는 대변과 차변 항목의 재무상태를 일람하여 대조한다는 의미로서 형식에 착안한 명칭이다. 요즘에는 대차대조표보다는 작성목적을 나타내는 '재무상태표'라는 명칭을 많이 사용한다.

이 보고서의 내용은 일정 시점의 재무상태를 나타내는 표로서, 대변에는 경제적 자원인 자금의 원천을 나타내는데, 타인자본인 부채와 자기자본인 자본금으로 나뉘어 표시하고, 차변에는 이 자금의 원천을 어떻게 운용했는지를 알 수 있게 하는 자산의 구성을 표시한다.

영리법인, 개인사업자, 비영리단체 등이 각각의 목적사업을 영위하기 위하여 일정한 조직체를 설립하면, 설립당시의 input한 대변의 자금과 output된 차변의 자산상태를 표시하는 기초재무상태표를 작성할 수 있다. 이후 설립목적에 따라 목적사업을 영위하고, 필요에 따라 일정한 시점에서 재무상태가 어떻게 변동됐는지를 알고자 하면, 그 시점 현재의 기말 재무상태표를 작성하여 자산, 부채, 자본의 변동된 구성정보를 파악할 수 있다.

이제 재무상태표의 변동을 T계정식으로 예를 들어 보겠다. 어떤 회사가 1월1일 영리사업에 필요한 상품을 내 돈 ₩2,000,000과 남의 돈 ₩1,000,000으로 구입한 경우에, 아래와 같이 기초 재무상태표 차변에 ₩3,000,000에 구입한 상품이 자산으로 표시되고, 대변에는 조달한 자금의 원천을 부채(남의 돈, 타인자본) ₩1,000,000과 자본(내 돈, 자기자본) ₩2,000,000으로 나뉘어 표시된다.

### 기초 재무상태표

○○(주) ○○년 1월 1일 현재

| 자산 | | 부채 및 자본 | |
|---|---|---|---|
| 상품 | 3,000,000 | 차입금(부채) | 1,000,000 |
| | | 자본금(자본) | 2,000,000 |
| 합계 | 3,000,000 | 합계 | 3,000,000 |

이후 경영활동을 계속하게 되면 재무상태의 구성은 바뀐다. 기업의 외부 이해관계자는 직접 경영현장에 관여하지는 않지만 회계연도 말쯤에는 내가 투자한 회사가 얼마나 이익을 남겼는지 궁금해 할 것이다. 재무상태표의 기능으로서 스포츠 경기를 직접 구경하지 않아도 경기결과로 승패를 알 수 있듯이 일정 시점의 재무상태표로 그 기업의 여러 회계기간 동안 누적된 경영성과를 알 수 있는 것이다.

위 예시에서 시간이 경과하여 1월 31일까지 상품을 ₩4,500,000에 판매하였다면, 상품판매라는 경영활동을 통하여 자기자본 몫이 ₩3,500,000으로 늘어났고 초기에 투입한 ₩2,000,000을 차감하면 ₩1,500,000이 당기의 경영성과로 나타나며, 이를 회계용어로 당기순이익(當期純利益, net income)이라고 표시한다. 이를 아래와 같이 달라진 기말 재무상태표로 표시할 수 있다.

**기말 재무상태표**

○○(주)　　　　　　　　　　　　　　　　　　　　　　　　○○년 1월 31일 현재

| 자산 | | 부채 및 자본 | |
|---|---|---|---|
| 현금 | 4,500,000 | 차입금(부채) | 1,000,000 |
| | | 자본금(초기자본) | 2,000,000 |
| | | 당기순이익(자본증가) | 1,500,000 |
| 합계 | 4,500,000 | 합계 | 4,500,000 |

기업은 계속기업을 전제로 경영활동을 영위하게 되므로 사업 초기의 재무상태표는 경영자들이 사업을 위하여 어떻게 자금을 조달하여 어떤 자산에 투자해 놓고 있는지 자금의 운용상태를 보여주며, 기말 시점의 재무상태표는 초기 시점부터 일정기간이 경과된 기말의 재무상태가 어떻게 변동되었는지를 알게 해준다.

따라서 공동주택회계처리기준 제43조제4항에 따라 재무상태표는 이들 두 시점의 재무상태표를 비교해 보면 양 시점 사이의 경영성과를 파악할 수 있도록 기초와 기말 또는 전기와 당기로 재무상태표를 비교하는 형식(이를 '비교재무제표'라 한다)으로 작성하도록 규정하고 있다.

## 2.2 재무상태표의 구조와 형식

재무상태표의 구조를 자산, 부채, 자본의 상호관계에 따라 식으로 표시하면 다음과 같으며, 이 식을 재무상태표등식이라고 한다.

재무상태표등식 : 자산 = 부채 + 자본

이 식은 자산은 부채 및 자본을 통해 조달한 자금으로 투자된 것이기 때문에 결국 같을 수밖에 없고, 경영활동을 통하여 수시로 자산, 부채, 자본에 변동이 발생하더라도 이 등식은 항상 성립한다는 것을 의미한다. 자산은 자원운용의 「결과」이고 부채 및 자본은 자원발생의 「원인」이라고 말할 수 있다.

재무상태표의 형식으로는 계정식과 보고식이 있다. 계정식은 T자 형태로 나누어 왼쪽인 차

변에는 자산을, 오른쪽인 대변에는 부채와 자본을 열거하는 형식이다. 보고식은 기업의 자산, 부채, 자본을 위에서 아래로 열거하여 보고하는 형식이다. 실무에서는 회계프로그램으로 보고서를 작성하고 한 눈에 양쪽을 비교하는 장점 때문에 계정식을 많이 사용한다.

## 2.3 자산의 의의

자산(資産, assets)이란 회계에서는 기업활동 초기에 투입한 현금, 경영성과에 의한 현금의 증가와 같은 경제적 자원이나 매출채권 같은 권리를 말한다. 또한 "자산은 과거 거래의 결과로서 현재 기업실체에 의해 지배되고 미래에 경제적 효익을 창출할 것으로 기대되는 자원"[(3)]을 말한다.

경제적 효익이란 자산이 다음 회계기간에 재고자산이 매출로 인한 매출원가로서, 유형자산의 사용으로 인한 감가상각비로서 투입되는 등 자원이 미래의 현금흐름창출에 기여하는 잠재력을 말한다.

현금자산의 증가는 수익의 결과로 인한 자산의 유입이고, 현금자산의 감소는 당기 비용에 투입되는 자산의 유출이며 미래의 수익창출에 기여하기 위한 재고자산이나 유형자산을 구입하기 위한 유출이다.

특히 유형자산을 '비용의 미래 기간배분'으로만 이해할 것이 아니라, 공장에서 건물과 기계장치를 사용하여 제품을 만들고 이를 상품으로 판매하여, 감가상각되는 비용보다 훨씬 큰 매출이익을 창출하는 유형자산의 역할에 주목할 필요가 있다.

한편, 화폐단위로 표시할 수 있는 것만을 회계기록의 대상으로 하는 자산과 유사한 개념으로 재산이 있는데, 재산도 회계적으로 표현하면 자산이라 할 수 있으며, 재산에는 화폐적으로 표시할 수 없는 정신적 재산이나 문화적 재산 등이 있어 자산보다 광의의 개념이며, 민법상 재산권은 부동산, 동산과 같은 유체물과 채권, 특허권 같은 무체재산권 등이 있다.

## 2.4 부채의 의의

"개념적으로 부채를 '과거의 거래나 사건의 결과로 현재 기업실체가 부담하고 있고 미래에 자원의 유출(또는 사용)이 예상되는 의무'라고 정의한다. 부채(負債, liabilities)란 현금으로 갚거나, 상품을 인도하거나, 용역을 제공해 주어야 할 의무이다."[(4)] 또한 사업 초기에 타인에게서 빌리거나 경영활동 중에 경영성과를 높이기 위하여 추가로 빌린 빚이나 의무 등이다.

## 2.5 자본의 의의

자본(資本, ower's equity, capital)이란 자기 돈으로 투자하거나 경영성과의 결과물인 자기 몫의 증가분의 합계액을 말한다. 자본이라는 용어는 일상생활에서 흔하게 사용하는 말이며, 초기자본이나 증감 변동된 자본금은 회계기간 중 경영성과 즉, 당기의 순이익과 전기에서 미처분되어 누적된 이익잉여금으로 구분하여 표시한다.

또한 "자본은 기업의 자산총액에서 부채총액을 차감하고 남은 잔여분 또는 순자산이라고 정의할 수도 있다."(5) 이를 등식으로 나타내면 다음과 같은 자본등식이 성립된다.

자본등식 : 자산 − 부채 = 자본 또는 순자산

자본(자본에서 배당, 증자, 감자 등은 고려하지 않는다. 이하에서 같다)등식은 시점에 따라 다음과 같이 표시할 수 있다.

**자 본 등 식**

| |
|---|
| **(1) 기초 자본등식** : 기초자산 − 기초부채 = 기초자본 |
| **(2) 기말 자본등식** : 기말자산 − 기말부채 = 기말자본 |
| **(3) 당기순이익의 경영성과** : 기말자본 − 기초자본 = 양(+)의 금액 |
| **(4) 당기순손실의 경영성과** : 기말자본 − 기초자본 = 음(−)의 금액 |

제 3 장

# 손익계산서

## 3.1 손익계산서의 의의와 기능

손익계산서(損益計算書, statement of income)라는 재무보고서는 기업의 일정기간 동안(회계기간)의 경영성과를 알려 주는 보고서이므로 영리기업에서는 '경영성과표' 라고 불리기도 하고, 비영리단체인 공동주택의 회계처리기준에서는 '운영성과표'라고 한다. 손익계산서는 T계정에서 차변과 대변을 비교하여 손익을 계산하는 기능적인 명칭이고, 경영성과표 등은 작성목적에 따른 내용적인 명칭이라고 말할 수 있다.

손익계산서는 영리기업의 경우 대변의 매출액과 대응하여 차변에 매출원가를 표시하여 매출총이익을 나타내고, 매출총이익에서 영업활동에서 발생하는 판매비와관리비를 차감하여 영업이익을 나타낸다. 이후 영업외손익 등을 반영하여 당기순이익을 산출한다.

기업회계기준에서는 경상적이고 반복적으로 발생하는 당기의 경영성과인 당기순이익과 비경상적·비반복적으로 발생하는 손익까지 포함(즉, 포괄)한다하여 한국채택국제회계기준(K-IFRS, K-International Financial Reporting Standards)에서는 '포괄손익계산서(statement of comprehensive income)'라고 한다.

## 3.2 손익계산서의 구조와 형식

손익계산서에는 수익, 비용, 당기순손익(당기순이익 또는 당기순손실)이 기록된다. 여기에서 수익, 비용, 당기순손익을 다음의 등식으로 표시할 수 있다.

(1) **당기순이익(수익 〉 비용)** = 수익 - 비용

(2) **당기순손실(수익 〈 비용)** = 수익 - 비용

위 식을 T계정 형식으로 차변에 비용과 순이익을, 대변에 수익을 기록한 것을 계정식 손익계산서라고 한다. 손익계산서의 구조를 이해하기 위하여 위의 재무상태표와 같이 상품 ₩3,000,000을 ₩4,500,000에 판매한 경우에, 다음과 같은 보고식과 계정식의 손익계산서를 작성할 수 있다.

**손익계산서(보고식)**

| ○○(주) | (1월 1일~1월 31일) |
|---|---|
| 수익 | 4,500,000 |
| 비용 | 3,000,000 |
| 당기순이익 | 1,500,000 |

**손익계산서(계정식)**

○○(주) (1월 1일~1월 31일)

| | | | |
|---|---|---|---|
| 비용 | 3,000,000 | 수익 | 4,500,000 |
| 당기순이익 | 1,500,000 | | |
| 합계 | 4,500,000 | 합계 | 4,500,000 |

## 3.3 수익의 의의

수익(收益, revenues)이란 사전적으로 이익을 거두어들이는 것 또는 그 이익이다. 수익을 손익계산서 T계정 형식의 대변에 기록하는 것은 재무상태표에서 대변에 자금의 원천을 기록하는 것처럼 수익도 자금의 원천(이익잉여금)이 될 요소이므로 손익계산서의 대변에 기록(이익의 발생은 대변요소이다)하는 것이다.

손익계산서에서 계산한 수익에서 이 수익을 창출하는데 기여한 기간비용을 공제한 당기순이익이 차변에 기록되고, 이 순이익이 자금의 원천이 되어 재무상태표 대변에 대체되므로 두 재무제표의 순이익이 동일한 금액으로 표시된다. 손익계정의 마감과 당기순이익의 이익잉여금 대체 과정은 Chapter 4 제3장 및 제5장에서 후술한다.

손익계산서의 이익이 결국 재무상태표에 자본의 증가를 가져오므로 "개념적으로 수익은 자본의 증가를 가져오는 자산의 유입과 증가(또는 부채의 감소)를 통하여 한 회계기간 동안 증가한 경제적 효익으로 정의된다."[(6)] 수익항목에는 매출액이 대표적이며, 기업의 주된 영업활동

이외에서 발생한 수익항목으로서 금융수익, 임대수익, 유형자산처분이익 등이 있다.

## 3.4 비용의 의의

비용(費用, expenses)이란 사전적으로 물건을 사거나 어떤 일을 하는데 드는 돈이다. 비용을 차변에 기록하는 이유도 재무상태표에서 자산이 '미래비용'이라는 것을 상기한다면 쉽게 이해 할 수 있을 것이다. 손익계산서의 비용은 당기의 비용이다. **당기비용**은 당기수익을 창출하는데 당기에 기여한, 다른 말로 표현하면 희생되거나 소비된 비용이다. 또한 당기순이익이 차변에 표시되는 것은 대변의 수익이 차변의 비용보다 큰 금액이므로 그 차액인 당기순이익을 차변에 기록하여 대차평균을 맞추는 것이다.

"개념적으로는 비용을 자본의 감소를 가져오는 자산의 유출과 감소(또는 부채의 증가)를 통하여 한 회계기간 동안 감소한 경제적 효익이라고 정의한다."(7) 매출액이라는 수익을 얻기 위하여 상품을 판매하면 제조원가 또는 매입원가로 기록된 상품이라는 자산이 소비되어 손익계산서상 매출원가라는 비용으로 계상되고 재무상태표 상 자산의 감소를 가져온다.

수익과 비용, 자산과 자본의 관계를 되풀이하여 언급하는 것은 두 재무제표가 결국 하나의「재무적 기업현상」을 표현한다는 것을 강조하기 위함이다. 재무상태표는 누적적인 수익 대비 비용의 결과물인 순이익의 증감을 자본의 형태로 나타내주는 것이고, 손익계산서는 그 중 한 회계기간만의 수익 대비 비용의 결과물인 순이익을 나타내주는 것이다. 비용항목은 매출원가, 판매비 및 관리비, 금융비용, 법인세 등이 있다.

여기에서 수익과 비용, 자산과 자본의 관계에 대한 이해를 돕기 위하여 '자산 = 부채 + 자본'이라는 재무상태표등식과 '수익 – 비용 = 당기순이익'이라는 손익계산서등식을 결합하여 경영성과를 보여주기 위한 회계등식으로 표시하면, '자산 = 부채 + 자본[기초자본금 + 이익잉여금의 증가(수익) – 이익잉여금의 감소(비용)]'라고 할 수 있고, 이를 단순화 하면, 자산 = 부채 + 기초자본 + 수익 – 비용이 된다.

두 등식이 결합되는 것은 이익잉여금이 '수익 – 비용의 대체'이기 때문이다. 이와 같이 회계등식은 두 재무제표가 대체되어 결합되어도 등식이 성립됨을 나타내고, 두 재무제표의 당기순이익이 항상 동일한 금액으로 계산되어 표시되는 이유이다.

다음에는 자본과 수익·비용의 관계를 회계거래를 통하여 예시한다. 위의 재무상태표에서 자본금 ₩2,000,000과 부채 ₩1,000,000을 합하여 상품 ₩3,000,000을 매입하여 이를 ₩4,500,000에 매출한 경우를 정리하면 다음과 같다. 여기에서 수익은 자본을 ₩4,500,000

증가시키고, 비용은 자본을 ₩3,000,000 감소시킴으로써 최종적으로 자본을 ₩3,500,000으로 만든다는 것을 보여준다. 결국 수익은 자본을 증가시키고, 비용은 자본을 감소시킨다.

| | |
|---|---|
| 기초자본 | 2,000,000 |
| 수익(매출액) | + 4,500,000 |
| 증가 후 자본 | 6,500,000 |
| 비용(매출된 상품의 원가) | − 3,000,000 |
| 감소 후 자본 | 3,500,000 |

## 3.5 수익·비용 대응의 원칙

비용의 인식이란 비용이 귀속되는 회계기간을 결정하는 것이다. 비용도 수익과 마찬가지로 기업의 경영활동 전 과정을 통해서 발생되므로 자산을 사용하거나 감소될 때마다 이를 인식해야 한다. 그러나 현실적으로 이를 엄격히 적용하는 것은 어렵기 때문에 수익이 인식된 시점에서 수익과 관련하여 비용을 인식하는데 이를 수익·비용 대응의 원칙이라고 한다. 즉, 수익인식요건에 따라 수익을 먼저 인식한 다음, 이 수익을 위해 희생된 원가를 다음과 같이 식별하고 측정하여 보고하여야 한다.

### (1) 직접대응

상품의 매출원가는 매출액에 직접 대응된다. 즉, 제품을 생산하는데 소요되거나 상품을 매입하는데 소요된 매출원가는 그 상품 판매로 얻는 수익이 인식되는 시점에서 비용으로 인식된다.

### (2) 기간대응

판매비와 일반관리비는 수익과 직접 대응시킬 수 없다. 이 경우에는 기간적으로 당기 발생원가가 당기 수익발생에 국한되거나 미래효익 가능성이 불확실한 경우 전액을 당기 비용으로 인식하게 되는데, 이러한 비용을 기간비용(periodic expense)이라고 한다.

### (3) 배분

배분이란 유형자산 취득원가의 경우처럼 사용기간 즉, 내용연수 동안 일정한 배분절차에 따라 배분하여 비용으로 인식하는 것을 말한다.

# 제 4 장
# 회계원칙

## 4.1 회계기준의 의의

재무회계는 이해관계자의 의사결정에 유용한 정보를 제공하는 것을 목적으로 하는데, 일반적으로 공정하다고 인정되는 회계관습이 형성되고, 회계처리 경험과 회계실무 현장에서 많은 검토와 분석에 따라 타당하다고 권위 있는 기관의 지지를 받게 되면, '일반적으로 인정된 회계원칙'(GAAP : Generally Accepted Accounting Principles)으로 간주되며, 이를 '회계기준'이라고 말한다.

## 4.2 회계의 일반원칙

재무회계에서는 회계정보의 유용성을 확보하기 위하여 몇 가지 가정을 도입하여 기본원칙을 제시하고 있는데, 이를 회계의 일반원칙이라 부른다.

### (1) 발생기준

수익·비용의 발생기준(發生基準)이란 현금의 수입이나 지급시점을 기준으로 하는 현금기준과 대립되는 개념으로서, 수익과 비용의 금액을 발생 여부를 기준으로 확정하는 것을 말한다.

### (2) 수익의 실현기준

수익의 실현기준(實現基準)이란 발생주의에 대한 수정으로 수익을 실현시점에서 인식하는 것을 말한다. 통상적으로 상품은 청약과 승낙에 의한 매매계약에 의하여 거래가 이루어지는데, 이때 수익을 인식하게 되고 이를 실현기준 또는 판매기준이라고 한다. 장기간에 걸쳐 수익발생이 진행되는 건설업이나 조선업의 경우는 진행률에 의하여 수익이 실현된 것으로 인식할 수 있다.

### (3) 수익·비용의 대응기준

수익·비용의 대응기준(對應基準)이란 어떤 경영활동의 결과로 나타나는 각각의 수익에 대하여, 그것을 획득하는데 소요된 비용을 대비시키는 것을 말하는데, 위의 수익·비용 대응의 원칙에서 설명한 바와 같다.

### (4) 계속기업의 가정

계속기업(繼續企業, going concern)의 가정이란 기업실체가 그 설립목적을 달성하고 의무를 이행하기에 충분한 기간 동안 존속한다는 가정이다. 미래효익에 대한 비용의 기간대응과 기간별 재무보고는 계속기업을 전제로 하는 개념들이다.

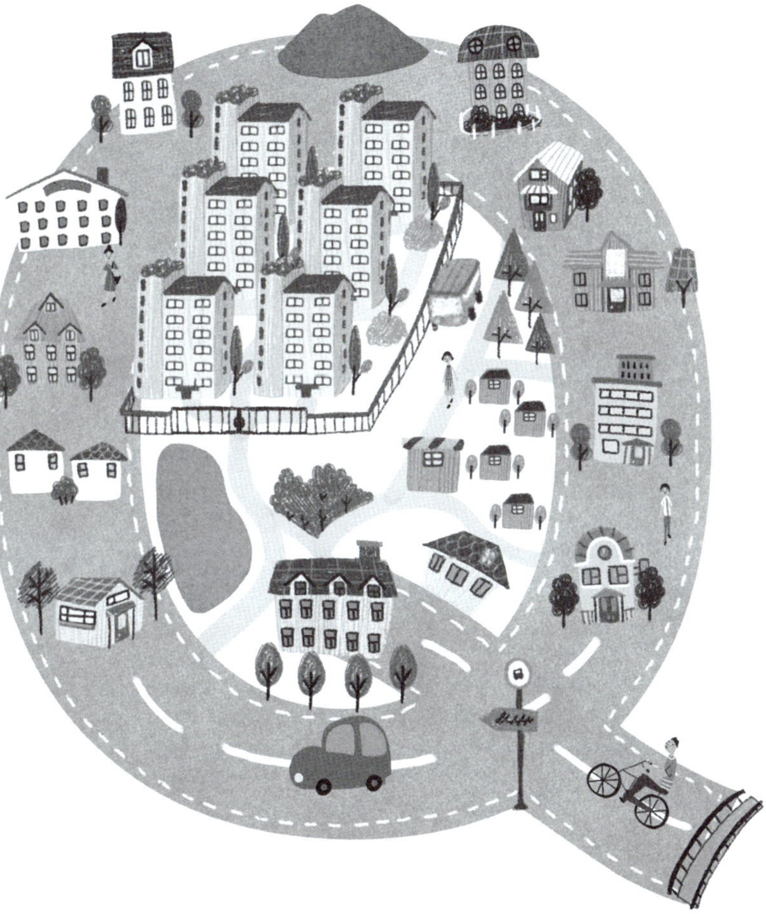

MEMO

Chapter

# 3 회계거래

제 1 장 회계의 의의

제 2 장 회계원리 이해의 필요성

제 3 장 회계상의 거래

제 4 장 계정

제 5 장 분개

제 6 장 전기

제 7 장 시산표

제 8 장 전표를 이용한 회계처리

# 제 1 장
# 회계의 의의

T자 형식의 좌변·우변에 자산계정의 증감이나 부채계정의 증감 등을 기록하는 복식부기 방식에서 계정(計定)의 한자어는 거래 유형별로 '합계하는 장소를 설정하다'라는 의미이다. 영어로 계정은 'account'라고 하고, 회계는 'accounting' 이라고 한다.

회계는 한자어로 '會計' 인데, 이는 모일 회, 셀 계라는 의미를 갖는 두 음절로 이루어졌다. 이 의미를 합치면 '모아서 합계를 계산하다'라는 뜻이 된다. 오늘날 회계라는 용어는 단순히 조직체의 재무상태나 운영성과를 계산한다는 뜻에서 더 나아가 영리기업, 개인, 비영리단체, 정부기관 등 여러 정보이용자 즉, "이해관계자의 의사결정을 도와주는 정보시스템"이라고 정의한다.

1966년 미국회계학회(American Accounting Association)는 기초적 회계이론에 관한 보고서에서 "회계는 정보이용자가 사정을 잘 알고서 판단이나 의사결정을 할 수 있도록 경제적 정보를 식별하고 측정하여 전달하는 과정이다." 라고 정의하였다.

# 제 2 장
# 회계원리 이해의 필요성

공동주택의 회계는 대부분 회계프로그램으로 회계처리를 수행하므로 회계원리에 정통하고 회계자격증을 취득해야만 회계업무를 취급할 수 있는 것은 아니다. 그러나 관리비 관련 회계업무는 공용시설 관리업무와 함께 공동주택 관리업무의 양대 축인 만큼, 회계업무담당자는 회계프로그램의 단순한 작동에 머물지 말고 그 속에 담긴 회계원리를 이해하여야 하고 공동주택관리법령 체계에서의 경리실무를 수행해야 한다.

그리고 관리주체의 업무는 관리비와 무관한 것이 하나도 없다고 할 만큼 관리비와 아주 밀접한 관계가 있으므로, 관리비의 회계업무를 지도·결재하는 총괄관리자나 중간관리자도 다른 제반 관리업무를 원활하게 수행하려면 관리비의 회계처리 및 부과에 대한 회계원리를 제대로 이해해야 할 필요가 있다.

# 제 3 장 회계상의 거래

## 3.1 회계상 거래의 정의

일반적으로 거래는 상거래 당사자가 매매계약을 체결하고 일방은 상품을 인도하고 상대방은 대금을 지불하는 것을 말한다. 그러나 회계상의 거래는 회계의 구성요소인 자산, 부채, 자본에 변동이 측정되는 경우를 말한다. 이를 요약하여 다음과 같이 정의할 수 있다.

(1) 기업, 단체 등의 회계단위가 자산, 부채, 자본에 변동을 가져오는 경제적 사건이어야 하며, 이러한 거래가 장부 기록의 대상이 되고 재무제표에 그 영향이 나타나야 한다.
(2) 회계실체와 직접적으로 관련되고, 실제로 발생한 거래이어야 한다.
(3) 거래로 인한 자산, 부채, 자본의 변동액이 신뢰성 있고 객관적으로 측정 가능해야 한다.

## 3.2 거래의 이중성과 복식부기의 의의

거래의 이중성이란 복식부기(複式簿記, double-entry book-keeping)에서 모든 거래는 분개를 통하여 차변과 대변에 1개 이상의 계정과목이 있고, 대립적인 차변요소와 대변요소가 원인과 결과의 성격을 갖는 동일금액으로 이중기입 됨을 일컫는다.

따라서 복식부기는 거래의 발생내용을 차변·대변 계정과목의 이중기입을 통하여 쉽게 파악할 수 있고, 대차평균의 원리에 따라 회계장부 기록에 오류가 발생했을 경우 용이하게 찾을 수 있게 해주는 등 자기검증기능을 갖고 있다.

거래의 이중성은 복식부기의 주요특징을 나타내는 말이고, 복식부기는 글자그대로 이중(二重)으로 즉, '복식(複式)으로 장부(帳簿)에 기록(記錄)하다'라는 의미를 4글자의 한자어로 줄여서 표현한 것이다.

1494년 이탈리아의 수학자 루카 파치올리가 저술한 「대수, 기하, 비 및 비례총람」에서 고대로부터 전해오던 복식부기의 원리를 처음으로 소개하였다. 독일의 문호 괴테가 복식부기를 '인류 역사상 가장 위대한 발명'이라고 칭송했듯이, 과연 복식부기가 역사적으로 인류문명과 함께 하면서 오늘날 과학문명의 발전에도 변함없이 그 기본원리가 그대로 적용되어 복잡한 기업현상을 간단한 숫자로 압축·요약하여 표현할 수 있다는 것이 놀라울 따름이다.

# 제 4 장 계정

## 4.1 계정의 의의

회계의 목적이 이해관계자에 대한 유용한 회계정보의 제공에 있다면, 이러한 정보제공은 재무제표라는 재무보고서를 통해서 이루어지고, 재무제표는 계정과목을 구성요소로 하여 작성된다.

회계상의 거래를 유형별로 나누어서 체계적으로 기록하기 위하여 '계정'(計定, account)이라는 것을 사용하는데, 계정이란 자산, 부채, 자본, 수익, 비용에 속하는 여러 항목들을 '○○계정'이라는 계정과목 명칭을 부여하고, 거래들의 증감을 그 계정과목에 집합·계산·기록하기 위하여 설정한 단위를 말한다. 계정의 문자적 의미는 위의 제1장에서 설명하였다.

다음에 예시한 형태의 계정을 T계정이라 하며, 예금이라는 명칭을 계정과목(計定科目)이라고 한다. 이 계정들은 T계정 좌우로 나뉘어져 있는데, 좌변을 차변(借邊, debtor : Dr), 우변을 대변(貸邊, creditor : Cr)이라 부른다. 과거에는 차변, 대변이라는 용어가 의미가 있었지만 오늘날에는 단순히 좌측 및 우측이라는 의미로 사용된다.

**예금**

| 차변 | 대변 |
|---|---|
| 예금의 증가 | 예금의 감소 |

## 4.2 계정기입

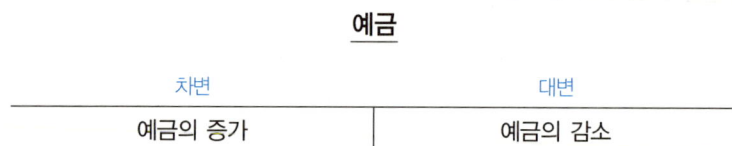

위의 예금계정은 자산계정에 속하므로 차변이 예금의 증가 기록이고, 대변이 예금의 감소 기록이다. 반대로 부채와 자본은 대변에 증가를 기록하고 차변에 감소를 기록한다. 그리고 손익계정으로서 비용의 발생은 차변에 기록하고 수익의 발생은 대변에 기록하는데, 이와 같이 계정에 기록하는 것을 '계정기입'이라고 한다.

또한 회계상의 거래를 이루는 자산, 부채 등을 '거래요소'라고 하며, 이들 거래요소 모두를 '거래의 8요소'라고 일컫는다. 계정기입의 원칙은 분개 방법에도 그대로 적용된다. 또한 두 재무제표의 양식에서 각 항목들의 증감과 발생이 계정기입과 분개의 원칙과 같고, 재무상태표와 손익계산서 작성원리와도 같다. 회계거래는 아래에서 볼 수 있듯이 차변의 4개 항목과 대변의 4개 항목 간에 다양하게 분개되어 대립적인 대응관계에 있다. 다만, 비용의 발생 : 수익의 발생과 같은 거래관계는 성립되지 않는다.

한편, 분개하거나 계정기입 할 때는 반대편에 감소(수익·비용은 발생의 취소이다)를 기록할 수 있는데, 계정마감 시에 자산계정의 잔액은 차변에 남고 부채와 자본계정의 잔액은 대변에 남아 그 잔액이 재무제표로 옮겨져 재무제표가 작성되므로, 재무제표에서는 반대편에 감소를 기록하지 않는다.

**거래의 8요소**

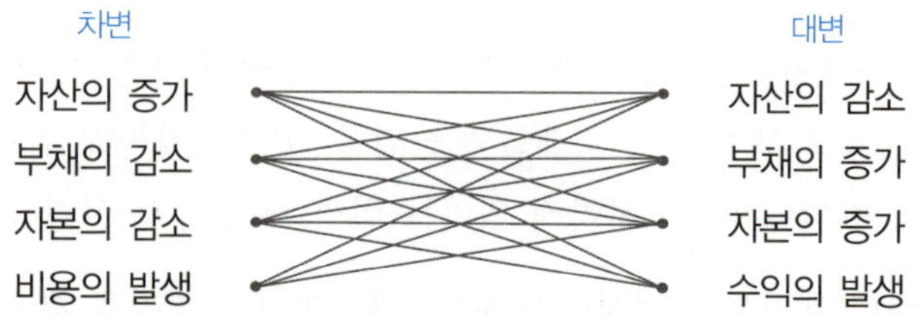

**재무상태표**

| 차변 | 대변 |
|---|---|
| 자 산 | 부 채<br>자 본 |

**손익계산서**

| 차변 | 대변 |
|---|---|
| 비 용<br>당기순이익 | 수 익 |

## 4.3 재무제표의 작성

각 계정과목별로 계정잔액을 산출하고, 재무상태표 계정은 재무상태표에, 손익계산서 계정은 손익계산서에 해당 잔액을 기재하여 재무제표를 작성한다. 이 경우 재무상태표의 기말자본에서 기초자본을 공제하면 당기순이익을 산출할 수 있는데, 실무상으로는 기말 자산총액에서 기말 부채총액을 공제하여 기초자본과 당기순이익을 구분하여 자본을 표시한다. 이는 납입자본과 경영성과를 구분하기 위함이다.

손익계산서에서는 수익총계에서 비용총계를 차감하여 당기순이익을 산출한다. 당기순이익은 양 재무제표에서 작은 금액 변에 표기한다. 이렇게 되면 차변합계액과 대변합계액은 일치하게 되는데, 이를 대변금액과 차변금액은 항상 일치해야 한다하여 「대차평균의 원리」라고 한다.

통상 경영활동으로 인한 수입이 재무상태표에서 현금성자산으로서 차변에 나타나 차변이 커지므로 당기순이익은 대변에 나타나고, 손익계산서의 수익은 비용보다 커 당기순이익은 차변에 나타나게 된다. 결국 당기순이익이 작은 변에 들어가야 대차평균이 되는 것이다.

# 제 5 장 분개

## 5.1 분개의 의의

거래가 발생하면 계정에 기입할 사전단계로서 거래의 8요소에 따라 계정과목을 차변요소와 대변요소로 구분하여 거래내용을 정확하게 기록하는 활동을 분개(分介, journalizing)라고 한다. 분개의 한자어 의미는 거래의 8요소 자리에 '나누어 끼우다'이고, 영어의 의미는 '분개장에 써넣다'이다.

예를 들어 '비품 ₩300,000을 현금으로 구입하다'라는 거래를 기록할 경우, 분개라는 절차를 통하여 거래의 발생 원인과 결과를 제대로 인식하여 계정분류가 정확하고 기록이 오류·누락되거나 중복되지 않았는지 확인한 이후에 계정에 옮겨 적는 것이 올바른 회계처리 방식이라 할 수 있다. 다음의 분개만 보아도 현금이라는 자산이 감소하는 원인이 발생했고, 결과적으로 비품이라는 자산이 증가했음을 나타내준다.

차변 비품(자산계정) 300,000 대변 현금(자산계정) 300,000

## 5.2 분개의 중요성

회계에서 분개는 재무제표 작성의 첫걸음이고 재무제표의 씨앗이다. 씨앗이 무성한 나무의 유전자를 모두 갖고 나중에 큰 나무로 자라듯이, 분개는 복잡한 재무제표의 구조와 원리를 그대로 포함하고 있다. 분개는 회계거래의 성격을 규정짓는 것이고 회계거래의 내용을 표현하는 것이다.

오늘날 경리실무는 전산회계이며, 분개 이외에는 장부기장, 결산 및 재무제표 작성에 이르는 전반적인 과정이 전산 회계프로그램에 의해서 자동적으로 회계처리된다. 그러나 분개만큼은 회계담당자의 회계적인 판단이 요구되기 때문에 재무제표를 제대로 작성하려면 분개가 정확해야 하고 숙달되어야 한다. 회계담당자가 분개를 잘하면 회계원리의 기초를 master했다고 말할 수 있으며, 이러한 의미에서 경리실무에서 분개가 차지하는 중요성은 매우 크다.

## 5.3 분개장

분개를 기록하는 회계장부를 분개장(分介帳, journal)이라고 부르며, 거래가 발생된 순서에 따라 기록하는데 분개장의 양식은 다음과 같다.

**분개장**

| 일자 | | 적 요 | 원면 | 차변 | 대변 |
|---|---|---|---|---|---|
| 1월 | 1일 | (현금)<br>(자본금)<br>현금을 출자하여 창업하다 | 3<br>40 | 2,000,000 | 2,000,000 |
| | 2일 | (현금)<br>(차입금)<br>○○은행에서 차입하다 | 3<br>31 | 1,000,000 | 1,000,000 |
| | 5일 | (현금)<br>(상품매출)<br>○○에 상품을 판매하다 | 3<br>51 | 4,500,000 | 4,500,000 |
| | | (이하생략) | | | |

# 제 6 장 전기

위에서 살펴본 바와 같이 분개는 각 계정에 거래내용을 정확하게 기록하기 위한 사전단계이다. 이후에는 분개된 내용을 근거로 해당 계정에 옮겨 적는 과정을 밟게 되는데, 이를 전기(轉記, posting)라고 한다. 각 계정은 거래 항목별로 구분·정리한 것이므로 해당 계정과목의 거래내용과 잔액을 용이하게 파악할 수 있게 하며, 이들 잔액이 재무제표 작성의 기초가 된다. 또한 각 항목의 계정들은 모두 원장(元帳, ledger)이라는 장부에 편철하여 정리하며 '모든 계정을 하나의 장부에 모으다'라는 의미로 총계정원장(總計定元帳)이라고도 한다.

분개장에서 전기하는 요령은 해당 계정과목에 상대편 계정과목을 기입한다는 것이다. 즉, 아래의 현금, 자본금의 T 계정과 같이 차변에 분개된 계정과목의 계정에 전기할 때는 대변에 분개된 계정과목을 차변에 기입함으로써 상대계정인 차변의 계정별원장만 보아도 대변의 거래내용을 파악할 수 있도록 해준다. 상대편 계정과목이 2개 이상인 경우 '제좌'(諸座, 여러 계좌)라고 기입한다. 그리고 동일 계정과목이 빈번하게 발생하는 일반 상거래에서는 간단하게 상대

계정과목의 기입을 생략하고 날짜나 거래 일련번호를 기입하여 전기하기도 한다.

**현금**

| | |
|---|---|
| 1/1 자본금 2,000,000 | |

**자본금**

| | |
|---|---|
| | 1/1 현금 2,000,000 |

## 제 7 장 시산표

시산표(試算表, trial balance)는 잔액시산표의 경우 총계정원장의 각 차변 계정잔액은 시산표의 차변에, 대변 계정잔액은 시산표의 대변에 집합하여 양변의 총합계액이 서로 맞는지 즉, 복식부기의 자기검증기능대로 대차평균 또는 balance가 맞는지 시험적으로 계산해보는 표이다. 이를 등식으로 정리하면 다음과 같다.

시산표 등식 : 자산 + 비용 = 부채 + 자본 + 수익

시산표의 종류에는 잔액시산표 이외에도 합계시산표와 합계잔액시산표가 있는데, 실무에서는 계정잔액이 차변·대변 합계액에서 산출되는 과정을 보여주는 합계잔액시산표를 많이 사용한다. 합계잔액시산표의 경우 각 계정의 잔액란과 별도로 차변 합계란과 대변 합계란이 각각 있는 형식이다.

## 제 8 장 전표를 이용한 회계처리

회계처리의 업무흐름은 거래 형태별로 분개하여 분개장에 기록하고 이를 각 계정원장에 전

기하여 시산표로 확인한 후 결산절차를 거쳐 재무제표를 작성하는 순서로 진행된다. 그러나 공동주택의 전산회계 실무에서는 분개에 의한 전표발행과 지출결의서 작성이 분개장 등을 대신하고, 이후의 절차는 전산으로 회계처리하는 방식이다.

종전에는 수기전표로써 자금이 유입되는 거래는 빨간색의 입금전표, 자금이 지출되는 거래는 파란색의 출금전표, 자금이 수반되지 않는 거래에서는 검정색의 대체전표(對替傳票, transfer slip)를 사용했다. 그러나 전산회계에서는 색깔의 구분 없이 3종류의 전표를 발행한다.

공동주택의 경리실무에서 관리비는 지출요인이 발생할 때마다 집행해야 하지만, 시재금 지출을 제외하고는 다수 건을 모아서 전표와 지출결의서에 의하여 관리비를 집행한다. 시재금은 월간 일정금액을 인출하여 소비성 공구 및 수선용 자재구입비, 사무용품비, 복리후생비, 잡비 등 소액 현금지출항목에 수시로 지출한다.

관리사무소 직원 급여, 용역비 등 대부분의 월중 관리비 지출 건은 매월 25일경 또는 말일에 지출하고, 전기료·수도료 등 사용료와 통신비 등은 말일자에 은행 지로 또는 자동이체로 지출하며, 4대보험료와 추가 지출요인이 발생한 건은 익월 10일경에 지출한다. 전표 뒷면에는 해당 거래내용을 증명하는 적격증빙(세금계산서, 신용카드 매출전표, 현금영수증 등) 원본을 붙인다. 전표의 양식은 다음과 같다.

**[입 금 전 표]**

년 월 일 1번

| 담당자 | 과장 | 소장 |
|---|---|---|
| | | |

| 계정과목 | 적 요 | 금 액 |
|---|---|---|
| 예금-농협 | 사무실 시재금 | 500,000 |
| | | |
| | | |
| | | |
| | | |
| | | |
| | | |
| | | |
| | 합 계 | 500,000 |

# [출 금 전 표]

년 월 일 1번

| 담당자 | 과장 | 소장 |
|---|---|---|
| | | |

| 계정과목 | 적 요 | 금 액 |
|---|---|---|
| 잡 비 | 작업시 음료 | 5,800 |
| | | |
| | | |
| | | |
| | | |
| | | |
| | | |
| | | |
| | 합 계 | 5,800 |

# [대 체 전 표]

년 월 일 1번

| 담당자 | 과장 | 소장 |
|---|---|---|
| | | |

| 차변계정 | 적 요 | 금 액 | 대변계정 | 적 요 | 금 액 |
|---|---|---|---|---|---|
| 예금 - 농협 | 606-1802호 관리비 | 400,000 | 미수관리비 | 606-1802호 관리비 | 362,160 |
| | | | 연체료수입 | 606-1802호 연체료 | 37,840 |
| | | | | | |
| | | | | | |
| | | | | | |
| | | | | | |
| | | | | | |
| | | | | | |
| 합 계 | | 400,000 | 합 계 | | 400,000 |

Chapter

# 4 결산절차

제 1 장 결산의 의의

제 2 장 결산정리사항의 수정

제 3 장 손익계산서 계정의 마감

제 4 장 재무상태표 계정의 마감

제 5 장 당기순이익의 이익잉여금 대체

제 1 장

# 결산의 의의

결산(決算, closing)은 회계기간 중에 발생한 거래로 인한 자산, 부채, 자본, 비용, 수익의 변동내용을 기간계산에 맞게 수정 및 정리하여 각 계정을 마감하고, 이를 확인하기 위하여 정산표를 작성하고, 재무제표를 일목요연하게 요약하여 작성하는 것을 말하며, 이러한 회계처리 과정을 결산절차라고 한다. 따라서 결산절차가 제대로 이루어지지 않으면 회계정보 이용자에게 정확하고 신뢰할 수 있는 '의미 있는 정보'를 제공할 수 없게 된다.

제 2 장

# 결산정리사항의 수정

## 2.1 결산정리사항의 의의

본격적인 결산절차인 정산표 작성에는 일부 계정잔액에 대하여 수정이 필요한 경우가 있는데, 이러한 수정사항을 '결산정리사항'이라고 한다. 또한 비용과 수익의 경우 당해 회계기간에 해당하지 않는 거래는 수정분개하여야 하고, 당해 회계기간에 해당하지만 현금유출이 없는 거래도 수익과 비용의 대응을 위하여 당기 비용으로 인식하기 위한 수정분개를 하는데, 이를 '결산정리분개'라고 한다.

결국 결산정리분개의 목적은 재무상태표의 자산, 부채, 자본의 기말금액과 손익계산서의 당기 수익과 비용이 올바른 금액으로 나타나도록 하는 것이다. 특히 공동주택의 경우는 매월 관리비를 정산하여 입주자등에게 부과하기 위하여 매월 결산을 실시하여야 한다.

## 2.2 결산정리분개

### (1) 대손상각과 감가상각

기업은 회계기간 중 외상매출에 대하여 일정부분 회수하지 못하는 것을 대손(貸損)이라 하는데, 외상매출액에 대한 일정한 대손율을 적용하여 당기 비용(대손상각비)으로 회계처리하여 매출채권의 과대표시를 예방하고, 당기에 수익과 비용의 적절한 대응(matching)이 이루어지게 하는 결산정리분개를 한다.

또한 유형자산은 경제적 내용연수 동안 미래의 수익창출에 기여하기 위하여 투입(즉, 비용화)되는데, 이를 다음과 같이 감가상각비라는 비용계정으로 당기의 수익과 비용에 대응시키는 결산정리분개를 한다.

- 유형자산 결산정리사항 : 기초에 비품을 ₩1,440,000에 구입하고 5년간 사용할 수 있으며, 잔존가액은 없다고 추정한다.

  계산식 : ₩1,440,000 ÷ 60개월 = 1개월의 감가상각비 ₩24,000

  결산정리분개 : 차변 감가상각비 24,000 대변 감가상각누계액 24,000

### (2) 선급비용(자산계정) 및 선수수익(부채계정)의 수정분개 예시

회계연도 중에 당기에 해당하지 않는 부분은 월할계산으로 차기 회계기간의 선급비용으로 이월시키는 분개를 하고, 선수수익도 차기 해당분을 선수수익이라는 부채로 계상하고 당기수익에서 차감하는 수정분개를 한다. (2)~(4)에서는 회계기간이 1개월인 경우의 수정분개를 예시한다.

- 선급비용 결산정리사항 : 1/1에 향후 6개월분 이자비용을 현금으로 지급하고 다음과 같이 분개하였다. 그러나 이 중 ₩100,000만이 1월분 이자비용이다.

  이자비용 지급분개 : 차변 이자비용 600,000 대변 현금 600,000

  결산정리분개 : 차변 선급비용 500,000 대변 이자비용 500,000

- 선수수익 결산정리사항 : 대여금에 대하여 향후 6개월분 이자수익 ₩600,000을 1/1 현금으로 받고 이를 다음과 같이 분개하였다. 그러나 이 중 ₩100,000만이 1월분 이자수익이다.

  이자수익 수입분개 : 차변 현금 600,000 대변 이자수익 600,000

  결산정리분개 : 차변 이자수익 500,000 대변 선수수익 500,000

(3) 미지급비용(부채계정)과 미수수익(자산계정)의 수정분개 예시

- 미지급비용 결산정리사항 : 1월분 이자비용 ₩20,000을 아직 지급하지 않았다.
  결산정리분개 : 차변 이자비용 20,000 대변 미지급비용 20,000
- 미수수익 결산정리사항 : 1월분 이자수익 ₩50,000을 아직 받지 못했다.
  결산정리분개 : 차변 미수수익 50,000 대변 이자수익 50,000

(4) 소모품에 대한 결산정리

- 결산정리사항 : 현금으로 구입했을 때 소모품(자산계정)으로 회계처리하였고 기말 재고가 ₩50,000이다.
  소모품 구입분개 : 차변 소모품 200,000 대변 현금 200,000
  결산정리분개 : 차변 소모품비 150,000 대변 소모품 150,000

## 2.3 이익처분

영리기업의 1회계기간의 당기순이익에 대한 이익처분을 예로 들면, 전기 미처분이익잉여금이 ₩100,000,000, 당기순이익이 ₩30,000,000이고 ₩5,000,000을 배당하기로 결정한 경우, 먼저 이익잉여금의 증가를 가져오므로 다음과 같이 분개한다.

차변 당기순이익 30,000,000 대변 이익잉여금 30,000,000

그리고 배당금지급 시 다음과 같이 이익잉여금의 감소를 분개한다. 재무상태표 상의 이익잉여금은 ₩125,000,000으로 표기되고, 당기순이익 ₩30,000,000은 하단에 괄호로 표기한다.

차변 이익잉여금 5,000,000 대변 현금 5,000,000

제 3 장

# 손익계산서 계정의 마감

(회계기간이 1/1~12/31인 경우)

결산 시 손익계산서의 경영성과를 파악하려면 수익계정과 비용계정을 집계하기 위하여 집합

손익계정을 설정하여, 여기에 대체하는 결산절차가 필요하다. 수익계정의 대변 잔액은 손익계정 대변으로 이기하고, 비용계정의 차변 잔액은 손익계정 차변으로 이기한다. 결과적으로 수익계정과 비용계정의 잔액은 '0'이 되어 계정마감이 된다.

손익계정에 집계된 수익과 비용은 많은 금액에서 적은 금액을 차감하면 적은 금액 쪽에 당기순이익 또는 당기순손실이 산출된다. 손익계정에서 산출된 당기순이익은 재무상태표 상의 미처분이익잉여금 계정으로 대체하는 분개가 이루어지는데, 이를 마감분개라고 하며 아래와 같은 절차로 회계처리한다.

## 3.1 수익계정의 마감

현금 매출액이 ₩10,000,000인 경우 수익계정의 마감분개는 다음과 같다.

차변 매출 10,000,000 대변 손익 10,000,000

이 마감분개를 매출계정과 손익계정에 전기하면 다음과 같다. 매출계정 잔액은 ₩0이 되어 다음 회계기간 기초에는 '0'에서 시작된다. 새로 시작되는 이유는 손익계산서의 작성목적이 1 회계기간 단위의 경영성과를 측정하는 것이기 때문이다.

**매출**

| | | | | |
|---|---|---|---|---|
| 12/31 | 손익 | 10,000,000 | 현금 | 10,000,000 |
| | 합계 | 10,000,000 | 합계 | 10,000,000 |

※ 매출이라는 수익계정의 잔액이 손익계정으로 이기된다.

**손익**

| | |
|---|---|
| | 12/31 매출 10,000,000 |

## 3.2 비용계정의 마감

지급임차료가 ₩3,000,000인 경우 비용계정의 마감분개는 다음과 같다.

차변 손익 3,000,000 대변 지급임차료 3,000,000

위의 마감분개를 전기하면 다음과 같다. 지급임차료계정 잔액은 ₩0이 되어 다음 회계기간

기초에는 '0'에서 시작된다.

**지급임차료**

| | | | |
|---|---|---|---|
| 현금 | 3,000,000 | 12/31 손익 | 3,000,000 |
| 합계 | 3,000,000 | 합계 | 3,000,000 |

※ 지급임차료라는 비용계정의 잔액이 손익계정으로 이기된다.

**손익**

| | |
|---|---|
| 12/31 지급임차료 3,000,000 | |

## 3.3 손익계정의 마감

위 3.1 수익계정의 마감분개와 3.2 비용계정의 마감분개에서 보았듯이 결국 손익계정 대변은 수익계정에서 대체되고, 차변은 비용계정에서 대체되어 그 차액이 당기순이익이 된다.

또한 당기순이익은 재무상태표의 이익잉여금을 증가시킨다. 손익계정에서 당기순이익 ₩7,000,000을 미처분이익잉여금으로 대체하는 마감분개는 다음과 같다.

차변 손익 7,000,000 대변 미처분이익잉여금 7,000,000

손익계정에 미처분이익잉여금을 아래와 같이 전기하면 손익계정 잔액은 ₩0이 된다. 손익계정은 임시계정으로서 결산 시 수익계정과 비용계정을 마감하면 없어지고, 최종적으로 당기순이익을 **미처분이익잉여금** 계정(자본계정)에 **대체**하게 된다.

**손익**

| | | | |
|---|---|---|---|
| 12/31 지급임차료 | 3,000,000 | 12/31 매출 | 10,000,000 |
| 12/31 미처분이익잉여금 | 7,000,000 | | |
| 합계 | 10,000,000 | 합계 | 10,000,000 |

**미처분이익잉여금**

| | | | |
|---|---|---|---|
| | | 12/31 손익 | 7,000,000 |

제 4 장

# 재무상태표 계정의 마감

재무상태표에 기록되는 자산, 부채, 자본계정의 마감은 손익계산서 계정의 마감과 다르게 마감 후에도 소멸하지 않고 그 잔액이 차기이월되어 계속 존속하게 된다. 반면 수익·비용계정은 1회계기간만 계상하므로 차기이월이 없다. 재무상태표가 1회계기간의 회계정보를 기록하는 것을 목적으로 하는 것이 아니고, 기업이 설립된 이래 계속적으로 사업을 영위하기 때문에 차기로 이월되는 것이다.

자산에 속하는 계정의 잔액은 차변에, 부채·자본에 속하는 계정의 잔액은 대변에 존재하는데, 이 금액들은 차기의 기초잔액으로 이월되며, 이와 같이 잔액을 차기로 이월시키는 것을 재무상태표계정의 마감이라 한다.

재무상태표계정을 마감하는 과정을 살펴보자. 결산일에 각 계정별로 잔액을 계산한다. 다음에는 해당 계정의 반대편(자산인 경우 대변)에 그 금액을 '**차기이월** ×××' 라고 기록한다. 이렇게 되면 차변과 대변 합계금액이 일치하게 되면서 마감이 된다. 그리고 차기 첫 날짜로 원래 잔액이 있던 변(자산인 경우 차변)에 그 금액을 '**전기이월** ×××' 라고 기록한다.

**현금〈장부마감 이전〉**

| | | | |
|---|---|---|---|
| 기초 | 1,000,000 | 1.5 | 500,000 |
| 1.10 | 2,000,000 | 1.31 | 1,500,000 |
| 1.20 | 1,500,000 | | |

**현금〈장부마감 이후〉**

| | | | |
|---|---|---|---|
| 기초 | 1,000,000 | 1.5 | 500,000 |
| 1.10 | 2,000,000 | 1.31 | 1,500,000 |
| 1.20 | 1,500,000 | 차기이월 | 2,500,000 |
| 합계 | 4,500,000 | 합계 | 4,500,000 |
| 전기이월 | 2,500,000 | | |

제 5 장

# 당기순이익의 이익잉여금 대체

위의 제3장 손익계산서 계정의 마감에서 살펴본 바와 같이 당기순이익은 당기의 경영성과를 측정하는 것을 목적으로 손익계산서에서 계산이 이루어진다. 이후에 손익계정을 설정하여 이 당기순이익을 여러 회계연도 당기순이익(배당금은 제외)의 누적적 집합장소인 재무상태표로 넘겨져서 이익잉여금(처분전에는 미처분이익잉여금이다)으로 대체되는 과정을 설명하였다.

거래의 8요소 중 수익의 발생과 비용의 발생만 당기순이익에 영향을 준다. 현금으로 물품을 구입하면 자산항목끼리의 증감이고 외상으로 구입하면 자산항목과 부채항목의 증감이므로 당기순이익과 무관하다. 매출 즉 수익이 발생하면 차변·대변 중 현금이나 외상매출금이라는 차변의 자산만 증가하고, 유형자산이 감가상각되어 비용이 발생하거나 현금으로 급여비용을 지급하면 차변의 자산만 감소하여 당기순이익의 증감이 발생하는 것이다.

결국 수익과 비용은 손익계산서에서 계산이 되어 산출된 당기순이익이 재무상태표의 이익잉여금으로 대체되어 재무상태표의 당기순이익도 산출되는 것이다. 물론 기말 재무상태표의 당기순이익은 차변의 자산합계액에서 대변의 부채 및 자본의 합계액을 차감하여도 산출할 수 있지만, 두 재무제표간의 회계원리에 대한 이해를 돕기 위하여 당기순이익의 대체과정으로 설명하는 것이다.

본서의 Chapter 2 제2장에서 재무상태표와 손익계산서는 하나의 재무적 기업현상이고, 두 재무제표가 하나로 결합되어도 회계등식이 성립되며, 두 재무제표의 당기순이익이 항상 동일한 금액으로 계산된다고 강조한 바 있다. 재무상태표는 누적적인 stock 개념이고 손익계산서는 기간적인 flow 개념이다. 두 재표세표의 이해를 돕기 위하여 손익계산서는 재무상태표의 부분집합이며, 배당·증자 등을 제외하면 계속된 회계연도의 1/n이라고 표현할 수도 있다.

MEMO

Chapter

# 5 관리비 관련 공동주택관리법령 등

제 1 장 공동주택관리법 제정 이유

제 2 장 관리비 관련 공동주택관리법령 체계

제 3 장 관리비 관련 공동주택관리규약준칙 표준안

# 제 1 장 공동주택관리법 제정 이유

종전에는 공동주택관리 전반에 대하여 주택법 중 제5장 주택의 관리에서 규정하고 있었으나, 공동주택관리법이 2015.8.11 법률 제13474호로 제정되고, 공동주택관리법시행령이 2016.8.12부터 시행되면서 주택법령의 관련 규정이 공동주택관리법령으로 그대로 이관되거나 일부 개정되었다.

우리나라 국민의 약 70퍼센트가 공동주택에 거주하고, 공동주택의 관리비, 사용료, 장기수선충당금 등 공동주택 관리와 관련된 비용만도 연간 11조 6천억원에 이르는 등 공동주택 관리의 중요성은 과거 어느 때보다도 커지고 있다. 그러나 공동주택관리 자치기구인 입주자대표회의의 구성·운영이나 관리비 등을 둘러싸고 많은 민원과 분쟁이 발생하고, 공동주택 내 각종 시설에 대한 체계적인 관리도 미흡하여 공동주택을 오랫동안 안전하게 사용할 수 있는 기반 마련이 어려운 것이 사실이었다.

따라서 이제는 공동주택 관리를 보다 전문적이고도 체계적으로 지원할 필요성이 제기되고 있으나, 기존 주택법은 주택에 관한 건설과 공급, 관리, 자금 조달의 내용을 모두 포함하고 있어, 공동주택 관리를 체계적·효율적으로 지원하기에는 한계가 있었다. 이에 주택법 중 공동주택 관리와 관련된 내용만을 분리하면서 일부 운용상 미비점을 보완하는 내용으로 별도의 공동주택관리 전문법률을 제정하여 공동주택을 체계적·효율적이고도 전문적으로 관리하고자 한 것이다.

# 제 2 장 관리비 관련 공동주택관리법령 체계

관리비 관련 공동주택관리법 및 공동주택관리법시행령의 조문 내용은 다음과 같다. 관리비 이외의 조문 내용은 생략한다(※ 표시는 부가설명이다).

| 공동주택관리법<br>(2015.8.11. 법률 제13474호 제정) | 공동주택관리법시행령<br>(2017.1.10. 대통령령 제27780호 일부개정) |
|---|---|
| 제1장 총칙<br>제1조~제4조 | 제1장 총칙<br>제1조~제2조 |
| 제2장 공동주택의 관리방법<br>제5조~제13조 | 제2장 공동주택의 관리방법<br>제3조~제10조 |
| 제3장 입주자대표회의 및 관리규약<br>제14조~제22조 | 제3장 입주자대표회의 및 관리규약<br>제11조~제22조 |
| **제4장 관리비 및 회계운영** | **제4장 관리비 및 회계운영** |
| **제23조 관리비 등의 납부 및 공개 등**<br>① 의무관리대상 공동주택의 입주자등은 그 공동주택의 유지관리를 위하여 필요한 관리비를 관리주체에게 납부하여야 한다.<br>② 제1항에 따른 관리비의 내용 등에 필요한 사항은 대통령령으로 정한다.<br>③ 제1항에 따른 관리주체는 입주자등이 납부하는 대통령령으로 정하는 사용료 등을 입주자등을 대행하여 그 사용료 등을 받을 자에게 납부할 수 있다.<br>④ 제1항에 따른 관리주체는 다음 각 호의 내역(항목별 산출내역을 말하며, 세대별 부과내역은 제외한다)을 대통령령으로 정하는 바에 따라 해당 공동주택단지의 인터넷 홈페이지[인터넷 홈페이지가 없는 경우에는 인터넷포털에서 제공하는 유사한 기능의 웹사이트(관리주체가 운영·통제하는 경우에 한정한다), 해당 공동주택단지의 관리사무소나 게시판 등을 말한다. 이하 같다]와 제88조제1항에 따라 국토교통부장관이 구축·운영하는 공동주택관리정보시스템(이하 "공동주택관리정보시스템"이라 한다)에 공개하여야 한다. 다만, 공동주택관리정보시스템에 공개하기 곤란한 경우로서 대통령령으로 정하는 경우에는 해당 공동주택단지의 인터넷 홈페이지에만 공개할 수 있다.<br>1. 제2항에 따른 관리비<br>2. 제3항에 따른 사용료 등<br>3. 제30조제1항에 따른 장기수선충당금과 그 적립금액<br>4. 그 밖에 대통령령으로 정하는 사항<br>⑤ 의무관리대상이 아닌 공동주택으로서 대통령령으로 정하는 세대 수 이상인 공동주택의 관 | **제23조 관리비 등**<br>① 법 제23조에 따른 관리비는 다음 각 호의 비목의 월별 금액의 합계액으로 하며, 비목별 세부명세는 별표 2와 같다.<br>1. 일반관리비<br>2. 청소비<br>3. 경비비<br>4. 소독비<br>5. 승강기유지비<br>6. 지능형 홈네트워크 설비 유지비<br>7. 난방비(「주택건설기준 등에 관한 규정」 제37조에 따라 난방열량을 계량하는 계량기 등이 설치된 공동주택의 경우에는 그 계량에 따라 산정한 난방비를 말한다)<br>8. 급탕비<br>9. 수선유지비(냉방·난방시설의 청소비를 포함한다)<br>10. 위탁관리수수료<br>② 관리주체는 다음 각 호의 비용에 대해서는 제1항에 따른 관리비와 구분하여 징수하여야 한다.<br>1. 장기수선충당금<br>2. 제40조제2항 단서에 따른 안전진단 실시비용<br>③ 법 제23조제3항에서 "대통령령으로 정하는 사용료 등"이란 다음 각 호의 사용료 등을 말한다.<br>1. 전기료(공동으로 사용하는 시설의 전기료를 포함한다)<br>2. 수도료(공동으로 사용하는 수도료를 포함한다)<br>3. 가스사용료<br>4. 지역난방 방식인 공동주택의 난방비와 급탕비 |

리인은 관리비 등의 내역을 제4항의 공개방법에 따라 공개하여야 한다. 이 경우 공동주택관리정보시스템 공개는 생략할 수 있으며, 구체적인 공개 내역·기한 등은 대통령령으로 정한다.

5. 정화조오물수수료
6. 생활폐기물수수료
7. 공동주택단지 안의 건물 전체를 대상으로 하는 보험료
8. 입주자대표회의 운영경비
9. 선거관리위원회 운영경비

④ 관리주체는 **주민공동시설**(※경로당, 어린이집, 주민운동시설, 도서실, 독서실 등을 말한다), 인양기 등 공용시설물의 이용료를 해당 시설의 이용자에게 따로 부과할 수 있다. 이 경우 제29조에 따라 주민공동시설의 운영을 위탁한 경우의 주민공동시설 이용료는 주민공동시설의 위탁에 따른 수수료 및 주민공동시설 관리비용 등의 범위에서 정하여 부과·징수하여야 한다.

⑤ 관리주체는 보수가 필요한 시설[누수되는 시설을 포함한다]이 2세대 이상의 공동사용에 제공되는 것인 경우에는 직접 보수하고 해당 입주자등에게 그 비용을 따로 부과할 수 있다.

⑥ 관리주체는 제1항부터 제5항까지의 규정에 따른 관리비 등을 통합하여 부과하는 때에는 그 수입 및 집행세부내용을 쉽게 알 수 있도록 정리하여 입주자등에게 알려주어야 한다.

⑦ 관리주체는 제1항부터 제5항까지의 규정에 따른 관리비 등을 다음 각 호의 금융기관 중 입주자대표회의가 지정하는 금융기관에 예치하여 관리하되, 장기수선충당금은 별도의 계좌로 예치·관리하여야 한다. 이 경우 계좌는 법 제64조제5항에 따른 관리사무소장의 직인 외에 입주자대표회의의 회장 인감을 복수로 등록할 수 있다.

1. 「은행법」에 따른 은행
2. 「중소기업은행법」에 따른 중소기업은행
3. 「상호저축은행법」에 따른 상호저축은행
4. 「보험업법」에 따른 보험회사
5. 그 밖의 법률에 따라 금융업무를 하는 기관으로서 국토교통부령으로 정하는 기관

⑧ 제1항부터 제5항까지의 규정에 따른 관리비 등을 입주자등에게 부과한 관리주체는 법 제23조제4항에 따라 그 명세(제1항제7호·제8호 및 제3항제1호부터 제4호까지는 사용량을, 장기수선충당금은 그 적립요율 및 사용한 금액을 각각 포함한다)를 다음 달 말일까지 해당 공동

| | |
|---|---|
| | 주택단지의 인터넷 홈페이지 및 동별 게시판(통로별 게시판이 설치된 경우에는 이를 포함한다. 이하 같다)과 법 제88조제1항에 따른 공동주택관리정보시스템(이하 "공동주택관리정보시스템"이라 한다)에 공개하여야 한다. 잡수입(재활용품의 매각 수입, 복리시설의 이용료 등 공동주택을 관리하면서 부수적으로 발생하는 수입을 말한다. 이하 같다)의 경우에도 동일한 방법으로 공개하여야 한다.<br>⑨ 법 제23조제5항 전단에서 "대통령령으로 정하는 세대 수"란 100세대(주택 외의 시설과 주택을 동일 건축물로 건축한 건축물의 경우 주택을 기준으로 한다)를 말한다.<br>⑩ 법 제23조제5항 전단에 따른 공동주택의 관리인은 다음 각 호의 관리비 등을 제8항의 방법(공동주택관리정보시스템은 제외한다)에 따라 다음 달 말일까지 공개해야 한다.<br>1. 제23조제1항제1호부터 제10호까지의 비목별 월별 합계액<br>2. 장기수선충당금<br>3. 제23조제3항제1호부터 제9호까지의 각각의 사용료<br>4. 잡수입 |
| **제24조 관리비예치금**<br>① 관리주체는 해당 공동주택의 공용부분의 관리 및 운영 등에 필요한 경비(이하 "관리비예치금"이라 한다)를 공동주택의 소유자로부터 징수할 수 있다.<br>② 관리주체는 소유자가 공동주택의 소유권을 상실한 경우에는 제1항에 따라 징수한 관리비예치금을 반환하여야 한다. 다만, 소유자가 관리비·사용료 및 장기수선충당금 등을 미납한 때에는 관리비예치금에서 정산한 후 그 잔액을 반환할 수 있다.<br>③ 관리비예치금의 징수·관리 및 운영 등에 필요한 사항은 대통령령으로 정한다. | **제24조 관리비예치금의 징수**<br>사업주체는 법 제11조제1항에 따라 입주예정자의 과반수가 입주할 때까지 공동주택을 직접 관리하는 경우에는 입주예정자와 관리계약을 체결하여야 하며, 그 관리계약에 따라 법 제24조제1항에 따른 관리비예치금을 징수할 수 있다. |
| **제25조 관리비등의 집행을 위한 사업자선정**<br>의무관리대상 공동주택의 관리주체 또는 입주자대표회의가 제23조제4항제1호부터 제3호(※관리비, 사용료 등, 장기수선충당금을 말한다)까지의 어느 하나에 해당하는 금전 또는 제38조제1항에 따른 | **제25조 관리비등의 집행을 위한 사업자 선정**<br>① 법 제25조에 따라 관리주체 또는 입주자대표회의는 다음 각 호의 구분에 따라 사업자를 선정(계약의 체결을 포함한다. 이하 이 조에서 같다)하고 집행해야 한다. |

하자보수보증금과 그밖에 해당 공동주택단지에서 발생하는 모든 수입에 따른 금전(이하 "관리비등"이라 한다)을 집행하기 위하여 사업자를 선정하려는 경우 다음 각 호의 기준을 따라야 한다.

1. 전자입찰방식으로 사업자를 선정할 것. 다만, 선정방법 등이 전자입찰방식을 적용하기 곤란한 경우(※적격심사제를 말한다)로서 국토교통부장관이 정하여 고시하는 경우에는 전자입찰방식으로 선정하지 아니할 수 있다.
2. 그 밖에 입찰의 방법 등 대통령령으로 정하는 방식을 따를 것

1. 관리주체가 사업자를 선정하고 집행하는 다음 각 목의 사항
   가. 청소, 경비, 소독, 승강기유지, 지능형 홈네트워크, 수선·유지(냉방·난방시설의 청소를 포함한다)를 위한 용역 및 공사
   나. 주민공동시설의 위탁, 물품의 구입과 매각, 잡수입의 취득(제29조의3 제1항 각 호의 시설의 임대에 따른 잡수입의 취득은 제외한다), 보험계약 등 국토교통부장관이 정하여 고시하는 사항
2. 입주자대표회의가 사업자를 선정하고 집행하는 다음 각 목의 사항
   가. 법 제38조제1항에 따른 하자보수보증금을 사용하여 보수하는 공사
   나. 사업주체로부터 지급받은 공동주택 공용부분의 하자보수비용을 사용하여 보수하는 공사
3. 입주자대표회의가 사업자를 선정하고 관리주체가 집행하는 다음 각 목의 사항
   가. 장기수선충당금을 사용하는 공사
   나. 전기안전관리(「전기안전관리법」 제22조 제2항 및 제3항에 따라 전기설비의 안전관리에 관한 업무를 위탁 또는 대행하게 하는 경우를 말한다)를 위한 용역

② 법 제25조제1호에 따른 전자입찰방식에 대해서는 제5조제1항을 준용한다.

③ 법 제25조제2호에서 "입찰의 방법 등 대통령령으로 정하는 방식"이란 다음 각 호에 따른 방식을 말한다.

1. 국토교통부장관이 정하여 고시하는 경우 외에는 경쟁입찰로 할 것. 이 경우 다음 각 목의 사항은 국토교통부장관이 정하여 고시한다.
   가. 입찰의 절차
   나. 입찰 참가자격
   다. 입찰의 효력
   라. 그밖에 사업자의 적정한 선정을 위하여 필요한 사항
2. 입주자대표회의의 감사가 입찰과정 참관을 원하는 경우에는 참관할 수 있도록 할 것

④ 입주자등은 기존 사업자(용역 사업자만 해당한다. 이하 이 항에서 같다)의 서비스가 만족스럽지 못한 경우에는 전체 입주자등의 과반수

| | |
|---|---|
| | 의 서면동의로 새로운 사업자의 선정을 위한 입찰에서 기존 사업자의 참가를 제한하도록 관리주체 또는 입주자대표회의에 요구할 수 있다. 이 경우 관리주체 또는 입주자대표회의는 그 요구에 따라야 한다. |
| | **제26조 관리비등의 사업계획 및 예산안 수립 등**<br>① 의무관리대상 공동주택의 관리주체는 다음 회계연도에 관한 관리비등의 사업계획 및 예산안을 매 회계연도 개시 1개월 전까지 입주자대표회의에 제출하여 승인을 받아야 하며, 승인사항에 변경이 있는 때에는 변경승인을 받아야 한다.<br>② 제10조제1항에 따라 사업주체 또는 의무관리대상 전환 공동주택의 관리인으로부터 공동주택의 관리업무를 인계받은 관리주체는 지체 없이 다음 회계연도가 시작되기 전까지의 기간에 대한 사업계획 및 예산안을 수립하여 입주자대표회의의 승인을 받아야 한다. 다만, 다음 회계연도가 시작되기 전까지의 기간이 3개월 미만인 경우로서 입주자대표회의 의결이 있는 경우에는 생략할 수 있다.<br>③ 의무관리대상 공동주택의 관리주체는 회계연도마다 사업실적서 및 결산서를 작성하여 회계연도 종료 후 2개월 이내에 입주자대표회의에 제출하여야 한다. |
| **제26조 회계감사**<br>① 300세대 이상인 공동주택의 관리주체는 대통령령으로 정하는 바에 따라 「주식회사 등의 외부감사에 관한 법률」 제2조제7호에 따른 감사인(이하 이 조에서 "감사인"이라 한다)의 회계감사를 매년 1회 이상 받아야 한다. 다만, 회계감사를 받지 아니하기로 해당 공동주택 입주자등의 3분의 2 이상의 서면동의를 받은 연도에는 그러하지 아니하다.<br>② 300세대 미만인 공동주택으로서 의무관리대상 공동주택의 관리주체는 다음 각 호의 어느 하나에 해당하는 경우 감사인의 회계감사를 받아야 한다.<br>1. 입주자등의 10분의 1 이상이 연서하여 요구한 경우<br>2. 입주자대표회의에서 의결하여 요구한 경우 | **제27조 관리주체에 대한 회계감사 등**<br>① 법 제26조제1항 또는 제2항에 따라 회계감사를 받아야 하는 공동주택의 관리주체는 매 회계연도 종료 후 9개월 이내에 다음 각 호의 재무제표에 대하여 회계감사를 받아야 한다.<br>1. 재무상태표<br>2. 운영성과표<br>3. 이익잉여금처분계산서(또는 결손금처리계산서)<br>4. 주석<br>② 제1항의 재무제표를 작성하는 회계처리기준은 국토교통부장관이 정하여 고시한다.<br>③ 국토교통부장관은 제2항에 따른 회계처리기준의 제정 또는 개정의 업무를 외부 전문기관에 위탁할 수 있다.<br>④ 제1항에 따른 회계감사는 공동주택 회계의 특 |

③ 관리주체는 제1항 또는 제2항에 따라 회계감사를 받은 경우에는 감사보고서 등 회계감사의 결과를 제출받은 날부터 1개월 이내에 입주자대표회의에 보고하고 해당 공동주택단지의 인터넷 홈페이지 및 동별 게시판에 공개하여야 한다.

④ 제1항 또는 제2항에 따른 회계감사의 감사인은 입주자대표회의가 선정한다. 이 경우 입주자대표회의는 시장·군수·구청장 또는 「공인회계사법」 제41조에 따른 한국공인회계사회에 감사인의 추천을 의뢰할 수 있으며, 입주자등의 10분의 1 이상이 연서하여 감사인의 추천을 요구하는 경우 입주자대표회의는 감사인의 추천을 의뢰한 후 추천을 받은 자 중에서 감사인을 선정하여야 한다.

⑤ 제1항 또는 제2항에 따라 회계감사를 받는 관리주체는 다음 각 호의 어느 하나에 해당하는 행위를 하여서는 아니 된다.

1. 정당한 사유 없이 감사인의 자료열람·등사·제출 요구 또는 조사를 거부·방해·기피하는 행위
2. 감사인에게 거짓 자료를 제출하는 등 부정한 방법으로 회계감사를 방해하는 행위 제26조 회계감사

⑥ 제1항 또는 제2항에 따른 회계감사의 감사인은 회계감사 완료일부터 1개월 이내에 회계감사 결과를 해당 공동주택을 관할하는 시장·군수·구청장에게 제출하고 공동주택관리정보시스템에 공개하여야 한다.

수성을 고려하여 제정된 회계감사기준에 따라 실시되어야 한다.

⑤ 제4항에 따른 회계감사기준은 「공인회계사법」 제41조에 따른 한국공인회계사회가 정하되, 국토교통부장관의 승인을 받아야 한다.

⑥ 감사인은 제1항에 따라 관리주체가 회계감사를 받은 날부터 1개월 이내에 관리주체에게 감사보고서를 제출하여야 한다.

⑦ 입주자대표회의는 법 제26조제1항에 따른 감사인에게 감사보고서에 대한 설명을 하여 줄 것을 요청할 수 있다.

⑧ 공동주택 회계감사의 원활한 운영 등을 위하여 필요한 사항은 국토교통부령으로 정한다.

### 제27조 회계서류의 작성·보관 및 공개 등

① 의무관리대상 공동주택의 관리주체는 관리비등의 징수·보관·예치·집행 등 모든 거래 행위에 관하여 장부를 월별로 작성하여 그 증빙서류와 함께 해당 회계연도 종료일부터 5년 간 보관하여야 한다. 이 경우 관리주체는 「전자문서 및 전자거래 기본법」 제2조제2호에 따른 정보처리시스템을 통하여 장부 및 증빙서류를 작성하거나 보관할 수 있다.

② 국토교통부장관은 제1항에 따른 회계 서류에 필요한 사항을 정하여 고시할 수 있다.

③ 제1항에 따른 관리주체는 입주자등이 제1항에 따른 장부나 증빙서류, 그 밖에 대통령령으로

### 제28조 열람대상 정보의 범위

① 법 제27조제2항 각 호 외의 부분 본문에서 "대통령령으로 정하는 정보"란 제26조에 따른 관리비등의 사업계획, 예산안, 사업실적서 및 결산서를 말한다.

② 관리주체는 다음 각 호의 사항을 그 공동주택단지의 인터넷 홈페이지에 공개하거나 입주자등에게 개별 통지하여야 한다. 다만, 입주자등의 세대별 사용명세 및 연체자의 동·호수 등 기본권 침해의 우려가 있는 것은 공개하지 아니한다.

1. 입주자대표회의의 소집 및 그 회의에서 의결한 사항

| | |
|---|---|
| 정하는 정보(※관리비등의 사업계획 및 예산안, 사업실적서 및 결산서를 말한다)의 열람을 요구하거나 자기의 비용으로 복사를 요구하는 때에는 관리규약으로 정하는 바에 따라 이에 응하여야 한다. 다만, 다음 각 호의 정보는 제외하고 요구에 응하여야 한다.<br>1. 「개인정보 보호법」 제24조에 따른 고유식별정보 등 개인의 사생활의 비밀 또는 자유를 침해할 우려가 있는 정보<br>2. 의사결정과정 또는 내부검토과정에 있는 사항 등으로서 공개될 경우 업무의 공정한 수행에 현저한 지장을 초래할 우려가 있는 정보 | 2. 관리비등의 부과명세(제23조제1항부터 제4항까지의 관리비, 사용료 및 이용료 등에 대한 항목별 산출명세를 말한다) 및 연체 내용<br>3. 관리규약 및 장기수선계획·안전관리계획의 현황<br>4. 입주자등의 건의사항에 대한 조치결과 등 주요업무의 추진상황<br>5. 동별 대표자의 선출 및 입주자대표회의의 구성원에 관한 사항<br>6. 관리주체 및 공동주택관리기구의 조직에 관한 사항 제28조 열람대상 정보의 범위 |
| **제28조 계약서의 공개**<br>의무관리대상 공동주택의 관리주체 또는 입주자대표회의는 제7조제1항 또는 제25조에 따라 선정한 주택관리업자 또는 공사, 용역 등을 수행하는 사업자와 계약을 체결하는 경우 계약 체결일부터 1개월 이내에 그 계약서를 해당 공동주택단지의 인터넷 홈페이지 및 동별 게시판에 공개하여야 한다. 이 경우 제27조제3항제1호의 정보는 제외하고 공개하여야 한다. | |
| | 제29조 주민공동시설의 위탁 운영 |
| 제5장 시설관리 및 행위허가<br>제29조~제35조 | 제5장 시설관리 및 행위허가<br>제30조~제35조 |
| 제6장 하자담보책임 및 하자분쟁조정<br>제36조~제51조 | 제6장 하자담보책임 및 하자분쟁조정<br>제36조~제64조 |
| 제7장 공동주택의 전문관리<br>제52~제70조 | 제7장 공동주택의 전문관리<br>제65조~제81조 |
| 제8장 공동주택관리 분쟁조정<br>제71조~제80조 | 제8장 공동주택관리 분쟁조정<br>제82조~제87조 |
| 제9장 협회<br>제81조~제84조 | 제9장 협회<br>제88조~제91조 |
| 제10장 보칙<br>제85조~제96조 | 제10장 보칙<br>제92조~제99조 |
| 제11장 벌칙<br>제97조~제102조 | 제11장 벌칙<br>제100조 |

제 3 장

# 관리비 관련 공동주택관리규약준칙 표준안

공동주택관리법 제18조에 따라 시·도지사는 공동주택의 입주자등을 보호하고 주거생활의 질서를 유지하기 위하여 관리비예치금의 관리 및 운용방법, 관리비의 세대별부담액 산정방법, 징수, 보관, 예치 및 사용절차, 관리비를 납부하지 아니한 자에 대한 조치 및 가산금의 부과, 장기수선충당금의 요율 및 사용절차, 회계관리 및 회계감사에 관한 사항 등 29개 항목에 대하여 공동주택의 관리 또는 사용에 관하여 준거가 되는 관리규약의 준칙을 정하여야 한다.

또한 입주자등은 관리규약준칙을 참조하여 관리규약을 정한다. 2016.8.29 대한주택관리사협회에서 2016.8.12. 공동주택관리법령이 제정·시행됨을 계기로 공동주택 관리업무에 참고할 수 있도록 '공동주택관리규약준칙 표준안'을 제시하였는데, 그 내용 중 관리비 관련 조항의 내용은 다음과 같다.

**제81조【관리비예치금】**

① 영 제24조에 따라 소유자는 해당 주택을 소유하는 기간 동안 관리비예치금을 관리주체에 예치해야 한다.

② 소유자가 전출하는 경우 양도인과 양수인간에 그 권리를 상계한다. 다만, 양도자와 양수자가 서로 상계를 하지 않고 양도자가 관리주체에게 관리비 예치금의 반환을 요구할 때는 이에 따라 반환해야 한다.

③ 관리주체는 소유자가 전출하는 경우에는 관리비예치금을 반환해야 한다. 다만, 양도인과 양수인간에 그 권리를 상계하는 경우에는 그렇지 않다.

④ 관리주체는 관리비예치금을 재건축 등의 사유로 입주자가 해산할 경우 해산 당시의 소유자에게 반환해야 한다.

**제82조【관리비의 세대별 부담액 산정방법】**

관리비의 세대별 부담액 산정방법에 대해서는 〔별표 4〕에 따른다.

**제83조【사용료의 세대별 부담액 산정방법】**

① 공동시설의 사용료의 세대별 부담액 산정방법은 〔별표 5〕에 따른다.

② 입주자등의 편의를 위하여 관리주체가 징수권자를 대행하는 영 제23조제3항 각 호에 따른 사용료는 〔별표 6〕에 따른다.

**제84조【관리비등의 산정기간 등】**

관리비등의 산정기간은 매월 1일부터 말일까지로 한다. 다만, 전기·수도·가스·지역난방 등의 사용료는 징수권자의 약관 등에 따른다.

**제85조【관리비등의 납부기한】**

① 관리비등의 납부기한은 익월 ○○일로 한다. 다만, 납기일이 공휴일인 경우에는 금융기관의 다음의 첫 근무일까지로 한다.

② 관리주체는 전출하는 입주자등이 관리비등에 대한 정산을 요청한 경우 입주자등이 전출하는 날을 기준으로 다음과 같이 산정한다. 다만, 검침이 가능한 사용료(수도, 전기 등)는 검침계량에 따라 정산한다.

* 중간정산 = [전출 전 3개월 평균 관리비/당월일수×당월 거주일수]×100분의 5(편차율) 가산

③ 전출자는 관리비 등을 전출하기 전까지 납부하는 것을 원칙으로 한다.

**제86조【관리비등의 징수·보관·예치】**

① 관리비 등의 납부고지서는 동·호수 및 관리비 등의 비목별 금액, 납부기한, 납부장소 등을 명시하여 납기일 7일 전까지 입주자등에게 배부해야 한다.

② 제1항의 납부고지서에는 관리비 및 사용료와 별도로 장기수선충당금을 구분하여 표시해야 한다.

③ 제1항의 납부고지서에는 해당 공동주택 단지 내에서 발생한 잡수입 총액과 관리비 차감에 사용한 잡수입 총액, 이로 인해 차감된 세대별 관리비 인하액 등을 입주자등이 쉽게 알 수 있도록 납부고지서에 포함해야 한다.

④ 관리비 등은 목적 외의 용도로 사용할 수 없다.

⑤ 관리비 등의 납부는 체납된 관리비 등부터 먼저 납부해야 한다.

⑥ 전기·수도·가스 등의 사용료는 서비스를 제공하는 자의 약관에 따르되, 관리주체는 사용료 징수 대행에 따른 잉여금이 발생하지 않도록 해야 하며, 잉여금이 발생한 경우 즉시 반환하거나, 익월 사용료에서 차감해야 한다.

**제87조【관리비 및 사용료 등의 집행 및 공개】**

① 관리주체는 영 제26조제1항에 따라 입주자대표회의에서 승인 받은 예산에 따라 관리비를 집행해야 한다.

② 영 제23조제3항 각 호에 따른 전기·수도 등의 사용료 등은 금융기관에서 자동이체하여 납부하는 것을 원칙으로 한다. 다만, 입주자대표회의의 운영비 및 선거관리위원회 운영경비 등 예산으로 정하는 비목은 제1항에 따른다.

③ 관리주체는 관리비등의 월별 징수·사용·보관 및 예치 등에 관한 자료를 공개해야 한다(단, 법 제27조제2항 각호에 의한 정보는 제외한다)

**제88조【장기수선충당금의 세대별 부담액 산정방법 등】**

① 영 제30조제1항에 따른 "장기수선충당금의 요율"은 연차별로 다음 각 호의 적립요율에 따라 산정함을 말한다.

1. 20 년부터~20 년까지 : ○○퍼센트 (예: 10퍼센트)
2. 20 년부터~20 년까지 : ○○퍼센트 (예: 30퍼센트)
3. 20 년부터~20 년까지 : ○○퍼센트 (예: 60퍼센트)
4. 20 년~100퍼센트

**제89조【장기수선충당금의 집행 및 공개】**

관리주체는 직전년도 12월 31일을 기준으로 장기수선계획에 따라 적립해야하는 장기수선충당금, 실제로 적립한 장기수선충당금, 집행금액(공사명 및 지출금액 등을 포함한다) 및 잔액을 입주자등이 잘 알 수 있도록 〔별지 제6호 서식〕에 따라 작성하여 매년 3월말까지 게시판과 공동주택의 인터넷 홈페이지 등에 공개해야 한다.

**제90조【관리비 등의 연체료】**

① 관리비 등을 납부기한 내에 납부하지 않은 입주자등에 대하여는 〔별표 7〕의 연체요율에 따라 가산금을 부과한다.

② 관리주체는 장기 체납관리비 등 부득이한 사유로 분할 납부하는 경우 미수연체료·미수관리비, 납부금의 순위로 충당하며, 미수관리비 중 전유부분에 한하여 지정변제충당을 할 수 있다.

**제91조【잡수입의 집행 및 회계처리 등】**

① 잡수입은 관리비 등의 회계처리와 같은 방법으로 처리한다.

② 관리주체는 입주자대표회의의 의결을 거쳐 잡수입을 공동체 활성화와 주민자치 활동 촉진을 위해 필요한 비용으로 우선 지출할 수 있다.

③ 제2항에 따른 잡수입의 지출 후 집행잔액 중 입주자가 적립에 기여한 다음 각 호의 사항은 장기수선충당금으로 적립한다.

1. 중계기 설치에서 발생한 잡수입
2. 공동주택 어린이집 운영에 따른 임대료 등 잡수입
3. 공동이용 승용 주차장 임대료 등 잡수입
4. 그밖에 입주자가 적립에 기여한 잡수입

④ 제2항에 따른 잡수입의 지출 후 집행잔액 중 입주자와 사용자가 함께 적립에 기여한 다음 각 호의 잡수입은 그 금액에 대해 관리비에서 차감하거나 관리비 예비비적립금로 적립한다.

1. 재활용품 판매에서 발생한 잡수입
2. 알뜰시장 운영에서 발생한 잡수입
3. 광고판 게시 등에서 발생한 잡수입
4. 그밖에 입주자와 사용자가 적립에 함께 기여한 잡수입

⑤ 분양주택과 임대주택이 혼합된 단지의 잡수입은 각 세대수에 비례하여 분배한 후, 제2항부터 제4항에 따라 처리한다.

⑥ 관리주체가 예비비적립금를 집행하고자 할 때에는 관리비의 지출비목·지출사유·금액 등을 작성하여 입주자대표회의의 의결을 얻어야 한다.

⑦ 잡수입은 [별지 제6-1호 서식]에 따라 수납현황 및 사용내역을 매월 게시판과 인터넷 홈페이지 등에 공개해야 한다.

⑧ 관리주체는 공용부분의 활용을 통해 발생한 수입(광고, 승강기, 주차장, 재활용품 매각 등)을 [별지 제6-2호 서식]에 따라 수납영수증 및 지출 증빙자료를 5년간 관리 및 보관한다.

### [별표 4] 관리비의 세대별 부담액 산정방법 (제82조 관련)

| 비목 | 세대별 부담액 산정방법 |
|---|---|
| 1. 일반관리비 | • 예산을 12개월로 분할하여 매월 주택공급면적에 따라 배분한다. |
| 2. 청소비 | • 예산을 12개월로 분할하여 매월 ○○에 따라 배분한다.<br>다만, 용역시에는 월간 용역대금을 ○○에 따라 배분한다. |
| 3. 경비비 | |
| 4. 소독비 | |
| 5. 승강기유지비 | • 예산을 12개월로 분할하여 매월 ○○에 따라 배분한다.<br>다만, 용역시에는 월간 용역대금을 ○○에 따라 배분한다.<br>• ○층 이하 제외 |
| 6. 난방비 | • 중앙난방방식인 공동주택의 경우 계량기가 설치된 경우에는 그 계량에 따라 세대별 난방비를 산정한다. 다만, 계량기가 설치되지 아니하였거나 이를 사용할 수 없는 경우에는 월간 실제 소요된 비용을 ○○에 따라 배분한다.<br>* 난방비 = 유류대(가스비) - 급탕비 |
| 7. 급탕비 | • 세대별로 사용량(㎥당)에 1㎥당 단가(입주자대표회의에서 의결한다)를 곱하여 산정한다. |
| 8. 지능형 홈네트워크 설비유지비 | • 예산을 12개월로 분할하여 매월 ○○에 따라 배분한다.<br>다만, 용역시에는 월간 용역대금을 ○○에 따라 배분한다. |
| 9. 수선유지비 | • 예산을 12개월로 분할하여 주택공급면적에 따라 배분한다. |
| 10. 위탁관리수수료 | • 주택관리업자에게 위탁하여 관리하는 경우 주택관리업자와 입주자대표회의와 체결한 매월 위탁관리수수료를 주택공급면적에 따라 배분한다. |

[별표 5] 공동사용료의 산정방법 (제83조제1항 관련)

| 비목 | | 세대별 부담액 산정방법 |
|---|---|---|
| 공동전기료 | 공용시설 전기료 | • 공용시설인 중앙난방방식의 보일러, 급수펌프, 소방펌프, 가로등, 지하주차장 및 관리사무소 등의 부대시설 및 복리시설에서 사용하는 전기료로 구성하며, 월간 실제 소요된 비용을 주택공급면적에 따라 배분한다.<br>* 일반용, 산업용, 가로등 전기료를 구분하되, 승강기전기료, 복리시설 중 ○○○의 전기료는 제외한다. |
| | 승강기 전기료 | • 동별로 구분하여(동별로 구분된 계량기가 설치된 경우) 월간 실제 소요된 비용을 ○층 이하를 제외하고 ○○에 의하여 배분한다. |
| 공동 수도료 | | • 월간 실제 소요된 비용을 주택공급면적에 따라 배분한다.<br>* 복리시설 중 ○○○의 수도료는 사용자가 부담하도록 할 수 있다. |

[별표 6] 사용료의 산정방법 (제83조 제2항 관련)

| 비목 | | 세대별 부담액 산정방법 |
|---|---|---|
| 1. 세대전기료 | 전기료 | • 관리주체가 전기요금을 입주자등으로부터 징수하여 한국전력공사에 납부하는 공동주택에 한하여, 월간 세대별 사용량을 한국전력공사의 전기공급약관에 따라 산정한다.<br>* 관리주체는 "종합계약아파트(주택용 저압) 또는 단일계약아파트(주택용 고압)" 중에서 입주자등에게 유리한 납부방식을 선택하여 한국전력공사와 계약한다. |
| | KBS수신료 | • 한국전력공사에서 전기료 고지서에 통합하여 고지하는 KBS 수신료는 전기료와 구분하여 산정한다. |
| 2. 세대 수도료 | | • 월간 세대별 사용량을 해당 수도공급자의 수도급수조례 또는 공급규정 등에 따라 산정한다.<br>* 관리주체가 세대 수도료를 부과하는 경우에 한한다. |
| 3. 세대 가스료 | | • 월간 세대별 사용량을 해당 가스공급자와 체결한 계약서 또는 공급규정 등에 따라 산정한다.<br>* 관리주체가 세대 가스료를 부과하는 경우에 한한다. |
| 4. 지역난방 | 난방비 | • 지역난방방식인 경우 열량계 및 유량계 등의 계량에 따라 실제 사용량으로 산정한다.<br>* 난방비 = 지역난방 열요금 − 급탕비 |
| | 급탕비 | • 세대별 사용량(㎥당)에 1㎥당 단가(입주자대표회의에서 의결한다)를 곱하여 산정한다. |
| 5. 정화조오물수수료 | | • 용역대금을 12개월로 분할하여 주택공급면적에 따라 산정한다. |
| 6. 생활폐기물수수료 | | • 생활폐기물 수거업자와 계약한 세대별 수수료로 산정한다. |
| 7. 입주자대표회의 운영비 | | • 이 규약 제32조에 의거 예산으로 정한 금액을 12개월로 분할하여 매월 ○○에 따라 산정한다. |
| 8. 건물보험료 | | • 이 규약 제52조 각 호에 따라 가입한 제보험료를 12개월로 분할하여 매월 ○○에 따라 산정한다. |
| 9. 선거관리위원회 운영경비 | | • 이 규약 제32조에 의거 연간 예산으로 정한 금액을 12개월로 분할하여 매월 ○○에 따라 산정한다. |
| 기 타 | | • 주민공동시설, 인양기 등 공동시설물의 이용료 : 입주자대표회의에서 정하는 부과기준에 따른다.<br>• 2세대 이상의 공동사용에 제공되는 시설보수비 : 실제로 소요된 보수비용을 부과한다. |

MEMO

Chapter

# 6 공동주택회계 처리기준

# 공동주택회계처리기준

[시행 2023. 6. 13.] [국토교통부고시 제2023-300호, 2023. 6. 13., 일부개정]

공동주택회계처리기준은 공동주택관리법시행령 제27조제2항에서 회계감사의 대상이 되는 재무제표를 작성하는 회계처리기준은 국토교통부장관이 정하도록 규정함에 따라, 기존 시·도별 공동주택관리규약준칙으로 상이하게 규정된 회계처리기준을 통일하고, 일관된 회계처리기준에 따른 객관성 확보를 위하여 2016.8.31 국토교통부 고시로 제정하였으며, 그 내용은 다음과 같다.

## 제1장 총칙

**제1조(목적)**

이 기준은 공동주택관리법시행령 제27조제2항 및 제3항에 따라 관리주체가 공동주택관리의 회계 업무를 공정하고 명확하게 처리하고 입주자와 사용자 등 이해관계자에게 유용한 재무적 정보를 제공하는 데 필요한 사항을 규정함을 목적으로 한다.

**제2조(용어의 정의)**

이 기준에서 사용하는 용어는 공동주택관리법(이하 "법"이라 한다), 같은 법 시행령(이하 "영"이라 한다) 및 시행규칙(이하 이들을 통칭하여 "공동주택관리법령"이라 한다)에서 정하는 용어와 같다.

**제3조(회계연도)**

공동주택의 회계연도는 매년 1월 1일부터 12월 31일까지로 한다.

**제4조(회계처리 원칙)**

관리주체의 회계처리와 재무보고는 복식부기 방식과 발생주의 회계를 적용하여 다음 각 호의 일반원칙에 따라 처리하여야 한다. 다만, 관리외수익은 공동주택단지에서 각 계정별로 발생주의 회계 또는 현금주의 회계를 선택하여 적용하되 매 회계연도마다 계속성을 유지하여야 한다.

1. 회계는 재무상의 자료를 일반적으로 인정된 회계원칙에 따라 처리하여야 한다.
2. 회계는 일반적으로 공정하다고 인정되는 회계관습에 따라 처리하여야 한다.
3. 회계처리와 보고는 신뢰할 수 있도록 객관적인 자료와 증거에 의하여 공정하게 처리하여야 한다.
4. 중요한 회계 방침과 회계처리기준·과목 및 금액에 대해서는 그 내용을 재무제표상에 충분히 표시하여야 한다.

5. 회계처리에 관한 기준과 추정은 기간별 비교가 가능하도록 기간마다 계속하여 적용하고 정당한 사유 없이 이를 변경해서는 안 된다.
6. 회계처리를 하거나 재무제표를 작성할 때 과목과 금액은 그 중요성에 따라 실용적인 방법을 통해 결정하여야 한다.
7. 회계처리는 거래의 사실과 경제적 실질을 반영할 수 있어야 한다.

**제5조(회계담당자)**

① 관리주체는 회계에 관한 독립된 업무를 담당하기 위해 회계 단위별로 다음의 회계담당자를 두어야 한다.

1. 수입·지출에 관한 업무 : 수입·지출담당
2. 지출원인행위 및 계약에 관한 업무 : 지출원인행위담당 또는 계약담당
3. 재고자산, 유형자산, 물품 및 그 밖의 자산을 관리하는 업무 : 각 자산관리담당

② 회계담당자는 겸직할 수 없다. 다만, 직원의 과소 등으로 겸직이 불가피한 경우에는 그렇지 않다.

**제6조(회계업무의 인계인수)**

회계업무의 인계인수를 할 때에는 인계자가 작성한 문서의 내용을 관리사무소장의 참관 하에 인계자·인수자가 확인하고 이름을 적은 후 도장을 찍어야 한다.

**제7조(회계담당자의 책임)**

① 회계담당자는 공동주택관리법령 및 관리규약과 이 기준에서 정하는 바에 따라 성실하게 그 직분에 따른 회계처리를 하여야 한다.

② 회계담당자는 고의 또는 중대한 과실로 인하여 손해를 끼친 때에는 손해를 배상할 책임이 있다.

③ 현금 또는 물품을 출납·보관하는 사람이 그 보관에 속하는 현금 또는 물품을 망실·훼손하였을 경우 선량한 관리자의 주의를 게을리하지 않았음을 증명하지 못하였을 때에는 변상의 책임을 진다.

**제8조(회계 업무 처리 직인)**

① 관리사무소장이 금융계좌 및 출납관련 회계 업무를 집행할 때에는 법 제64조제5항에 따라 시장·군수 또는 구청장에게 신고한 직인을 사용한다.

② 회계담당자가 회계 업무를 처리할 때에는 해당 회계담당자가 이름을 쓰거나 도장을 찍어야 한다.

**제9조(채권·채무의 소멸 시기)**

① 채권·채무의 회계처리상 소멸 시기는 민법 등 관계 법령에서 정하는 소멸시효에 따른다.

② 제1항에도 불구하고 다음 각 호의 어느 하나에 해당하는 경우에는 소멸시효가 완성되기 전이라도 입주자대표회의의 승인을 받아 해당 채권이 소멸한 것으로 처리할 수 있다.

1. 채무자의 소재가 불분명하고 압류할 수 있는 재산의 가격이 강제집행비용 및 우선채권의

합계액을 초과하지 않은 때
2. 채무자가 사망하고 그 상속재산의 가액이 강제집행비용 및 우선채권의 합계액을 초과하지 않은 때
3. 채권액이 추심비용보다 소액일 때
4. 그 밖의 부득이한 사유가 있는 경우로서 입주자대표회의에서 의결한 때

해설 미수관리비 등 채권은 민법 제163조에 따라 3년의 단기소멸시효로 소멸

## 제2장 회계장부와 전표

### 제10조(회계장부)

① 관리주체는 다음 각 호의 장부를 갖추고 회계사실을 명확하게 기록·유지 및 보관하여야 한다.
1. 현금출납장
2. 총계정원장, 계정별원장
3. 관리비부과명세서
4. 세대별 관리비조정명세서
5. 물품관리대장(공구·기구대장, 비품대장, 저장품관리대장)
6. 그 밖의 지출증빙자료

해설 그 밖의 증빙자료는 실무상 급여대장, 소득세신고납부철, 사회보험관리대장, 지출결의서철, 관리비부과명세서철, 중간관리비정산명세서철, 계약 및 입찰서류철 등을 말한다.

② 제1항 각 호의 장부들을 전산으로 처리하는 경우에는 전산상 장부를 출력하여 보관함으로써 그 작성 및 보관을 갈음할 수 있다.

### 제11조(수기장부의 바르게 고침)

수기로 작성한 장부는 다음 각 호에 따라 바르게 고친다.
1. 장부의 잘못 기록한 사항은 해당 부분을 붉은색으로 두 줄을 긋고 바로 고쳐야 한다.
2. 잘못 기록하여 공란으로 할 필요가 있을 때에는 해당 부분을 붉은색으로 두 줄을 긋고 '공란'이라 붉은색으로 적는다.
3. 장부가 전면 잘못 기록되었거나 공백인 때에는 제1호 및 제2호를 준용한다.
4. 금액은 하나의 행 중 일부가 잘못 기록되었더라도 그 행 전부를 바로 잡아야 한다.
5. 변경한 부분에는 변경 사유를 기재하고 변경한 사람이 도장을 찍어야 한다.
6. 고칠 때에는 약품 등을 사용하여 지워 없애거나 고쳐 적을 수 없다.

### 제12조(장부의 마감)

① 회계장부의 마감은 다음 각 호에 따른다.
1. 현금출납장은 매일 마감한다.
2. 계정별 원장, 그 밖의 명세서는 매월 말에 마감한다.
3. 장부마감 시에는 미리 그 마감잔액을 관계 장부와 대조하여 확인하여야 한다.

4. 관리사무소장의 변경 시에는 인계인수일을 기준으로 각종 회계장부를 마감하여야 한다.

② 전산으로 회계처리하는 경우에는 매월 결산 처리 결과를 출력하여 관리사무소장과 1명 이상의 입주자대표회의의 감사가 이름을 쓰거나 도장을 찍어 보관하여야 한다. 이 경우 감사는 예금잔고 증명과 관계 장부를 대조하여야 한다.

**제13조(장부폐쇄 및 새로 바꿈)**

① 회계장부는 매 회계연도별로 결산 확정 시 폐쇄하며, 차기에 사용할 수 없다.

② 장부의 새로 바꿈은 회계연도 초에 행하고 회계연도의 기간 중에는 특별한 경우를 제외하고는 이를 새로 바꿀 수 없다.

③ 전산으로 회계처리하는 경우에는 월마감 및 연마감이 완료되면 같은 기간에 해당하는 전표의 입력을 할 수 없다.

**제14조(장부의 이월)**

① 회계연도 말에 재무상태표 계정의 모든 잔액을 다음 회계연도 1일자의 새로운 장부에 이월한다.

② 제1항에 따라 이월하는 양이 많은 경우에는 한꺼번에 이월하고 신·구 장부를 같이 갖춰 두어야 한다.

**제15조(장부 마감의 확인)**

① 관리사무소장은 매월 또는 수시로 회계담당자의 장부기입을 확인하여야 한다.

② 전산으로 회계처리를 하는 경우에는 1명 이상의 입주자대표회의의 감사와 관리사무소장이 매년 회계담당자가 연마감을 실시하였는지를 확인하여야 한다.

**제16조(전표)**

① 모든 거래는 전표에 따라 처리한다.

② 전표는 입금 전표·출금 전표·대체 전표로 구분한다.

③ 결의서 또는 증빙서는 전표로 대용할 수 있다. 이 경우 결의서 및 증빙서의 서식에는 전표의 기능이 포함되어야 한다.

④ 전표는 임의로 수정·삭제 등 변경할 수 없다. 다만 잘못 적은 사항의 수정 등 부득이하게 필요한 경우에는 다음 각 호의 절차에 따라 처리한다. 전산으로 회계처리하는 경우 또한 같다.

1. 당일 작성 및 입력된 전표는 업무 담당자가 변경할 수 있다.
2. 작성 및 입력된 전표를 다음 날 이후에 변경(역분개)할 경우에는 관리사무소장의 결재를 받는다.
3. 월별 마감 이후에 작성 및 입력된 전표를 변경(역분개)할 경우에는 위탁관리의 경우에는 주택관리업자, 자치관리의 경우에는 입주자대표회의(경리담당 동별 대표자나 유사한 업무를 수행하는 동별 대표자를 포함한다)의 결재를 받고 그러한 사실을 입주자대표회의의 감사에게 알려야 한다. 다만, 고지서가 이미 발급되어 배부된 경우 등 불가피한 경우에는 결재를 받아 다음 달 부과액에서 변경할 수 있다.

⑤ 전표의 합계금액은 변경하지 못한다. 그 밖의 기재사항에 잘못 적은 것을 바로 잡고자 할 때에는 반드시 관리사무소장이 도장을 찍어야 한다.

⑥ 전표에는 회계담당자와 관리사무소장이 이름을 쓰거나 도장을 찍어 매월 입금전표와 출금전표 및 대체전표를 함께 편철 보관하여야 한다.

### 제17조(증빙서류)

증빙서류는 거래사실의 경위를 입증하여 장부 기록의 증거가 되는 서류로서 특별한 사유로 증빙서류의 작성이 곤란한 경우를 제외하고는 다음 각 호에 따라 작성하여야 한다.

1. 지출결의서
   가. 지출결의서의 지출금액은 고치지 못한다.
   나. 참고란에는 지급의 뜻, 공사·용역명, 품명 및 수량, 산출명세, 부분급 내용과 지급횟수, 선급금 및 개산금의 표시 등 필요한 사항을 명확히 기록하여야 한다.
2. 영수증서
   가. 물품 또는 용역의 공급자가 지정하는 예금계좌 또는 우편대체계좌에 입금함으로써 지급하고 금융기관이 발행하는 입금증명 또는 우체국이 발행하는 영수증서를 보관한다.
   나. 부득이한 사유로 영수증을 받지 못하는 때에는 지급증으로 갈음할 수 있다.
3. 청구서
   가. 청구서의 합계금액은 고치지 못한다.
   나. 청구서와 그 부속서류는 그 내용이 서로 일치하여야 한다.
4. 계약서
   가. 계약서의 합계금액은 고치지 못한다.
   나. 계약서와 그 부속서류는 그 내용이 서로 일치하여야 한다.
5. 대조필 : 급여대장, 인부사역부 등 지출에 필요한 증빙서류를 붙이기 곤란한 경우에는 지출결의서의 참고란에 대조필로써 갈음할 수 있다.
6. 부기증명 : 증명서류와 부기증명을 필요로 하는 사항을 관계증빙서류의 여백에 빨간색으로 기록하고 도장을 찍어야 한다.
7. 적격증빙 : 모든 거래대금에 대한 증빙은 영수증 이외의 세금계산서, 직불·체크카드를 포함한 신용 카드 매출 전표, 현금영수증 등 적격증빙으로 수취하여야 한다. 다만, 거래금액이 3만원 이하로서 적격증빙 수취가 곤란한 경우 영수증으로 갈음할 수 있다.

해설 적격증빙은 법인세법 제116조제2항에 따라 신용카드(직불·체크카드 포함) 매출전표, 현금영수증, 세금계산서, 법인세법 제121조 및 소득세법 제163조에 따른 계산서 등을 말하며 거래명세표, 입금증은 적격증빙이 아니다.

## 제3장 수입 및 지출

**제18조(수입금의 징수)**

① 관리주체가 관리비·사용료·장기수선충당금 등(이하 "관리비등"이라 한다)의 수입금을 징수할 때는 수입결의서에 따라 다음 각 호에 근거한 납입고지서를 발급하여야 한다.

1. 관리비부과명세서
2. 세대별 관리비조정명세서

② 수입금을 징수하는 때에는 고지금액 전액을 징수하는 것을 원칙으로 한다. 다만, 장기 체납 관리비 등 부득이한 사유로 분할 징수하는 경우 미수연체료, 미수관리비, 납부금의 순위로 징수하며, 민법 제476조에 따라 전용부분에 지정변제충당을 할 수 있다.

③ 입주자와 사용자(이하 "입주자등"이라 한다)가 요청한 경우에는 인터넷의 전자우편으로 납입고지서를 발부할 수 있다.

**제19조(납입고지서의 변경금지)**

① 납입고지서의 기록사항 중 금액은 수정하거나 삭제할 수 없다.

② 납입고지서의 발행 후 기록사항의 오류가 발견되었을 때는 지체 없이 변경된 납입고지서를 재발행하여야 한다.

**제20조(장부정리)**

관리비등의 수입금을 징수결정하고 납입고지서를 발급하였을 때에는 수입금징수부 및 그 밖의 필요한 장부에 부과명세 등을 기록하여 수입금 징수근거를 명백히 하여야 한다.

**제21조(납입영수증의 보관)**

수입금이 납입되었을 때에는 납입영수증 등의 관련 증빙서류를 보관하여야 한다.

**제22조(수입금의 취급 및 기장)**

① 모든 수입금은 지정 금융기관에서만 대행 수납하도록 한다.

② 회계담당자는 매일 수납된 수입금에 대하여 전산, 장부, 통장을 통해 확인하고 전표처리하여야 한다.

**제23조(금전의 보관)**

① 시재금의 지급잔액과 마감 후에 출납된 수입현금을 제외하고는 현금을 보관할 수 없다.

② 현금 시재액은 매일 관리사무소장의 검사 후 회계담당자가 금고에 보관하여야 한다.

**제24조(수입금의 관리)**

① 관리주체는 관리비등을 지정 금융기관을 통해 수납 및 예치·보관하여야 한다. 이때 장기수선충당금은 별도의 계좌로 예치·관리하여야 한다.

② 제1항의 예금통장은 회계담당자가 관리하되, 금고에 보관하여야 한다.

**제25조(지출의 원칙)**

지출은 물품 또는 용역 공급자 명의의 금융기관 계좌로 지급하여야 한다. 다만, 다음 각 호의 방법으로 지출하는 경우에는 그렇지 않다.

1. 여비 및 교통비를 지출하는 경우
2. 1건당 10만원 미만을 지출하는 경우
3. 신용 카드 또는 직불·체크 카드로 지출하는 경우

**제26조(지출원인행위)**

① 지출원인행위는 배정된 예산의 범위에서 하여야 한다.

② 지출원인행위를 할 때는 지출원인행위결의서를 작성하여야 한다. 다만, 지출원인행위결의서를 작성하기 곤란한 경우에는 내부결재 문서로서 이를 갈음할 수 있다.

③ 비용예산 중 다음 각 호의 경비는 지출원인행위결의서 작성을 생략할 수 있다.

1. 공공요금, 제세공과
2. 인건비, 여비
3. 그 밖의 정례적인 확정 경비

④ 지출원인행위자는 계약의 해제, 계약금액의 변경 등으로 인하여 그 지출원인행위의 금액을 취소하거나 증액 또는 감액 조정을 하고자 할 때에는 당초의 지출원인행위를 소급하여 취소 또는 바르게 고치지 않고, 따로 지출원인행위 취소결의서 또는 지출원인행위 증감결의서를 작성하여야 한다.

**제27조(지출원인행위 관계서류의 제출 및 심사)**

① 지출원인 행위자는 지출원인행위가 끝나면 지출원인행위 관계서류를 지출담당자에게 제출하여야 한다.

② 지출담당자는 지출원인행위자로부터 지출원인 관계서류를 받았을 때 이를 검토하여야 한다.

③ 제2항의 검토결과가 부적당한 때에는 관계서류를 지출원인행위자에게 반환하여 바르게 고치도록 요구하여야 한다.

**제28조(지출에 대한 감사)**

입주자대표회의 감사는 지출 업무의 적정성을 유지하기 위하여 분기별로 지출에 관한 증빙서를 감사하여야 한다.

**제29조(예금잔고 관리)**

관리사무소장과 감사는 매월 말일을 기준으로 다음 달 초에 지정 금융기관으로부터 예금 잔고증명을 받아 관계 장부와 대조하여야 한다.

## 제4장 자산

**제30조(자산의 관리)**

① 제5조제1항제3호에서 임명한 자산관리담당은 물품관리대장을 작성하여 보관하여야한다.

② 물품관리대장은 재무상태표의 계정과목별로 작성하여야 한다.

③ 물품관리대장을 작성할 때는 취득, 처분, 교환 등의 내용을 발생일자 순으로 정리하고, 관

련 증빙서류와 함께 보관하여야한다.

**제31조(재고자산의 범위)**

재고자산은 다음 각 호에 해당하는 물품을 말한다.

1. 연료용 유류
2. 소비성 공구
3. 수선용 자재
4. 보일러 청관제 등 재고약품
5. 그 밖의 재고물품

**제32조(재고자산의 장부금액 결정)**

① 재고자산의 장부금액은 취득원가로 한다.

② 재고자산의 취득원가는 매입원가로서, 다음 각 호의 합계로 한다.

1. 취득에 직접적으로 관련된 원가
2. 정상적으로 발생한 기타원가

③ 매입과 관련된 할인, 에누리 및 그 밖의 유사한 항목은 매입원가에서 차감한다.

**제33조(재고자산의 관리)**

① 재고자산은 적정수준을 정하여 관리의 합리화를 도모하여야 한다.

② 재고자산의 입고 및 출고에 관한 기록은 특별한 경우를 제외하고는 계속기록법에 따른다.

③ 재고자산의 출고가격산정은 선입선출법 또는 평균법에 따르되 계속성을 유지하여야 한다.

**제34조(유형자산의 취득)**

① 관리주체가 승인된 예산 외의 유형자산을 취득하고자 하는 경우에는 입주자대표회의의 승인을 받아야 한다.

② 제1항의 승인을 요청하는 때에는 다음 각 호의 사항을 기록한 문서를 붙여야 한다.

1. 취득하고자 하는 유형자산의 명칭과 종류
2. 구입하고자 하는 사유
3. 예정가격 및 단가
4. 취득방법
5. 그 밖의 필요한 사항

**제35조(유형자산의 장부금액 결정)**

① 유형자산의 장부금액은 취득원가로 한다.

② 유형자산의 취득원가는 다음 각 호의 합계로 한다.

1. 구입원가
2. 관리주체가 의도하는 방식으로 자산을 가동하는 데 필요한 장소와 상태에 이르게 하는 데 직접 관련되는 원가

③ 매입과 관련된 할인, 에누리 및 그 밖의 유사한 항목은 취득원가에서 차감한다.

**제36조(유형자산의 감가상각)**

유형자산에 대한 감가상각은 다음 각 호에 따라 처리한다.

1. 내용연수는 자산으로부터 기대되는 미래 경제적 효익을 고려하여 입주자대표회의의 의결로 정하되, 정당한 사유가 없는 한 이를 변경하여서는 안 된다.
2. 감가상각 방법은 정액법으로 한다.
3. 잔존가치는 0으로 한다.
4. 감가상각비는 해당 유형자산을 취득한 시점부터 매기 인식한다.

**제37조(유형자산 표시)**

유형자산은 취득원가에서 감가상각누계액을 차감하는 형식으로 재무상태표에 표시한다.

**제38조(유형자산 제거)**

① 유형자산을 처분하거나, 영구적으로 폐기하여 미래 경제적 효익을 기대할 수 없게 될 때에는 재무상태표에서 제거한다.

② 유형자산의 폐기 또는 처분으로부터 발생하는 손익은 처분금액과 장부금액의 차액으로 결정하며, 운영성과표에서 당기손익으로 인식한다.

**제39조(자산실사)**

① 관리사무소장은 매 회계연도 말일을 기준으로 하여 재고자산 및 유형자산을 실사하여야 한다.

② 재고자산 및 유형자산을 실사하는 경우에는 출납 업무와 관계없는 직원 중 관리사무소장이 지정하는 직원과 1명 이상의 입주자대표회의 감사 또는 입주자대표회의가 지정한 입주자가 참관할 수 있다.

③ 관리사무소장은 자산출납부에 자산실사 일자, 자산실사 참여자, 실사결과 등의 자산실사 내용을 기록하여 보관하여야 한다.

**제40조(물품관리대장의 잔액관리)**

① 자산관리담당자는 매월 마감 시점의 장부상 재고자산 잔액과 재고자산 관리대장상의 잔액이 일치하도록 관리하여야한다.

② 자산관리담당자는 매년 마감시점의 장부상 유형자산 잔액과 유형자산 관리대장상의 잔액이 일치하도록 관리하여야 한다.

## 제5장 결산

**제41조(결산)**

① 관리주체는 영 제26조제3항에 따라 다음 각 호의 결산서를 작성하여 회계연도 종료 후 2개월 이내 입주자대표회의에 제출하여야 한다.

1. 재무상태표
2. 운영성과표
3. 이익잉여금처분계산서(또는 결손금처리계산서)

4. 주석
5. 세입·세출결산서

② 결산은 해당 연도의 회계처리 상태를 명확히 파악할 수 있도록 명료하게 하여야 한다.

③ 결산은 회계연도 말을 기준으로 실시하고 재무제표는 매월 작성한다.

④ 미확정채권은 귀속의 사유가 확정되지 않는 한 계상하지 않고 미확정채무는 면책의 사유가 확정되지 않는 한 계상하여야 한다.

**제42조(결산서의 보관)**

① 제41조에 따라 결산을 수행할 경우, 작성된 결산서는 출력하여 편철하고 관리사무소장의 도장을 찍은 후 보관하여야 한다.

② 제1항에 따라 결산서를 보관할 경우 제29조의 예금잔액증명서 원본을 함께 첨부하여 보관하도록 한다.

해설 실무상 결산마감 시 확인할 주요사항

- 가지급금 및 가수금 정리, 이를 관리비용으로 배부할 것이 있는지 확인
- 유형자산에 대한 감가상각, 선급보험료의 당월 보험료 계산 및 비용대체 등 집행한 지출에 대한 비용의 기간배분
- 산재·고용보험의 납입고지서를 확인하고 4대 사회보험 사업자 부담분을 관리비용으로 반영
- 전기·수도검침결과 확인
- 매월 말일 기준 거래 금융기관으로부터 잔액증명서 발급받아 예금잔액 확정·이자수입과 선납세금 기표
- 예치금통장에서 발생한 예금이자를 해당 충당금에 전입
- 장기수선충당금 당월 분을 전입액으로 관리비용에 반영
- 거래처(경비·청소용역 등)로부터 지급청구 받은 금액 중 미지급액 반영

## 제6장 재무제표

**제43조(재무제표의 작성)**

① 관리주체는 영 제27조제1항에 따라 다음의 재무제표를 작성하여야 한다.

1. 재무상태표
2. 운영성과표
3. 이익잉여금처분계산서(또는 결손금처리계산서)
4. 주석

② 재무제표는 이해하기 쉽도록 간단하고 명료하게 표시하여야 하며, 이 기준에 예시된 별지 제1호부터 제7호까지의 서식 중 별지 제1호부터 제3호까지의 서식을 참조하여 작성한다. 다만, 예시된 명칭보다 내용을 잘 나타내는 계정과목명이 있을 경우에는 그 계정과목명을 사용할 수 있다.

해설 이 기준의 별지는 예시적 양식이므로 단지 실정에 맞게 계정과목, 재무제표의 형태 등을 수정하여 작성할 수 있다.

③ 재무제표상의 각 항목은 총액에 따라 적는 것을 원칙으로 하고, 각 항목의 금액을 상계함으로써 그 전부 또는 일부를 재무제표에서 제외하여서는 아니 된다.

해설 관리비예치금은 반환의무가 있다는 점에서 '부채'로 계상하며, 통상 입주 초기에 선 집행하는 관리비를 충당하기 위하여 세대별 소유자에게 일정액을 받아 예치한 것이며, 입주시점에 면적을 기준으로 부과(미분양세대는 사업주체가 부담)하고 관리비와 별도 고지를 통하여 징수한다. 추후 단지 사정에 따라 부족분에 대하여 인상을 검토할 수 있다.

④ 재무제표의 기간별 비교가능성을 높이기 위하여 전기 재무제표의 계량정보를 당기와 비교하는 형식으로 표시하여야 한다.

⑤ 회계연도 중 계정이 재분류되어 비교가능성이 저하될 것으로 판단되는 항목은 별도로 표시하거나 주석에 기록하여 그 정보를 알 수 있게 하여야 한다. 다만, 금액적으로 중요하지 않은 내용은 표시하지 않을 수 있다.

**제44조(재무상태표)**

① 재무상태표는 특정시점의 공동주택 관리사무소의 자산과 부채의 명세 및 상호관계 등 재무상태를 나타내는 재무제표로서 자산·부채 및 순자산으로 구분하여 표시한다.

② 자산은 유동자산과 비유동자산으로 구분하되, 회계연도 종료 후 1년 이내에 현금화되거나 실현될 것으로 예상되면 유동자산으로, 그 밖의 경우는 비유동자산으로 구분한다.

③ 부채는 유동부채와 비유동부채로 구분하되, 회계연도 종료 후 1년 이내에 상환 등을 통하여 소멸할 것으로 예상되면 유동부채로, 그 밖의 경우는 비유동부채로 구분한다.

④ 제2항 및 제3항에도 불구하고 장기수선충당예치금, 장기수선충당금 등 사용 시기를 특정할 수 없는 자산과 부채는 비유동자산과 비유동부채로 구분한다.

⑤ 순자산은 제 적립금과 미처분 이익잉여금으로 구분한다.

**제45조(운영성과표)**

운영성과표는 회계기간 동안 관리주체가 공동주택관리서비스를 제공하거나 부대활동을 수행하기 위해 지출한 비용과 이를 위해 입주자등 및 제3자로부터 회수한 수익을 적정하게 표시하여야 한다.

**제46조(관리손익)**

① 관리손익은 관리수익에서 관리비용을 차감한 금액으로 한다.

② 관리수익은 영 제23조제1항의 관리비, 같은 조 제2항의 장기수선충당금, 같은 조 제3항의 사용료 등에 대한 고지를 통하여 입주자등에게 부과한 수익으로 한다.

③ 관리비용은 관리주체가 공동주택관리서비스를 제공함으로써 발생한 비용으로 영 제23조제1항의 관리비, 같은 조 제2항의 장기수선충당금, 같은 조 제3항의 사용료 등의 합계액을 의미하며, 운영성과표상 공용관리비, 개별사용료 등으로 구분하여 표시한다.

④ 제3항의 장기수선비는 관리주체가 법 제30조제1항에 따라 해당 주택의 소유자에게 부과하는 금액을 의미한다.

**제47조(관리외손익)**

① 당기순이익은 관리손익에 관리외수익을 가산하고 관리외비용을 차감한 금액으로 한다.

② 관리외수익은 관리수익 외에 관리주체에게 유입되는 수익으로, 복리시설의 운영, 자치활동 등을 통하여 발생하는 수익과 경상적이고 반복적으로 발생하는 이자수익 등을 말하며, 입주자가 적립에 기여한 수익, 입주자와 사용자가 함께 적립에 기여한 수익으로 구분하여 표시한다.

③ 관리외비용은 입주자등에게 부과하지 않는 비용으로, 복리시설의 운영, 자치활동 등을 통하여 발생하는 비용을 말한다.

**제48조(이익잉여금처분계산서)**

이익잉여금처분계산서는 이익잉여금의 처리사항을 다음 각 호와 같이 구분하여 표시한다.

1. 미처분이익잉여금
2. 이익잉여금이입액
3. 이익잉여금처분액
4. 차기이월이익잉여금

**제49조(주석)**

① 다음 각 호의 사항을 주석으로 기재한다.

1. 단지 개요
 가. 아파트 소재지
 나. 사용검사일
 다. 관리면적
 라. 난방방식
 마. 관리방식
 바. 관리대상(세대수, 동수, 총 주택공급면적 등)
 사. 주요 부대시설 및 복리시설 현황
2. 관리비용 배부기준
3. 재무제표 작성 시 적용한 회계처리기준 및 관리외손익의 인식기준
4. 주요 보험 가입 명세
5. 주요 계약 체결 명세
6. 주요 계정 부속명세
 가. 제예금
 나. 유형자산
 다. 미지급금(미지급비용)

라. 예수금

마. 관리비예치금

바. 그 밖의 주요 계정

7. 주요 충당금 및 주요 적립금 등 사용 명세

8. 일반관리비 명세

9. 3개월 이상 연체된 미납관리비의 연체월별 금액(입주자등의 세대별 사용명세 및 연체자의 동·호수 등 기본권 침해의 우려가 있는 내용은 제외한다)

10. 계류 중인 중요한 소송사건

② 일반관리비 세부명세를 운영성과표에 일반관리비의 하위계정으로 표시한 경우에는 제1항제8호의 일반관리비 명세는 주석으로 기록하지 않을 수 있다.

## 제7장 예산

**제50조(예산편성)**

① 관리주체는 영 제26조제1항에 따라 다음 회계연도에 관한 예산안을 매 회계연도 개시 1개월 전까지 입주자대표회의에 제출하여 승인을 받아야 하며 승인사항에 변경이 있는 때에는 변경승인을 받아야 한다.

② 관리주체가 입주자대표회의에 제출하는 세입세출예산에는 다음 서류를 첨부하여야 한다.

1. 세입세출예산 편성지침
2. 세입세출예산 사항별 설명서
3. 세입세출예산 총계표 및 순계표
4. 기타 재무의 상황과 세입세출예산의 내용을 명백히 할 수 있는 서류

③ 관리주체는 세입세출예산을 입주자대표회의에 제출한 후 부득이한 사유로 인하여 그 내용의 일부를 수정하고자 할 때에는 수정세입세출예산을 입주자대표회의에 제출할 수 있다.

**제51조(세출예산 과목)**

① 세출예산은 장, 관, 항으로 단계별로 구분한다.

② 세출예산의 장은 관리기구운영비, 공동주택관리비, 공동사용료, 관리외비용, 이익잉여금 등으로 구분하고 관 및 항은 재무상태표, 운영성과표 계정과목을 최대한 준용한다.

**제52조(세입예산 과목)**

① 세입예산은 장, 관, 항으로 단계별로 구분한다.

② 세입예산의 장은 관리수익, 관리외수익으로 구분하고 관 및 항은 재무상태표, 운영성과표 계정과목을 최대한 준용한다.

**제53조(예산의 전용 및 이월)**

① 지출예산에 정하여진 예산액은 과목 간에 이를 전용할 수 없다. 다만, 부득이한 사유로 인하여 입주자대표회의의 승인을 받은 경우에는 그러하지 아니하다.

② 예산은 다음 연도에 이월하여 사용할 수 없다. 다만, 이월 공사인 경우에는 그렇지 않다.

**제54조(추가경정예산)**

영 제26조제1항에 따라 예산이 성립된 후의 사업계획의 변경 또는 그 밖의 불가피한 사유로 이미 성립된 예산을 변경할 필요가 있을 때에는 추가경정세입세출예산을 편성할 수 있다. 이때에는 입주자대표회의의 변경승인을 받아야 한다.

**제55조(예산불성립 시의 예산집행)**

① 예산이 부득이한 사유로 인하여 회계연도 시작 전까지 성립되지 아니한 때에는 관리주체는 해당 회계연도 예산안에 계상된 것은 전년도의 실적범위에서 집행할 수 있다. 다만, 다른 법령에 따라 최저임금 또는 그 밖의 비용요인이 인상됨으로 인하여 이를 반영하여야 하는 경우에는 그 반영된 금액은 실적범위 이내에 해당하는 것으로 간주한다.

② 제1항에 따라 집행된 예산은 해당 연도 예산이 성립되면 그 성립된 예산에 따라 집행된 것으로 본다.

**제56조(세입·세출결산서 보고)**

① 관리주체는 매 분기 말일을 기준으로 하여 세입·세출결산서를 작성하여 입주자대표회의에 보고하여야 한다.

② 입주자대표회의는 제1항에 따른 보고서를 분석하고 그 결과를 입주자 및 사용자에게 공시하여야 한다.

**제57조(재검토기한)**

국토교통부장관은 「훈령 · 예규 등의 발령 및 관리에 관한 규정」(대통령 훈령 334호)에 따라 이 고시에 대하여 2023년 7월 1일 기준으로 매 3년이 되는 시점(매 3년째의 12월 31일까지를 말한다)마다 그 타당성을 검토하여 개선 등의 조치를 하여야 한다.

## 부 칙

**제1조(시행일)** 이 기준은 2017년 1월 1일부터 시행한다.

**제2조(일반적 적용례)** 이 기준은 이 기준의 시행일 이후 개시되는 공동주택의 회계연도에 대한 회계처리부터 적용한다.

**제3조(회계연도에 관한 적용례)** 제3조는 2019년 1월 1일부터 적용한다.

[별지 제1호 서식]

# 재무상태표

제○○(당)기 20○○년 12월 31일 현재

제○○(전)기 20○○년 12월 31일 현재

○○아파트 관리사무소 (단위 : 원)

| 과 목 | 제○○(당)기 | | 제○○(전)기 | |
|---|---|---|---|---|
| | 금 액 | | 금 액 | |
| 자산 | | 0 | | 0 |
| I. 유동자산 | | 0 | | 0 |
| 1. 당좌자산 | 0 | | 0 | |
| 1) 현금 | 0 | | 0 | |
| 2) 예금 | 0 | | 0 | |
| 3) 미수관리비 | 0 | | 0 | |
| 4) 미부과관리비 | 0 | | 0 | |
| 5) 선급비용 | 0 | | 0 | |
| 6) 미수수익 | 0 | | 0 | |
| 7) 미수금 | 0 | | 0 | |
| 8) 가지급금 | 0 | | 0 | |
| 9) 부가가치세대급금 | 0 | | 0 | |
| 10) 선납법인세 | 0 | | 0 | |
| 11) 선납지방소득세 | 0 | | 0 | |
| 12) 기타당좌자산 | 0 | | 0 | |
| 2. 재고자산 | | 0 | | 0 |
| 1) 연료성유류 | 0 | | 0 | |
| 2) 소비성공구 | 0 | | 0 | |
| 3) 수선용자재 | 0 | | 0 | |
| 4) 재고약품 | 0 | | 0 | |
| 5) 기타재고자산 | 0 | | 0 | |
| II. 비유동자산 | | 0 | | 0 |
| 1. 투자자산 | | 0 | | 0 |
| 1) 장기수선충당예치금 | 0 | | 0 | |

| | | | | |
|---|---|---|---|---|
| 2) 퇴직급여충당예치금 | 0 | | 0 | |
| 3) 하자보수충당예치금 | 0 | | 0 | |
| 4) 기타의예치금 | 0 | | 0 | |
| 5) 기타투자자산 | 0 | | 0 | |
| 2. 유형자산 | | 0 | | 0 |
| 1) 토지 | 0 | | 0 | |
| 2) 건물 | 0 | | 0 | |
| 건물감가상각누계액 | (0) | | (0) | |
| 3) 구축물 | 0 | | 0 | |
| 구축물감가상각누계액 | (0) | | (0) | |
| 4) 기계장치 | 0 | | 0 | |
| 기계장치감가상각누계액 | (0) | | (0) | |
| 5) 비품 | 0 | | 0 | |
| 비품감가상각누계액 | (0) | | (0) | |
| 6) 차량운반구 | 0 | | 0 | |
| 차량운반구감가상각누계액 | (0) | | (0) | |
| 7) 기타유형자산 | 0 | | 0 | |
| 기타유형자산감가상각누계액 | (0) | | (0) | |
| 2. 기타비유동자산 | | 0 | | 0 |
| 1) 전신전화가입권 | 0 | | 0 | |
| 2) 임차보증금 | 0 | | 0 | |
| 3) 기타의비유동자산 | 0 | | 0 | |
| 자산 계 | | 0 | | 0 |
| | | | | |
| 부채 | | | | |
| I. 유동부채 | | 0 | | 0 |
| 1. 미지급금 | 0 | | 0 | |
| 2. 미지급비용 | 0 | | 0 | |
| 3. 예수금 | 0 | | 0 | |
| 4. 부가가치세예수금 | 0 | | 0 | |
| 5. 중간관리비예수금 | 0 | | 0 | |
| 6. 선수수익 | 0 | | 0 | |
| 7. 선수금 | 0 | | 0 | |
| 8. 선수수도료 | 0 | | 0 | |
| 9. 선수전기료 | 0 | | 0 | |

| | | | | |
|---|---|---|---|---|
| 10. 선수난방비 | 0 | | 0 | |
| 11. 단기보증금 | 0 | | 0 | |
| 12. 가수금 | 0 | | 0 | |
| 13. 수선충당금 | 0 | | 0 | |
| 14. 연차수당충당금 | 0 | | 0 | |
| 15. 기타유동부채 | 0 | | 0 | |
| II. 비유동부채 | | 0 | | 0 |
| 1. 관리비예치금 | 0 | | 0 | |
| 2. 퇴직급여충당부채 | 0 | | 0 | |
| 3. 하자보수충당부채 | 0 | | 0 | |
| 4. 장기수선충당금 | 0 | | 0 | |
| 5. 임대보증금 | 0 | | 0 | |
| 6. 기타비유동부채 | 0 | | 0 | |
| 부채 계 | | 0 | | 0 |
| | | | | |
| 순자산 | | | | |
| I. 적립금 | | 0 | | 0 |
| 1. 예비비적립금 | 0 | | 0 | |
| 2. 공동체활성화단체지원적립금 | 0 | | 0 | |
| 3. 기타적립금 | 0 | | 0 | |
| II. 미처분이익잉여금 | | 0 | | 0 |
| 1. 전기이월이익잉여금 | 0 | | 0 | |
| 2. 당기순이익 | 0 | | 0 | |
| 순자산 계 | | 0 | | 0 |
| | | | | |
| 부채와순자산 계 | | 0 | | 0 |

[별지 제2호 서식]

# 운영성과표

제○○(당)기 20○○년 1월 1일부터 20○○년 12월 31일까지

제○○(전)기 20○○년 1월 1일부터 20○○년 12월 31일까지

○○아파트 관리사무소 (단위 : 원)

| 과 목 | 제○○(당)기 | | 제○○(전)기 | |
|---|---|---|---|---|
| | 금 액 | | 금 액 | |
| I. 관리수익 | | 0 | | 0 |
| 1. 관리비수익 | 0 | | 0 | |
| 2. 사용료수익 | 0 | | 0 | |
| 3. 장기수선충당금수익 | 0 | | 0 | |
| II. 관리비용 | | 0 | | 0 |
| 1. 공용관리비 | | 0 | | 0 |
| 1) 일반관리비 | | 0 | | 0 |
| (1) 인건비 | | 0 | | 0 |
| 급여 | 0 | | 0 | |
| 제수당 | 0 | | 0 | |
| 상여금 | 0 | | 0 | |
| 퇴직금 | 0 | | 0 | |
| 산재보험료 | 0 | | 0 | |
| 고용보험료 | 0 | | 0 | |
| 국민연금 | 0 | | 0 | |
| 건강보험료 | 0 | | 0 | |
| 식대 등 복리후생비 | 0 | | 0 | |
| (2) 제사무비 | | 0 | | 0 |
| 일반사무용품비 | 0 | | 0 | |
| 도서인쇄비 | 0 | | 0 | |
| 여비교통비 | 0 | | 0 | |
| (3) 제세공과금 | | 0 | | 0 |
| 공과금 중 전기료 | 0 | | 0 | |
| 통신비 | 0 | | 0 | |
| 우편료 | 0 | | 0 | |

| | | | | |
|---|---|---|---|---|
| 제세공과금 등 | 0 | | 0 | |
| (4) 피복비 | | 0 | | 0 |
| 피복비 | 0 | | 0 | |
| (5) 교육훈련비 | | 0 | | 0 |
| 교육훈련비 | 0 | | 0 | |
| (6) 차량유지비 | | 0 | | 0 |
| 연료비 | 0 | | 0 | |
| 수리비 | 0 | | 0 | |
| 보험료 | 0 | | 0 | |
| 기타차량유지비 | 0 | | 0 | |
| (7) 그 밖의 부대비용 | | 0 | | 0 |
| 관리용품구입비 | 0 | | 0 | |
| 유형자산감가상각비 | 0 | | 0 | |
| 전문가자문비 등 | 0 | | 0 | |
| 잡비 | 0 | | 0 | |
| 2) 청소비 | | 0 | | 0 |
| 청소비 | 0 | | 0 | |
| 3) 경비비 | | 0 | | 0 |
| 경비비 | 0 | | 0 | |
| 4) 소독비 | | 0 | | 0 |
| 소독비 | 0 | | 0 | |
| 5) 승강기유지비 | | 0 | | 0 |
| 승강기유지비 | 0 | | 0 | |
| 6) 지능형홈네트워크설비유지비 | | 0 | | 0 |
| 지능형홈네트워크설비유지비 | 0 | | 0 | |
| 7) 수선유지비 | | 0 | | 0 |
| 수선비 | 0 | | 0 | |
| 시설유지비 | 0 | | 0 | |
| 안전점검비 | 0 | | 0 | |
| 재해예방비 | 0 | | 0 | |
| 8) 위탁관리수수료 | | 0 | | 0 |
| 위탁관리수수료 | 0 | | 0 | |
| 2. 개별사용료 | | 0 | | 0 |
| 1) 난방비 | | 0 | | 0 |
| 난방비 | 0 | | 0 | |
| 2) 급탕비 | | 0 | | 0 |

| | | | | |
|---|---|---|---|---|
| 급탕비 | 0 | | 0 | |
| 3) 가스사용료 | | 0 | | 0 |
| 가스사용료 | 0 | | 0 | |
| 4) 전기료 | | 0 | | 0 |
| 전기료 | 0 | | 0 | |
| 5) 수도료 | | 0 | | 0 |
| 수도료 | 0 | | 0 | |
| 6) 정화조오물수수료 | | 0 | | 0 |
| 정화조오물수수료 | 0 | | 0 | |
| 7) 생활폐기물수수료 | | 0 | | 0 |
| 생활폐기물수수료 | 0 | | 0 | |
| 8) 입주자대표회의 운영비 | | 0 | | 0 |
| 입주자대표회의 운영비 | 0 | | 0 | |
| 9) 건물보험료 | | 0 | | 0 |
| 건물보험료 | 0 | | 0 | |
| 10) 선거관리위원회 운영비 | | 0 | | 0 |
| 선거관리위원회 운영비 | 0 | | 0 | |
| 3. 장기수선충당금 | | 0 | | 0 |
| 장기수선비 | 0 | | 0 | |
| III. 관리손익 | | 0 | | 0 |
| IV. 관리외수익 | | 0 | | 0 |
| 1. 입주자기여수익 | | 0 | | 0 |
| 중계기임대수입 | 0 | | 0 | |
| 어린이집임대수입 | 0 | | 0 | |
| 장기수선충당예치금이자수입 | 0 | | 0 | |
| 하자보수충당예치금이자수입 | 0 | | 0 | |
| 기타의입주자기여수입 | 0 | | 0 | |
| 2. 공동기여수익 | | 0 | | 0 |
| 주차수입 | 0 | | 0 | |
| 승강기수입 | 0 | | 0 | |
| 운동시설이용수입 | 0 | | 0 | |
| 독서실이용수입 | 0 | | 0 | |
| 재활용품수입 | 0 | | 0 | |
| 알뜰시장수입 | 0 | | 0 | |
| 광고수입 | 0 | | 0 | |
| 검침수입 | 0 | | 0 | |

| | | | | |
|---|---|---|---|---|
| 이자수입 | 0 | | 0 | |
| 연체료수입 | 0 | | 0 | |
| 부과차익 | 0 | | 0 | |
| 공동체지원금수익 | 0 | | 0 | |
| 고용안정사업수익 | 0 | | 0 | |
| 기타의공동기여수익 | 0 | | 0 | |
| Ⅴ. 관리외비용 | | 0 | | 0 |
| 1. 충당금전입이자비용 | | 0 | | 0 |
| 충당금전입이자비용 | 0 | | 0 | |
| 2. 시설운영비용 | | 0 | | 0 |
| 주차장운영비 | 0 | | 0 | |
| 승강기운영비 | 0 | | 0 | |
| 운동시설운영비 | 0 | | 0 | |
| 독서실운영비 | 0 | | 0 | |
| 3. 재활용품비용 | | 0 | | 0 |
| 재활용품비용 | 0 | | 0 | |
| 4. 알뜰시장비용 | | 0 | | 0 |
| 알뜰시장비용 | 0 | | 0 | |
| 5. 검침비용 | | 0 | | 0 |
| 검침비용 | 0 | | 0 | |
| 6. 공동주택지원금비용 | | 0 | | 0 |
| 공동주택지원금비용 | 0 | | 0 | |
| 7. 고용안전사업비용 | | 0 | | 0 |
| 고용안전사업비용 | 0 | | 0 | |
| 8. 부과차손 | | 0 | | 0 |
| 부과차손 | 0 | | 0 | |
| 9. 자치활동비 | | 0 | | 0 |
| 자치활동비 | 0 | | 0 | |
| 10. 차감관리비 | | 0 | | 0 |
| 경비비 등 | 0 | | 0 | |
| 수선유지비 등 | 0 | | 0 | |
| 11. 기타의관리외비용 | | 0 | | 0 |
| 기타의관리외비용 | 0 | | 0 | |
| Ⅵ. 당기순이익 | | 0 | | 0 |

[별지 제3호 서식]

# 이익잉여금처분계산서

제○○(당)기 20○○년 1월 1일부터 20○○년 12월 31일까지

처분확정일 : 20○○년 ○○월 ○○일

제○○(전)기 20○○년 1월 1일부터 20○○년 12월 31일까지

처분확정일 : 20○○년 ○○월 ○○일

○○아파트 관리사무소 (단위 : 원)

| 과 목 | 제○○(당)기 | | 제○○(전)기 | |
|---|---|---|---|---|
| | | | | |
| Ⅰ. 미처분이익잉여금 | | 0 | | 0 |
| 전기이월이익잉여금 | 0 | | 0 | |
| 당기순이익 | 0 | | 0 | |
| Ⅱ. 이익잉여금 이입액 | | 0 | | 0 |
| 제적립금 | 0 | | 0 | |
| 합계(Ⅰ+Ⅱ) | | 0 | | 0 |
| Ⅲ. 이익잉여금처분액 | | 0 | | 0 |
| 예비비적립금 | 0 | | 0 | |
| 공동체활성화지원적립금 | 0 | | 0 | |
| 장기수선충당금 | 0 | | 0 | |
| 기타적립금 | 0 | | 0 | |
| Ⅳ. 차기이월이익잉여금(Ⅰ+Ⅱ-Ⅲ) | | 0 | | 0 |

◆ [별지 제4호 서식] 세입예산서, [별지 제5호 서식] 세입결산서, [별지 제6호 서식] 세출예산서, [별지 제7호 서식] 세출결산서 양식은 [부록 2]와 같다.

◆ 국토교통부 고시 제582호, 2016.8.31 제정, 2017.1.1 시행되는 공동주택회계처리기준이 개정된 경우에는 「국가법령정보센터」 web site 좌측 상단 '행정규칙' 메뉴에서 개정내용의 검색이 가능하다.

Chapter

# 7

# 공동주택회계 감사기준

# 공동주택회계감사기준

2016.8.31, 한국공인회계사회 제정

**제1조(목적)** 이 기준은 「공동주택관리법 시행령」 제27조에 따라 감사인이 공동주택의 관리주체가 작성한 공동주택의 재무제표가 국토교통부장관이 정한 「공동주택 회계처리기준」에 따라 작성 및 표시되었는지를 감사하고, 관리주체가 공동주택관리법령과 관리규약에서 정하는 회계 관련 규정을 준수하였는지에 대한 검토를 수행함에 있어 일반적으로 준수할 사항을 정함을 목적으로 한다.

**제2조(적용 감사기준 등)** ① 감사인은 공동주택의 관리주체(이하 "관리주체" 라 한다)가 작성한 공동주택의 재무제표(이하 "재무제표"라 한다)에 대하여 이 기준에 따라 감사를 실시하여야 한다.

② 감사인은 이 기준 외에 한국공인회계사회가 제정한 「공인회계사윤리기준」 등 품질관리에 영향을 미치는 기준 및 「주식회사의 외부감사에 관한 법률」 제5조에 따른 회계감사기준(이하 "회계감사기준"이라 한다)에서 적용할 수 있는 절차를 준수하여야 한다. 여기에서 회계감사기준의 적용할 수 있는 절차에는 외부조회, 표본감사, 후속사건, 서면진술 등을 들 수 있다.

③ 관리주체가 공동주택관리법령과 관리규약에서 정한 회계 관련 규정을 준수하였는지 여부를 검토할 때에는 내부회계관리제도 검토절차를 준용한다.

**제3조(감사업무의 수행방법 등)** ① 감사인은 감사를 실시할 때 관련되는 모든 사항에 대하여 그 중요성과 위험에 대한 합리적인 판단 및 해당 감사의 개별 상황에 기초하여 이 기준을 적용한다.

② 감사인은 감사목적을 보다 효과적으로 달성할 필요가 있다고 판단할 경우 이 기준에서 정하고 있는 요구사항과 다르게 감사를 수행할 수 있다. 이 경우 감사인은 그 이유와 타당성을 감사조서에 기록하여야 하며, 해당 요구사항의 목적을 달성하기 위한 대체적 감사절차를 수행하여야 한다.

③ 이 기준에 따라 감사인이 수행하는 감사는 입주자대표회의·관리주체 등에 대한 부정의 존재 여부 또는 업무집행이나 관리에 대한 효율성이나 효과성을 평가하는 것은 아니다. 제2조제3항에 따라 수행되는 검토도 이와 같다.

④ 감사인은 감사인이 통제할 수 없는 여러가지 불가피한 제약조건들을 전제로 하여, 관리주체의 「공동주택 회계처리기준」(이하 "회계처리기준"이라 한다) 준수 여부에 대하여 합리적 수준의 확신을 얻도록 감사를 계획하고 수행하여야 한다.

**제4조(일반적 감사절차)** ① 감사인이 재무제표에 대하여 일반적으로 실시하는 감사절차는 다음과 같다.

1. (감사의 수임 여부에 대한 평가 수행 등) 감사인은 감사의 시작단계에서 다음 활동을 수행하

여야 한다.

가. 의뢰인 관계 및 감사업무의 계속 여부에 대하여 회계감사기준에서 요구되는 절차를 수행하고 해당 감사업무의 조건을 이해한다.

나. 감사에 관련된 윤리적 요구사항의 준수 여부를 평가한다.

2. (감사계획의 수립) 감사인은 관리주체의 회계처리에 관련된 의도적 왜곡이나 오류의 발생가능성 등 재무제표에 대한 왜곡표시위험의 평가에 기초하여 감사의 시작단계에서 감사계획을 수립하여야 한다.

가. 감사의 범위, 시기 및 방향을 수립하고 감사계획 개발의 지침이 되는 전반감사계획을 수립한다.

나. 전반감사계획에 따라 세부감사계획을 수립한다.

3. (감사대상에 대한 이해) 감사인은 재무제표와 관련하여 다음과 같이 관리주체의 업무환경, 내부통제, 관련 법규 등을 이해하여야 한다.

가. 회계처리기준, 공동주택관리법령, 관리규약 등 업무 및 규제적 요인, 그 밖의 외부적 요인

나. 관리주체의 활동 특성 (재무제표에 예상되는 거래유형과 계정잔액 및 공시사항을 이해하기 위함)

다. 회계정책의 선택과 적용. 감사인은 관리주체의 회계정책이 적합하고 일관성이 있는지 여부를 평가하여야 한다.(회계정책을 변경한 경우에는 그 이유도 포함한다)

라. 관리주체의 목적과 활동, 중요한 왜곡표시나 법규 위반이 발생될 수 있는 관리활동상의 관련 위험

마. 관리활동의 운영결과에 대한 측정과 검토 방법

바. 재무보고 및 법규준수에 대한 내부통제. 내부통제는 일반적으로 통제환경, 관리주체의 자체적인 위험평가활동, 정보시스템 및 커뮤니케이션, 통제활동, 통제에 대한 모니터링으로 구성된다.

4. (중요한 왜곡표시 위험에 대한 평가절차의 수행) 감사인은 재무제표 전체 및 개별주장 수준에서 중요한 왜곡표시 위험을 식별하고 평가하기 위해 다음과 같은 절차를 수행한다.

가. 관리주체, 그리고 부정이나 오류에 의한 중요한 왜곡표시 위험을 식별할 때 도움이 될 수 있는 정보를 가지고 있다고 판단되는 그 밖의 내부자에 대한 질문

나. 분석적 절차

다. 관찰과 조사

5. (중요한 왜곡표시 및 규정위반 위험의 평가) 감사인은 후속적인 감사절차를 설계하고 수행할 수 있도록 재무제표 전체 및 개별주장 수준에서 중요한 왜곡표시 위험 또는 공동주택관리법령 및 관리규약에 대한 규정위반 위험을 파악하고 평가하여야 한다.

6. (평가된 위험에 대한 대응절차 - 내부통제의 평가) 감사인이 재무제표 전체 수준의 중요한 왜곡표시 위험 및 규정위반 위험을 평가한 결과에 따라 그 대응절차로서 내부통제 운영효과성에 대한 충분하고 적합한 감사증거를 입수하기 위해 통제테스트를 수행하고 그 운영효과성을 평가하는 것은 적절할 수 있다. 다만, 다음 중 하나에 해당되는 경우에는 반드시 내부통제의

운영효과성을 평가하여야 한다.

가. 감사인이 재무제표 개별주장 수준의 중요한 왜곡표시 위험을 평가할 때 내부통제가 효과적으로 운영되고 있다고 기대한 경우 (즉, 감사인이 실증절차의 성격, 시기 및 범위를 결정할 때 통제의 운영효과성에 의존하려고 하는 경우)

나. 실증절차만으로는 재무제표 개별주장 수준에서 충분하고 적합한 감사증거를 제공할 수 없는 경우

7. (평가된 위험에 대한 대응절차 -실증절차) 감사인은 재무제표 수준의 중요한 왜곡표시 위험의 평가결과에 따라 다음과 같은 후속적인 실증절차를 수행하여야 한다.

가. 재무제표 결산절차와 관련된 실증절차: 감사인은 재무제표 결산절차와 관련된 실증절차를 수행할 때 다음의 감사절차를 포함시켜야 한다.

- 기초 회계기록과 재무제표를 대조하거나 차이를 조정한다.
- 재무제표를 작성하는 과정에서 행한 중요한 분개 및 그 밖의 수정사항에 대하여 조사한다.

나. 유의적인 위험에 대응하는 실증절차: 감사인은 재무제표의 개별주장 수준에 대한 중요한 왜곡표시 위험의 평가 결과가 유의적이라고 결정하였으면 해당 위험에 구체적으로 대응하는 실증절차를 수행하여야 한다.

8. 실증절차의 성격, 시기 및 범위는 내부통제의 평가결과와 그 밖의 사항을 고려하여 결정한다. 다만, 중요한 각 거래유형과 계정잔액 및 공시에 대하여는 평가된 위험 수준과 관계없이 일정한 실증절차를 설계하고 수행하여야 한다. 이러한 실증절차로는 금융기관 조회확인 등이 있다.

② 공동주택 소유의 예·적금(제3자의 명의로 예치된 공동주택 소유의 예·적금을 포함한다) 잔액, 질권 설정 등 사용제한 내역, 차입금 또는 보증 제공내역 등에 관한 정보를 파악하기 위해 해당 금융기관에 대하여 조회확인을 실시하여야 한다.

③ 감사인은 회계처리기준에서 요구하고 있는 주석기록 사항이 관리주체가 작성한 재무제표에 적절하게 기록되었는지 확인한다.

**제5조(공동주택관리에 대한 감사절차 등의 예시)** 감사인은 제4조의 일반적 감사절차에 대해 관리주체의 개별 업무상황과 전문가적 판단에 따라 이를 수행하되, 내부통제의 평가 및 실증절차와 관련하여서는 다음 사항들을 적절하게 고려한다.

① 다음과 같이 관리주체의 내부통제에 대하여 이해한다. (각 공동주택의 관리규약 참고)

- 입주자대표회의 또는 내부감사의 감시기능
- 관리비의 입금관리, 계약 등에 따른 현금의 집행, 예금통장의 관리, 운영수익의 관리 등 현금과 관련된 업무의 승인 및 통제절차
- 관리비 배부·부과·징수 등에 대한 승인 및 통제절차
- 공동주택의 수선, 물품구입, 공사 등 주요 계약의 승인, 검수, 대금지급 등과 관련된 통제절차
- 거래의 증빙서류나 장부의 문서화 정도
- 자산이나 서류에 대한 접근, 인감사용 등과 관련된 통제절차

• 독립적이고 주기적인 대조, 비교, 조정 등 내부검증절차
• 내부통제의 적절한 운영과 효과성을 확인할 수 있는 관리주체의 그 밖의 절차

② 회계기록 및 관리운영에 관하여는 다음의 사항에 대해 감사절차를 수행한다. (각 공동주택의 관리규약 참고)

• 모든 수입은 누락 없이 계상되고 있는지 여부 및 수익·비용의 계상과 자산·부채의 증감변동은 그 원인이 되는 사실의 발생일 또는 실현일을 기준으로 적절한 기간에 귀속되는지 여부
• 장기수선충당금에서 지출할 비용 중 관리비로 부과된 금액이 있는지 여부와 이 경우 관리비로 부과되는 것이 합리적인지 여부 (예: 선급금, 선급비용 계정 등의 검토)
• 관리비의 배부기준과 배부방법은 관리규약의 규정에 따라 합리적으로 적용되고 있는지 여부 및 전기·수도·가스 등의 사용료 및 건물 전체의 보험료에 대한 입주자등의 사용과 공통부분의 배부는 적정한지 여부 및 입주자등의 사용분은 적정하게 징수 또는 납부되고 있는지 여부
• 인양기·승강기 등의 사용료 및 관리비연체료의 부과방법 및 징수절차는 적정하게 이루어지고 있는지 여부 및 관련 장부의 기록은 적절히 행하여지고 있는지 여부
• 수입금은 적절히 수납, 예치, 관리되고 있는지 여부 및 관련 장부의 기록은 적절히 행하여지고 있는지 여부
• 장기수선충당금은 관리규약의 규정에 따라 적정하게 징수되어 지정금융기관에 예치되고 있는지 여부
• 그 밖의 충당금, 적립금 및 유휴자금은 적절히 징수, 예치, 관리되고 있는지 여부
• 주요 자산(예: 재고자산, 유형자산 등)의 취득·처분·관리는 관련 규정에 따라 적절하게 이루어지는지 여부, 관련 회계서류에 올바르게 기록되는지 여부 및 그 관리대장은 적절하게 작성·유지되고 있는지 여부
• 관리주체가 행하는 중요한 계약행위는 관련규정에 따라 이루어지고 있는지 여부 및 이에 대한 감사의 입회 여부
• 지출결의서, 청구서, 납입고지서, 계약서 등 증빙서류의 금액란이 수정되었는지 여부

③ 공동주택관리법령과 관리규약에서 정한 회계 관련 규정의 준수에 대한 검토에 대하여는 다음과 같은 절차를 수행한다. (공동주택관리법령 및 각 공동주택의 관리규약 참고)

• 수입·지출업무의 담당자가 여러가지 계약업무를 겸직하고 있는지 여부에 대해 검토
• 회계업무의 인계나 인수는 적절히 이루어지고 있는지 여부에 대해 검토
• 회계관계 직원 등의 고의 또는 과실로 인한 손해에 대하여 합당한 변상책임을 이행하고 있는지 여부에 대해 검토
• 회계관계 직원 등에 대한 재정보증 등의 절차는 적절히 이루어지고 있는지 여부에 대해 검토
• 직원의 직인사용에 대한 내부규정은 적절하며, 같은 규정에 의하여 관리, 사용되고 있는지 여부에 대해 검토
• 현금 및 수표장의 보관상태 및 관리는 적정히 이루어지고, 적정한 규모의 현금이 보유되고

있으며, 초과액은 즉시 예입되는지 여부에 대해 검토

- 보통예금으로 관리하고 있는 다액의 금액은 이자수익과 같은 자금관리의 목적을 위하여 적절하게 다른 예금으로 전환되고 있는지 여부에 대해 검토 (저축성예금 등)
- 주기적으로 관리주체가 지정금융기관으로부터 예금잔액증명을 발급 받아 관계장부와 대조하는지 여부에 대해 검토
- 재고자산의 관리 및 재고조사는 적절히 이루어지고 있는지 여부에 대해 검토
- 장부 및 지출에 관한 증빙서 등에 대한 내부감사는 적절히 행하여지고 있는지 여부에 대해 검토
- 예산의 관리절차 (전용, 이월, 경정 등)는 규정에 따라 실시되고 있는지 여부에 대해 검토
- 예산집행에 대한 실적보고 및 결과의 통지는 적시에 행하여지고 있는지 여부에 대해 검토

**제6조(감사증거의 충분성과 적합성 평가 및 감사의견의 형성)** 감사인은 수행한 감사절차와 입수된 감사증거에 기초하여 다음과 같은 절차를 수행함으로써, 재무제표 개별주장 수준의 중요한 왜곡표시 위험에 대한 평가가 감사를 종결하기 전에도 여전히 적합한지 여부를 평가한다.

① 충분하고 적합한 감사증거를 입수하였는지 여부에 대해 결론을 내린다. 감사인은 감사증거가 재무제표에 대한 관리주체의 주장을 뒷받침하는지 또는 배치되는지 여부와 관계없이 감사의견을 형성할 때는 관련된 감사증거를 모두 고려하여야 한다.

② 감사인이 재무제표에 대한 관리주체의 중요한 주장에 대해 충분하고 적합한 감사증거를 입수하지 못한 경우, 감사증거를 추가로 입수할 수 있도록 노력하여야 한다.

③ 감사인이 충분하고 적합한 감사증거를 입수할 수 없는 경우에는, 한정의견을 표명하거나 재무제표에 대한 의견을 거절하여야 한다.

**제7조(초도감사의 고려사항)** 비교표시되는 전년도 재무제표가 감사되지 아니한 경우 감사인은 회계감사기준의 초도감사에 관한 규정을 준수하여 감사를 수행하여야 한다.

**제8조(입주자대표회의와의 커뮤니케이션)** 감사인은 재무제표가 적정하게 작성되었는지에 대한 감사절차를 수행하는 과정에서 다음의 사항을 알게 된 경우에는 그 내용을 충실히 기술한 서면으로 입주자대표회의에 알리고 그 사본을 감사조서에 포함시킨다. 만약 이를 구두로 실시한 경우에는 그 내용과 함께 언제, 누구와 실시했는지를 감사조서에 기록한다.

① 관리주체의 회계처리나 회계관리에 부정이나 중요한 오류를 알게 된 경우

② 공동주택관리법령, 관리규약 등 관리주체가 관계법규를 중요하게 위반한 것으로 판단되는 사실을 알게 된 경우

③ 관리주체의 회계제도 및 내부통제절차에서 그 구축과 운영에 있어 유의적 미비점을 알게 된 경우

④ 그 밖의 공동주택의 회계와 관련하여 중요하다고 판단되는 사항

**제9조(감사보고서)** ① 감사보고서의 제목, 수신인, 문단의 구성 등 기본요소는 회계감사기준을 준용

한다.

② 감사보고서는 재무제표가 회계처리기준에 따라 작성되었는지 여부에 대해 감사의견을 표명한다.

③ 감사의견의 표명, 특기사항, 비교표시 재무제표에 대한 감사의견 등 감사보고에 관한 일반적인 사항은 회계감사기준의 관련 사항을 준용한다.

④ 상황에 따른 감사보고서 사례는 다음과 같으며, 감사인은 해당 상황에 적합하게 감사보고서를 작성하여야 한다.

가. 회계처리기준과의 중요한 불일치가 없고 감사범위에 중요한 제한이 없는 경우에 작성되는 감사보고서 사례는 별표 제1-1호와 같다.

나. 회계처리기준과의 불일치가 중요한 경우에 작성되는 한정의견 감사보고서 사례는 별표 제1-2호와 같다.

다. 감사범위의 제한이 중요한 경우에 작성되는 한정의견 감사보고서의 사례는 별표 제1-3호와 같다.

라. 회계처리기준과의 불일치가 중요할 뿐만 아니라 전반적일 때 작성되는 부적정의견 감사보고서 사례는 별표 제1-4호와 같다.

마. 감사범위의 제한이 중요할 뿐만 아니라 전반적일 때 작성되는 의견거절 감사보고서 사례는 별표 제1-5호와 같다.

⑤ 제2조제3항에 따라 관리주체가 공동주택관리법령과 관리규약에서 정한 회계 관련 규정을 준수하였는지에 대하여 검토를 실시한 결과 관리주체의 공동주택관리법령 또는 관리규약에서 정한 회계 관련 규정에 위반되는 사항으로서 중요하다고 판단되는 사실을 발견한 경우에는 그 내용을 서면으로 충실히 기술하여 감사보고서에 첨부되는 '재무제표에 대한 주석' 다음에 간지로 구분하여 적절한 형태로 첨부한다. 이 경우의 작성사례는 별표 제2호와 같다.

⑥ 감사인은 감사보고서를 「공동주택관리법 시행령」 제27조제6항에서 정한 기한 내에 관리주체에게 제출하고, 같은 조 제7항에 따라 해당 공동주택의 입주자대표회의로부터 감사보고서에 대한 설명 요청이 있는 경우 이에 응하여야 한다.

**제10조(감사조서)** 감사인은 감사보고서일부터 5년간 감사조서를 보존하여야 한다.

## 부 칙

**제1조(시행일)** 이 기준은 공표한 날부터 시행한다.

**제2조(경과조치)** 이 기준의 시행일 전에 종료된 회계연도 결산에 대한 회계감사에 대해서는 종전의 「공동주택관리에 관한 회계감사기준」에 따른다.

Chapter

# 8 관리비 관련 국토교통부 질의회신 및 판례

다음은 국토교통부의 질의회신 중 관리비 관련 질의에 대한 회신내용(질의내용 및 회신일자 생략)과 법원판례를 요약한 것이다. 공동주택관리법은 '법', 시행령은 '영', 시행규칙은 '규칙'이라 한다.

### 입주자대표회의 및 선거관리위원회의 운영경비가 사용료인지, 사용료 등인지

영 제23조제3항에 따르면 입주자대표회의 및 선거관리위원회 운영경비는 사용료가 아니고 법 제23조제3항에서 "대통령령으로 정하는 사용료 등"에 해당합니다.

### 내부 회계감사결과가 입주자대표회의 의결사항인지

영 제14조제2항제6호에 따른 입주자대표회의 의결사항에는 회계감사보고서만 한정하므로 입주자대표회의 감사가 실시한 관리업무 전반(회계 관계 업무 제외)에 대하여는 입주자대표회의 의결사항이 아닌 것으로 사료되며, 입주자대표회의 감사가 규칙 제4조제3항에 따라 감사를 실시한 경우 입주자대표회의 승인이 없어도 감사 결과를 공개할 수 있음을 알려드립니다.

### 하자보수보증금 및 장기수선충당금의 집행에 따른 질의

영 제42조, 제43조에 의한 하자보수보증금은 보증서 발급기관에서 지급된 비용이며, 사업주체에게서 받는 비용은 하자보수보증금에 해당되지 않습니다. 따라서 법원의 재판결과에 따른 판결금이 법 제38조제1항에 따른 하자보수보증금이라면 법 제38조제2항에 따라 입주자대표회의 등은 하자보수보증금을 영 제43조에서 정하는 용도로만 사용하여야 할 것이며, 판결금이 사업주체에게서 받는 비용이라면 청구소송 판결 취지 및 내용 등의 따라 판단할 사항입니다. 또한, 장기수선계획은 해당 공동주택 공용부분 주요시설물의 신설·교체·보수를 위한 것으로, 이 계획에 따라 적립한 장기수선충당금을 하자보수보증금으로 사용하는 것은 부적정한 것으로 판단됩니다.

### 잡수입 또는 예비비로 공동주택 인근 공장 조성 반대를 위한 비용 지출의 적법성 판단 요청

잡수입의 지출은 영 제26조에 따라 관리비등의 사업계획서 및 예산서에 편성하여 입주자대표회의 승인을 받거나, 영 제14조제2항제16호에 따라 공동체 활성화에 관한 사항 등으로 입주자대표회의 의결을 받거나, 또는 영 제19조제1항제18호에 따라 당해 공동주택 관리규약에 규정한 경우에 한하여 사용할 수 있을 것이니 참고하시기 바랍니다. 또한, 관리주체는 잡수입의 징수·사용·보관 및 예치 등에 관한 장부를 작성하여 이를 그 증빙자료와 함께 회계연도 종료 후 5년간 보관하여야 하므로(영 제55조제2항), 반대운동에 필요한 경비 지급 시 이를 기록하고 수

령증 등을 첨부하여 관리하는 등 세부적인 사항에 대하여는 해당 공동주택에서 합리적으로 결정하여 처리하시기 바랍니다.

소송비용의 부과는 먼저 그 소송이 귀 공동주택 입주자등 전체의 이익에 부합하는지 여부에 따라 판단해야 할 것입니다. 입주민 전체의 이익에 부합되는 경우에 한하여 입주자등의 동의(동의비율에 대하여는 자체적으로 판단하되, 최소 과반 수 이상 필요)를 거칠 경우 관리비로 소송비용을 사용할 수 있을 것으로 판단됩니다.

### 지하주차장 LED교체공사비 장기수선충당금 집행 가능여부

단지 내 전등을 LED전등으로 교체하는 공사의 경우 장기수선계획에 포함하여 장기수선충당금으로 집행할지 또는 장기수선충당금 집행이 아닌 방법(수선유지비 집행, ESCO사업 등)으로 공사를 시행할지의 여부에 관한 사항은 관리비 부담주체의 의사 등 제반사정을 고려하여 자체적으로 결정할 사항입니다. 다만, 이 경우에도 지하주차장 LED 전등 외의 전기시설물 교체의 경우에는 장기수선계획에 반영하여 장기수선충당금으로 집행하여야 하는 것이니 유의하시기 바랍니다.

### 입주자대표회의 구성원이 특별감사위원회를 구성하여 감사를 실시할 수 있는지

감사는 관리비·사용료 및 장기수선충당금 등의 부과·징수·지출·보관 등 회계 관계 업무와 관리업무전반에 대하여 관리주체의 업무를 감사합니다(규칙 제21조제5항). 이와 관련, 질의와 같이 공동주택관리법령과 다르게 정하여 감사의 직무를 정지시키고 특별감사를 실시하는 것은 타당하지 않을 것으로 사료됩니다.

### 각 300세대 미만 2개 단지를 관리하는 경우 외부회계감사 의무 시행 관련 질의

법 제26조제1항에 따라 300세대 이상인 공동주택의 관리주체는 대통령령으로 정하는 바에 따라 「주식회사의 외부감사에 관한 법률」 제3조제1항에 따른 감사인의 회계감사를 매년 1회 이상 받도록 규정되어 있습니다. 다만, 각 단지별로 300세대 미만인 경우에는 회계감사 대상이 아님을 알려드립니다.

설명 분양, 임대 혼합단지의 경우 분양세대가 300세대 미만인 경우 외부회계감사 의무대상이 아니다.

### 공동주택 비의무단지 지자체의 조사

의무관리대상 공동주택의 범위(법 제2조제1항제2호)에 포함되지 않는 공동주택의 경우, 입주자대표회의 구성 및 신고, 관리방법 결정 등은 의무사항이 아닙니다. 또한, 비의무관리대상 공동주택은 「주택관리업자 및 사업자 선정지침」의 적용을 받지 않습니다. 다만, 용도변경 등 행위허가(법35조), 공동주택 관리규약(법 제18조), 하자담보책임(법 제36조), 장기수선계획(법 제29조) 등은 공동주택관리법령을 따라야 함을 알려드립니다.

공동주택관리규약에는 위반되지만 법령 위반에는 해당하지 않는 사항에 대해서도 지방자치단체의 장은 법 제93조제1항에 따라 "그 밖에 필요한 명령"을 할 수 있습니다(법제처 법령해석, 2015.3). 따라서 관리감독청인 해당 지방자치단체의 장은 비의무관리대상 공동주택의 경우에도 관리규약(선거관리규정 등 제반 자체규정 포함) 등을 위반 시 시정명령을 하고 이에 따르지 않을 경우 과태료 부과도 가능함을 알려드립니다.

### 아파트 재도장공사시 장기수선충당금으로 창틀코킹을 할 수 있는지

장기수선계획은 공동주택의 공용부분 주요시설에 대해 교체 및 보수를 하기 위해 수립하는 것으로, 전용부분과 공용부분의 구분은 귀 공동주택의 관리규약으로 정하도록 되어 있습니다(영 제19조제1항제19호). 외부창틀 코킹이 귀 공동주택 관리규약에 공용부분으로 명시가 되어 있다면 해당 공사를 장기수선계획에 포함하여 장기수선충당금으로 집행이 가능할 것으로 보입니다.

### 단지내 전면적인 조경수 교체 및 추가비용을 장기수선계획서에 신설항목으로 반영한지

장기수선충당금은 장기수선계획에 따라 공동주택의 주요시설의 교체 및 보수에 필요한 비용을 소유자로부터 징수하여 적립하는 것이므로, 조경시설물이 아닌 조경수(수목) 식재 비용을 장기수선계획에 포함하여 장기수선충당금으로 사용하는 것은 타당하지 않습니다.

### 사업주체관리기간 아파트의 위탁관리 수수료 처리

사업주체 관리기간이라고 하여 관리비(위탁관리수수료 포함)를 무조건 사업주체가 부담해야 하는 것은 아닙니다. 법 제23조제1항에 따라 공동주택의 입주자 및 사용자는 그 공동주택의 유지관리를 위하여 필요한 관리비를 관리주체에게 내야 합니다. 따라서 미입주 세대에 부과한 관리비 등의 부담주체는 입주지정일까지는 사업주체가 부담하고, 입주지정일 이후에는 입주자가 부담해야 할 것이며, 분양 되지 아니한 세대의 경우에는 사업주체가 해당 세대의 관리비를 부담하여야 하며, 분양이 되었으나 소유권 이전 전인 경우에도 사업주체가 해당 세대의 관리비를 부담하여야 할 것으로 사료됩니다. 다만, 사업주체와 입주예정자간의 계약관계에 별도로 명시된 내용이 있다면 그에 따를 수 있을 것으로 판단됩니다.

### 하자보증판결금 사용 문의

영 제25조에 따라 “관리비등”의 집행을 위한 사업자를 선정하는 것이라면 ‘주택관리업자 및 사업자 선정지침’의 적용대상(지침에 따라 경쟁입찰)이 되는 것입니다. 관리비등과 무관한 재원을 사용하는 것이라면 지침 적용 대상이 아닌 것입니다. 소송 승소금(판결금)을 사용하여 공사를 진행하신다면, 해당 승소금이 ‘관리비등’에 편입될 수 있느냐에 따라 지침의 적용 여부가 달라질 것입니다. 만약 승소금이 ‘관리비등’으로 편입될 수 있는 것이라면 승소금으로 공사를 시행하는 경우 지침을 적용하여야 하며, ‘관리비등’과 무관한 것이라면 이에 대해서는 주택법령에 별도로 명시된 바가 없으므로, 입찰방법(계약방식·주체) 등은 당해 판결문의 취지에 따라 해당 승소금을 수령할 사람들의 의견을 수렴하여 결정하여야 할 것으로 판단됩니다.

### 보도블럭 부분보수 시 자재비용을 장기수선충당금(또는 수선유지비)을 사용하고 직접 시공 가능 여부

장기수선충당금은 장기수선계획에 따라 사용하는 것이며, 해당 공사 시 사업자를 선정하여 실시하여만 하는 것은 아니며 관리사무소에서 자재를 구입하여 직접 시공 또는 전문기술자를 고용하여 시공하는 것도 가능함을 알려드립니다.

### 관리비 통장명의 주체 적법성 여부

관리비등의 계좌는 관리사무소장의 직인 외에 입주자대표회의 회장 인감을 복수로 등록할 수 있도록 규정하고 있으므로, 위탁관리업자의 명의로 계좌로 예치·관리하는 것은 적정하지 않음을 알려드립니다.

### 관리비 부과내역서의 승인도 입주자대표회의의 의결사항인지 여부

영 제14조제2항제7호에서 정하고 있는 영 제23조제1항부터 제5항까지에 따른 관리비등의 결산의 승인은 해당 공동주택 관리비의 수입과 지출의 결산 내용을 입주자대표회의에서 의결하여 승인해야 하는 것으로 매월 부과하는 관리비 부과내역서 승인은 아니며 관리비 부과내역서 승인을 입주자대표회의의 의결로 하고자 하는 경우에는 해당 공동주택의 관리규약으로 정하여 운영하는 것이 타당할 것입니다.

### 화재감지기 선로보수비용 부담주체 문의

공동주택의 공용부분과 전용부분에 대한 구분은 귀 공동주택 관리규약으로 정하는 사항임을 알려드립니다(영 제19조제1항19호). 다만, 세대 내 화재감지기, 스프링클러 등의 화재설비는 공용부분으로 보아 관리주체에서 체계적으로 관리하는 것이 타당할 것으로 판단됨을 알려드립니다. 이와 관련, 세대 내 화재설비라 하더라도 모든 경우의 수선·유지 비용을 관리비등으로 집행할 수는 없는 것이며 세대 내에서 고의 또는 과실로 해당 시설을 훼손하였다면 해당 세대가 수선 비용을 부담하는 것이 적정할 것이며, 그 외의 비용이라면 장기수선계획, 관리규약 등에 따라 관리비등으로 집행이 가능할 것으로 판단됨을 알려드립니다.

### 입주자대표회의 회장에게 부과된 과태료의 지출

과태료는 질서위반행위를 한 당사자가 납부하여야 할 것입니다. 다만, 입주자대표회의 회장에게 부과된 과태료 및 벌금의 경우 고의성이 없는 잘못(의도하지 않은 과실 등)이었고, 그 책임을 분담하여야 할 필요가 있다고 자체적으로 인정한 경우에 한하여, 관리규약에 정하는 바에 따라 잡수입 또는 관리비 예비비로 사용할 수 있을 것으로 사료됩니다.

### 관리비 중 승강기 수선유지비를 계속해서 납부하지 않고 있는 동별 대표자의 경우 결격사유 해당되는지 여부

영 제23조제1항~제5항까지의 관리비, 사용료 및 장기수선충당금 등(관리비등)을 3개월 이상 연속하여 체납한 사람은 동별 대표자가 될 수 없으며 그 자격을 상실합니다. 영 제11조제4항제6호에 따라서 질의의 동별 대표자가 귀 공동주택 관리규약으로 납부의무를 지운 관리비등을 3개월 이상 연속하여 체납하였다면 그 자격이 상실됨을 알려드립니다.

### 아파트 관리직원 임금대장 열람 및 복사요구

질의의 경우 특정직원(성명 적시)의 임금을 구체적으로 알려달라는 내용이라면 개인의 사생활의 비밀 또는 자유를 침해할 우려가 있는 정보에 해당돼 정보공개 대상에서 제외되는 것이 타당할 것으로 사료됩니다.

### 상가 소유자의 관리비 부과에 대한 대법원 판례 외

* 일반인에게 분양될 것이 예정된 복리시설에 해당하는 경우, 입주자대표회의가 자치관리규약 등에 의하여 그 상가를 관리하고 관리비를 징수하기로 한다는 별도의 약정 없이 위 법령에 기하여 상가의 소유자에게 관리비를 부과할 수는 없음. (대법원 1998.4.14, 97다50114)
* 주상복합의 입주자대표회의와 위탁관리계약을 체결했다는 사정만으로 위탁관리사를 관리비를 청구할 수 있는 채권자로 볼 수 없고 관리단은 입주자대표회의와 별개로 관리비를 청구할 수 있다. (동부지법 민사7단독)
* 관리단은 유효한 관리비 징수규약이 존재치 않더라도 구분소유자에 대해 공용부분 관리비를 청구할 수 있다. (대법원 2009 다222266)

## 관리주체의 전기검침수당의 귀속

질의의 '전기검침수당'은 공동주택관리법령에 별도로 정하는바가 없다. 따라서 그 수당의 처리 등에 관한 사항은 한전과의 계약내용 등을 감안해 공동주택에서 자체적으로 판단해야 한다. 다만, 해당 수당이 잡수입으로 귀속된다면 잡수입의 사용은 영 제26조에 따라 예산서에 편성해 입주자대표회의 승인을 받거나, 영 제14조제2항제16호에 따라 공동체활성화에 관한 사항으로 입주자대표회의 의결을 받거나 당해 공동주택 관리규약에 규정한 경우에 지출이 가능하다.

## 지출결의서의 입주자대표회장 결재가 자격 없는 자의 업무수행 여부

**질의** 영 제23조제7항에 따라 관리비 등의 예금계좌에 인감이 복수로 등록돼 있는데, 관리주체가 관리비 및 각종 사업비를 지출할 경우 지출결의서 공문에 대표회장의 결재(혹은 확인)를 받은 것이 법 제99조제5호[주택관리사 자격 없는 자의 업무수행] 위반인지?

**회신** 법 제63조제1항제5호, 제6호에 따라 관리규약으로 정한 사항의 집행과 입주자대표회의에서 의결한 사항의 집행에 관한 사항은 관리주체의 업무에 해당하는 바, 질의의 경우 관리주체의 업무에 해당될 것이다. 다만 대표회장은 관리주체의 업무에 대해 필요한 확인은 가능할 수 있을 것이다.

## 입주자대표회의 의결로 전기요금 산정방식 변경으로 인한 부당이득 대법원 판례

아파트 입주자대표회의가 한전과 전기공급계약상 전기요금 적용방식을 종합계약방식에서 단일계약방식으로 변경하는 계약을 체결하고도 아파트 입주자들에게는 기존 종합계약방식에 따라 산정한 전기사용료를 계속. 부과징수하자, 입주자가 부당이득 반환을 구한 사안에서, 입주자대표회의는 한전과 체결한 전기공급계약에 따른 세대별 부담액을 산정하여 입주자의 편의를 위하여 징수를 대행할 수 있을 뿐 임의로 한전과 체결한 전기공급계약과 달리 전기료를 산정하여 입주자에게 부과할 권한은 없으므로, 입주자대표회의는 입주자에게 변경계약 체결 후 종합계약방식을 적용함으로써 추가 징수한 전기료사용료를 부당이득으로 반환하여야 함. (대법원 2014.4.4, 2013.나5532)

## 전기료 부과차익으로 인한 잉여금의 사용 가능 여부

공동주택에서 납부해야 하는 전기료를 초과해 입주자 등에게 징수할 수 없을 것이나, 부과방식 등에 따라 부득이 초과 징수한 경우에는 입주민에게 정산 및 환급하는 것이 타당하다.

### 관리비 장기연체세대에 대하여 급수중단이나 제한급수가 가능한지

영 제19조제1항제13호에서 관리비 등을 납부하지 아니한 자에 대한 조치 및 가산금의 부과에 관한 사항은 해당 공동주택 관리규약으로 정하도록 하고 있습니다. 따라서 관리비 장기 체납자에 대한 조치는 귀 공동주택 관리규약에서 정하는 바에 따라야 할 것이나, 관리규약이라 하더라도 입주자등의 기본적인 권리를 침해하는 것은 가능하지 않을 것으로 판단됩니다.

### 전 구분소유자의 체납한 관리비 징수를 위한 단전·단수의 위법성 대법원 판례

원고가 구분소유자의 체납관리비 중 공용부분의 관리비를 승계할 의무가 있고, 이러한 체납관리비를 징수하기 위해 관리규약에 따라 단전·단수 등의 조치를 취한 것이므로 처음부터 불법행위를 구성하지 않거나, 적어도 원고가 승계된 체납관리비의 지급을 3개월 이상 연체한 때부터 관리규약에 따른 적법한 단전·단수 등의 조치로 되어 불법행위가 되지 않다는 것이다. 그러나 원고가 체납된 관리비 중 공용부분 관리비를 승계한다고 하여 전 구분소유자의 관리비 연체로 인한 법률효과까지 승계하는 것은 아니어서 원고가 구분소유권을 취득하였다는 점만으로 원고가 승계된 관리비의 지급을 연체하였다고 볼 수 없음은 분명한 것이므로, 전 구분소유자에 대해 해 오던 단전·단수 등의 조치를 유지한 것은 관리규약에 따른 적법한 조치에 해당한다고 볼 수 없다.

나아가 단전·단수 등의 조치가 적법한 행위로서 불법행위를 구성하지 않기 위해서는 그 조치가 관리규약을 따른 것이었다는 점만으로는 부족하고, 그와 같은 조치를 하게 된 동기와 목적, 수단과 방법, 조치에 이르게 된 경위, 그로 인하여 입주자가 입게 된 피해의 정도 등 여러 가지 사정을 종합하여 사회통념상 허용될 만한 정도의 상당성이 있어 위법성이 결여 된 행위로 볼 수 있는 경우에 한다.

3개월 이상 관리비 연체라는 관리규약상의 요건이 충족되었다 하더라도 그러한 사정만으로 종전부터 계속되어 오던 피고의 위법한 단전·단수 등의 조치가 그 시점부터 사회통념상 허용될 만한 정도의 상당성이 있는 행위로서 적법한 행위로 된다고 할 수는 없다. (대법원 2006.6.29, 2004다3598)

### 관리비 채권의 귀속 주체가 입주자대표회의라는 판례

입주자대표회의가 주택관리업자를 선정하여 공동주택을 관리하게 하는 경우 관리비징수는 주택관리업자의 업무에 속하는 것이기는 하나, 이러한 주택관리업자의 관리비 징수는 입주자대표회의로부터 그 징수업무를 위임받아 수행하는데 지나지 아니하여 관리비 채권은 입주자대표회의에 귀속된다.(수원지법 1999.12.17, 99나4587)

관리규약에서 관리주체가 관리비 청구의 경우에만 제소할 수 있다는 명시적인 규정을 두고 있고 관리외의 다른 청구에 대해서는 아무런 언급이 없는바 관리비 청구 경우에는 다른 청구와는 다른 취급을 하고 있고 관리규약에서 정한 관리주체는 관리소장 외에 대외적으로 소를 제기할 당사자 능력이 있는 입주자대표회의를 포함하는 것으로 봐야한다. (서울고법 민사18부)

### 주민운동시설의 운영경비 부과방법

주민운동시설은 복리시설의 하나로 복리시설의 관리에 소요되는 비용은 관리비로 부과할 수 있을 것이며, 수익자부담원칙에 따라 그 비용의 일부를 해당 시설을 이용하는 사람에게 사용료로 부과할 수 있다. 이와 관련 주민운동시설의 운영경비를 관리비로만 부과할 것인지, 관리비와 사용료로 부과할 것인지, 사용료로만 부과할 것인지 등은 해당 단지의 제반사항을 고려하여 관리규약으로 정해 운영하기 바란다.

### 주차위반금을 관리비의 별도 항목으로 징수 가능 여부

영 제19조제1항제20호에 따라 관리규약을 위반한 자 및 공동주택의 질서를 문란하게 한 자에 대한 조치 등을 관리규약으로 정하도록 하고 있으므로 규정을 위반한 경우의 위반금 징수 및 조치 등에 대해 관리규약이 규정하고 있다면 관리규약에 따라 운영할 수 있다. 다만 위반금은 관리비와 별도로 징수해야 한다. 그리고 징수한 위반금의 사용은 관리규약 및 제 규정에 따라 공동주택에서 판단해야 한다.

### 관리비예치금 지급 기산점 등

등기상 소유권 변동일을 기준으로 관리비예치금을 반환하는 것이 아니라 이사 가는 날 관리비 등을 정산할 때 함께 반환하는 것이 타당하다. 관리비예치금의 금융이자는 소유자 몫으로 정산하는 것이 아니고 잡수입에 해당한다.

### 방화범이 밝혀지지 않을 경우 피해복구비용의 처리방법

영 제19조제1항제12호에 따라 관리비 등의 가구별 부담액 산정방법 및 징수, 보관, 예치, 사용절차 등에 관해 관리규약에 정하도록 하고 있으므로 귀 관리규약으로 정해 운영해야 할 것입니다. 다만 해당 부분이 공용부분에 해당되는 경우 관리비 등을 부과해 수선하고 추후 가해자가 밝혀질 경우 피해비용에 대해 구상권을 행사할 수 있습니다.

### 관리규약 위반시 벌금을 관리비고지서에 부과 가능 여부

관리규약 위반 관련 벌금(위반금 포함)은 관리비에 해당되지 않아 해당 비용을 관리비에 포함시킬 수 없으며 관리비 고지서에 함께 부과하는 것은 타당하지 않은 것으로 사료됩니다. (영 제23조제1항)

### 주차장 사용료를 관리비부과명세서에 포함해 징수 가능한지?

**질의** 아파트 내 주차장 사용이 증가하고 있어 단지안의 전기·주차장·승강기 등의 유지 및 운영기준(영 제14조제2항제8호)에 따라 1세대 1차량 초과차량에 대해 소정액의 주차비를 관리비부과명세서에 포함해 징수하는 것이 가능한지?

**회신** 영 제14조제2항제5호에서는 '공용시설물의 사용료 부과기준의 결정'에 대해 입주자대표회의 의결사항으로 규정하고 있으며, 또한 제8호에서 '단지안의 전기·주차장 등의 유지 및 운영기준' 역시 입주자대표회의 의결사항으로 규정하고 있다. 따라서 질의의 주차장 사용료 부과기준에 대해서는 해당 공동주택 입주자대표회의에서 결정할 수 있을 것으로 판단된다.

### 관리비 등의 사업계획 및 예산안을 예산제로만 집행해야 하는지

관리비 등의 세대부담액 산정방법, 징수, 보관, 예치 및 사용절차에 관한 사항은 해당 공동주택 관리규약으로 정하도록 하고 있으므로(영 제19조제1항제12호) 귀 공동주택 관리규약으로 부과방법(예산제, 정산제)을 정해 운영할 수 있을 것입니다. 관리비 등의 사업계획 및 예산안 수립 조항(영 제26조제1항)은 관리비 등의 계획, 집행에 있어 보다 체계적이고 규모 있는 운영을 유도코자 하는 취지로 모든 수입과 지출을 반드시 예산제로 집행토록 하라는 규정은 아님을 알려드립니다.

### 관리비 장기연체자에 대한 법적 조치

영 제19조제1항제13호에 따라 관리비 등을 납부하지 않은 자에 대한 조치 및 가산금의 부과에 대해서는 귀 관리규약으로 정하도록 하고 있습니나. 그러나 질의의 관리비 장기연체자에 대한 법적 조치에 대해서는 공동주택관리법령에 구체적으로 규정하고 있지 않으므로 이에 대한 법적 조치(지급명령, 소액 재판 등) 여부는 구체적인 사실을 가지고 법률전문가에게 문의하기 바랍니다.

* 연체료는 위약 벌의 일종이고 특별승계인이 공용부분 관리비를 승계한다 하여 그 법률 효과(연체료 발생)까지 승계하는 것이 아니므로 공용부분에 대한 연체료는 승계되지 않는다.

### 분양잔금 미납으로 입주를 미룬 경우 미납관리비의 부담주체

미입주 가구에 부과한 관리비 등의 부담주체는 입주지정일까지는 사업주체가 부담하고 입주지정일 이후에는 입주자 및 사용자가 부담해야 합니다. 미분양 가구의 경우 사업주체가 관리비 등을 부담해야 하며, 분양이 됐으나 소유권 이전 전인 경우에도 사업주체가 해당 가구의 관리비를 부담해야 할 것입니다. 단, 사업주체와 입주예정자 간의 계약관계에 별도로 명시된 내용이 있다면 그에 따를 수 있을 것입니다.

### 전 입주자의 체납관리비중 공용부분은 특별승계인에게 승계된다는 대법원 판례

아파트의 관리규약에서 체납관리비 채권 전체에 대하여 입주자의 지위를 승계한 자에 대하여도 행사할 수 있도록 규정하고 있다 하더라도 '관리규약이 구분소유자 이외의 자의 권리를 해하지 못한다.'고 규정하고 있는 집합건물법 제28조제3항에 비추어 볼 때, 관리규약으로 전 입주자의 체납관리비를 양수인에게 승계시키도록 하는 것은 입주자 이외의 자들과 사이의 권리·의무에 관련된 사항으로서 입주자들의 자치규범인 관리규약 제정의 한계를 벗어나는 것이고, 개인의 기본권을 침해하는 사항은 법률로 특별히 정하지 않는 한 사적자치의 원칙에 반한다는 점 등을 고려하면 특별승계인이 그 관리규약을 명시적·묵시적으로 승인하지 않은 이상 그 효력이 없다고 할 것이며,

집합건물법 제42조제1항 및 공동주택관리령 제9조제4항의 각 규정은 공동주택 입주자들이 공동주택의 관리·사용 등의 사항에 관하여 관리규약으로 정한 내용은 그것이 승계 이전에 제정된 것이라고 하더라도 승계인에 대하여 효력이 있다는 뜻으로서, 관리비와 관련하여서는 승계인도 입주자로서 관리규약에 따른 관리비를 납부하여야 한다는 의미일 뿐, 그 규정으로 인하여 승계인이 전 입주자의 체납관리비까지 승계하게 되는 것으로 해석할 수는 없다.

다만, 집합건물의 공용부분은 전체 공유자의 이익에 공여하는 것이어서 공동으로 유지·관리해야 하고 그에 대한 적정한 유지·관리를 도모하기 위하여는 소요되는 경비에 대한 공유자 간의 채권은 이를 특히 보장할 필요가 있어 공유자의 특별승계인에게 그 승계의사의 유무에 관계없이 청구할 수 있도록 집합건물법 제18조에서 특별규정을 두고 있는 바, 위 관리규약 중 공용부분 관리비에 관한 부분은 위 규정에 터잡은 것으로서 유효하다고 할 것이므로, 아파트의 특별승계인은 전 입주자의 체납관리비 중 공용부분에 관하여는 이를 승계한다고 봄이 타당함. (다수의견) (대법원 2001.9.20, 2001다8677)

### 단지내 상가의 관리비 연체시 적용법률

관리규약은 입주자 및 사용자에게만 적용토록 하고 있으므로 단지 내 상가의 관리비 연체 시 조치 등에 대해서는 집합건물법에 의해 적용해야 한다.

### 구분소유자의 특별승계인이 승계하는 공용부분 관리비 범위

* 공용부분 관리비는 집합건물의 공용부분 그 자체의 직접적인 유지·관리를 위하여 지출되는 비용뿐만 아니라, 전유부분을 포함한 집합건물 전체의 유지·관리를 위해 지출되는 비용 가운데에서도 입주자 전체의 공동의 이익을 위하여 집합건물을 통일적으로 유지·관리할 필요가 있어 이를 일률적으로 지출하지 않으면 안 되는 성격의 비용은 그것이 입주자 각자의 개별적인 이익을 위하여 현실적으로 구체적으로 귀속되는 부분에 사용되는 비용으로 명확히 구분될 수 있는 것이 아니라면 모두 이에 포함되는 것으로 보아야 함. (대법원 2004 다3598)

* 일반관리비와 소독비는 공용부분 관리비이므로 집합건물 구분소유자의 특별승계인이 승계하나, 중앙집중식 난방방식에 의한 세대별 난방비, 일괄계약에 의한 유선방송료는 입주자 각자의 개별적인 이익을 위하여 지출되는 비용으로 전용부분 관리비에 해당하므로 특별승계인이 승계하지 않음. (의정부지법 2007.7.25, 2006가단74938)

### 잡수입을 장기수선충당금에 적립하는 것이 소유자로부터 징수하여 적립토록 한 법 위반 여부

영 제23조제8항에 따른 잡수입으로 인하여 발생한 당기순이익의 일부를 법 제18조제2항에 따라 정한 공동주택 관리규약에서 장기수선충당금으로 적립하도록 한 것은 장기수선계획에 따라 장기수선충당금을 해당 공동주택의 소유자로부터 징수하여 적립하도록 한 법 제30조제1항에 위반되는 것으로 보기는 어려움. (법제처 12-0289, 2011.7.15)

### 관리외수익 등 잡수입으로 발생한 이익잉여금 처분 방법

관리주체의 업무 관련(법 제63조제1항 각호), 관리주체의 동의 관련(영 제19조제2항), 관리주체의 업무 관련(규칙 제29조 각호)에 따라 관리주체가 수행하는 공동주택의 관리로 인해 발생하는 각종 잡수입은 관리비와 같은 방법으로 회계처리해야 하며 잡수입 및 이익잉여금은 공동주택의 관리비를 지출하는 용도로 사용하거나 장기수선충당금으로 적립할 수 있고 그 사용 절차는 영 제19조제1항제18호에 따라 관리규약으로 정하는 것입니다.

참고로 예비비는 관리비 예산이 책정되지 않았거나 예측할 수 없는 관리비 지출을 위해 책정하는 것이므로 관리비로 지출할 수 없는 용도로 예비비를 지출하는 것은 부적합하다고 판단됩니다.

### 부녀회 바자회 수익금의 처리방법

해당 공동주택 공용부분을 사용하지 않고 순수하게 부녀회의 노동으로만 시행한 바자회 수익금이라면 부녀회 기금으로 사용할 수 있을 것이나 공용부분을 사용해 시행한 바자회라면 수익금 중

부녀회 노동의 기여분(자치적으로 결정)을 제외한 부분에 대하여는 잡수입으로 처리해야 할 것으로 사료됩니다. 이마트 영수증을 모아서 반납을 하면 생기는 이익금을 잡수입으로 처리할지 여부는 귀 공동주택에서 협의해 합리적으로 정하시기 바랍니다. 2010.7.6 이전의 잡수입 또한 관리주체에서 관리·운영하는 것이 바람직할 것으로 사료됩니다.

### 입주자대표회의 운영비 증액 및 입대의 의결로 공동체 활성화 비용의 잡수입 지출 가능 여부

입주자대표회의 운영비가 관리규약에 규정돼 있다면 입주자대표회의 의결로 운영비를 증액할 수는 없고, 영 제14조제2항제16호에 따라 질의의 연주회 행사 경비는 공동체 활성화에 관한 사항으로 봐 입주자대표회의 의결로 잡수입 지출이 가능할 것으로 사료됩니다.

### 소송비용을 예비비적립금으로 사용할 수 있는지

해당 소송이 입주자등의 공동의 이익을 위한 소송일 경우에 한하여, 예비비적립금을 소송비용으로 사용하고자 하기 위해서는 귀 공동주택 관리규약에서 정한 예비비적립금 적립목적, 용도, 사용절차에 따라야 할 것으로 판단됩니다.

### 변호사 선임비용을 예비비나 잡수입으로 지출할 수 있는지

**질의** 동별 대표자 선출과 관련 선거의 공정성을 사유로 입주민들이 '직무정지가처분 신청'한 경우 입주자대표회의에서 변호사를 선임한 경우 비용을 예비비, 잡수입 또는 입주자대표회의 운영비에서 지출이 가능한지?

**회신** 미처 예상치 못한 비용의 지출 등을 위한 예비비의 지출성격에 비춰 볼 때 해당 소송이 입주민 전체의 이익에 부합하는 경우에 한해 공동주택의 관리규약에 정한 경우 예비비 사용이 가능할 것으로 사료되며, 영 제19조제1항제18호에 따라 관리규약에 규정한 경우 영 제26조에 따라 관리비 등의 사업계획서 및 예산서에 편성해 입주자대표회의 승인을 받은 경우 또는 영 제14조제2항제16호에 따라 공동체활성화에 관한 사항 등으로 입주자대표회의의 의결을 받은 경우에 해당된다면 잡수입에서의 지출이 가능할 것으로 사료됩니다.

### 입주자대표회장 자격의 변호사선임비용을 단체 업무비용으로 인정한 대법원 판례

집합건물 입주자대표회의의 회장과 대표자인 자신들의 형사사건 변호사 선임비용을 입주자대표회의비로 지출하였다고 하여 업무상횡령죄로 기소된 사안에서, 피고인 갑(회장)에 대한 형사소송은 다른 입주자대표들의 자격, 기존의 입주자대표회의가 처리해 온 업무의 효력 등과 연관되어 있는 점에서 그와 관련한 변호사 비용을 지출한 것은 단체의 업무수행에 필요한 비용을 지급한 것이나, 피고인 을의 개인적인 형사사건을 위하여 단체의 비용으로 변호사 선임료를 지출한 것은 위법하다고 함. (대법원 2011.9.29, 2011도4677)

### 개별세대 홈네트워크의 장기수선충당금 사용 가능 여부

장기수선계획은 공동주택의 공용부분에 대하여 수립(법 제29조)하므로 개별 세대부분의 홈네트워크 시스템의 개선공사에 장기수선충당금을 사용하는 것은 적절하지 않습니다.

### 승강기교체공사비의 1, 2층 저층부 부담 여부

장기수선충당금이 부족할 경우 입주(소유자)만을 대상으로 부족한 비용을 부담시키는 것이 타당할 것이며 승강기 전면 교체공사의 경우 1,2층 소유자를 포함해 전체 소유자로부터 징수·적립하는 것이 타당할 것입니다.

### 관리사무소장 직인의 사용범위

관리사무소장이 업무를 집행(관리비등의 예금지출, 공고, 공문, 계약 등 법률행위를 수반하는 행위 등을 말하므로 내부결재는 제외)할 때에 신고 된 직인을 사용하지 않고 다른 직인을 사용하는 경우 법 제102조제3항제23호에 따라 500백만원 이하의 과태료를 부과 받을 수 있습니다.

### 협회비 부담주체

대한주택관리사협회 협회비는 협회에 속한 자가 부담하는 것이 원칙입니다. 다만 해당 공동주택 입주민들이 관리소장의 협회비를 대납하는 것이 금지된 것은 아니므로 협회비 지원 여부에 대해서는 공동주택에서 자율적으로 결정할 사항입니다.

공동주택의 업무수행에 필요한 자격(주택관리사, 전기기사, 소방안전관리자 등)과 관련하여 가입하고 있는 협회라 하더라도 그 협회가입비의 부담주체. 방법 등에 대하여 공동주택관리법령에 별도로 규정하고 있는 바가 없습니다.

그럼에도 불구하고 해당 공동주택단지에서 공동주택 업무수행에 필요한 자격과 관련하여 가입하고 있는 협회의 가입비를 지원하고자 하는 경우라면 관리비 중 복리후생비로 지원하는 것이 타당할 것으로 판단되며, 이 경우 관리비는 입주자 등이 부담하여야 하는 비용임을 감안, 해당 공동주택의 관리규약으로 정하여 운영하는 것이 바람직할 것으로 판단됩니다.

MEMO

Chapter

# 9 공동주택의 경리실무

제 1 장

# 회계담당자의 월간업무

공동주택 공용부분의 유지·보수 및 관리를 위한 모든 업무는 관리비와 관련이 있으므로 회계처리가 필수적으로 수반되어 회계담당자의 업무로 귀결된다. 제1장에서는 공동주택의 관리비 부과일 및 납기내 마감일 등의 월간업무 일정은 단지별로 약간 차이가 있지만, 일반적인 회계담당자의 업무를 1.1 일자별 월간업무와 1.2 월간 수시업무(중간관리비 정산은 1.3 참조)로 구분하여 살펴보고자 한다.

## 1.1 일자별 월간업무

(1) 매월 1일~4일

- 관리비 마감일(통상 말일) 기준의 세대별 입금분 및 자동이체분(해당 거래은행의 전체 처리분, 해지분, 불능분을 수취)에 대한 수납처리와 회계처리(전표입력)를 한다.
- 마감일 이후 입금분은 연체료가 발생되지만 입금분만 수납처리하고, 추후에 부과된 익월 관리비와 함께 납부한 연체료를 일할계산하여 수납처리한다(현금주의).
- 보조원장 상의 미수관리비와 미납대장 상의 미납현황금액의 일치 여부를 확인한다.
- 거래은행에서 매월 결산일 기준의 예금잔액증명서를 발급받는다(월간결산서 첨부 및 입주민 공개용).

※ 참고업무 : 검침담당자는 전기, 수도 등의 검침을 실시하여 검침자료를 회계프로그램에 입력한다. 전기는 전력량집계표를 한전에 통보하고, 회계프로그램의 전기검침 → 한전검침송신작업 메뉴에서 검침자료를 회계프로그램 전산회사에 전송한다. 수도는 수도사업소에 단지 수도계량기 단지 검침값을 통보한다(제3장 3.2 참조).

(2) 매월 5일~6일

- 관리비 연체세대에 연체기간별로 독촉장, 내용증명 등을 발송하고, 조속히 상환하도록 전화나 문자 등으로 연체세대를 관리한다.

- 3개월 이상 장기연체세대는 임차인과 임대인(소유자) 모두에게 독촉장 등을 고지한다(고지근거 보관).

(3) 매월 7일~10일

- 10일자로 집행할 근로소득세, 각종 용역비, 자동이체(4대보험 등), 소액지출 시재금 등의 지출결의서를 작성하고 결재받는다. 지출업무, 회계처리 후에는 적격증빙서류 원본을 해당전표 뒷면에 첨부한다.
- 전월급여 등 근로소득세 원천징수상황신고서를 국세청 홈텍스에서 전자신고하고 납부서 발행분을 지출결의서 작성에 반영한다(반기별 납부사업장은 1월과 7월 신고 및 납부).

(4) 매월 11일~14일

- 마감일 이후에 입금된 관리비를 수납처리 및 회계처리한 후 미수관리비와 미납현황이 일치하는지 확인한다.
- 독촉장을 발부하거나 내용증명을 발송한 장기연체세대의 수납여부를 확인한 후 관리규약의 체납자관련 규정에 의거하여 조치한다.

(5) 매월 15일~20일경

- 관리비 회계프로그램에서 월간결산(재무제표 작성)을 하고, 재무제표부속명세서와 관리비부과명세서를 작성(엑셀)하고, 관리비 부과작업을 실시한다(제3장 3.1~3.6 참조).
- 관리비 회계프로그램의 출력의뢰 메뉴에서 관리비부과명세서(관리비고지서 일체형)의 인쇄를 의뢰한다(부록 5. 양식 참조).
- 공동주택관리정보시스템(K-apt)에 관리비관련 데이터를 입력하여 공개한다.
- 월별 입주자대표회의에 상정할 안건관련 회의자료를 준비하고, 관리사무소장, 입주자대표회의의 회장, 감사로부터 재무제표 및 관리비부과명세서에 확인 서명받은 후 단지홈페이지 및 게시판에 공고한다.

(7) 매월 21일~22일

- 회계프로그램 전산회사에서 인쇄한 세대별 관리비부과명세서, 관리비조정명세서를 확인한 후 세대별 관리비부과명세서를 우편함에 투입하여 배부한다.
- 관리비 부과마감 후 수납세대(18일~22일경)를 확인하고, 회계프로그램에서 관리비고지서를 재발급하여 배부한다.
- 전입한 중간관리비 정산세대는 회계프로그램의 부과처리/별도금액등록을 반영하

여 관리비고지서를 발행한다.

(8) 매월 23일~말일

- 25일, 말일자로 집행할 관리비용으로써 급여 등 인건비, 각종 용역비 및 공사비, 자동이체(전기료, 수도료), 현금시재금 등의 지출결의서를 작성·결재, 은행 입출금 업무 후 회계처리 한다(업무처리 방법은 10일자 집행분과 동일함).

## 1.2 월간 수시업무

(1) 수납업무

입주민이 월중 납부하는 관리비를 해당 은행별로 수시로 조회하여 회계프로그램에서 수납처리 한다.

(2) 전출·전입세대업무

전출세대는 회계프로그램에서 중간관리비 정산(제1장 1.3 참조) 후 전출자에게 전출증을 발급한다. 전입세대는 입주자명부를 작성하도록 하고, 세대보유차량을 회계프로그램에 등록하여 차량출입카드 등을 발급한다. 또한 주민공동시설 이용 및 입주민공동생활 협조사항을 안내하고 관리규약을 교부한다.

(3) 각종 수입업무

알뜰시장·게시판광고수입, 승강기사용료, 주민공동시설이용료 등의 수입전표를 처리한다.

(4) 민원업무

민원이 발생(대면, 비대면)하면 회계프로그램상 민원/세대민원접수 및 작업 메뉴에 '접수내용' 입력 후 민원업무처리자에게 인계한다(민원처리 직원이 '작업내용' 결과 입력).

(5) 공고업무

입주민에게 알려야 할 사항을 공고시기에 맞춰 단지 홈페이지 및 게시판에 공고한다.

(6) 단지 홈페이지관리업무

재무제표, 관리비부과명세서, 대표회의 개최·결과공고문, 공사 및 용역계약서, 입찰공고문, 예산안, 분기세입세출결산서, 기타공고문 등을 단지홈페이지에 공개하고 민원내용이 있으면 접수한다.

#### (7) 세무 및 노무관리업무

부가가치세, 법인세 업무는 세무대행업체에 의뢰한다. 근로소득세 신고(매월, 분기별), 근로자연말정산은 국세청 홈텍스에서 처리하고, 4대보험 및 노무관리업무는 4대사회보험 포털사이트에서 처리한다.

#### (8) 정기예탁금 및 적금 관리업무

각종 정기예탁금 및 적금 만기를 파악한 후 재가입 시기에 맞춰 입주자대표회의에 안건 상정한다.

#### (9) 용역업체별 계약현황 관리업무

용역업체별 계약현황을 파악하여 현황표를 작성·비치하고, 계약만료 2개월 전에 입주자대표회의에 안건 상정한다.

#### (10) 일상 회계업무

수시로 발생되는 관리비수납, 소액 관리비용 지출(법인체크카드), 시재금지출, 관리외수익 등을 회계처리(전표입력)하고 결재한다.

## 1.3 중간관리비 정산

중간관리비 정산은 관리비 부과처리 전에 전출(이사)하는 입주자등의 관리비등을 계산하는 월간 수시업무의 하나이다. 중간관리비 계산방법은 공동주택관리규약에 명시되어 있으며, 실무적인 관리비 정산에 대하여 구체적으로 설명하려고 한다.

> 공동주택관리규약 제73조 [관리비등의 납부기한]
> ②관리주체는 전출하는 입주자 등이 관리비등에 대한 정산을 요청하는 경우 입주자 등이 전출하는 날 기준으로 다음과 같이 산정한다. 다만, 검침이 가능한 사용료(수도, 전기 등)는 검침 계량에 따라 정산한다.
>
> ◉ 중간정산=[전출 전 3개월 평균관리비/당월일수×당월 거주일수]×100분의 5(편차율) 가산
>
> ③전출자는 관리비등을 전출하는 날까지 납부하는 것을 원칙으로 한다.

### (1) 중간정산관리비의 인식

| | | |
|---|---|---|
| **관리비정산 기준일** | 전출하는 날 기준 ex) 6월 10일 | |
| **미부과관리비** | 부과처리 안된 관리비 : 5월분(1일~31일) + 6월분(1일~10일) | |
| **미납관리비** | 부과처리 된 관리비 : 4월분 관리비(5/31일 납기일) | |
| **중간정산관리비 납부액** | 4월분 미납세대 | 미납관리비(4월분) + 미부과관리비(5월분+6월분) |
| | 4월분 납부세대 | 미부과관리비(5월분+6월분) |

### (2) 전출·전입 업무처리

| 구분 | 전출세대 | 전입세대 |
|---|---|---|
| 안내사항 | • 입주민은 관리사무소에 2~3일 전 전출·전입 통보 | |
| | • 승강기이용(승강기사용료, 보양재사용등)<br>• 사다리차 사용위치 확인<br>• 폐기물배출, 자동이체 해지 | • 승강기이용(승강기사용료, 보양재 사용등)<br>• 사다리차 사용위치 확인<br>• 폐기물배출, 자동이체 신청 |
| 업무사항 | • 관리비중간정산서 발급, 차량등록해지<br>• 장기수선충당금 납부서 발급(임차세대)<br>• 관리비예치금확인서 및 전출증 발급<br>• 공용시설물 파손 확인 | • 입주자명부(카드) 작성, 차량등록 입력<br>• 입주자생활안내(분리수거, 주민공동시설 등)<br>• 공용시설물 파손 확인 |

### (3) 전출세대 중간관리비 정산

#### ① 전기·수도 검침

세대 계량기 검침수치를 직접 확인하고, 원격검침아파트는 프로그램을 확인한다.

#### ② 미납 및 차량정보 조회

전출처리시 이사호실, 전출일자 입력 후 조회하면, 관리비미납(수납) 및 차량정보(차량관리)가 연동되어 표시된다. 미납관리비는 관리비정산에 포함되고, 해지차량포함을 선택하면 차량등록이 해지된다.

#### ③ 검침입력

중간정산시 각 검침의 전월지침과 당월지침이 연동되어 자동입력된다. 검침작업이 안된 경우에는 미연동되므로 수작업으로 당월 검침값을 입력하여 처리한다. 전출세대 전기·수도 검침사용량은 정산당일 직접 입력한다.

#### ④ 중간정산

화면 중앙에 중간정산 클릭전에 각 단지별 관리규약에 맞게 중간정산관리비(3개월 평균, 전월) 기준에 맞게 선택 후 저장한다.

⑤ 계산된 관리비를 입주민에게 고지하고, 입금 후 영수증 및 전출증을 발급하고, 회계처리(전표처리)하여야 한다(특별히 세대간에 중간관리비를 인수인계하겠다면 정산하지 않음).

▼ **회계프로그램 중간관리비 정산 순서**

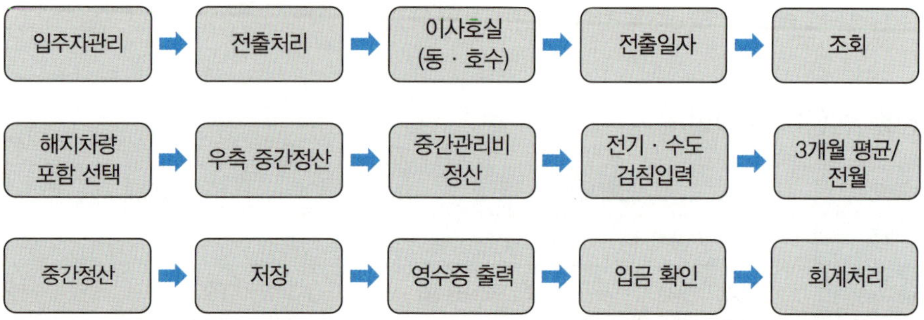


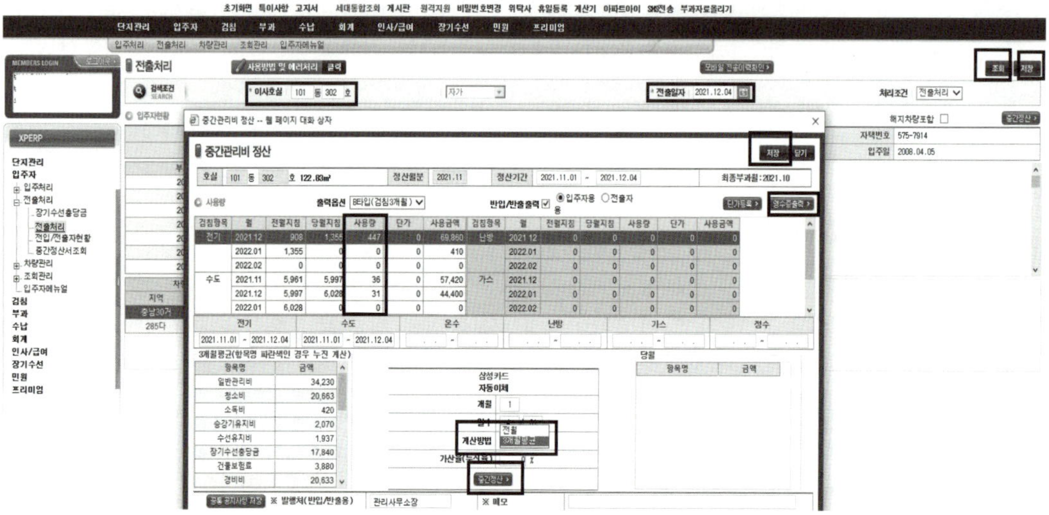

**[그림 9-1] 회계프로그램 전출처리 화면**

### (4) 장기수선충당금 납부확인서 발급

관리비와 함께 부과된 장기수선충당금은 공동주택관리법 제30조에 따라 소유자 납부가 원칙이나, 현실적으로 관리비 분리부과가 어려워 임차세대의 경우 세입자가 납부하고 있다. 이에 임차인은 임대기간(계약기간)동안 납부한 장기수선충당금을 전출시에 소유자에게 청구한다. 장기수선충당금 납부확인서는 다음[표]의 순서로 발급한다.

▼ 회계프로그램 장기수선충당금 납부서 발급 순서

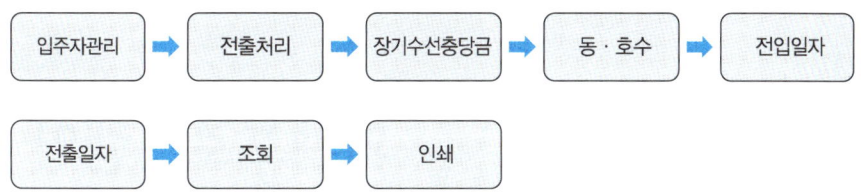

입주자관리 → 전출처리 → 장기수선충당금 → 동 · 호수 → 전입일자

전출일자 → 조회 → 인쇄

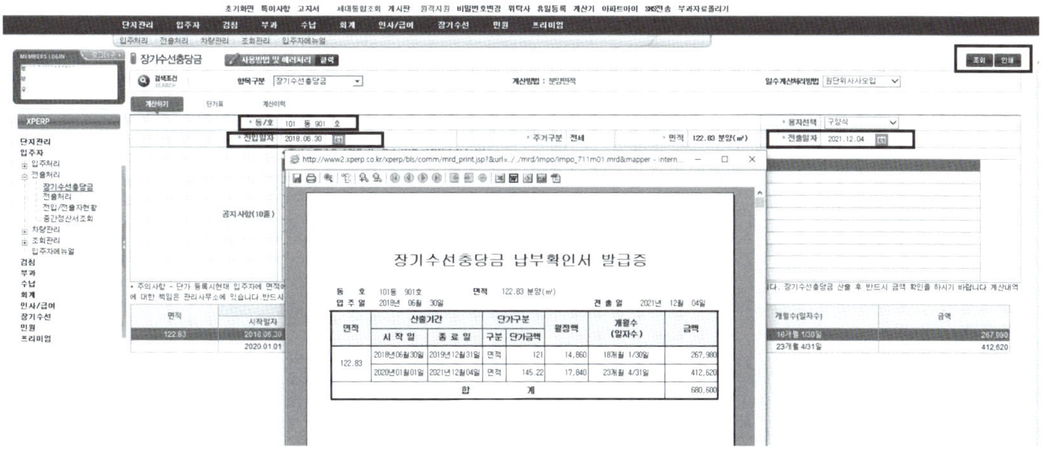


[그림 9-2] 회계프로그램 장기수선충당금 화면

(5) 관리비예치금 납부확인서 발급

관리비예치금은 공동주택관리법 제24조에 따라 입주시 소유자가 납부한다. 실무상 소유 주택을 매도한 경우 공동주택관리규약 제65조제2항에 따라 양도인과 양수인 간에 반환금을 상계처리할 수 있으며, 관리비예치금 납부확인서는 단지별 양식으로 발급한다.

**공동주택관리규약 제65조 [관리비예치금]**

①법 제24조제1항에 따라 소유자는 해당 주택을 소유하는 기간 동안 관리비예치금을 관리주체에 예치하여야 한다.

②관리주체는 소유자가 전출하는 경우에는 관리비예치금을 반환하여야 한다. 다만, **양도인과 양수인간에 그 권리를 상계하는 경우에는 그러하지 아니한다.**

③관리주체는 관리비예치금을 재건축 등의 사유로 입주자가 해산할 경우 해산 당시의 소유자에게 반환하여야 한다.

제 2 장

# 회계프로그램의 구성

회계프로그램은 통상 매뉴얼, 단지관리, 입주자관리, 검침, 부과, 수납처리, 회계관리, 인사/급여, 민원관리 등의 대분류 항목으로 구성되어 있으며, 그 안에서 해당 중분류 항목과 소분류 항목을 클릭하여 필요한 업무처리를 수행한다. 특히 관리비의 부과, 수납처리, 회계관리, 사용료의 검침·부과에 대한 회계프로그램의 운영방법은 제3장에서 상세하게 후술한다.

## 2.1 매뉴얼

회계프로그램을 구성하는 입주자관리, 검침, 부과, 수납처리, 회계관리, 인사/급여, 전자세금계산서 항목은 동영상 매뉴얼로 회계프로그램의 운영방법을 숙지할 수 있다.

## 2.2 단지관리

단지관리 메뉴에서 회계프로그램 운영에 필요한 기본정보를 등록한다. 중분류 항목과 해당 소분류 항목의 메뉴는 (1)~(3) 항목과 같다.

### (1) 단지정보

메뉴 : 동호생성, 공동동호관리, 입주자단체등록, 세대검침환경등록, 표준업무등록, 결재라인등록, 연말정산기본정보등록, 특이사항, 과거데이터요청, 모바일사용자, 모바일발송, 소방세대점검, 사용자승인등록

### (2) 환경설정

메뉴 : 부과기준, 검침환경등록, 관리비부과환경등록, 고지서출력환경등록, 복합검침환경등록, 검침사용현황설정

### (3) 조견표

메뉴 : 조견표 등록, 주차조견표등록

## 2.3 입주자관리

입주자관리 메뉴에서 입주자등이 처음 입주 시 관리사무소에 방문하여 작성·제출하는 입주자명부에 의거 입주자등록과 차량등록을 하고, 거주하고 있는 동안의 제반관리와 전출 시의 중간관리비정산 등의 업무를 처리한다. 중분류 항목과 해당 소분류 항목의 메뉴는 (1) ~ (4) 항목과 같다.

### (1) 입주처리

메뉴 : 입주등록 및 수정, 소유주변동처리, 관리비예치금, 출입카드발급등록

### (2) 전출처리

메뉴 : 장기수선충당금, 전출처리, 전입/전출자현황, 중간정산서 조회

- 전출처리 메뉴에서 전출일자를 입력하고 중간정산을 클릭한 후 중간관리비 정산 화면에서 사용료(검침당일 전기·수도 등 검침)를 계산하고, 관리비는 직전 3개월 평균관리비로 안분 계산한다. 이 경우에 정산 오차를 고려하여 약 5%의 가산율을 적용하여 계산한다.

### (3) 차량관리

메뉴 : 차량일괄등록 및 해지, 외부방문불법차량관리

### (4) 조회관리

메뉴 : 세대마스터관리, 소유주현황, 입주자현황, 입주자찾기, 입주일별대장, 단지현황, 키불출현황, 차량찾기, 가상계좌현황, 임대료현황, 전출차량관리

- 조회관리 메뉴에서 무통장 입금자, 주차차량 찾기를 이용하면 편리하다.

## 2.4 검침

검침 메뉴에서 세대별 전기, 수도, 온수, 난방 사용료를 부과하고, 세대별 사용량 및 부과금액 등을 조회할 수 있다. 중분류 항목과 해당 소분류 항목의 메뉴는 (1)~(5) 항목과 같다.

한눈에 쏙 들어오는 아파트 경리실무 공동주택회계

(1) 전기검침

메뉴 : 전기검침, 전기계량기2검침, 전기사용량조회, 전기세대조회, 전기동별사용량조회, 전기감면세대, 전기계량기2조회, 한전요금조회, 한전검침인쇄, 한전검침송신작업

◉ 전기검침은 수작업으로 검침하고 전기검침 메뉴에서 검침자료를 수작업으로 입력하여 전기료를 부과하거나, 원격검침프로그램으로 검침하고 전기검침 메뉴에서 검침자료를 upload하여 전기료를 부과하며, 수도, 온수, 난방 사용료 부과의 경우에도 동일하다.

(2) 수도검침

메뉴 : 수도검침, 수도사용량조회, 수도감면세대, 수도세대조회, 수도동별사용량조회

(3) 온수검침

메뉴 : 온수검침, 온수사용량조회, 온수세대조회, 온수동별사용량조회

(4) 난방검침

메뉴 : 난방검침, 난방사용량조회, 난방세대조회, 난방동별사용량조회

(5) 공통검침

메뉴 : 검침단말기, 기타검침조회, 수도조견표조회, 전기조견표조회, 복합입력, 복합조회, 모바일검침, 모바일사용자, 년간검침현황

## 2.5 부과

부과 메뉴에서 세대 관리비의 부과작업을 수행하며, 상세한 부과방법은 수납처리, 회계관리와 함께 아래의 제3장에서 후술한다. 중분류 항목과 해당 소분류 항목의 메뉴는 (1)~(5) 항목과 같다.

(1) 기초작업

메뉴 : 부과그룹등록, 부과항목등록, 주차조견표, 부과제외세대등록, 연체율등록, 자동이체세대등록, 지점이체디스켓작성

◉ 기초작업 메뉴에서 부과항목 수정, 부과항목 추가, 자동이체세대 관리비의 이체자료 수신 등의 업무를 수행한다.

(2) 부과처리

메뉴 : 수납계좌, 공지사항, 부과기초작업, 별도금액등록, 바우처할인, 관리비부과처리, 부과총괄표, 관리비조회

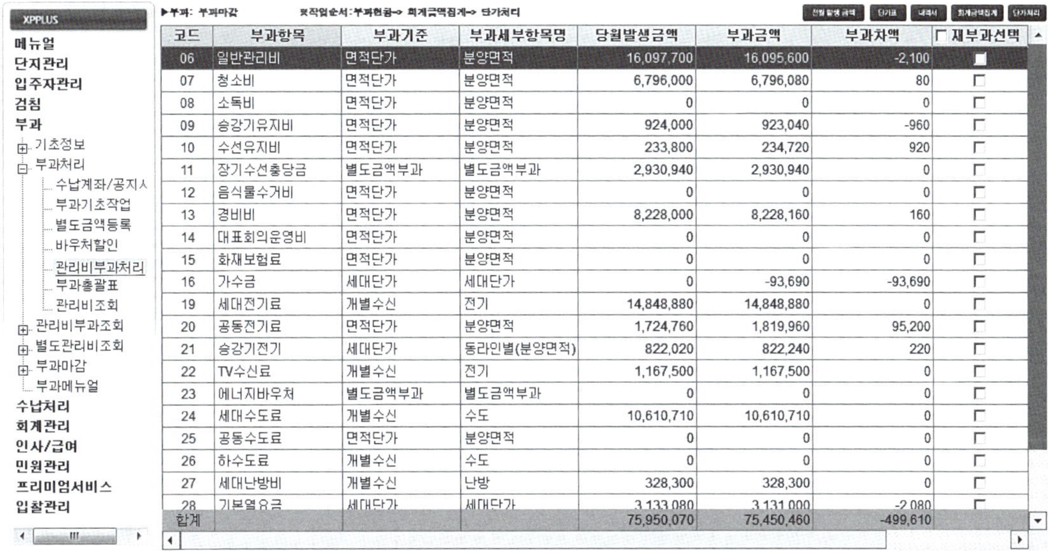


| 코드 | 부과항목 | 부과기준 | 부과세부항목명 | 당월발생금액 | 부과금액 | 부과차액 | 재부과선택 |
|---|---|---|---|---|---|---|---|
| 06 | 일반관리비 | 면적단가 | 분양면적 | 16,097,700 | 16,095,600 | -2,100 | |
| 07 | 청소비 | 면적단가 | 분양면적 | 6,796,000 | 6,796,080 | 80 | |
| 08 | 소독비 | 면적단가 | 분양면적 | 0 | 0 | 0 | |
| 09 | 승강기유지비 | 면적단가 | 분양면적 | 924,000 | 923,040 | -960 | |
| 10 | 수선유지비 | 면적단가 | 분양면적 | 233,800 | 234,720 | 920 | |
| 11 | 장기수선충당금 | 별도금액부과 | 별도금액부과 | 2,930,940 | 2,930,940 | 0 | |
| 12 | 음식물수거비 | 면적단가 | 분양면적 | 0 | 0 | 0 | |
| 13 | 경비비 | 면적단가 | 분양면적 | 8,228,000 | 8,228,160 | 160 | |
| 14 | 대표회의운영비 | 면적단가 | 분양면적 | 0 | 0 | 0 | |
| 15 | 화재보험료 | 면적단가 | 분양면적 | 0 | 0 | 0 | |
| 16 | 가수금 | 세대단가 | 세대단가 | 0 | -93,690 | -93,690 | |
| 19 | 세대전기료 | 개별수신 | 전기 | 14,848,880 | 14,848,880 | 0 | |
| 20 | 공동전기료 | 면적단가 | 분양면적 | 1,724,760 | 1,819,960 | 95,200 | |
| 21 | 승강기전기 | 세대단가 | 동라인별(분양면적) | 822,020 | 822,240 | 220 | |
| 22 | TV수신료 | 개별수신 | 전기 | 1,167,500 | 1,167,500 | 0 | |
| 23 | 에너지바우처 | 별도금액부과 | 별도금액부과 | 0 | 0 | 0 | |
| 24 | 세대수도료 | 개별수신 | 수도 | 10,610,710 | 10,610,710 | 0 | |
| 25 | 공동수도료 | 면적단가 | 분양면적 | 0 | 0 | 0 | |
| 26 | 하수도료 | 개별수신 | 수도 | 0 | 0 | 0 | |
| 27 | 세대난방비 | 개별수신 | 난방 | 328,300 | 328,300 | 0 | |
| 28 | 기본열요금 | 세대단가 | 세대단가 | 3,133,080 | 3,131,000 | -2,080 | |
| 합계 | | | | 75,950,070 | 75,450,460 | -499,610 | |

[그림 9-3] 부과/부과처리/관리비부과처리 화면

◉ 관리비 부과를 위한 기초작업이 끝나면 [그림 9-3]의 **부과** → **부과처리** → **관리비부과처리** 메뉴에서 본격적인 관리비 부과작업을 수행한다.

(3) 관리비부과조회

메뉴 : 자동이체의뢰서, 고지서, 조정대장, 부과항목별현황, 연간고지현황, 장기수선충당금, 관리비할인출력, 이메일/문자발송확인

(4) 별도관리비조회

메뉴 : 별도관리비조회, 별도관리비고지서출력, 별도관리조정대장

(5) 부과마감

메뉴 : 부과마감등록, 세대공지사항, 출력의뢰(마감)시점 미납

◉ **부과처리** 메뉴에서 관리비 부과작업이 끝난 후, **부과마감** 메뉴에서 부과를 마감하고 전산회사에 **관리비고지서** 출력을 의뢰한다.

## 2.6 수납처리

수납처리 메뉴에서 은행통장 입금분을 세대별로 수납처리하고, 미납관리비를 확인(조회)한다. 중분류 항목과 해당 소분류 항목의 메뉴는 (1)~(3) 항목과 같다.

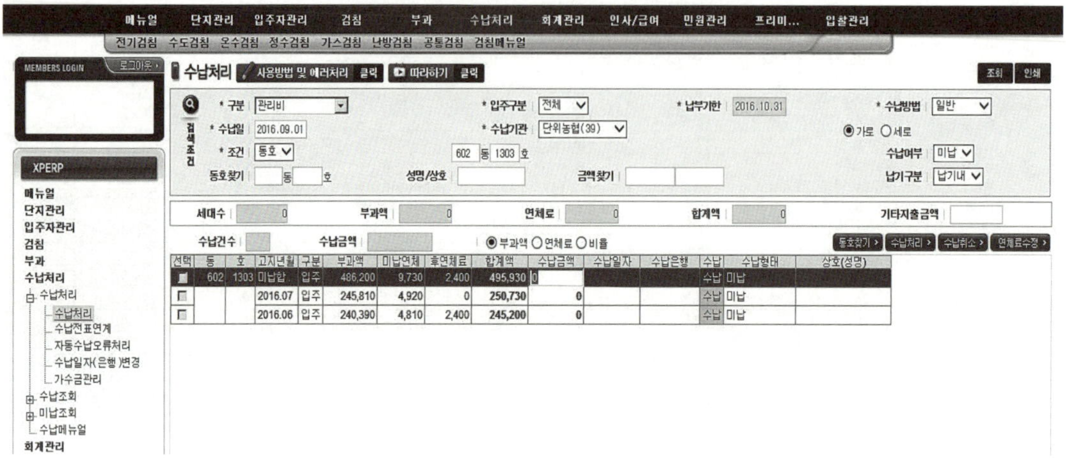


[그림 9-4] 수납처리/세대 수납처리 화면

### (1) 수납처리

메뉴 : 수납처리, 수납전표연계, 자동수납오류처리, 수납일자(은행)변경, 가수금관리

◉ [그림 9-4]의 **수납처리** 메뉴에서 세대별 관리비를 각 동호별, 일자별, 수납기관별로 수납처리한다.

### (2) 수납조회

메뉴 : 수납조회, 수납일보, 수납집계표

◉ **수납조회** 메뉴에서 동호별, 일자별, 수납기관별로 수납처리된 것을 검증하고, 회계프로그램의 수납/수납조회/수납조회 메뉴의 **[관리비] 수납대장**을 출력하여 조회한다.

### (3) 미납조회

메뉴 : 미납대장, 미납집계표, 독촉장, 독촉대장, 부과/수납/미납현황, 미수금. 회계비교, 미납자료관리, 미납분고지서출력

◉ **미납조회** 메뉴에서 세대별 미납관리비를 확인하고, 재무제표 부속명세서로서 검색조건을 **모든세대**로 설정하여 **미납분모든세대**를 출력하거나, 연체관리 자료로서 검색조건을 **연체개월**로 설정하여 연체개월별로 **[관리비] 미납대장**을 출력하여 조회한다.

(4) 자동수납내역조회

메뉴 : 수납내역조회, 자동납부 신청과 조회

## 2.7 회계관리

회계관리는 전표와 결산서를 작성하고 계정별 보조부원장을 조회하는 등 전반적인 회계처리를 하는 메뉴이다. 중분류 항목과 해당 소분류 항목의 메뉴는 (1) ~ (5) 항목과 같다.

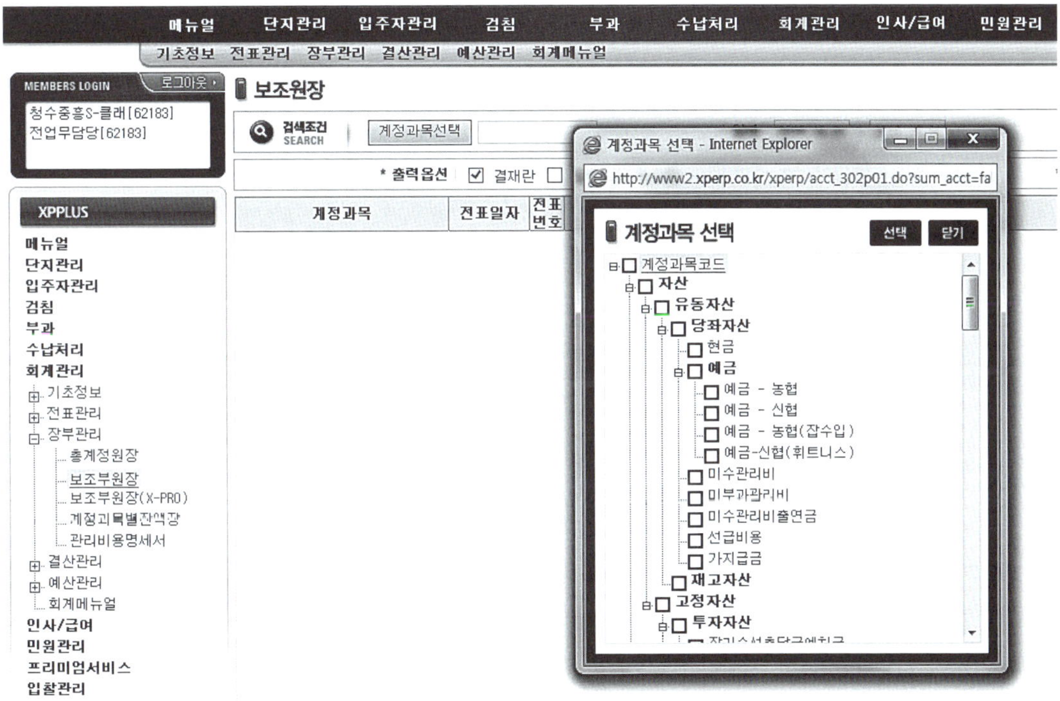


[그림 9-5] 회계관리/장부관리/보조부원장 및 계정과목 선택 화면

(1) 기초정보

메뉴 : 계정과목코드관리, 기초잔액등록, 회계기수등록, 자동분개등록, 계좌정보관리, 보고서형식관리, 회계데이터전송, 월마감

◉ 기초정보 메뉴에서 계정과목 코드를 추가하거나 수정한다.

(2) 전표관리

메뉴 : 전표입력(계정식), 전표입력(수익사업), 분개장, 일계표, 월계표, 현금출납장, 제예금명세서

◉ **전표관리** 메뉴는 수납처리에서 입금처리한 관리비를 전표에 분개하여 **입력**하며, 회계프로그램의 수납/수납조회/수납조회 메뉴의 **[관리비] 수납대장**을 출력하여 비교·검토한다.

(3) 장부관리

메뉴 : 총계정원장, 보조부원장, 계정과목별잔액장, 관리비용명세서

◉ (2) 전표관리에서 입력한 전표를 [그림 9-5]의 **장부관리 → 보조부원장** 메뉴에서 **계정별 보조부원장**으로 확인할 수 있고, 오류 발견 시 전표를 수정할 수 있다.

(4) 결산관리

메뉴 : 합계잔액시산표, 대차대조표, 손익계산서, 월별손익계산서, 연도이월

◉ 결산관리 메뉴에서 재무제표를 출력한다.

(5) 예산관리

메뉴 : 예산등록, 추경예산등록, 예산집행현황, 예산결산서, 예산서, 예산실적대조표

◉ 예산관리 메뉴에서 예산서를 작성하고, 예산집행실적을 확인한다.

(6) 세무관리

메뉴 : 기초정보등록(거래처등록/세금계산서출력항목등록), 계산서발행(매입매출장, 계산서현황, 기타), 전자세금계산서(대량발행취소, 발행, 목록조회, 합계표조회, 문서발송관리), 설정, 세무신고

## 2.8 인사/급여

인사/급여 메뉴에서 관리사무소에 근무하거나 퇴직한 직원의 급여, 퇴직금과 연말정산 등록 및 조회를 한다. 중분류 항목과 해당 소분류 항목의 메뉴는 (1)~(7) 항목과 같다.

### (1) 공통정보관리

메뉴 : 인사코드정보, 급여기초정보, 지급대장양식관리, 퇴직환경설정, 상여율등록, 근로소득간이세액표

### (2) 인사관리

메뉴 : 인사기본정보, 근태관리

### (3) 인사조회

메뉴 : 입퇴사자현황, 인사기록카드, 증명서 출력

### (4) 급여관리

메뉴 : 급여기본정보, 급여계산

### (5) 급여조회

메뉴 : 급여이체출력, 명세서출력, 급여항목별조회, 월별보험료공제현황, 급여현황출력, 원천징수이행신고서, 고령자장려금신고서

### (6) 연말정산

메뉴 : 전직장내역등록, 연근로소득내역등록, 개인공제자료등록, 연말정산작업, 의료비공제자료등록, 기부금공제자료등록, 월세액/주택임차등록, 연금/저축공제자료등록, 연말정산결과조회, 정산디스켓작성, 징수환차/환급금

### (7) 퇴직정산작업

메뉴 : 퇴직(중간)정산, 퇴직추계정산, 퇴직추계정산조회, 퇴직정산출력

## 2.9 민원관리

민원관리 메뉴에서 단지 내 공사 관련 거래처와 세대민원을 등록한다. 중분류 항목과 해당 소분류 항목의 메뉴는 (1), (2) 항목과 같다.

### (1) 민원관리

메뉴 : 기초정보, 작업정보(세대민원 접수 및 작업), 입/출고 정보

### (2) 민원조치

메뉴 : 입고내역조치, 출고내역조치, 재고내역조치

제 3 장

# 관리비 회계프로그램의 운영

공동주택의 공용부분 관리와 관련된 관리비의 지출요인이 발생하면 지출하고 이를 관리비용으로 회계처리 한다. 이후 지출된 관리비용에 충당하기 위하여 입주자등에게 관리비를 부과·징수하여 수납하게 되는데 이러한 부과분을 관리수익이라고 한다.

실무적으로 전월 중 발생하는 관리비용은 발생할 때마다 지출하고, 관리수익은 실제로는 관리비 통장에 입금되지 않았지만 전월(부과월, 아래 예시 : 4월분) 말일자로 전액 수익으로 인식하여 관리비용과 기간대응을 시키고, 관리비 부과작업은 관리비 부과월의 익월(아래 예시 : 5/15~5/20경)에 실시한다. 관리비 부과에 따른 수납도 익월 하순경부터 관리비 통장에 입금된다. 관리비의 지출과 관리비의 부과·수납이 약 1개월의 시차가 발생하는 것이 공동주택회계의 가장 큰 특징이다. 제3장은 공동주택 관리비의 회계처리 과정을 아래 표와 같이 전산회계프로그램에 의거 실무처리 순서에 맞게 순차적으로 살펴보고자 한다.

▼ 공동주택 관리비의 회계처리 과정(예시 : 4월분)

| 구분 | 회계처리 내용 | | 회계처리 시기 |
|---|---|---|---|
| 관리비의 지출 (3.1 참조) | 4월분 회계기간 : 4/1~4/30 | 회계처리(전표발행) | 4월중 |
| 사용료의 부과 (3.2 참조) | 4월분 사용료검침(전기·수도 등) | 사용량 검침입력 | 익월 초순 |
| | 4월분 사용료 부과 | 사용료부과명세서 작성 | 익월 중순 |
| 관리비의 수납 (3.3 참조) | 4월분 수납기간 : 5/21~6/20 | 회계처리(전표발행) | 매 수납시 |
| 월간결산 및 관리비부과명세서 (3.5 참조) | 4월분 부과작업 전에 선행 | 회계처리(말일전표, 마감전표발행), 관리비부과명세서 작성 | 익월 15일 ~20일경 |
| 관리비의 부과 (3.6 참조) | 4월분 부과작업기간 : 5/15~5/20 | 부과마감(세대관리비고지서 생성) | |

## 3.1 관리비의 지출

공동주택 관리비의 지출은 시재금 및 법인카드사용분(한도범위내)을 제외한 나머지의 대부분은 지출결의서에 의하여 집행한다. 통상 관리직원 급여, 용역비 등 대부분의 월중 관리비 지출 건은 25일, 말일에 지출한다. 납부기한이 10일인 4대보험료, 근로소득세 등과 말일자 대금청구의 경비·청소용역비, 부과마감 이후에 발생된 추가 지출건은 익월 10일에 집행한다.

### (1) 지출결의서의 작성

① 지출결의서 작성 전에 용역 및 공사업체에 지출증빙서류(대금청구서, 세금계산서, 견적서 등)를 요청하고, 지출원인행위를 위한 내부결재문서(기안서, 품의서 등)와 각종 적격증빙서류를 준비한 후에 지출결의서를 작성한다.

② 자동이체 통장잔액을 미리 파악하여 잔고부족액을 관리비통장간 계좌이체 한다(자동이체 항목 예시 : 전기료, 수도료, 4대보험료, 공과금, 렌탈료, 장기수선충당금 월적립액 등).

③ 은행출금표는 통장에 등록된 관리사무소장과 입주자대표회의 회장의 복수인감으로 날인한다.

### (2) 지출업무의 순서

기안서 · 품의서 작성 (내부결재문서) → 지출결의서 작성 (각종 증빙서류 첨부) (집행일 3일전) → 지출결의서 결재 (집행일 1~2일전) → 은행지출 업무 (집행일) → 전표처리 후 전표 결재 (집행익일)

**[ 대 체 전 표 ]**

년 월 일 8번

| 담 당 | 과 장 | 소 장 |
|---|---|---|
| | | |

| 차 변 계 정 | 적 요 | 금 액 | 대 변 계 정 | 적 요 | 금 액 |
|---|---|---|---|---|---|
| 건 강 보 험 료 | 8월분/건강보험/사업장부담분 | 699,760 | 미 지 급 금 | 8월분/건강보험/사업장부담분 | 699,760 |
| 국 민 연 금 | 8월분/국민연금/사업장부담분 | 387,360 | 미 지 급 금 | 8월분/국민연금/사업장부담분 | 387,360 |
| 고 용 보 험 료 | 8월분/고용보험/사업장부담분 | 71,410 | 미 지 급 금 | 8월분/고용보험/사업장부담분 | 71,410 |
| 산 재 보 험 료 | 8월분/산재보험료 | 202,480 | 미 지 급 금 | 8월분/산재보험료 | 202,480 |
| | | | | | |
| | | | | | |
| | | | | | |
| | | | | | |
| 합 계 | | 1,361,010 | 합 계 | | 1,361,010 |

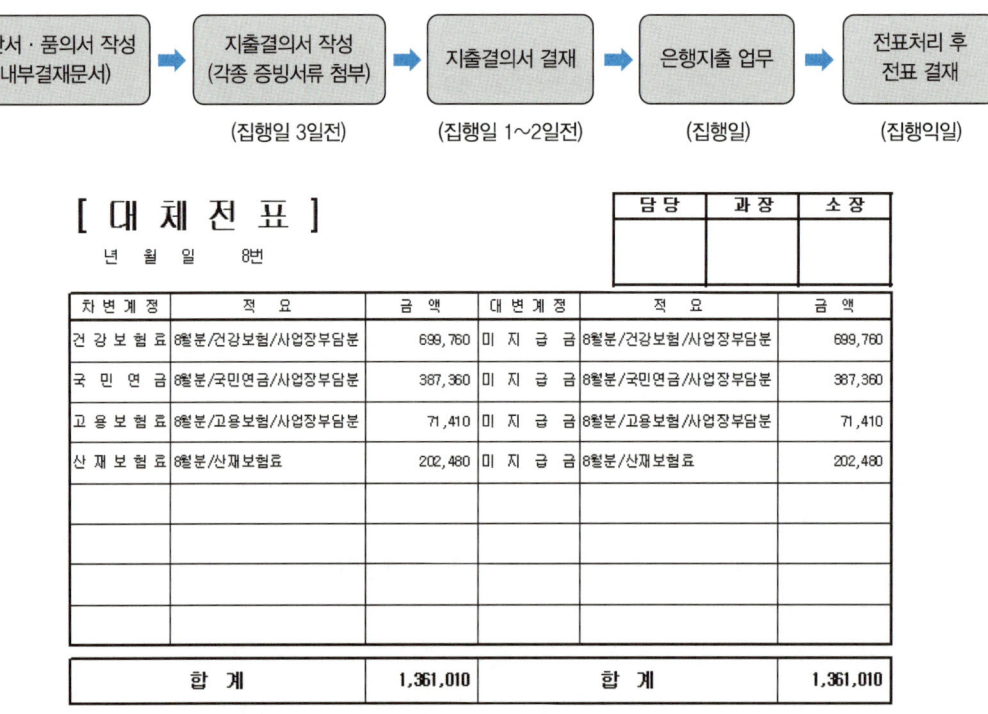

[그림 9-6] 4대보험 사업장부담분의 대체전표

**[ 대 체 전 표 ]**

년 월 일 2번

| 담당 | 과장 | 소장 |
|---|---|---|
| | | |

| 차변계정 | 적 요 | 금 액 | 대변계정 | 적 요 | 금 액 |
|---|---|---|---|---|---|
| 미 지 급 금 | 8월분/건강보험/사업자분 | 699,760 | 예금 - 농협 | 8월분/건강보험 | 1,399,520 |
| 미 지 급 금 | 8월분/국민연금/사업자분 | 387,360 | 예금 - 농협 | 8월분/국민연금 | 774,720 |
| 미 지 급 금 | 8월분/고용보험/사업자분 | 71,410 | 예금 - 농협 | 8월분/고용보험 | 177,990 |
| 미 지 급 금 | 8월분/산재보험 | 202,480 | 예금 - 농협 | 8월분/산재보험 | 202,230 |
| 예 수 금 | 8월분/건강보험/직원부담분 | 699,760 | 기타의공동기여수익 | 8월분/고용보험 자동이체할인액 | 250 |
| 예 수 금 | 8분/국민연금/직원부담분 | 387,360 | 기타의공동기여수익 | 8월분/산재보험 자동이체할인액 | 250 |
| 예 수 금 | 8월분/고용보험/직원부담분 | 106,830 | | | |
| | | | | | |
| 합 계 | | 2,554,960 | 합 계 | | 2,554,960 |

[그림 9-7] 4대보험 대체전표 및 지출결의서

# 지 출 결 의 서

| 결재 | 담당 | 과장 | 소장 | 확인 | 대표회장 |
|---|---|---|---|---|---|
| | | | | | |

기안번호 제20○○-○○호 지출일자 : 20○○년 ○월 ○○일

1. 지출내역

| 계정과목 | 적 요 | 금 액 | 지출계좌 | 지출처 |
|---|---|---|---|---|
| 검 침 비 용 | 검침수당(○월분) | 217,150 | 농 협 | 관리사무소 |
| 수선유지비 | 승강기부품교체(Fan) | 401,880 | 농 협 | ○○엘리베이터 |
| 현 금 | 관리사무실 시재금 | 500,000 | 농 협 | 관리사무소 |
| 예금인출 청구서 소 계 | | 1,119,030 | 금일백일십일만구천삼십원정 | |

2. 자동이체 지출내역(○월 10일 자동이체 출금분)

| 계정과목 | 적 요 | 금 액 | 지출계좌 | 지출처 |
|---|---|---|---|---|
| 산재보험료 | ○월분 산재보험 사업장부담분<br>(자동이체할인액 250원 포함) | 202,480 | 농 협 | 국민건강보험공단 |
| 고용보험료 | ○월분 고용보험 사업장부담분<br>(자동이체할인액 250원 포함) | 71,410 | 농 협 | 국민건강보험공단 |
| 건강보험료 | ○월분 건강보험 사업장 부담분 | 699,760 | 농 협 | 국민건강보험공단 |
| 국 민 연 금 | ○월분 국민연금 사업장 부담분 | 387,360 | 농 협 | 국민건강보험공단 |
| 예 수 금 | ○월분 고용보험 근로자부담분 | 106,830 | 농 협 | 국민건강보험공단 |
| 예 수 금 | ○월분 건강보험 근로자부담분 | 699,760 | 농 협 | 국민건강보험공단 |
| 예 수 금 | ○월분 국민연금 근로자부담분 | 387,360 | 농 협 | 국민건강보험공단 |
| 자동이체 청구서 소계 | | 2,554,960 | | |
| 예금인출 청구서 총 계 | | 3,673,990 | 금삼백육십칠만삼천구백구십원정 | |

상기 내역과 같이 지출하고자 하오니 결재하여 주시기 바랍니다.

청구일자 : 20○○년 ○월 ○○일

담당자 : (인)

○○아파트관리사무소

## 3.2 사용료의 부과

전기료, 수도료 등 사용료의 부과는 수작업으로 검침하여 회계프로그램에 반영하거나, 원격검침프로그램으로 회계프로그램에 반영하는 단지도 있다. 그리고 지역난방 또는 중앙난방 방식으로 난방과 온수를 공급하는 단지는 난방비와 급탕비도 부과하여야 한다.

사용료의 부과과정은 단지마다 유사하지만 원격검침프로그램이 다양하므로 아래에서 예시하는 원격검침프로그램을 참조하여 해당 단지에 적용해야 한다. 통상 검침작업은 각 단지별 검침일을 기준으로 한전, 수도사업소 등에 메인 검침자료를 송부하고, 부과작업은 공급자의 요금청구서를 받고나서 실시한다.

### (1) 전기료의 부과

공동주택 방재실 또는 MDF실의 원격검침계량기로부터 펄스신호를 수신하여 저장된 [그림 9-8]의 초기화면에는 엑셀(USB에 엑셀로 저장하는 메뉴), 실시간정보(평상 시 실시간으로 검침 작동되고 있는 메뉴), 검침시작(검침실행 메뉴), 세대별 검색, 그룹별 검색 메뉴 등이 있다.

이 메뉴 중 검침시작 메뉴를 클릭하면 세대별 검침정보가 검색된다. 세대별 검색은 해당 세대에 대한 검색만 가능하고 그룹별 검색은 전체세대 검색이 가능하므로 그룹별 검색을 클릭한다.

| NO | 검침시간 | 동 | 호 | DCU | HCU | 전기 | 수도 | 온수 | 가스 | 열량 | 통신상태 |
|---|---|---|---|---|---|---|---|---|---|---|---|
| 1 | 2016/10/26 12:25:52 | 601 | 101 | 0 | 1 | 21537.9 | 1139.0 | 342.2 | 260.2 | 37.11 | 정상 |
| 2 | 2016/10/26 12:25:52 | 601 | 102 | 0 | 2 | 40473.9 | 2030.8 | 489.5 | 722.0 | 46.91 | 정상 |
| 3 | 2016/10/26 12:25:52 | 601 | 201 | 0 | 3 | 30130.7 | 1636.4 | 466.7 | 668.6 | 0.00 | 정상 |
| 4 | 2016/10/26 12:25:53 | 601 | 202 | 0 | 4 | 15592.3 | 875.2 | 365.0 | 198.2 | 36.94 | 정상 |
| 5 | 2016/10/26 12:25:53 | 601 | 301 | 0 | 5 | 25465.9 | 2006.5 | 793.7 | 178.5 | 33.41 | 정상 |
| 6 | 2016/10/26 12:25:54 | 601 | 302 | 0 | 6 | 23004.7 | 1495.4 | 508.4 | 314.3 | 42.62 | 정상 |
| 7 | 2016/10/26 12:25:54 | 601 | 401 | 0 | 7 | 21891.0 | 832.8 | 535.2 | 163.1 | 69.25 | 정상 |
| 8 | 2016/10/26 12:25:54 | 601 | 402 | 0 | 8 | 27829.3 | 1463.6 | 342.2 | 477.2 | 29.35 | 정상 |
| 9 | 2016/10/26 12:25:55 | 601 | 501 | 0 | 9 | 24250.3 | 1173.2 | 339.1 | 274.6 | 9.40 | 정상 |
| 10 | 2016/10/26 12:25:55 | 601 | 502 | 0 | 10 | 20509.4 | 1177.7 | 439.0 | 242.0 | 0.00 | 정상 |

[그림 9-8] 원격검침프로그램 실행 초기화면

다음에는 [그림 9-9]의 좌측 상단의 **기간별 검침내역**을 클릭 → 동에서 **전체**를 클릭 → 기간에서 매월 **1일-말일 입력** → 소수점이하 무시 메뉴에서 소수점이 필요 없는 전기, 수도, 온수는 **체크**(√, 이하 같다)하고, 열량, 가스(가스료를 부과하지 않는 단지는 제외)는 소수점까지의 계산이 필요하므로 체크하지 않는다.

이와 같은 모든 설정이 완료되면 우측 상단에 있는 **검색**을 클릭 → 전체세대의 기간별 사용량이 검색된다. 이후 좌측 상단에 있는 **엑셀** 메뉴를 클릭하고 검침기록을 USB에 저장하여 관리사무실에 있는 검침담당자의 PC에 꽂아 [그림 9-10]의 그룹별 기간검색 파일을 작동한다.

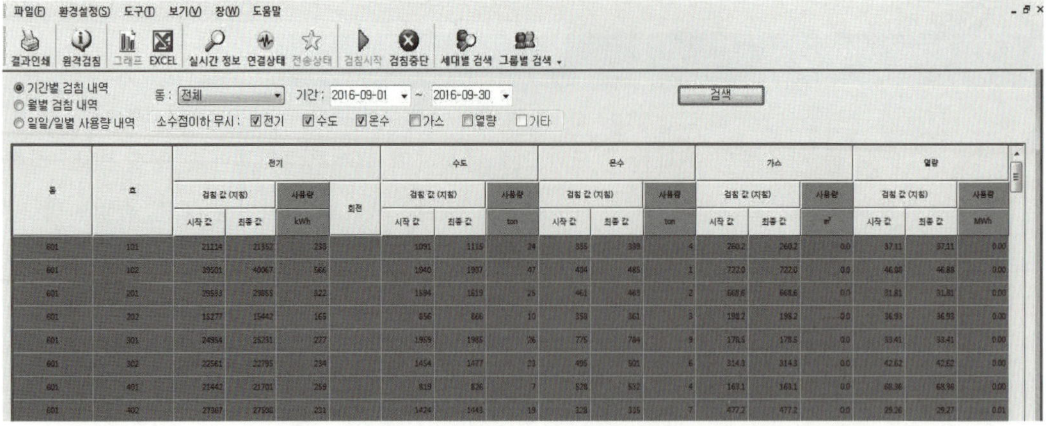


[그림 9-9] 원격검침프로그램 그룹별 검색 화면

■ 그룹별 기간검색 [ 전체 동 - ~ ] ■

| 동 | 호 | 전기 | | | 회전 | 수도 | | | 온수 | | | 열량 | | |
|---|---|---|---|---|---|---|---|---|---|---|---|---|---|---|
| | | 검침 값 (지침) | | 사용량 | | 검침 값 (지침) | | 사용량 | 검침 값 (지침) | | 사용량 | 검침 값 (지침) | | 사용량 |
| | | 시작 값 | 최종 값 | kWh | | 시작 값 | 최종 값 | ton | 시작 값 | 최종 값 | ton | 시작 값 | 최종 값 | MWh |
| 601 | 101 | 21114 | 21352 | 238 | | 1091 | 1115 | 24 | 335 | 339 | 4 | 37.11 | 37.11 | 0.00 |
| 601 | 102 | 39501 | 40067 | 566 | | 1940 | 1987 | 47 | 484 | 485 | 1 | 46.88 | 46.88 | 0.00 |
| 601 | 201 | 29533 | 29855 | 322 | | 1594 | 1619 | 25 | 461 | 463 | 2 | 31.81 | 31.81 | 0.00 |
| 601 | 202 | 15277 | 15442 | 165 | | 856 | 866 | 10 | 358 | 361 | 3 | 36.93 | 36.93 | 0.00 |
| 601 | 301 | 24954 | 25231 | 277 | | 1959 | 1985 | 26 | 775 | 784 | 9 | 33.41 | 33.41 | 0.00 |
| 601 | 302 | 22561 | 22795 | 234 | | 1454 | 1477 | 23 | 495 | 501 | 6 | 42.62 | 42.62 | 0.00 |
| 601 | 401 | 21442 | 21701 | 259 | | 819 | 826 | 7 | 528 | 532 | 4 | 68.36 | 68.36 | 0.00 |
| 601 | 402 | 27367 | 27598 | 231 | | 1424 | 1443 | 19 | 328 | 335 | 7 | 29.26 | 29.27 | 0.01 |

[그림 9-10] 검침담당자 PC작업용 원격검침 엑셀전환, 그룹별 기간검색 파일

검침담당자는 [그림 9-10]의 **그룹별** 기간검색 파일에서 각 항목별(전기, 수도 등)로 필터링 작업을 다음과 같은 과정으로 수행한다.

> 가스료를 부과하지 않는 단지는 **가스**란을 삭제하고, 데이터 → 상단 제1칸에서 **행** 선택 → **필터**(엑셀에서 필터는 내가 원하는 어떤 특정한 데이터를 걸러서 보여주는 기능을 말한다.)를 클릭 → 해당 행에 생성된 ▼를 클릭하여 필터링한다.

> 필터링을 통해 승강기 검침값은 별도 파일(이는 검침담당자가 부과명세서 작성 시 활용하기 위하여 임의로 작성하는 데이터이다)에 저장하고, 그 외의 **평균**란과 **합계**란은 삭제하여 **세대사용량** 정보만을 남겨두고, 검침 이상 유무를 확인하기 위하여 전기/사용량 필터에서 **모두선택**을 해제한 후 특별히 적게 사용(통상 100kW 미만)한 세대와 많이 사용(통상 500kW 초과)한 세대를 필터링하여 수도/온수/열량 검침량과 비교하여 이상 유무를 확인한다.

이 확인이 끝나면 모두선택으로 다시 돌아와서 확인을 클릭하여 원위치한다. 수도도 사용량 필터에서 모두선택 해제 후 **사용량**이 0인 세대와 사용량이 많은 세대를 필터링하여 확인한다. 온수와 열량도 동일한 방법으로 이상 유무를 확인한다.

[그림 9-10]의 그룹별 기간검색 파일에서 필터링한 자료를 [그림 9-11]의 upload용 엑셀파일에 항목별(전기, 수도 등)로 **편집**한다. 이는 [그림 9-12]의 회계프로그램으로 upload하기 위한 절차이다.

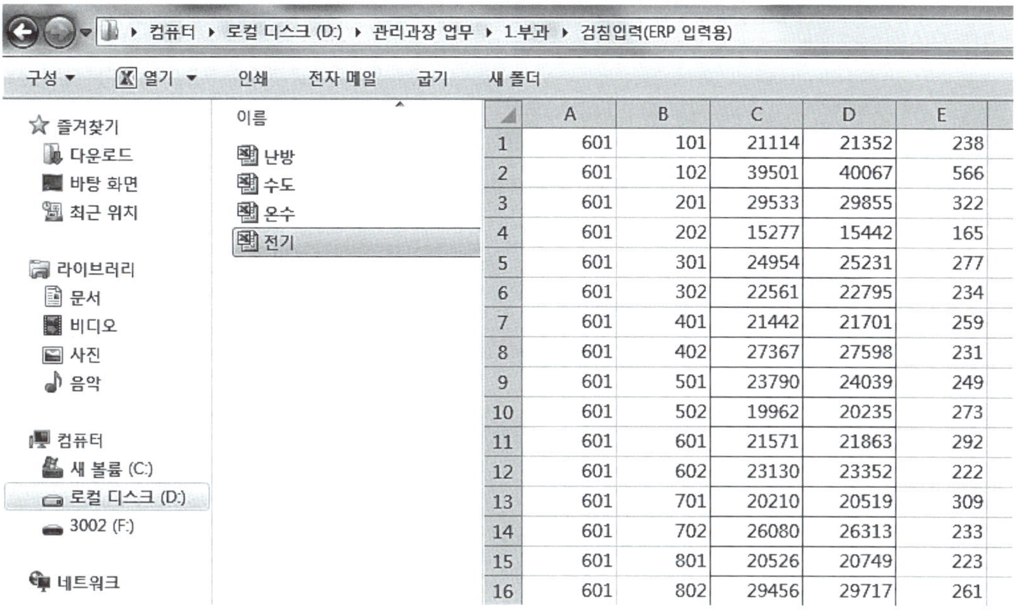


| | A | B | C | D | E |
|---|---|---|---|---|---|
| 1 | 601 | 101 | 21114 | 21352 | 238 |
| 2 | 601 | 102 | 39501 | 40067 | 566 |
| 3 | 601 | 201 | 29533 | 29855 | 322 |
| 4 | 601 | 202 | 15277 | 15442 | 165 |
| 5 | 601 | 301 | 24954 | 25231 | 277 |
| 6 | 601 | 302 | 22561 | 22795 | 234 |
| 7 | 601 | 401 | 21442 | 21701 | 259 |
| 8 | 601 | 402 | 27367 | 27598 | 231 |
| 9 | 601 | 501 | 23790 | 24039 | 249 |
| 10 | 601 | 502 | 19962 | 20235 | 273 |
| 11 | 601 | 601 | 21571 | 21863 | 292 |
| 12 | 601 | 602 | 23130 | 23352 | 222 |
| 13 | 601 | 701 | 20210 | 20519 | 309 |
| 14 | 601 | 702 | 26080 | 26313 | 233 |
| 15 | 601 | 801 | 20526 | 20749 | 223 |
| 16 | 601 | 802 | 29456 | 29717 | 261 |

[그림 9-11] 검침담당자의 검침 upload용 엑셀파일 화면

다음에는 회계프로그램 상에서 **검침** → **전기검침** 클릭 → 월분란에서 **날짜**란의 숫자를 전월(부과 해당 월을 말한다)로 변경하고, 우측 **월분수신**을 클릭 → ○○년 ○월 [전월 데이터]를 수신하겠습니까?에서 **확인**란을 클릭하면 → 전기검침 화면에서 **전월지침**란의 숫자가 자동으로 입력된다.

그 다음 [그림 9-12]의 회계프로그램 상의 전기검침 메뉴 우측 상단 **데이터업로드** 클릭 → 데이터업로드 화면 **편집순서**란에 A: 동, B: 호, C: 전월, D: 당월, E: 사용량(이하 생략)을 체크한 후 하단 **찾아보기**를 클릭 → [그림 9-11] upload용 엑셀파일의 전기를 클릭 → [그림 9-12]의 데이터업로드 화면에서 저장을 클릭한다.

그리고 → 웹 페이지에서 [***/***]건 데이터 업로드 완료 메시지가 나오면 **확인**을 클릭 → 전기검침 메뉴의 **당월지침**란과 **사용량**란의 숫자가 자동으로 입력된다. 전체 세대 중 노인정의 전기료를 부과하지 않는 경우에는 입력하지 않고, 어린이집은 별도로 검침한 숫자를 **당월지침**란과 **사용량**란에 수작업으로 입력한다.

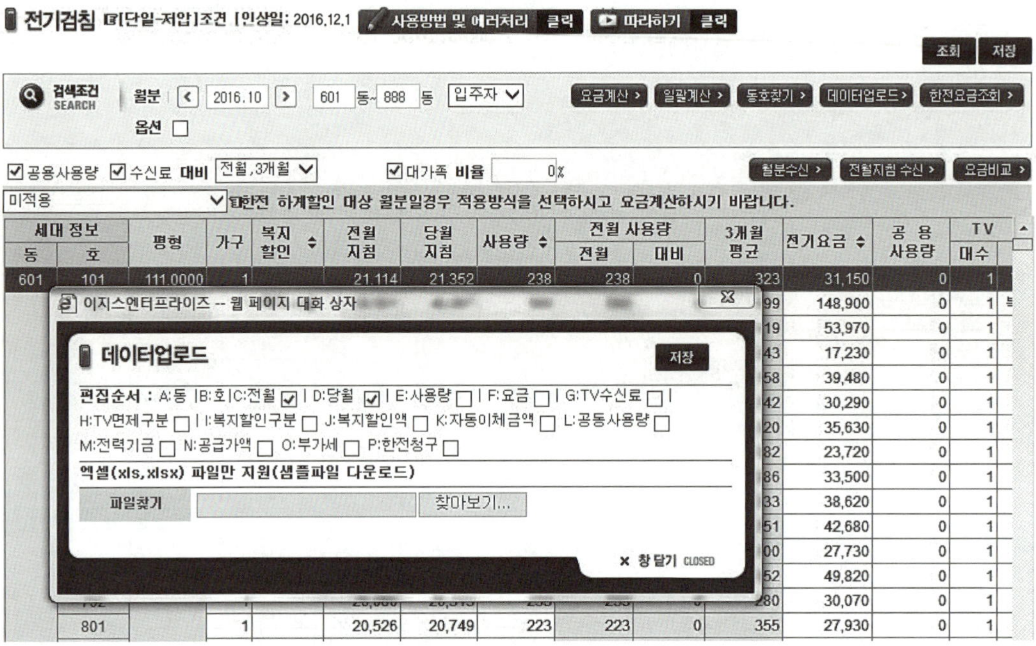


[그림 9-12] 회계프로그램 상 데이터업로드 화면

이와 같이 upload가 완료된 후 전기검침 메뉴 상단에 있는 **요금계산**(기존에 전기요금조견표에 따른 계산식이 설정되어 있다)을 클릭 → 요금계산창이 열리면 하단 **요금계산**을 클릭 → 메시지 '[○○○]세대 요금계산이 완료 되었습니다'에서 전기검침 메뉴에 있는 **전기요금**란에 전기요금이 자동입력 → 요금계산 화면의 **확인**을 클릭한다.

이 과정이 끝나면 전기검침 메뉴에서 최상단 우측에 있는 **저장**을 클릭 → 웹 페이지에서 '전기검침 총 사용량[***,***] 총 요금[**,***,***]총 수신료[*,***,***]총 할인[***,***]으로 저장하시겠습니까?' 라는 메시지가 있는 상태에서 이상이 없으면 하단의 **확인**을 클릭한다. 이후 다시 '성공적으로 저장하였습니다' 화면의 **확인**을 클릭한다. 전기검침 메뉴에서 **옵션**을 클릭하면 대가족, 복지, 하계할인, 전력기금 등 상세정보를 확인할 수 있다.

이상으로 [그림 9-13]과 같이 전기료 부과작업이 완료되면, [그림 9-3]의 관리비부과처리 화면에서 세대전기료가 **부과금액**란에 연동되어 입력된다. 수도, 온수 등의 부과작업도 전기와 동일한 방법으로 부과하고 저장하면 세대수도료, 세대난방비, 세대급탕비가 **부과금액** 해당란에 연동되어 자동으로 입력된다.

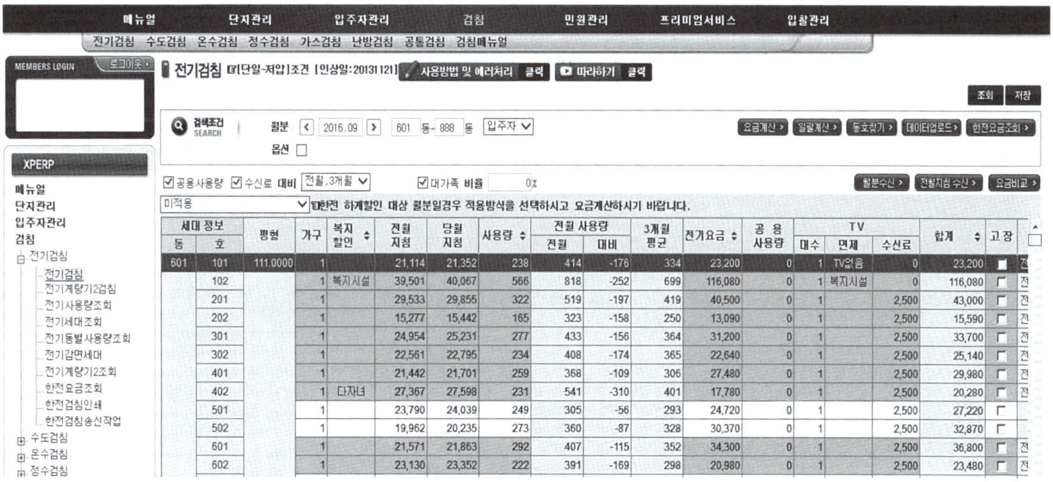


[그림 9-13] 회계프로그램 상 전기검침 부과작업 완료 화면

(2) 급탕비(온수)의 부과

급탕비 1㎥ 단가는 온수를 가열하는데 사용한 열이용요금을 말하며, 수도요금보다 온수요금을 먼저 작업한다. 이는 온수 사용량을 수도사용량에 포함하여 수도요금(세대수도료 = 온수 + 수도)을 계산하기 때문이다.

전기요금 부과작업이 끝나면 회계프로그램 상의 **검침** → **온수검침** → **온수검침**을 클릭 → '저장 후 반드시 수도검침에서 사용량 및 금액을 확인, 재계산 해 주시기 바랍니다'라는 메시지에서 **확인**을 클릭 → 상단의 **월분수신**을 클릭하고 위 전기요금 부과작업의 순서와 같이 실행하면 된다.

온수검침 메뉴의 **월분수신** → **데이터업로드** → **요금계산** → 요금계산 화면에서 단지별로 정해진 **단가**를 입력 → 요금계산 화면에서 **요금계산**을 클릭 → **저장**하면 급탕비의 부과가 완료된다.

### (3) 수도료의 부과

회계프로그램 상의 **검침** → **수도검침** → **수도검침** → **월분수신** → **데이터업로드** → **요금계산**을 클릭하면 수도료 부과가 완료된다. 다만, 수도료의 부과차익이 발생하는 경우에는 회계프로그램 상의 **검침** → **수도검침** → **수도검침** → **일괄계산** → 요금계산 화면의 방식1에서 **금액**란은 **금액(전체)**을 선택하고 **-(%)**를 입력(수도료고지서 금액과 최대한 근접할 때까지 반복하여 수정입력 한다) → 화면 하단의 **요금계산**을 클릭하면 회계프로그램 상의 **검침** → **수도검침** → 수도검침 화면에 있는 **수도요금**란의 금액이 차감 계산되어 입력되면 **확인**을 클릭 → **저장**을 클릭하면 수도료 부과가 완료된다.

### (4) 난방비의 부과

지역난방 또는 중앙난방 방식의 단지는 (2) 급탕비와 함께 난방비를 부과하는데, 그 방법은 급탕비 부과방법과 대부분 일치한다.

### (5) 사용료 부과명세서 작성

관리비부과명세서 중 사용료 관련 부과명세를 작성하기 위하여 검침담당자의 [그림 9-14]의 사용료부과 집계표 상의 사용량 및 금액(세대, 공용, 업체로 구분한다) 총괄, 공용전기료, 승강기전기료 등을 입력하여 회계담당자에게 넘긴다.

**O 월 전기부과 집계표**

메인발생 : 18,979,800 원

사 용 량 : 172,358 kwh

| 구분 | | 사용량 | 금액 | 비고 |
|---|---|---|---|---|
| 세대 | 세대전기료 | **132,896** | **14,848,880** | |
| | T.V수신료 | - | 1,167,500 | 467 세대 |
| | 승강기전기료 | 7,588 | 822,020 | |
| | 소 계 | 140,484 | 16,838,400 | |
| 공용 | 공동구 | 24,679 | 800,360 | |
| | 산업용 | 5,172 | 807,560 | |
| | 가로등 | 516 | 116,840 | |
| | 장애인승강기 | - | - | |
| | 소 계 | 30,367 | 1,724,760 | |
| 업체 | SK브로드밴드 | 301 | **44,840** | 888-101 |
| | 중부비쎈 | 238 | **28,780** | 888-102 |
| | LG파워콤 | 174 | **17,780** | 888-104 |
| | 소 계 | 713 | 91,400 | |
| | 휘트니스센타 | 704 | **317,240** | |
| | 골프장 | 90 | **8,000** | |
| | 소 계 | 794 | 325,240 | |
| 총 계 | | 172,358 | 18,979,800 | |

| | | | | | | | | |
|---|---|---|---|---|---|---|---|---|
| 23 | 공용전기료 | | | | | | | |
| 24 | 공용 | 공용전기료 | 금액 | 면적 | ㎡당단가 | | | |
| 25 | | 1,724,760 | 1,724,760 | 55,728 | 30.95 | | | |
| 26 | | | | | | | | |
| 27 | 평형 | ㎡당단가 | 세대부과금액 | 세대수 | 부과금액 | 비고 | | |
| 28 | 110 | 30.95 | 3,400 | 216 | 734,400 | | | |
| 29 | 111 | 30.95 | 3,440 | 289 | 994,160 | | | |
| 30 | 계 | | 6,840 | 505 | 1,728,560 | **3,800** | | |
| 31 | | | | | | | | |
| 32 | 승강기전기료 | | | | 108.33 | | | |
| 33 | 동 | 호기 | 사용량 | 단가 | 발생금액 | 세대수 | 세대부과 | 부과금액 |
| 34 | 601 | 1호기 | 515 | 108.33 | 55,790 | 36 | 1,550 | 55,800 |
| 35 | 602 | 1호기 | 501 | 108.33 | 54,270 | 36 | 1,510 | 54,360 |
| 36 | | 2호기 | 512 | 108.33 | 55,470 | 36 | 1,540 | 55,440 |

[그림 9-14] 검침담당자 부과명세서 작성용 사용료부과 집계표

## 3.3 관리비의 수납

관리비의 수납 및 부과는 회계담당자의 가장 핵심적인 업무이다. 관리비(광의의 관리비를 말한다) 의 수납(收納)이란 회계프로그램 상에서 전월에 지출된 관리비용을 당월에 부과작업하여 관리비 통장에 입금(즉, 수납)된 세대별 관리비를 수납처리하고 회계처리하는 절차를 말한다. 다만, 아래에서 설명하는 수납처리는 당월의 부과작업을 정확하게 하기 위하여 과거에 부과하여 이미 수납된 것을  회계상으로 수납처리하는 것을 말한다.

▼ 월별 회계업무 일정 예시

| 4월(부과월) | 5월(부과작업월) | 6월 |
|---|---|---|
| 4월 지출분 집행(4/1~4/30) | 5월분 지출분 집행(5/1~5/31) | 6월분 지출분 집행(6/1~6/30) |
| 3월분 부과(4/20일경) | 4월분 부과(5/20일경) | 5월분 부과(6/20일경) |
| 3월분 수납(4/21~5/20) | 4월분 수납(5/21~6/20) | |

위의 예시와 같이 4월 지출분을 5/20일경에 부과한다. 정상분 수납은 부과마감 직후 관리비 고지서 배부일부터 납기일(통상 말일)까지의 수납분이다. 연체료는 납기일 5/31일이 경과되면 발생하며 6/20일경 부과시 5월분 관리비와 연체 납부일까지의 연체료를 함께 부과한다. 관리비의 부과일 및 납기일의 일정은 단지별로 약간씩 상이하다.

4월 지출분을 5/20일경에 부과작업하기 위해서는 3월분 수납에 대한 수납처리가 완료되어야 한다. 왜냐하면 부과 이전까지의 수납분에 대한 수납처리와 회계처리가 선행되어야 정확한 금액을 부과할 수 있기 때문이다. 세대에서 착오입금하거나 예고 없는 전출입세대의 관리비 중

간정산 등에 적절하게 대처하기 위하여 수납용 관리비통장을 매일 조회하여 익일마다 수납처리하는 것이 바람직하다.

### (1) 수납처리

관리비 계좌의 세대별입금분을 다음[표]의 순서(1)로 수납처리하고, 회계처리(전표입력) 후 미수관리비와 미납대장의 미납세대현황을 대조한다. 관리비 계좌에 성명이나 금액으로만 입금 시에는 성명/상호, 금액찾기에서 조회한 후 동·호수를 검색하여 일치되는 입주자를 확인하고 수납처리 한다.

**▼ 회계프로그램 수납처리 순서(1)**

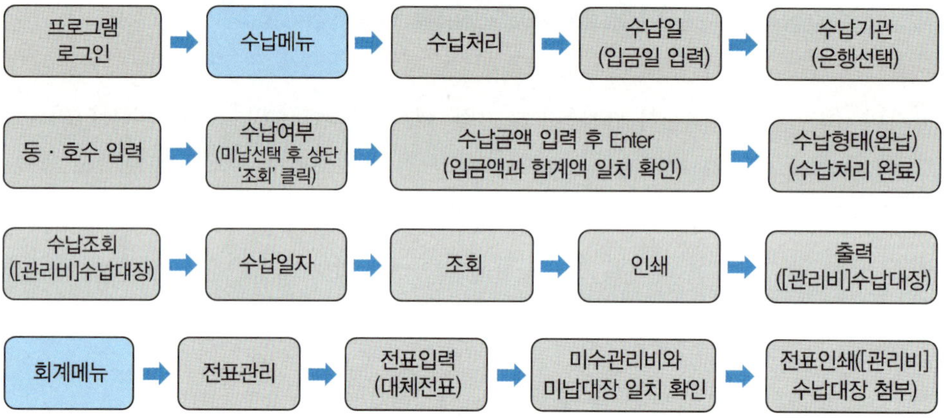


### (2) 과부족 수납

관리비 계좌에 입금된 금액과 수납금액이 불일치하면 다음[표]의 순서(2)로 처리한다. 관리비 수납금액 부족은 미납금액이 발생되고, 수납금액 과납은 가수금으로 처리된다(자동입력). 공동주택회계처리기준 제18조제2항에 따라 수입금을 징수하는 때에는 고지금액 전액을 징수하는 것을 원칙으로 한다. 다만, 장기 체납관리비 등 부득이한 사유로 분할 징수하는 경우 미수연체료, 미수관리비, 납부금의 순위로 징수하여 수납처리한다.

**▼ 회계프로그램 수납처리 순서(2)**

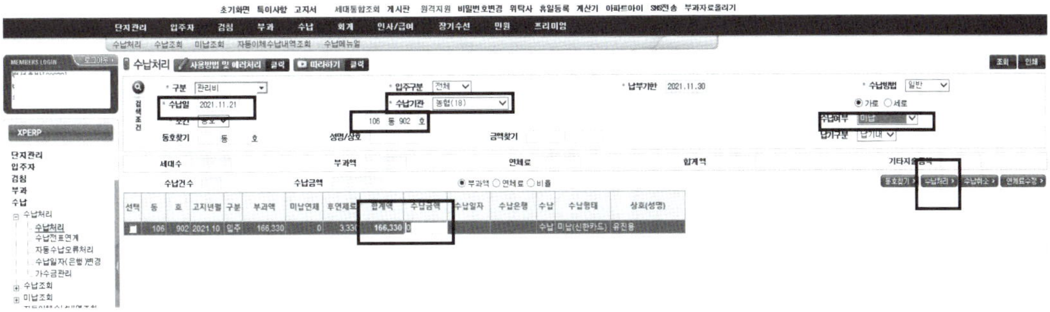

[그림 9-15] 회계프로그램 수납처리 화면

### ▼ 수납 유형별 회계처리(전표처리)

◉ 입금액과 수납액 일치(입금액 = 수납액)

| 차변 | | 대변 | |
|---|---|---|---|
| 차변계정 | 금액 | 대변계정 | 금액 |
| 농협은행(관리비) | 100,000 | 미수관리비 | 100,000 |

◉ 입금액과 수납액 불일치(입금금액>수납금액) : 이중납부, 과입금은 가수금이 발생한다.

| 차변 | | 대변 | |
|---|---|---|---|
| 차변계정 | 금액 | 대변계정 | 금액 |
| 농협은행(관리비) | 120,000 | 미수관리비 | 100,000 |
| | | 가수금 | 20,000 |

◉ 입금액과 수납액 불일치(입금금액<수납금액) : 부족액만큼 미납금액이 발생한다.

| 차변 | | 대변 | |
|---|---|---|---|
| 차변계정 | 금액 | 대변계정 | 금액 |
| 농협은행(관리비) | 92,000 | 미수관리비 | 92,000 |

(3) 자동이체 수납

본점 자동이체는 자동으로 수납되고, 지점 자동이체만 다음[표]의 순서로 수납처리한다.

▼ 회계프로그램 자동이체 수납처리 순서

수납처리 ➡ 수납방법 지점이체 선택 ➡ 수납일자 ➡ 수납기관 ➡ 조회 ➡ 선택 ➡ 수납처리

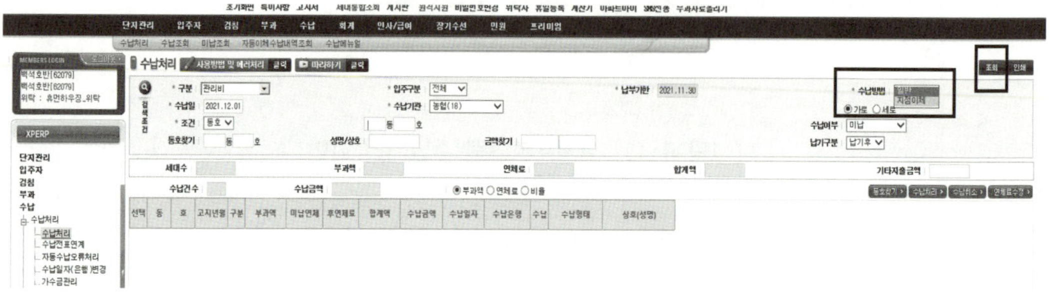

[그림 9-16] 회계프로그램 자동이체 수납처리 화면

(4) 수납취소

관리비 수납을 취소할 경우 다음[표]의 순서로 처리한다.

▼ 회계프로그램 수납취소 순서

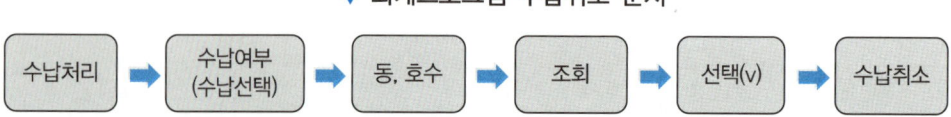

수납처리 ➡ 수납여부 (수납선택) ➡ 동, 호수 ➡ 조회 ➡ 선택(v) ➡ 수납취소

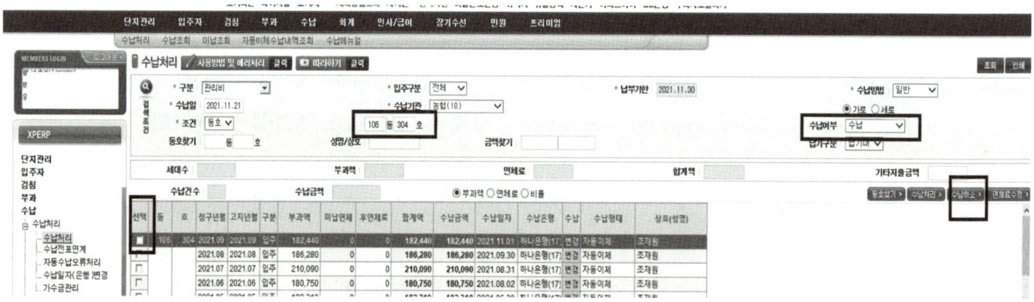

[그림 9-17] 회계프로그램 수납취소 화면

지점 자동이체의 수납취소는 다음 표의 순서로 처리한다.

▼ 회계프로그램 자동이체 수납취소 순서

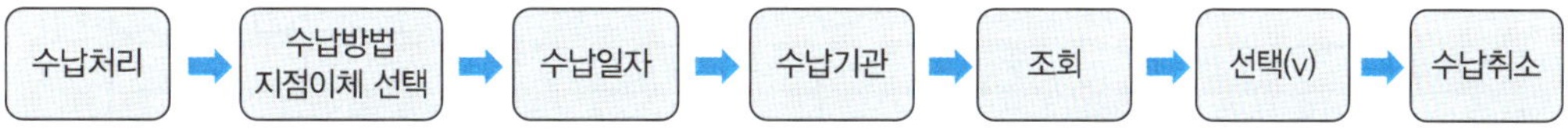


(5) 수납전표연계

수납된 금액을 회계로 연동하여 자동으로 전표를 작성할 수 있다. 다음[표]의 순서로 처리한다. 수납전표연계 후 인쇄하면 전표와 일자별 수납명세서를 한꺼번에 출력할 수 있는 기능이다.

▼ 회계프로그램 수납전표연계 순서

수납전표연계 처리한 일자의 경우 흰색으로 표시되며, 연계하지 않은 경우는 붉은색으로 표시된다. 수납연계로 발행된 전표는 금액수정이 불가능하여, 전표 삭제 후 재 수납처리하여 전표연계한다.

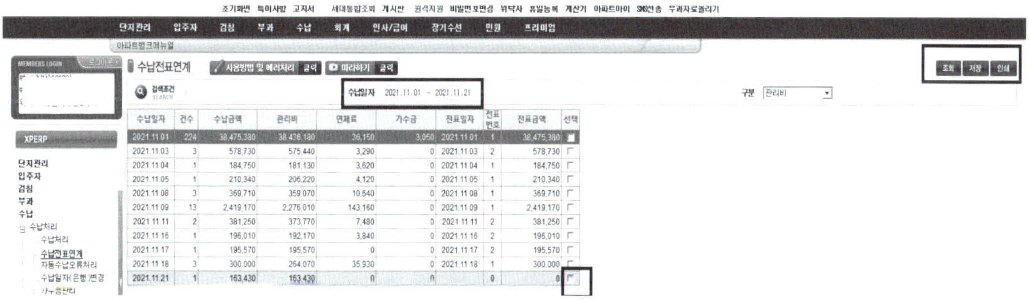


[그림 9-18] 회계프로그램 수납전표연계 화면

▼ 회계프로그램 수납전표연계 후 출력(인쇄)

# [ 대 체 전 표 ]

2021년 11월 01일 1번

| 담당 | 소장 |
|---|---|
| | |

| 차 변 계 정 | 적 요 | 금 액 | 대 변 계 정 | 적 요 | 금 액 |
|---|---|---|---|---|---|
| 보통예금(농협) | 101동 704호 외 19건 관리비 수납 | 3,249,030 | 미 수 관 리 비 | 101동 103호 외 223건 관리비 수납 | 38,436,180 |
| 보통예금(새마을) | 101동 402호 외 16건 관리비 수납 | 2,864,180 | 가 수 금 | 102동 106호 가수금 | 3,050 |
| 보통예금(농협) | 101동 202호 외 100건 관리비 수납 | 17,328,480 | 연 체 료 수 입 | 102동 501호 외 9건 관리비 수납 | 36,150 |
| 보통예금(국민) | 101동 1008호 외 15건 관리비 수납 | 2,985,270 | | | |
| 보통예금(국민) | 117동 201호 관리비 수납 | 114,140 | | | |
| 보통예금(국민) | 101동 103호 외 30건 관리비 수납 | 5,477,430 | | | |
| 보통예금(국민) | 101동 505호 외 2건 관리비 수납 | 493,240 | | | |
| 보통예금(하나) | 101동 904호 외 94건 관리비 수납 | 5,963,610 | | | |
| 합 계 | | 38,475,380 | 합 계 | | 38,475,380 |

## 일자별 관리비 수납 명세서

수납기간 : 2021-11-01 ~ 2021-11-01

| 수납일자 | 수납은행명칭 | 동호번호 | 부과연월 | 수납금액 | 수납연체료 | 수납소계 |
|---|---|---|---|---|---|---|
| 2021-11-01 | 농협 | 101동 704호 | 2021-09 | 208,120 | 0 | 208,120 |
| 2021-11-01 | 농협 | 101동 901호 | 2021-09 | 113,960 | 0 | 113,960 |
| 2021-11-01 | 농협 | 102동 106호 | 2021-09 | 152,740 | 0 | 152,740 |
| 2021-11-01 | 농협 | 102동 106호 | 2021-09 | 3,050 | 0 | 3,050 |
| 2021-11-01 | 농협 | 102동 905호 | 2021-09 | 148,790 | 0 | 148,790 |
| 2021-11-01 | 농협 | 102동 1101호 | 2021-09 | 184,120 | 0 | 184,120 |
| 2021-11-01 | 농협 | 103동 1303호 | 2021-09 | 151,990 | 0 | 151,990 |
| 2021-11-01 | 농협 | 103동 1303호 | 2021-08 | 150,930 | 3,020 | 153,950 |
| 2021-11-01 | 농협 | 104동 502호 | 2021-09 | 166,010 | 0 | 166,010 |
| 2021-11-01 | 농협 | 105동 1104호 | 2021-09 | 171,220 | 0 | 171,220 |
| 2021-11-01 | 농협 | 106동 104호 | 2021-09 | 163,420 | 0 | 163,420 |

### (6) 수납처리 결과 확인

관리비 은행계좌에 세대별 입금분을 수납처리하고, 회계처리(전표) 후 미납관리비와 보조원장에서 미수관리비 잔액이 일치하는지 최종적으로 확인한다. 불일치할 경우에는 다음[표]의 순서로 틀린 날짜를 찾아 원인을 파악하고 일치되도록 처리한다.

▼ 회계프로그램 미수금/회계 비교 순서

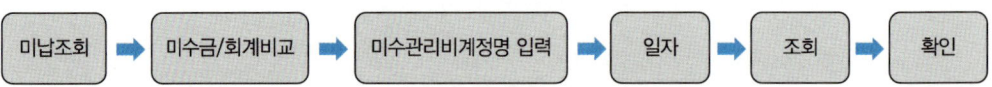

미납조회 ➡ 미수금/회계비교 ➡ 미수관리비계정명 입력 ➡ 일자 ➡ 조회 ➡ 확인

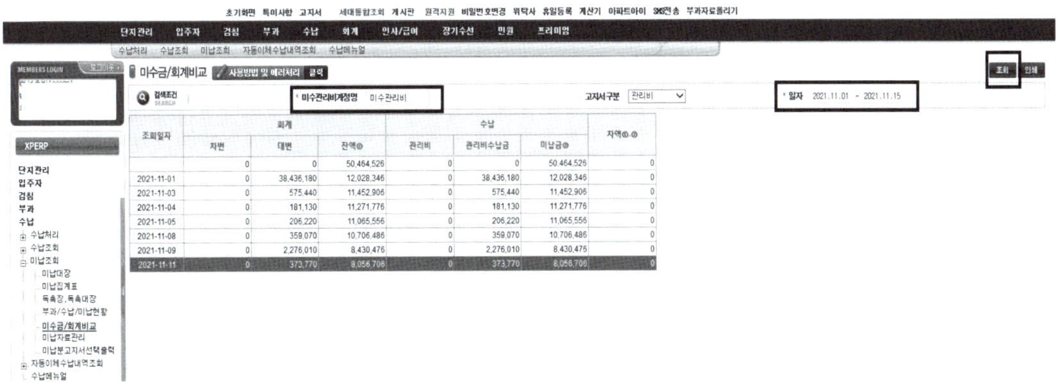


| 조회일자 | 회계 | | | 수납 | | | 차액①-② |
|---|---|---|---|---|---|---|---|
| | 차변 | 대변 | 잔액① | 관리비 | 관리비수납금 | 미납금② | |
| | 0 | 0 | 50,464,526 | 0 | 0 | 50,464,526 | 0 |
| 2021-11-01 | 0 | 38,436,180 | 12,028,346 | 0 | 38,436,180 | 12,028,346 | 0 |
| 2021-11-03 | 0 | 575,440 | 11,452,906 | 0 | 575,440 | 11,452,906 | 0 |
| 2021-11-04 | 0 | 181,130 | 11,271,776 | 0 | 181,130 | 11,271,776 | 0 |
| 2021-11-05 | 0 | 206,220 | 11,065,556 | 0 | 206,220 | 11,065,556 | 0 |
| 2021-11-08 | 0 | 359,070 | 10,706,486 | 0 | 359,070 | 10,706,486 | 0 |
| 2021-11-09 | 0 | 2,276,010 | 8,430,476 | 0 | 2,276,010 | 8,430,476 | 0 |
| 2021-11-11 | 0 | 373,770 | 8,056,706 | 0 | 373,770 | 8,056,706 | 0 |

[그림 9-19] 회계프로그램 미수금/회계비교 화면

## 3.4 관리비의 회계처리

(1) 거래은행을 방문하여 지출결의서 항목별로 지출업무를 처리한다.

(2) 지출결의서의 계정과목별로 전표처리(입금전표, 출금전표, 대체전표) 한다. 전표는 입금전표, 출금전표, 대체전표로 구분하며, 입금전표는 시재금 입금과 같은 현금 유입되는 거래, 출금전표는 시재금 지출과 같은 현금이 지출되는 거래에 사용된다. 대부분은 현금거래가 없는 대체거래에서 사용하는 대체전표가 사용된다.

(3) 전표와 일계표를 출력하고, 지출증빙서류(자금이체영수증 등)는 전표결재 순서에 맞게 해당 전표마다 순차적으로 첨부하고 결재를 받는다.

(4) 매월 결산하여 관리비를 부과하기 위하여 부과월 말일자로 관리비용을 발생(미지급비용) 시키고 익월 집행일자에 미지급비용을 상계처리한다.

▼ 회계프로그램 전표처리 순서

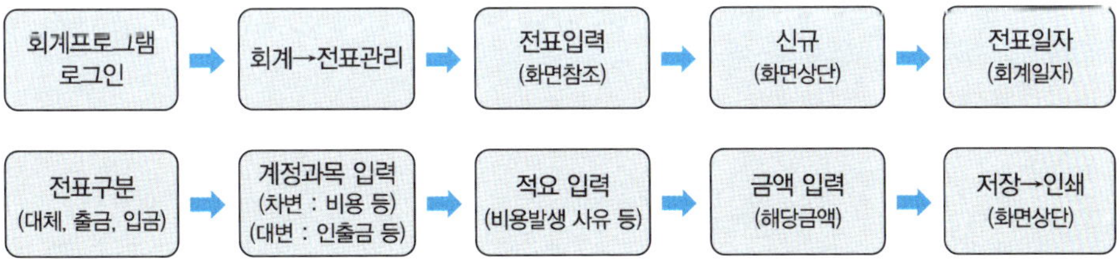

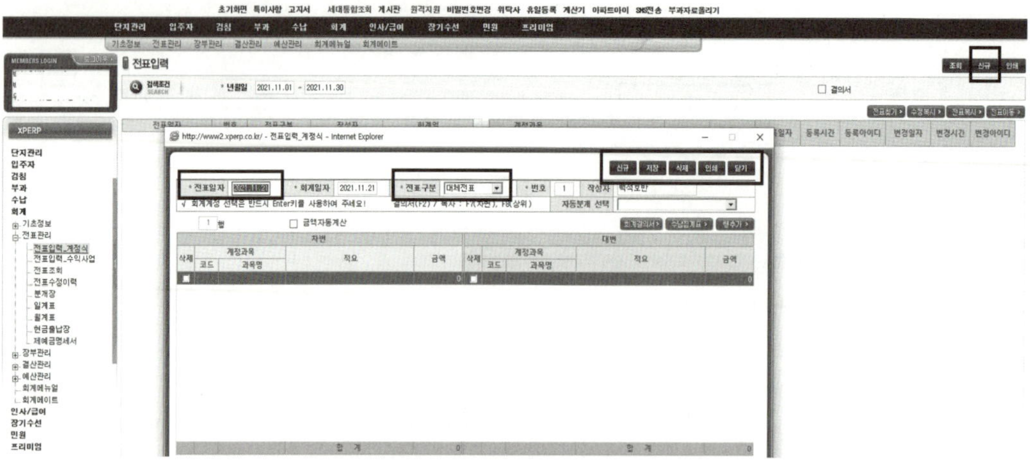


[그림 9-20] 회계/전표관리/전표입력_계정식 화면

전표입력은 아래와 같이 관리비 부분, 지출 부분, 부과 부분으로 구분하여 설명할 수 있다.

> 첫째, 관리비 부분은 **통장입금**을 확인하여 [그림 9-4]에서 세대별로 수납처리하고, 회계프로그램의 수납/수납조회/수납조회 메뉴에서 수납일자 입력 후 조회·출력([관리비]수납대장)하여 전표 입력한다.
>
> 둘째, 지출 부분은 **지출결의서 등 증빙서류**에 의하여 전표 입력한다.
>
> 셋째, 부과 부분에서는 매월 동일금액이 반복적으로 발생하는 계정과목(인건비, 용역비 등)은 실무편의상 전월전표를 복사하여 활용하기 위하여 **회계관리** → **전표관리** → **전표입력-계정식** → **전표기간** 입력 후 조회 → 해당전표 선택 후 우측 상단의 전표복사를 클릭 → 신규전표란의 **일자** 입력 후 저장 → 변경된 회계일자의 전표에서 **적요 또는 금액**을 수정 입력한다. 말일자 전표복사 중 (차변) 미부과관리비 (대변) 관리수익으로 분개하는 **마감전표**의 생성은 1원으로 표기하여 대차평균을 맞추고 부과작업을 실시한다.

## 3.5 월간결산 및 관리비부과명세서

관리비의 결산이란 「공동주택회계처리기준」에 따라 회계프로그램에서 월간 회계기간(매월 1일~말일) 중에 발생한 거래로 인한 자산, 부채, 자본, 비용, 수익의 변동내용을 기간계산에 맞게 수정 및 정리하여 각 계정을 마감하고, 재무제표를 작성하는 일련의 과정을 말한다. 결산 절차가 선행되어야 정확한 부과작업이 이루어질 수 있으며, 이를 바탕으로 재무제표부속명세서와 관리비부과명세서를 엑셀자료로 작성한다.

### (1) 재무제표부속명세서

재무제표부속명세서는 재무상태표와 운영성과표의 주요 계정과목에 대하여 매월 발생한 변동내역을 자세하게 보고하는 보조적 명세서이다. 재무제표부속명세서를 작성하면 당월 부과금액을 확정할 수 있고 관리비 부과과정에서의 오류수정 및 예방의 방법이 된다.

또한 각 계정과목별 보조원장 잔액의 누계액이 합계잔액시산표에 총괄적으로 집합되어 부과월의 모든 회계처리 결과를 일람할 수 있게 해준다. 이 합계잔액시산표의 계정과목별 관리비용과 당월금액은 재무제표부속명세서와 관리비부과명세서 작성시 활용된다. 관리비부과는 각 단지별 관리규약의 [별표] '관리비의 세대별 부담액 산정방법'에 따른 부과기준으로 부과한다. 관리비부과명세서 작성이 완료되어야 최종적으로 마감전표를 발행할 수 있으며, 이를 근거로 회계프로그램에서 부과작업을 실시한다.

### (2) 제무제표부속명세서 작성 방법

① 회계프로그램에서 회계장부(보조원장, 합계잔액시산표, 재무상태표, 운영성과표)를 출력한다.

▼ 회계프로그램 회계장부 출력 순서

회계 → 장부관리 → 보조원장 → 계정과목별 코드선택 → 조회 → 출력

② 계정과목별 장부금액 일치 확인 후 부속명세서 입력

이는 재무제표 오류 발생 시 수정 및 예방하는 방법의 하나이며, 정확한 관리비용으로 부과하기 위한 작업이다. 각 계정과목별 장부금액과 실제잔액(예금잔액증명서 등)의 일치를 확인하고, 확인 된 금액을 재무제표부속명세서에 입력한다.

③ 말일전표 발행 후 부속명세서 입력

- 관리비용을 매월 균등하게 부과하기 위하여 분할부과금액 계산 후, 계산 된 금액으로 말일전표를 발행한 후 부속명세서를 작성한다.
- 해당월에 부과해야 될 장기수선충당금, 수선충당부채, 퇴직급여충당부채, 연차충당부채 등은 말일전표를 발행한 후 부속명세서를 작성한다.
- 전기료, 수도료 고지서 발행분으로 부과작업 후 말일전표를 발행한 후 부속명세서를 작성한다.

▼ **계정과목별 확인방법**

| 계정과목 | 일치여부 확인방법 | 비고 |
|---|---|---|
| 예금 | 제예금 은행별 예금잔액증명서 금액 확인 | 부속명세서 입력 |
| 현금 | 현금 시재 확인 | 부속명세서 입력 |
| 미수관리비 | 미납대장 미납금액과 미수관리비 잔액 비교확인 | 부속명세서 입력 |
| 선급비용 | 분할부과할 경우 당월부과 회차, 금액 확인 후 말일전표 발행 | 말일전표발행 후 부속명세서 입력 |
| 선납법인세 | 전월잔액과 당월금액 확인 | 부속명세서 입력 |
| 저장품 | 저장품 실제잔액과 당월잔액 확인 | 부속명세서 입력 |
| 비품, 공기구 | 비품, 공기구대장 잔액 확인, 당월부과 회차, 금액 확인 및 감가상각 | 말일전표발행 후 부속명세서 입력 |
| 미지급비용 | 전기료, 수도료, 4대보험 등 미지급비용 확인, 전기·수도료 부과작업 완료 후 말일전표 입력 | 말일전표발행 후 부속명세서 입력 |
| 예수금 | 근로소득세 등 예수금 확인 | 부속명세서 입력 |
| 중간관리비예수금 | 전출세대 중간정산관리비 확인 | 부속명세서 입력 |
| 가수금 | 과오납, 이중납부세대 확인 | 부속명세서 입력 |
| 연차수당충당부채<br>퇴직급여충당부채 | 매월 부과금액(충당금액) 확인 후 말일전표 발생 | 말일전표발행 후 부속명세서 입력 |
| 장기수선충당부채 | 매월 부과금액(적립액) 확인 후 말일전표 발생 | 말일전표발행 후 부속명세서 입력 |
| 수선충당부채 | 매월 부과금액(각종 시설검사 및 점검) 확인 후 말일전표 발행 | 말일전표발행 후 부속명세서 입력 |
| 제적립금 | 예비비적립금, 관리비차감적립금, 기타적립금 확인 | |
| 관리외수익 | 재활용품수입, 광고수입, 연체료수입 등 확인 | |
| 관리외비용 | 기타 관리외비용 등 확인 | |

### ▼ 재무제표부속명세서 예시

#### 가) 제예금 명세서

(단위 : 원)

| 계 정 | 거래은행 | 적요 | 전월이월 | 당월증가 | 당월감소 | 당월잔액 |
|---|---|---|---|---|---|---|
| 현 금 | | 시재금 | 36,470 | 100,000 | 74,000 | 62,470 |
| 예 금(관리비) | 농 협 | 입출식통장 | 204,127,936 | 156,569,950 | 145,318,340 | 215,379,546 |
| 예 금(시 재) | 농 협 | 입출식통장 | 576,570 | 666,230 | 1,095,928 | 146,872 |
| 예 금(운동시설) | 농 협 | 입출식통장 | 11,866,820 | 3,294,390 | 6,774,880 | 8,386,330 |
| | | | | | | - |
| 계 | | | 216,571,326 | 160,530,570 | 153,189,148 | 223,912,748 |
| 장기수선충당금예치 | 농 협 | 정기예금 | 183,124,218 | | | 183,124,218 |
| 장기수선충당금예치 | 농 협 | 정기예금 | 100,000,000 | | | 100,000,000 |
| 장기수선충당금적립 | 농 협 | 정기예금 | 30,000,000 | 3,000,000 | | 33,000,000 |
| | | | | | | |
| | | | | | | |
| 계 | | | 313,124,218 | 3,000,000 | | 316,124,218 |
| **합 계** | | | **529.695.544** | **163.530.570** | **153.189.148** | **540.099.436** |

#### 나) 미수관리비 명세서

| 전월이월 | 당월증가 | 당월감소 | 당월잔액 | 비 고 |
|---|---|---|---|---|
| 11,668,210 | 149,582,120 | 149,866,010 | 11,384,320 | |

#### 다) 미부과관리비 명세서

| 내 용 | 당월발생금액 | 당월감소 | 잔 액 | 비 고 |
|---|---|---|---|---|
| 4월 관리비 고지금액 | 148,215,400 | | 148,215,400 | 익월 수납될 관리비 |

#### 라) 선급비용 명세서

| 내 용 | 총발생금액 | 전월잔액 | 당월증가 | 당월감소 | 당월잔액 | 비 고 |
|---|---|---|---|---|---|---|
| 아파트 단체화재보험 | 13,627,600 | 5,678,190 | | 1,135,630 | 4,542,560 | 8/12회차 |
| 영업배상책임보험 | 4,041,700 | 1,684,030 | | 336,810 | 1,347,220 | 8/12회차 |
| 놀이시설 책임보험 | 284,680 | 118,490 | | 23,730 | 94,760 | 8/12회차 |
| 승강기영업배상책임보험 | 712,600 | 296,870 | | 59,390 | 237,480 | 8/12회차 |
| 직원 설 상여금 | 2,502,990 | 834,330 | | 834,330 | - | 3/3회차 |
| 2/4분기 소독용역비 | 1,430,000 | | 1,430,000 | 476,680 | 953,320 | 1/3회차 |
| 염화칼슘 구입 | 1,210,000 | 790,000 | | 210,000 | 580,000 | 3/6회차 |
| 소방 작동기능 검사료 | 2,140,000 | 1,070,000 | | 535,000 | 535,000 | 4/5회차 |
| 승강기 마그넷트 수리 | 722,700 | | 361,350 | 361,350 | 361,350 | 1/2회차 |
| | | | | | | |
| | | | | | | |
| 합 계 | 23,809,570 | 10,471,910 | 1,791,350 | 3,972,920 | 8,651,690 | |

### ▼ 선급비용 말일전표발행 예시

| 내용 | 발생금액 | 전월 잔액 | 당월 증가 | 당월 감소 | 당월 잔액 | 비고 |
|---|---|---|---|---|---|---|
| 아파트 단체 화재보험 | 13,627,600 | 6,813,820 | | 1,135,630 | 5,678,190 | 7/12회차 |
| 염화칼슘 구입 | 1,210,000 | 1,000,000 | | 210,000 | 790,000 | 2/6회차 |
| 소방작동기능점검 | 1,800,000 | | 1,800,000 | 300,000 | 1,500,000 | 1/6회차 |
| 합계 | | 7,813,820 | 1,800,000 | 1,645,630 | 7,968,190 | |

- 당월 증가분은 선급비용으로, 분할부과 대상이며 해당 회계기간에 처리한다.
- 당월 감소금액은 당월 부과금액이므로, 말일전표(비용발생)를 생성한다.

### ▼ 말일전표발행 예시(선급비용)

[ 대 체 전 표 ]

2021년 1월 일 1번

| 담당 | 소장 |
|---|---|
| | |

| 차변계정 | 적요 | 금액 | 대변계정 | 적요 | 금액 |
|---|---|---|---|---|---|
| 건물보험료 | 아파트단체보험(화재,배상,놀이터,재난) | 1,135,630 | 선급비용 | 아파트화재보험료(7/12회차) | 1,135,630 |
| 재해예방비 | 염화칼슘 구매(2/6회차) | 210,000 | 선급비용 | 염화칼슘구매(2/6회차) | 210,000 |
| 시설유지비 | 소방작동기능점검료(1/6회차) | 300,000 | 선급비용 | 소방작동기능점검료(1/6회차) | 300,000 |
| | | | | | |
| | | | | | |
| | | | | | |
| | | | | | |
| | | | | | |
| 합계 | | 1,645,630 | 합계 | | 1,645,630 |

(3) 관리비부과명세서 작성

① 표지작성

관리비부과기간, 납부기한, 납부장소, 계좌번호, 예금주 등을 표기한다.

② 공지사항 작성

공동주택생활예절 안내, 재활용품배출 안내, 제반 유의사항 등을 공지하며, 기존 공지사항 중 변경사항이 있거나 추가사항이 있으면 반영한다.

### ③ 총괄표 작성

관리비부과명세서의 총괄표는 뒷장에 이어지는 항목별 관리비용 및 개별사용료의 금액들과 자동 집계되도록 작성하며, 먼저 관리비부과명세서 항목별 관리비용 및 사용료부터 작성하여야 한다. 총괄표의 발생금액은 운영성과표(손익계산서)의 관리비용과 일치하여야 하며, 관리비부과명세서를 토대로 회계프로그램 상의 부과처리가 이루어짐에 따라 회계프로그램 상의 부과총괄표와의 발생금액도 같은지 확인한다.

| 운영성과표<br>관리비용 | = | 관리비부과명세서<br>발생금액 | = | 회계프로그램 부과처리<br>부과총괄표 발생금액 |
|---|---|---|---|---|

### ④ 세대별 관리비 배분기준

관리비부과 산정기준은 각 단지별 관리규약으로 정한 바에 따라 처리한다. 통상적으로 세대별 관리비 배분기준은 주택공급면적에 따라 배분한다. 주거전용면적에 주거공용면적 및 기타 공용면적을 합계하거나 주거전용면적만 합계(실무상 이를 '관리면적'이라고 한다)한 것을 말한다. 아래 표는 관리비용 등을 세대별 관리비로 배분하는 계산식이다.

| 발생금액 ÷ 총관리면적 = $m^2$ 단가, 세대부과금 × 세대수 = 부과금액 | |
|---|---|
| 발생금액 | 운영성과표에 표기된 각 계정과목별 비용 |
| 총관리면적 | 각 세대별 공급면적($m^2$) × 세대수 = 총관리면적(㎡) |
| $m^2$ 단가 | 발생금액 ÷ 총관리면적 = $m^2$ 단가 |
| 세대부과금 | 세대별공급면적($m^2$) × $m^2$ 단가 = 세대부과금 |
| 부과금액 | 세대부과금 × 세대수 = 부과금액 |
| 부과차익(손) | 총발생금액 - 총부과금액 = 부과차익(+)차손(–) |

### ⑤ 항목별 관리비용 부과

관리비부과명세서 부과항목별 작성은 보조원장을 조회하여, 발생금액 및 세부내용 등을 관리비부과명세서에 직접 입력한다. 모든 관리비용 부과금액은 계산과정(발생금액 ÷ 총관리면적 =$m^2$ 단가, 세대부과금×세대수=부과금액)으로 입력된다. 각 항목별 관리비용 세부내용은 다음 표와 같다.

▼ 관리비용의 구성

| 관리비 항목 | 보조원장 세부내용 |
|---|---|
| 일반관리비 | 인건비(급여, 제수당, 상여금, 퇴직금, 식대등복리후생비, 산재보험료, 고용보험료, 국민연금, 건강보험료) |
| | 제사무비(일반사무용품비, 도서인쇄비, 여비교통비) |
| | 제세공과금(공과금, 통신비, 우편료, 제세공과금 등) |
| | 피복비(관리직원 피복, 안전화 등) |
| | 교육훈련비(공동주택관리 관련 법정교육) |
| | 차량유지비(연료비, 수리비, 보험료) |
| | 그밖의 부대비용(관리용품구입비, 유형자산감가상각비, 회계감사비, 전문가자문비, 잡비) |
| 청소비 | 청소원 관련 인건비 또는 청소용역비, 기타 |
| 경비비 | 경비원 관련 인건비 또는 경비용역비, 기타 |
| 소독비 | 소독비(실내소독, 정화소독비, 수목방제비 등) |
| 승강기유지비 | 승강기유지관리 용역비, 승강기관련 수선유지비 등 |
| 지능형홈네트워크 설비유지비 | 홈네트워크 설비유지 관한 비용 |
| 수선유지비 | 수선비(공용부분 수선비)<br>시설유지비(공용시설의 검사비대행료 등)<br>안전점검비(건축물의 안전점검 비용)<br>재해예방비(소화기구입, 제설작업비 등) |
| 위탁관리수수료 | 주택관리업자 위탁수수료 |

### ⑥ 관리비항목 중 일반관리비의 관리비부과명세서 작성방법

- 발생금액은 운영성과표 조회(예시 참조) 후 일반관리비 항목별 발생금액을 입력한다.
- 사용내역은 보조원장 조회 후 세부사용내역을 입력한다.
- 부과금액(세대부과금×세대수)은 자동수식에 의거 계산되므로, 수식 오류가 없는지 직접 확인한다(관리비부과명세서 예시 참조).

### ▼ 월별 운영성과표의 일반관리비 예시

## 운 영 성 과 표(월별)

단지명 :

제 5 (당)기 (20; 년 05월 01일부터 2021년 05월 31일까지)

제 5 (전)기 (20; 년 04월 01일부터 2021년 04월 30일까지)

단위 : 원

| 계정과목 | 제 5 (당)기 | | 제 5 (전)기 | |
|---|---|---|---|---|
| | 금 | 액 | 금 | 액 |
| **Ⅰ.관리수익** | | **153,943,968** | | **148,541,318** |
| **관리비수익** | | **153,943,968** | | **148,541,318** |
| 관리비수익 | 153,943,968 | | 148,541,318 | |
| **Ⅱ.관리비용** | | **153,943,968** | | **148,541,318** |
| **공용관리비** | | **82,082,098** | | **80,998,238** |
| **일반관리비** | | **33,533,230** | | **32,895,690** |
| **인건비** | | **31,305,960** | | **31,152,030** |
| 급여 | 20,858,250 | | 20,858,250 | |
| 제수당 | 3,784,960 | | 3,444,000 | |
| 퇴직급여(충당전입액) | 1,886,250 | | 1,886,250 | |
| 연차수당(충당전입액) | 830,490 | | 830,490 | |
| 산재보험료 | 237,100 | | 356,900 | |
| 고용보험료 | 259,340 | | 386,280 | |
| 국민연금 | 1,053,530 | | 1,053,530 | |
| 건강보험료 | 981,120 | | 965,500 | |
| 식대등복리후생비 | 1,414,920 | | 1,370,830 | |
| **제사무비** | | **1,249,500** | | **734,650** |
| **일반사무용품비** | **447,000** | | **392,150** | |
| 비품 등 구입비 | 201,700 | | 41,100 | |
| 사무용품소모품비 | 245,300 | | 351,050 | |
| 도서인쇄비 | 742,500 | | 302,500 | |
| 여비교통비 | 60,000 | | 40,000 | |
| **제세공과금** | | **102,440** | | **99,230** |
| 통신료 | 102,440 | | 90,970 | |
| 우편료 | | | 8,260 | |
| 피복비 | | 277,200 | | 345,400 |
| 교육훈련비 | | | | 73,000 |
| **그밖의 부대비용** | | **598,130** | | **491,380** |
| **관리용품구입비** | **478,130** | | **354,530** | |
| 공기구 등 구입비 | 344,910 | | 354,530 | |
| 관리용품소모품비 | 133,220 | | | |
| 회계감사 수수료 | 110,000 | | 110,000 | |
| 잡비 | 10,000 | | 26,860 | |
| 청소비 | | 19,703,690 | | 19,703,690 |

▼ 관리비부과명세서의 일반관리비 예시

**1. 일 반 관 리 비** ------------------------------------------------ 33,533,230 원

| 항 목 | | 발생금액 | 사 용 내 역 |
|---|---|---|---|
| 인건비 | 급 여 | 20,858,250 | 관리4명, 시설4명 8명 기본급 |
| | 제 수 당 | 3,784,960 | 자격,직책,방화,출납,야간,업무수당 ,근로자의날 수당(4명) |
| | 연 차 수 당 적 립 | 830,490 | 연차수당 적립액 |
| | 퇴 직 급 여 적 립 | 1,886,250 | 퇴직급여 적립액 |
| | 산 재 보 험 료 | 237,100 | 사업주분 산재보험료 |
| | 고 용 보 험 료 | 259,340 | 사업주분 고용보험료 |
| | 국 민 연 금 | 1,053,530 | 사업주분 국민연금 |
| | 건 강 보 험 료 | 981,120 | 사업주분 건강보험료 |
| | 식대등복리후생비 | 1,414,920 | 식대,정수기,커피, 여름휴가비 3,337,320 (1/4회차 적립) |
| | 소 계 | 31,305,960 | |
| 제사무비 | 비 품 등 구 입 비 | 201,700 | 제습기(9/24)41,100 , 책걸(1/5)84,600 의자66,000 |
| | 사무용품소모품비 | 245,300 | 복합기임대료(₩170,500), A4 280K, 클립보드 등(74,800) |
| | 도 서 인 쇄 비 | 742,500 | 고지서인쇄 · 전산료(₩302,500), 금연 현수막 등(₩440,000) |
| | 여 비 교 통 비 | 60,000 | 직원 업무차 교통비 |
| | 소 계 | 1,249,500 | |
| 제세공과금 | 통 신 료 | 102,440 | 전화, 팩스요금 사용료 |
| | 우 편 료 | | 내용증명 및 서류발송시 우편료 |
| | 제 세 공 과 금 등 | | |
| | 소 계 | 102,440 | |
| 피 복 비 | | 277,200 | 하절기 관리소 근무복 |
| 교 육 훈 련 비 | | | |
| 그 밖의 부대비용 | 공 기 구 등 구 입 비 | 344,910 | 제설차(29/36) ₩109,440 ,충전드라이버(3/3)₩95,340 , 전기톱(2/2) ₩83,250 , 통절기(1/4)₩76,900 |
| | 관리용품소모품비 | 133,220 | 비상약품, 두루마리휴지,종이컵,커튼 및 커튼 봉 |
| | 잡 비 | 10,000 | 은행조회 수수료 |
| | 회 계 감 사 수 수 료 | 110,000 | 2020년 외부회계감사수수료 ₩990,000(2/9) |
| | 소 계 | 598,130 | |
| 합 계 | | 33,533,230 | |

▷ 산출근거 : 발생금액 ÷ 관리면적 = ㎡ 단가 → **총관리면적 94,764.76㎡**

▷ 발생금액 : **33,533,230 원** ÷ 94,764.7600㎡ = 353.86원

| 면적(㎡) | ㎡ 단가 | 세대 부과금 | 세대수 | 부과 금액 | 비 고 |
|---|---|---|---|---|---|
| 80.4700 | 353.86원 | 28,480 | 385 | 10,964,800 | |
| 100.7200 | | 35,640 | 337 | 12,010,680 | |
| 113.8900 | | 40,320 | 262 | 10,563,840 | |
| 계 | | | 984 | 33,539,320 | 6,090 |

**2. 청 소 비 [ 용 역 ]** ------------------------------------------------ 19,703,690 원

▷ 용역업체 : 00환경㈜ (인원: 9명) 19,703,690 - 280,000(일자리 안정자금)

▷ 산출근거 : 발생금액 ÷ 관리면적 = ㎡ 단가 → **총관리면적 94,764.76㎡**

▷ 발생금액 : **19,423,690 원** ÷ 94,764.7600㎡ = 204.97원

| 면적(㎡) | ㎡ 단가 | 세대 부과금 | 세대수 | 부과 금액 | 비 고 |
|---|---|---|---|---|---|
| 80.47 | 204.97원 | 16,500 | 385 | 6,352,500 | |
| 100.72 | | 20,640 | 337 | 6,955,680 | |
| 113.89 | | 23,340 | 262 | 6,115,080 | |
| 계 | | | 984 | 19,423,260 | -430 |

(4) 개별사용료 부과

개별사용료 부과는 전기료, 수도료, 생활폐기물수수료(공급자별도)등을 제외하고, 관리비용과 같이 발생금액 및 부과금액 계산과정도 동일하다. 각 항목별 세부내용은 다음 표와 같다.

▼ 개별사용료 부과항목

| 부과항목 | 세부내용 |
|---|---|
| 전기료 | 세대전기료, 공동전기료, 승강기전기료, 업체별전기료 등 |
| 수도료 | 세대수도료, 공동수도료 |
| 생활폐기물수수료 | 음식물처리 수거비용 |
| 정화조오물수수료 | 정화조 청소 수수료 등 |
| 입주자대표회의운영비 | 입주자대표회의 운영비용(직책수당, 출석수당, 운영경비 등) |
| 건물보험료 | 아파트 단체보험(화재보험, 영업배상책임보험, 승강기책임보험 등) |
| 선거관리위원회운영비 | 선거관리위원회의 운영비용(출석수당, 전자투표비용, 운영경비 등) |
| 장기수선충당금 | 장기수선충당금 월 적립액 |

① 전기료

전기료는 검침담당자로부터 넘겨받은 세대부분 사용료([그림 9-13] 전기검침 메뉴 참조)와 공용부분 사용료([그림 9-14]의 사용료부과 집계표 참조)를 참고하여 관리비부과명세서를 작성한다. 전기료, 수도료 등 요금청구서 금액과 세대별 부과합계액을 비교하여 잉여금이 발생하지 않도록 하여야 하며, 이 경우 할인 요율을 적용하여 세대별 사용료에서 일괄적으로 직접 차감하여 부과한다. 공동전기료는 가로등, 산업용, 주택공용(계단, 복도 등) 등으로 구성되며, 발생금액 ÷ 주택공급면적 = ㎡당 단가를 세대면적(세대별 공급면적을 말한다)에 곱하여 세대 부과액을 계산한다. 그리고 승강기전기료는 별도로 계산한다. 이에 대한 수식은 다음과 같다.

ⓐ 공동전기료 산출

- 가로등 + 산업용 + 주택공용 − 승강기 − 기타 = 발생금액
- 발생금액 ÷ 부과면적 = ㎡당 단가
- ㎡당 단가 × 세대별 면적별(㎡) = 세대부과액
- 세대부과액 × 세대수 = 전체 부과금액

ⓑ 승강기전기료 산출

- 각 동 라인별 사용량 × ㎾당 단가 = 발생금액
  (kW당 단가 = 주택공용전기료 ÷ 공동사용량)
- 발생금액 ÷ 세대수 = 세대부과액

② 수도료(세대수도료 = 온수 + 수도)

세대수도료 산출은 회계프로그램 상의 검침관리에 총세대별 합계금액이다.

- 고지서금액 - 세대별 합계금액 = 공동수도료(발생 시에만 부과한다)
- 발생금액 ÷ 부과면적 = ㎡당 단가
- ㎡당 단가 × 세대별 면적별(㎡) = 세대부과액
- 세대부과액 × 세대수 = 전체 부과금액
- 고지서금액 - 세대별 합계금액 = 잉여금(발생 시 일률적으로 차감해 준다)
- 잉여금 발생 시 세대별 차감 방법 : 검침관리 → 일괄계산 → -(%) 계산

(5) 마감전표 발행

관리비부과명세서 총괄표 발생금액은 관리비수입으로 부과금액은 미부과관리비로 부과차액은 부과차익(차손)으로 인식하여 마감전표를 발행한다. 마감전표 입력 후에는 운영성과표의 관리수익과 관리비용의 일치를 확인한다. 불일치시 관리손익(손실)이 발생되는데, 이는 결과적으로 관리비 부과작업 자체의 오류를 의미하므로 그 원인을 찾아 수정해야 한다.

▼ 관리비 마감전표 예시

**[ 대 체 전 표 ]**

2021년 10월 31일 9번

| 담당 | 소장 |
|---|---|
| | |

| 차변계정 | 적요 | 금액 | 대변계정 | 적요 | 금액 |
|---|---|---|---|---|---|
| 미부과관리비 | 10월분 | 76,387,800 | 관리비수입 | 10월분 | 76,386,960 |
| | | | 부과차익 | 10월분 | 840 |
| | | | | | |
| | | | | | |
| | | | | | |
| | | | | | |
| | | | | | |
| | | | | | |
| 합계 | | 76,387,800 | 합계 | | 76,387,800 |

※ 부과 완료 후 미부과관리비를 미수관리비로 대체한다.

차변 미수관리비 76,387,800 대변 미부과관리비 76,387,800

▼ 관리비부과명세서 총괄표 예시

# 2021년 10월분 관리비부과명세서 총괄표

| 구분 | | | 발생금액 | 부과금액 | ㎡당 단가 | 부과차액 | ㎡별 89.26 | ㎡별 102.48 | ㎡별 148.76 | 비고 |
|---|---|---|---|---|---|---|---|---|---|---|
| 관리비 | 1. 일반관리비 | | 17,576,570 | 17,577,000 | 371.55 | 430 | 33,160 | 38,080 | 55,270 | |
| 관리비 | 2. 청소비 | | 4,271,820 | 4,270,500 | 90.30 | -1,320 | 8,060 | 9,250 | 13,430 | |
| 관리비 | 3. 경비비 | | 16,542,700 | 16,543,200 | 349.70 | 500 | 31,210 | 35,840 | 52,020 | |
| 관리비 | 4. 소독비 | | 193,330 | 193,800 | 4.09 | 470 | 370 | 420 | 600 | |
| 관리비 | 5. 승강기유지비 | | 660,000 | 660,900 | 13.95 | 900 | 1,250 | 1,430 | 2,080 | |
| 관리비 | 6. 수선유지비 | | 1,057,390 | 1,058,100 | 22.35 | 710 | 2,000 | 2,290 | 3,330 | |
| 관리비 | 7. 위탁관리수수료 | | 286,200 | 286,200 | 6.05 | | 540 | 620 | 900 | |
| 징수대행 | 8. 전기료 | 세대전기료 | 13,198,730 | 13,198,730 | | | | | | |
| 징수대행 | 8. 전기료 | 공용전기료 | 1,742,490 | 1,741,570 | 30.10 | -920 | 2,690 | 3,080 | 4,480 | |
| 징수대행 | 8. 전기료 | 승강기전기료 | 290,360 | 290,940 | 6.88 | 580 | 610 | 710 | 1,020 | |
| 징수대행 | 8. 전기료 | 가로등전기료지원금 | - | - | 0.00 | - | - | - | - | |
| 징수대행 | 8. 전기료 | TV수신료 | 1,072,500 | 1,072,500 | | | 2,500 | 2,500 | 2,500 | |
| 징수대행 | 8. 전기료 | 소계 | 16,304,080 | 16,303,740 | | -340 | | | | |
| 징수대행 | 9. 수도료 | 세대수도료 | 9,916,260 | 9,916,260 | | | | | | |
| 징수대행 | 9. 수도료 | 공동수도료 | | | | | | | | |
| 징수대행 | 9. 수도료 | 소계 | 9,916,260 | 9,916,260 | | | | | | |
| 징수대행 | 10. 입주자대표회의운영비 | | 420,000 | 419,700 | 8.88 | -300 | 790 | 910 | 1,320 | |
| 징수대행 | 11. 건물보험료 | | 572,610 | 572,400 | 12.10 | -210 | 1,080 | 1,240 | 1,800 | |
| 징수대행 | 12. 선거관리위원회운영비 | | | | | | | | | |
| 징수대행 | 13. 장기수선충당금 | | 8,586,000 | 8,586,000 | 181.50 | | 16,200 | 18,600 | 27,000 | |
| 합계 | | | 76,386,960 | 76,387,800 | | 840 | 100,460 | 114,970 | 165,750 | |

## 3.6 관리비의 부과

관리비의 부과작업은 다음의 ①~⑥ 항목 순서대로 실시하며, 회계프로그램 상의 세대관리비 부과금액은 ④의 「관리비부과처리」에서 확정된다.

| 번호 | 관리비 부과작업 순서 |
|---|---|
| ① | **수기 관리비부과명세서 상에 관리비의 항목별 당월 발생금액을 입력한다.** |
| ② | 수기 관리비부과명세서 상의 총괄표에서 **당월발생금액**의 하단에 있는 **합계** 금액으로 회계프로그램 상의 회계관리에서 **마감전표**를 작성한다. |
| ③ | **회계프로그램 상의 부과 → 부과처리 → 부과기초작업 → 우측 상단의 행추가 → 부과년월란 입력 → 우측 상단의 저장 클릭** |
| ④ | 회계프로그램 상의 **부과** → **부과처리** → [그림 9-3] 관리비부과처리 화면 우측 상단의 **회계금액집계** 클릭 → 우측 상단의 **단가처리** 클릭 후 부과단가처리 화면에서 단가 확인·입력 후 **저장**하고 **닫기** → 관리비부과처리 화면에서 우측 최상단의 **저장** 클릭 |
| ⑤ | **회계프로그램 상의 부과 → 기초정보 → 자동이체세대 등록** |
| ⑥ | [그림 9-24] 회계프로그램 상의 **부과** → **부과마감** → **부과마감등록**에서 **부과마감** 클릭 → **조회** 클릭 → 우측 F란에서 C 확인 → **출력의뢰** 클릭 |

위 ③~⑥의 회계프로그램 상에서 실질적인 부과작업을 좀 더 구체적으로 살펴보기로 한다.

(1) 수납계좌 및 공지사항 입력

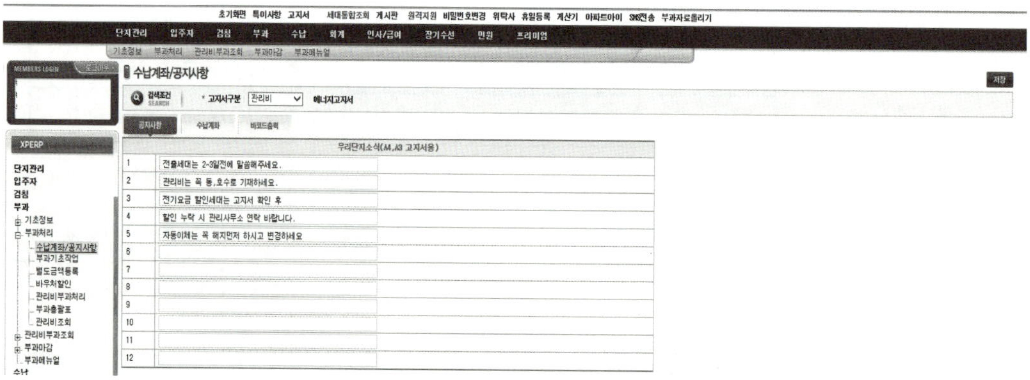


**[그림 9-21] 회계프로그램 수납계좌/공지사항 화면**

① 수납계좌 및 공지사항 입력

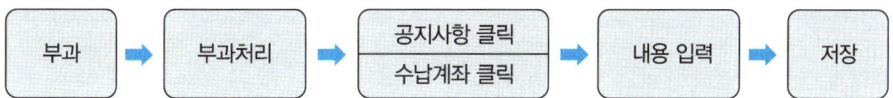

부과 → 부과처리 → 공지사항 클릭 / 수납계좌 클릭 → 내용 입력 → 저장

- 공지사항은 한줄당 30자, 총 12줄까지, 수납계좌는 8줄까지 입력 가능하다.

### (2) 부과기초작업(부과작업 생성 작업)

부과처리 → 부과기초 작업 → 우측상단 행추가 클릭 → 부과년월일 → 납부마감일 확인 → 저장

### (3) 별도금액 등록

별도부과등록은 관리비 차감 또는 가감액을 등록하는 메뉴이다. 과오납세대(−), 승강기전기료 제외세대(−), 업체별전기료부과(+), 주차료부과(+), 기타사유(+, −) 등에 해당하는 세대 관리비 부과금액에 반영된다.

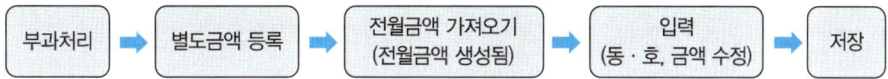

- 전월 부과항목이 같은 경우

부과처리 → 별도금액 등록 → 전월금액 가져오기 (전월금액 생성됨) → 입력 (동 · 호, 금액 수정) → 저장

- 전월 부과항목이 다른 경우

부과처리 → 별도금액 등록 → 우측상단 행추가 → 부가항목 (항목선택) → 입력 (동 · 호, 금액) → 우측상단 저장

### (4) 관리비부과처리

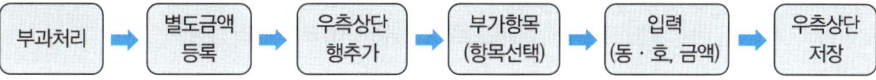

관리비부과명세서 작성 완료 후 회계프로그램에서 부과처리 작업을 시행한다. 회계금액집계 클릭하면 당월 발생금액란에 회계와 연동되어 자동으로 입력된다. 단, 전기료의 경우 세대분(세대전기료, TV수신료)만 검침메뉴와 자동연동 입력되므로, 공동전기료는 직접 입력한다. 공동수도료 발생 시에도 직접 입력한다.

부과처리 → 관리비부과처리 → 부과년월일 → 우측상단 조회 → 회계금액집계

단가처리 과정은 각 세대별 관리비가 배분되어 부과가 실질적으로 이루어지는 단계이다. 단가처리를 클릭하면 부과단가처리 새창이 열리고, 관리비부과명세서와 단가처리 부과항목별로 대조(발생금액, 부과금액, 세대부과단가 등) 확인한다.

우측상단 단가처리 → 단가확인 (명세서 비교) → 승강기전기료 (라인별, 동별 직접입력) → 우측상단 저장

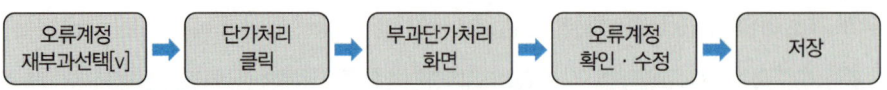

불일치에는 관리비부과명세서 또는 회계금액 중 오류를 찾아 수정한다. 부과금액과 발생금액을 재확인 후 오류 발생시에는 오류계정만 재부과 선택하여 단가처리 클릭하여 수정 후 저장한다.

오류계정 재부과선택[v] → 단가처리 클릭 → 부과단가처리 화면 → 오류계정 확인 · 수정 → 저장

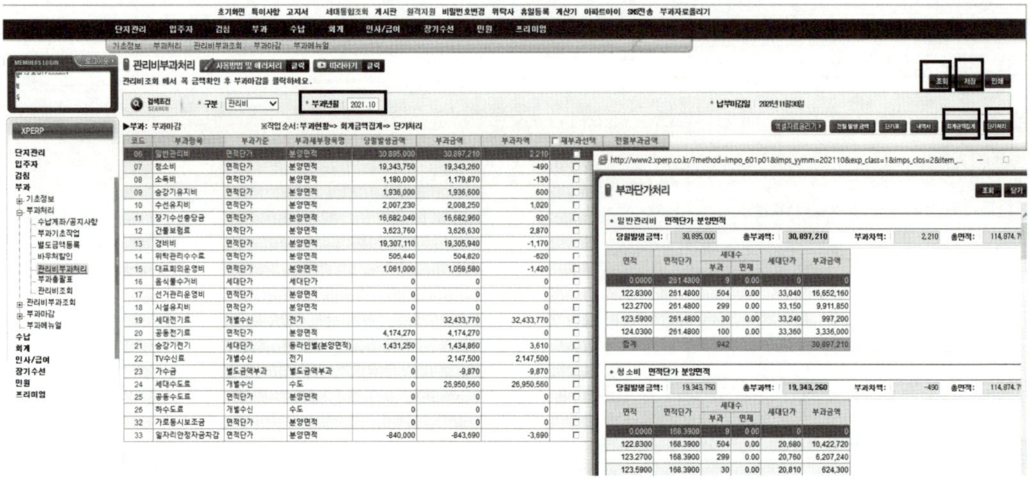

[그림 9-22] 회계프로그램 관리비부과처리 화면

(5) 관리비조회

부과작업을 완료하고 정확하게 부과되었는지 최종적으로 확인하는 작업이다.

부과처리 → 관리비 조회 → 부과년월일 → 조회 → 총괄표인쇄 부과금액확인 → 저장

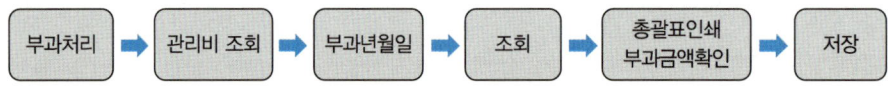

- 전체 부과금액 확인 : 부과년월을 입력한 후 구분에 전체를 선택하여 조회하고, 총괄표를 인쇄하여 관리비부명세서와 금액 및 항목 등을 비교 확인한다.
- 세대별 부과금액 확인 : 좌측에 원하는 동·호를 선택하면 해당 동·호의 관리비를 조회하고, 세대별로 상세하게 오류가 없는지 확인한다. 특히, 별도금액등록(+, -)된 동·호수, 금액을 확인한다. 다른 동·호수 착오로 관리비 차감이 되지 않도록 주의 깊게 살펴야 한다.

### (6) 자동이체 세대등록

관리비 부과마감 전에 매월 변동(등록 및 해지)되는 자동이체세대를 조회 및 수정 후 자동이체 세대등록한다. 자동이체현황에 등록된 은행명으로 고지서가 출력되기 때문이다.

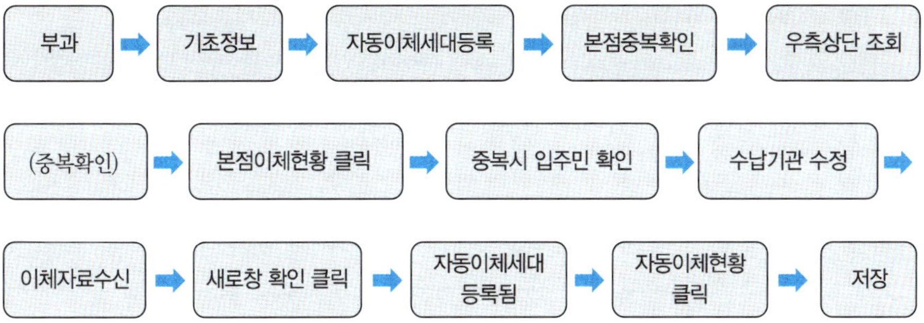


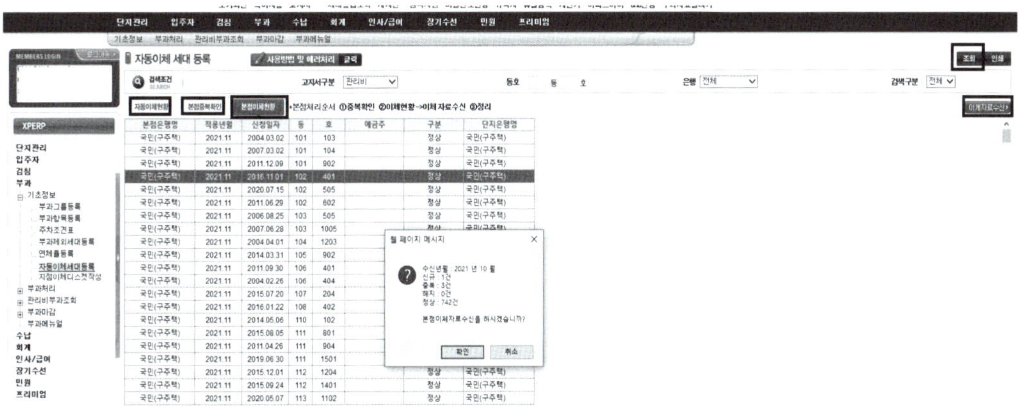


[그림 9-23] 회계프로그램 자동이체 세대등록 화면

### (7) 관리비부과마감

부과마감이 등록되면 수정이 불가능하므로, 부과마감 전 관리비조회에서 부과금액을 확인하고 마감등록 한다.

부과마감 후 반드시 F칸의 알파벳이 「C」로 되어 있는지 확인한다. 「N」으로 되어있는 경우 조회 버튼을 누르면 「C」로 변경된다. 「C」로 되어 있는 상태에서만 출력의뢰가 가능하다.

[그림 9-24] 회계프로그램 부과마감등록 화면

### (8) 관리비 고지서 발행

- 관리비 고지서 업체발행 : 관리비 부과마감 후 업체에 의뢰한 관리비조정명세서와 세대별 관리비고지서를 최종 확인한다. 의뢰 전 단지별 상황에 맞게 세대별 고지서 출력을 의뢰하여 배부시간을 단축 할 수 있다.
- 관리비 고지서 재발행 : 관리비 마감(출력의뢰)이후 고지서 배부 직전까지 관리비 수납세대는 수납처리한 후 고지서 개별세대 출력한 후 배부한다.
- 고지서 출력 방법

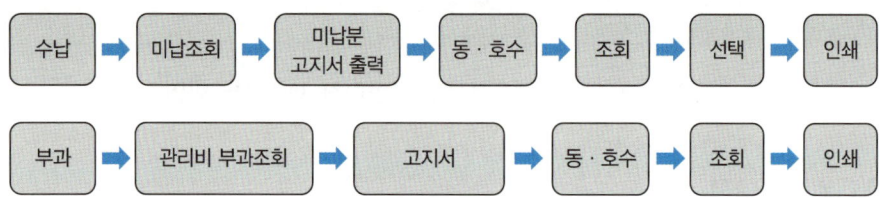

수납 → 미납조회 → 미납분 고지서 출력 → 동 · 호수 → 조회 → 선택 → 인쇄

부과 → 관리비 부과조회 → 고지서 → 동 · 호수 → 조회 → 인쇄

제 4 장

# 관리비의 오류 수정 및 예방

## 4.1 관리비수납의 오류

관리비수납의 오류는 개별세대가 납부한 관리비의 수납 및 회계처리가 잘못된 경우에 발생하며, 이로 인하여 미수관리비가 부정확하게 되고 해당 세대의 관리비 부과금액에 영향을 끼친다. 관리비수납의 오류가 발생하는 사례에 대한 오류 수정 및 예방방법은 다음과 같다.

### (1) 통장입금의 수납처리 오류

우선 거래은행 통장의 관리비 입금내역을 일자별로 회계프로그램 상의 [그림 9-4] 수납처리 → 수납처리에서 세대별로 입력한다. 다음에는 회계프로그램의 수납/수납조회/수납조회 메뉴에서 일자별로 [관리비] 수납대장을 출력한다.

거래은행 통장잔고와 [그림 9-5]의 회계관리 → 장부관리 → 보조부원장에서 계정과목 예금-○○은행의 잔액란의 금액이 차이나는 경우에는 보조부원장에서 계정과목 예금-○○은행의 일자별 잔액란의 금액을 거래은행 통장의 '남은금액'과 일일이 확인한다.

이 경우 차이가 나는 것은 통장입금 금액의 수납처리나 회계관리가 부정확하거나 입력 자체를 하지 않은 것이다. 이와 같은 거래은행 통장으로 입금된 세대관리비의 수납오류는 [그림 9-4]의 수납처리 → 수납처리에서 수정한다.

### (2) 회계관리에서의 오류

다음에는 세대 관리비 통장입금분의 수납처리가 끝나고 출력된 [관리비] 수납대장을 가지고, 회계프로그램 상의 [그림 9-20]의 회계관리 → 전표관리 → 전표입력에서 빠짐없이 회계처리하는 것이 중요하다.

① 보조부원장에서 계정과목 미수관리비의 잔액란의 월말 누계액이 회계프로그램 상의 수납처리 → 미납조회에서 월말 [관리비] 미납대장의 관리비란의 총계가 일치하지 않는 것은 수납처리는 했으나 전표처리가 누락된 것이기 때문에 전표입력을 추가하여 수정한다.

② 회계프로그램 상의 수납처리 → 수납조회 → 수납일보에서 일자별 수납총금액란의 금액과 보조부원장 미수관리비 계정과목의 일자별 대변금액과 보조부원장 연체료수입 계정과목의 일자별 대변금액의 합계액이 일치하는지 확인하는 방법이 있다. 이 방법은 전표처리 누락과 수납분을 미수관리비와 연체료수입으로 구분하지 않고 모두 미수관리비로 처리하여 연체료수입 분개가 누락된 것도 확인할 수 있다.

이와 같은 연체료수입 누락분이 발견되면 회계프로그램의 수납/수납조회/수납조회 메뉴에서 [관리비] 수납대장 상의 부과금액란의 금액을 확인하여 미수관리비와 연체료수입으로 구분하여 전표를 수정·입력한다.

③ 세대에서 관리비를 부과금액보다 과납하거나 이중납부한 경우에 그 차액을 가수금으로 처리하여야 하는데, 전액을 미수관리비로 처리하면 **보조부원장** 상의 미수관리비 계정과목의 일자별 대변 금액과 **[관리비] 수납대장**의 수납금액란의 수납금액이 일치하지 않으므로 미수관리비와 가수금으로 구분하여 전표를 수정·입력한다.

## 4.2 관리비지출의 오류

관리비지출의 오류는 지출 건별 전표입력의 누락 등 비교적 단순한 오류로서, 당월 발생된 비용이 부정확하면 익월의 당월 부과를 잘못하는 결과를 초래한다. 관리비지출의 오류가 발생하는 사례에 대한 수정 및 예방방법은 다음과 같다.

### (1) 시재금 및 지출결의서에 의한 출금 오류

관리비의 지출은 시재금에 의한 현금 지출이외에는 지출결의서에 의하여 집행된다. 지출결의서의 지출내역은 거래은행 통장의 '찾으신 금액' 내역과 일치하여야 하며, 회계프로그램 상의 [그림 9-20] 회계관리 → 전표관리 → 전표입력에서 대체전표로 회계처리하고, 시재금의 지출은 출금전표로 회계처리한다. 과소출금은 시재금에서 출금하여 지급하고, 과대출금은 관리비통장으로 회수하여 회계처리한다.

(2) 예금 출금에 의한 오류는 통상 출금분에 대한 전표처리 누락이 대부분이다. 이 경우에는 보조부원장에서 '예금-○○은행'의 일자별 잔액과 거래은행 통장의 '남은금액'을 비교하여 오류를 찾을 수 있으며, 이 오류는 회계프로그램 상의 [그림 9-20] 회계관리 → 전표관리 → 전표입력에서 추가로 회계처리하여 수정·입력한다.

(3) 자동이체나 지로납부의 오류를 예방하려면 납부기한의 인출시점에 거래은행 통장잔고가 부족하지 않은지 항상 확인해야 한다. 그리고 해당 통장잔고를 유지하기 위하여 통장간에 대체 입금하는 경우에는 적기에 지출결의서의 결재를 받아야 한다.

## 4.3 관리비부과의 오류

관리비부과의 오류는 관리비 수납과 지출에 대한 회계처리가 정확하더라도 부과 과정에서 누락시키거나 과대 또는 과소부과로 인하여, 해당월 발생비용을 해당월에 모두 부과해야 한다는 관리비부과원칙에 위배되는 것을 말한다. 관리비부과의 오류가 발생하는 사례에 대한 수정 및 예방방법은 다음과 같다.

(1) 선급비용의 회계처리

지출금액이 비교적 큰 전기설비, 소방설비, 승강기설비, 배관설비 등의 우발적 수선공사가 발생한 경우, 수선유지비의 균등부과를 위하여 선급비용으로 계상하여 6개월 또는 1년 단위 등의 분할 부과 시에 누락되기 쉬우므로 매월 확인이 필요하다. 수선비용의 분할부과는 비용의 기간배분으로서 자산의 감가상각을 통한 관리비용과 관리수익의 기간대응과 유사한 성격이다.

(2) 비품, 공기구 등의 비용 회계처리

비품, 공기구를 구입한 경우 자산으로 회계처리하여 내용연수 동안 감가상각비로 부과 할 것인지, 전액을 당기 비용으로 회계처리할 것인지는 관리주체가 판단하여 결정해야 한다. 통상 최초입주 시 관리기구를 구성할 때에 구입하는 비품, 공기구는 자산으로 회계처리하고, 이후 사무용품 등의 구입은 당기비용으로서 일반사무용품비, 관리용품구입비로 회계처리하여 부과한다.

(3) 미지급금의 회계처리

미지급금은 전기료, 수도료 등 사용료와 4대보험료, 통신비 등과 같이 당월 발생비용을 납부기한이 익월인 경우에 지출결의서를 통하여 집행하고 전표처리하는 계정과목이다. 따라서 지출결의서를 정확하게 기재하고, 지출항목을 빠짐없이 전표처리했는지 확인해야 한다. 또한 말일자 납부기한이 공휴일인 경우는 익월로 이월되어 인출되므로 익월 일자에 미지급금을 상계처리하여야 한다.

(4) 예수금의 회계처리

예수금은 원천징수세액, 4대보험료의 직원부담분을 회계처리하는 계정과목이다. 급여 지급 시에 원천징수세액과 4대보험료의 직원부담분이 지출결의서와 전표처리 금액이 일치하는지 확인하고, 4대보험의 경우 관리비 부과 시에는 사업자부담분만 부과하므로, 납부 시에 예수금으로 회계처리한 직원부담분과 사업자부담분의 합계액을 납부했는지 확인해야 한다.

(5) 가수금의 회계처리

가수금은 통상 이사가는 전출세대의 중간관리비 정산과 개별세대가 관리비를 과납하거나 이중납부한 경우에 회계처리하는 계정과목이다. 전출세대 관리비는 전출일자가 부과하기 이전·이후인지에 따라 중간관리비 정산금액이 달라진다.

예를 들어 관리비가 부과월분 ₩1,000, 전출월분 ₩800인 경우, (차변) 예금 1,800 (대변) 가수금 1,800으로 회계처리한다.

이사 간 세대의 부과월분 ₩1,000은 부과 시에 (차변) 가수금 1,000 (대변) 미수관리비 1,000으로 대체분개하고, 나머지 ₩800은 다음 달 전출월분 부과 시에 회계프로그램 상에서 부과처리 → ₩800을 별도금액등록에 기재하고, [그림 9-20]의 회계관리 → 전표관리 → 전표입력에서 (차변) 가수금 800 (대변) 미수관리비 800으로 대체분개한다.

가수금을 별도금액등록하면 회계프로그램 상의 부과 → 부과처리 → 부과총괄표 당월부과항목금액란의 합계와 수기 관리비부과명세서 총괄표 당월부과금액란의 합계가 가수금만큼 차이가 발생하는데, 이러한 가수금의 부과작업과 별도로 [그림 9-20]에서와 같이 회계처리까지 빠뜨리지 말고 마쳐야 한다.

그 다음 새로 이사 온 세대의 관리비가 ₩1,100인 경우, 이사 간 세대분 ₩800을 차감한 ₩300을 납부하면 (차변) 예금 300 (대변) 미수관리비 300으로 회계처리하여 전출입세대의 관리비 정산을 마무리한다.

(6) 관리비용의 확인

관리비용의 확인은 최종적으로 관리비부과가 제대로 되었는지 확인하는 절차이다.

① 회계프로그램 상의 회계관리 → 결산관리 → 운영성과표의 관리비용 총액
② 부과 → 부과처리 → 부과총괄표의 당월발생금액
③ 수기 관리비부과명세서 총괄표의 당월발생금액이 삼위일체로 일치하는지 확인해야 한다. 운영성과표에서 관리손익이 발생하면 오류이므로 수납 및 부과과정을 전체적으로 재검토하여야 한다.

제 5 장

# 공동주택관리정보시스템

## 5.1 정보공개의 범위

공동주택관리정보시스템은 공동주택관리법 제23조제4항에 따라 공동주택 관리비의 투명성 확보를 위해 관리주체가 관리비·외부 회계감사보고서의 공개, 전자입찰 등을 실시하는 시스템으로서 국토교통부의 위탁을 받은 한국감정원에서 운영한다.

공동주택관리정보시스템은 국토교통부 고시 제2016-580호(2016.9.2. 제정) 공동주택관리정보시스템 운영 관리규정(부록 2. 참조)에 따라 의무관리대상 공동주택의 관리주체는 관리비, 입찰공고 및 선정결과, 시설의 교체, 유지보수 등의 실적에 대한 정보를 공개하여야 하며, 300세대 이상인 공동주택의 관리주체는 회계감사의 결과를 제출받은 날부터 1개월 이내에 이를 시스템에 공개하여야 한다. 또한 관리주체 등은 사업주체로부터 주택인도증서를 인계받은 날로부터 30일 이내에 인도일을 시스템에 공개하여야 한다. 그리고 관리비의 공개단가 산정 시 면적기준은 주거전용면적으로 통일하였다.

## 5.2 공동주택관리정보시스템의 운영

공동주택관리정보시스템에 있는 정보는 누구나 전국 공동주택단지의 입력 정보를 확인할 수 있다. 메뉴별 조회경로와 화면은 다음과 같다.

### (1) 공동주택관리정보시스템 K-apt

해당 공동주택단지에서 정보를 입력하기 위해서는 [그림 9-25]의 초기화면 우측 QUICK MENU 중에서 '단지관리자 전용'으로 로그인 후 등록하여야 한다.

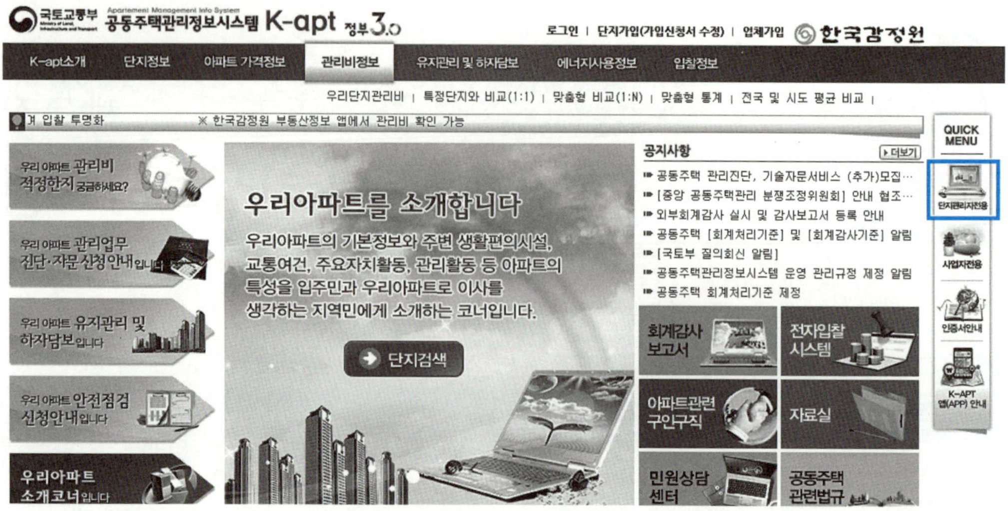


[그림 9-25] 초기화면

(2) 단지정보

메뉴 : 기초정보 등록, 관리시설정보 등록, 우리아파트소개 등록수정

◉ [그림 9-26]의 기본정보 등록 메뉴에서 기본정보, 관리사무소 정보, 부가정보를 등록하고, 관리정보등록에서 관리사항, 시설사항, 주변사항을 등록하며, 우리아파트소개 등록수정에서 수정할 수 있다.

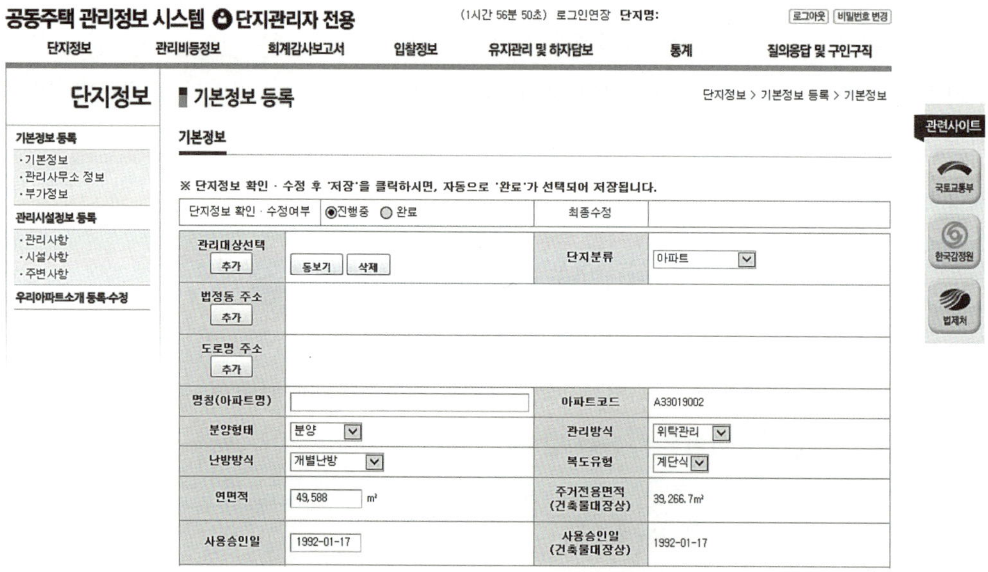


[그림 9-26] 단지정보/기본정보 등록 화면

(3) 관리비등 정보

메뉴 : 관리비 등록, 월별 실제부과총액 등록

◉ [그림 9-27]의 관리비 등록 메뉴에서 공용관리비, 개별사용료 등을 단지관리자가 직접입력하고, 월별 실제부과총액 등록 메뉴에서 매월 관리비 부과작업 후 공용관리비, 개별사용료(공용), 장기수선충당금, 잡수입 등의 실제부과총액을 등록한다.

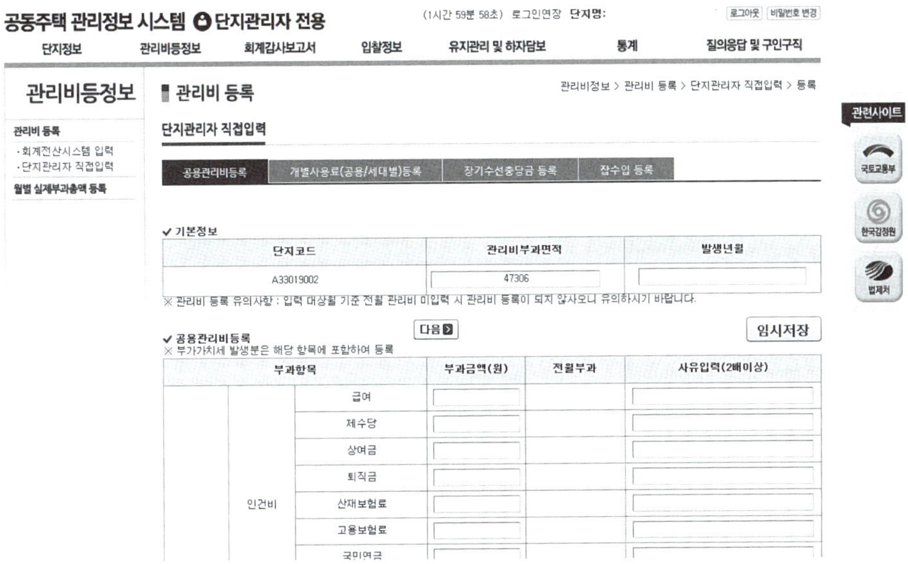


[그림 9-27] 관리비등 정보/관리비 등록 화면

(4) 회계감사보고서

메뉴 : 회계감사보고서 등록, 회계감사보고서 조회

◉ [그림 9-28]의 회계감사보고서 등록 메뉴에서 매년 해당 공동주택단지의 외부 회계감사보고서와 회계감사보고서상 항목별 관리비를 등록하고, 회계감사보고서를 조회할 수 있다.

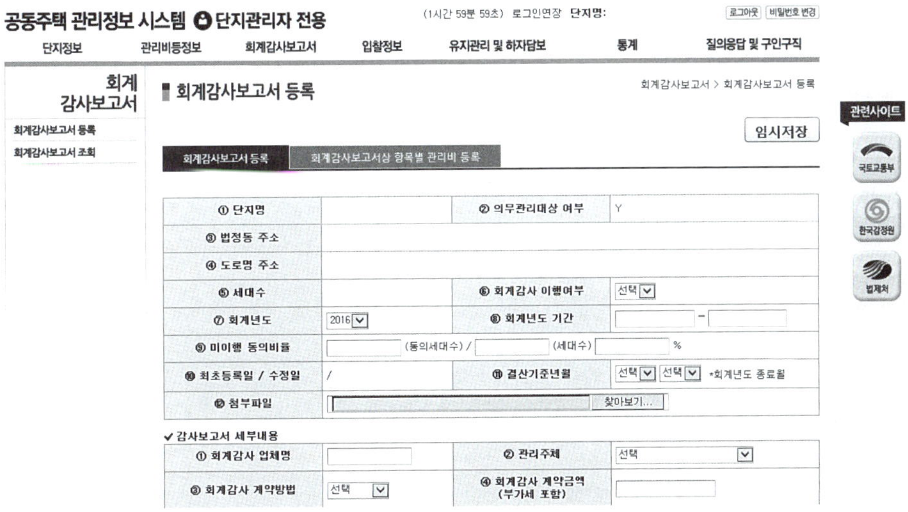


[그림 9-28] 회계감사보고서/회계감사보고서 등록 화면

(5) 입찰정보

메뉴 : 입찰진행 관리, 수의계약 관리, 과년도 낙찰결과 관리, 공인인증서 관리

◉ [그림 9-29]의 입찰진행 관리 메뉴에서 입찰계획서를 등록 및 확인(수정)하고, 입찰결과를 등록(낙찰, 유찰) 및 조회(낙찰무효 및 재공고)할 수 있다. 수의계약 관리에서 수의계약에 대한 등록 및 조회 할 수 있으며, 과년도 낙찰결과 관리에서 낙찰결과에 대한 등록 및 조회할 수 있다. 또한 공인인증서 관리에서 공인인증서를 등록하고 발급신청을 할 수 있다.

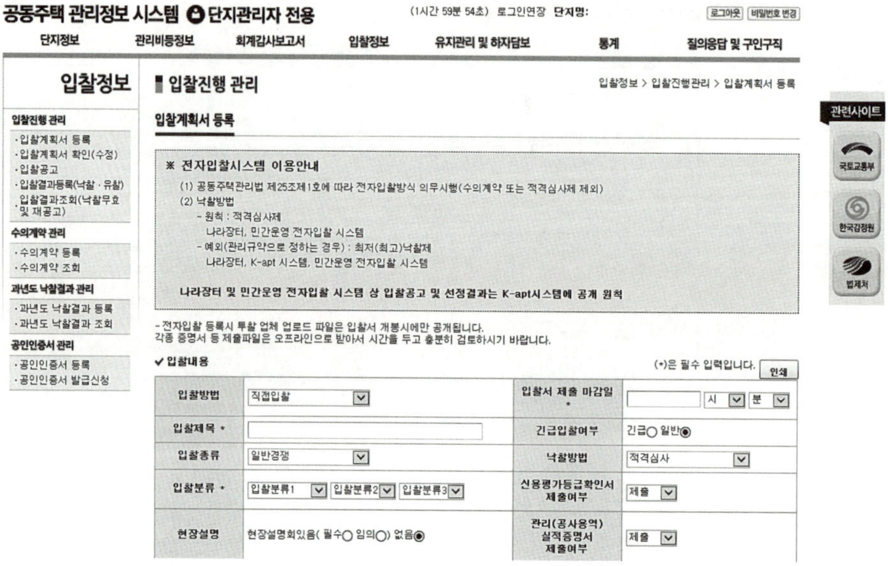


[그림 9-29] 입찰정보/입찰진행 관리/입찰계획서 등록 화면

(6) 유지관리 및 하자담보

메뉴 : 유지관리이력정보 등록, 주택인도일 등록, 하자담보책임기간 등록

◉ [그림 9-30]의 유지관리이력정보 등록 메뉴에서 유지관리대상을 선택하여 공사내역관리를 하며, 주택인도일과 하자담보책임기간을 등록한다.

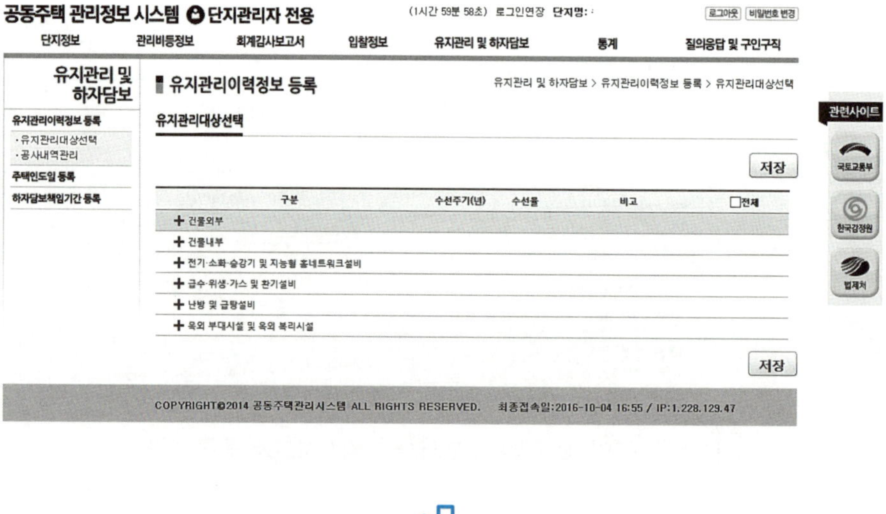

[그림 9-30] 유지관리 및 하자담보/유지관리이력정보 등록 화면

(7) 통계

메뉴 : 단지정보 통계, 관리비정보 통계, 유지관리 및 하자담보 통계, 입찰정보 통계

- 통계 메뉴에서 전국의 의무관리대상 현황, 관리비상세조회와 관리비순위를 조회할 수 있으며, 유지관리 및 하자담보, 입찰정보 통계를 확인할 수 있다.

제 6 장

# 관리비 횡령의 예방

## 6.1 통장입금의 수납 미처리

통장입금의 수납 미처리는 거래은행 통장에는 입금되었으나 이를 수납처리하지 않고 횡령하는 유형으로써, 일자별로 통장잔액과 회계프로그램 상의 회계관리 → 장부관리 → 일자별 보조부원장 예금 계정과목 잔액란의 일계가 일치하는지 매일 확인하여 횡령을 예방한다.

## 6.2 관리비의 회계 미처리

관리비의 회계 미처리는 관리비 통장에 입금된 관리비를 수납처리하여 세대관리비는 정상적으로 부과되지만 회계처리하지 않고 횡령하는 유형으로써, 회계프로그램 상의 수납처리 → 미납조회 → 매월 말일자 [관리비] 미납대장 관리비란의 총계와 회계관리 → 장부관리 → 매월 말일자 보조부원장 미수관리비 계정과목 잔액란의 누계가 일치하는지 매월 확인하여 횡령을 예방한다.

## 6.3 시재금의 관리

시재금 관리와 관련된 횡령을 예방하기 위하여 현금 시재금 보유를 최소화하고, 소모성 자재구입, 식대 등은 직불카드로 결제한다. 그리고 매월 월간 현금 시재금 관련 현금출납장과 직불카드 이용명세서를 확인하고 결산서에 첨부한다.

## 6.4 현금수납 업무

현금수납 업무와 관련된 횡령을 예방하기 위한 방안은 다음과 같다.

(1) 관리비의 현금수납을 금지하고 입주민에게 관리사무소에서는 현금으로 수납하지 않는다고 관리비부과명세서 공지사항란에 안내한다.

(2) 관리비 중간정산의 경우 중간정산금액만 고지하고 입주민이 관리비 통장에 직접 입금하도록 안내한다.

(3) 잡수입은 용역계약서 상에 관리비통장으로 입금하도록 명문화하여 현금수령을 금지하고, 게시판 광고수입의 경우는 잡수입 통장에 입금된 것을 확인한 이후에 게시하도록 안내한다.

(4) 주민공동시설이용수입 등 이용료의 수기장부와 회원관리 전산명세를 수시로 확인하고, 전일 일과시간 이후 당직자의 현금수납분이 있으면 매일 입금한다.

## 6.5 금융기관 업무

금융기관 업무와 관련된 횡령을 예방하기 위한 방안은 다음과 같다.

(1) 관리비통장 명의는 반드시 '입주자대표회의'라는 단체명으로 해야 하며, 회장 개인명의/아파트단체명으로 부기 명의를 사용하면 안 된다. 거래은행 통장은 복수인감으로 등록하고, 인감변경·정기예치금 만기 인출 및 재예치 시에는 2인 이상 출석하여 업무처리 한다.

(2) 사용료, 4대보험료 등의 납부는 금융기관의 자동이체, 계좌이체를 활용한다. 거래은행업무 이후에는 해당 영수증을 반드시 확인한다.

(3) 일정금액 이상의 고액을 인출할 때에는 거래은행에서 관리사무소로 통보하도록 사전에 협조 요청하고, 1회 출금 한도금액을 설정해 놓는다.

(4) 퇴직금, 연차수당 등 이중·과잉수령을 예방하기 위하여 산출근거 및 지출서류를 확인한

다. 용역대금, 공사대금 등의 인출금액과 일치하는 증빙서류가 첨부되었는지, 허위증빙서류가 아닌지 확인하고, 무통장입금증, 세금계산서, 영수증 등 적격증빙을 징구한다.

(5) 지출결의서에 의한 자금결제는 은행 간 계좌이체로 처리한다.

(6) 거래은행 통장의 매월 말일자 잔액증명서를 발급받아 보조부원장 예금 계정과목을 출력하여 비교·확인한 후 결산서에 첨부한다.

MEMO

Chapter

10

# 공동주택의 예산

제 1 장

# 예산제와 정산제

예산(豫算, budget)이란 사전적으로 미리 필요한 금액 따위를 계산하는 것 또는 그런 금액을 말한다. 예산안(豫算案)이란 예산의 초안으로서 의결기관의 심의 의결을 얻기 전의 원안을 말한다.

공동주택 실무에서 예산제란 회계연도 단위로 사업계획에 소요될 집행예산을 수립하여 '예산으로 매월 관리비를 균등하게 부과하는 제도'라고 이해하기도 한다. 이를 등식으로 표현하면, 연간 관리비 집행예산 ÷ 12개월 = 월간 관리비 부과금액이다. 이를 단순화하면 **월간 집행예산 = 월간 부과금액**이 된다.

그러나 실제로 공동주택 실무에서는 **정산제**로 관리비를 부과하고 있다. 공동주택에서 관리비는 '**전월 지출, 당월 부과**'라는 정산제 패턴으로 매월 반복되는 특성이 있다. 정산제는 관리비의 실제 집행금액과 동일한 금액을 부과한다. 관리비용 부과액은 곧 관리수익이다. 이를 등식으로 표현하면, **월간 실제 집행금액 = 월간 부과금액 = 월간 관리수익**이 된다. 그리고 관리비를 부과한다는 것은 관리비를 정산한다는 것이므로 **월간 정산금액 = 월간 부과금액**이다.

관리비의 집행과 수입에 대하여 예산을 편성하더라도, 실제 부과는 실제 집행액을 정산하여 부과하는 것이 **공동주택관리의 특성**에 부합한다. 전기료, 수도료와 같은 사용료의 경우에서 세대별로 사용한 만큼 부담하는 정산제의 특성이 가장 잘 드러난다.

매월 관리비를 부과하려면 매월 결산을 실시해야 한다. 매월 관리비를 부과하고 결산하는 실무과정은 **Chapter 9 제3장 3.3 관리비의 수납~3.6 관리비의 부과**에서 자세하게 설명했다. 월간 단위로 결산을 해야 하는 공동주택에서 연간예산의 의미는 크지 않다. 실무에서는 집행예산이 편성되어 있더라도 그대로 집행하는 것이 아니라, 집행 시마다 입주자대표회의의 의결기능에 의하여 통제를 받고 임원의 확인을 받아 지출한다.

또한 관리수익의 수입예산은 관리비용의 집행예산 합계액에 불과하고, 관리외수익의 수입예산도 이자수입과 연체료수입을 제외한 수익사업으로 인한 대부분의 잡수입은 국토교통부가 고시한 주택관리업자 및 사업자 선정지침에 따라 경쟁입찰의 방법으로 사업자를 선정하여 체결한 용역계약금액을 의미하므로 단순히 연간용역금액을 12개월로 분할하여 편성하는 것이다.

제 2 장

# 예산제 관련 법률규정 등

공동주택관리법시행령 제14조제2항제4호는 관리비 등의 집행을 위한 사업계획 및 예산은 입주자대표회의 의결로 승인받도록 규정하고 있다. 이는 예산제의 법적근거로서 관리비 집행을 예산으로 정하여 규모 있게 '예산의 범위 내에서 사용'하라는 규정이다. 물론 집행예산이 있으면 상대적으로 수입예산이 있어야 되지만, 관리비 부과도 예산으로 부과하라는 법률규정은 아니다(관리비등의 사업계획 및 예산을 예산제로만 집행해야 하는지에 대한 국토교통부의 질의회신 내용 Chapter 8 117쪽 참조).

본서의 Chapter 5 제3장에 있는 공동주택관리규약 준칙 **[별표 4] 관리비의 세대별부담액 산정방법**에서, 일반관리비나 수선유지비 등에 대하여 집행예산으로 관리비를 부과하라는 취지로 "예산을 12개월로 분할하여 매월 주택공급면적에 따라 배분한다."라고 정함으로 인하여 일선 현장에서 많은 혼란이 초래되고 있다. 따라서 위에서 언급한 공동주택관리의 정산제 특성에 부합하려면, 해당 준칙 규정을 '매월 실제 집행된 금액을 주택공급면적에 따라 배분한다.'로 변경해야 할 것이다.

예산제를 전면적으로 실시하는 정부의 예산도 세출예산으로 국민에게 세금을 과세하지 않으며, 세입예산 그대로 세금을 과세하지도 않는다. 세금은 납세의무자의 소득수준, 재산수준, 소비행태 등에 따라 세법으로 과세(세금의 과세는 공동주택의 경우 관리비의 부과에 해당한다)하는 것이다. **공동주택의 예산제**에 대한 이해를 돕기 위하여 정부의 예산제에 대하여 아래에서 좀 더 구체적으로 살펴보기로 한다.

제 3 장

# 정부의 예산제

## 3.1 세입·세출예산의 의의

세입·세출예산(歲入·歲出豫算, annual revenue-expenditure budget)은 국가재정법과 지방재정법상의 용어이다. 세입·세출이란 국가나 지방자치단체의 한 회계연도의 모든 수입과 지출을 말한다. 국가의 회계는 일반회계와 특별회계로 구분하며, 국가의 일반회계는 조세수입 등을 주요 세입으로 하여 국가의 일반적인 세출에 충당하기 위하여 설치한다. 특별회계는 국가에서 특정한 사업을 운영하고자 할 때, 특정한 자금을 보유하여 운용하고자 할 때, 특정한 세입으로 특정한 세출에 충당함으로써 일반회계와 구분하여 회계처리 할 필요가 있을 때에 법률로써 설치한다.

국가재정법 상 정부의 예산에 관한 주요 내용은 다음과 같다.

**제17조【예산총계주의】**

① 한 회계연도의 모든 수입을 세입으로 하고, 모든 지출을 세출로 한다.

② 제53조에 규정된 사항을 제외하고는 세입과 세출은 모두 예산에 계상하여야 한다.

**제18조【국가의 세출재원】**

국가의 세출은 국채·차입금외의 세입을 그 재원으로 한다. 다만, 부득이한 경우에는 국회의 의결을 얻은 금액의 범위 안에서 국채 또는 차입금으로써 충당할 수 있다.

**제19조【예산의 구성】**

예산은 예산총칙, 세입세출예산, 계속비, 명시이월비 및 국고채무부담행위를 총칭한다.

**제21조【세입세출예산의 구분】**

① 세입세출예산은 필요한 때에는 계정으로 구분할 수 있다.

② 세입세출예산은 독립기관 및 중앙관서의 소관별로 구분한 후 소관 내에서 일반회계·특별회계로 구분한다.

③ 세입예산은 제2항의 규정에 따른 구분에 따라 그 내용을 성질별로 관·항으로 구분하고, 세출예산은 제2항의 규정에 따른 구분에 따라 그 내용을 기능별·성질별 또는 기관별로 장·관·항으로 구분한다.

④ 예산의 구체적인 분류기준 및 세항과 각 경비의 성질에 따른 목의 구분은 기획재정부장관이 정한다.

**제22조【예비비】**

① 정부는 예측할 수 없는 예산 외의 지출 또는 예산초과지출에 충당하기 위하여 일반회계 예산총액의 100분의 1 이내의 금액을 예비비로 세입세출예산에 계상할 수 있다. 다만, 예산총칙 등에 따라 미리 사용목적을 지정해 놓은 예비비는 본문의 규정에 불구하고 별도로 세입세출예산에 계상할 수 있다.

② 제1항 단서의 규정에 불구하고 공무원의 보수 인상을 위한 인건비 충당을 위하여는 예비비의 사용목적을 지정할 수 없다.

## 3.2 정부 예산안의 편성

정부의 세입(歲入)예산은 조세수입(租稅收入)을 주요 재원으로 하며, 기타 세외수입 및 부처별 자체수입 등이 있다. 세입(稅入)은 소득세, 법인세, 부가가치세 등 내국세(약 86.0%)와 관세(약 4.4%), 기타 교육세, 종합부동산세 등(약 9.6%)으로 구성된다.

기획재정부장관은 국무회의의 심의를 거쳐 대통령의 승인을 얻은 다음 연도의 예산안편성지침을 매년 3월 31일까지 각 중앙관서의 장에게 통보하여야 한다. 정부의 예산안편성지침은 각급 중앙관서 및 소속기관의 일반회계 및 특별회계에 대하여 적용되며, 지방자치단체, 국가로부터 운영비 및 사업비의 일부 또는 전부를 보조, 출연, 위탁받는 기관에 대하여도 준용(공동주택은 준용대상이 아니다)된다. 기획재정부장관은 예산요구서에 따라 예산안을 편성하여 국무회의의 심의를 거친 후 대통령의 승인을 얻어 회계연도 개시 120일 전까지 국회에 제출하여야 한다.

## 3.3 정부 예산의 집행

예산은 일종의 법규범이고 법률과 마찬가지로 국회의 의결을 거쳐 제정되지만 법률과 달리 국가기관만을 구속할 뿐 일반국민을 구속하지 않는다. 각 중앙관서의 장은 예산이 확정된 후 사업운영계획 및 이에 따른 세입세출예산·계속비 등 예산배정요구서를 기획재정부장관에게 제출하고, 기획재정부장관은 분기별로 국무회의의 심의를 거친 후 대통령의 승인을 얻어 예산을 배정한다.

각 중앙관서의 장은 세출예산이 정한 목적 외에 경비를 사용할 수 없으나, 예산의 목적범위 안에서 재원의 효율적 활용을 위하여 기획재정부장관의 승인을 얻어 각 세항 또는 목의 금액을 전용할 수 있으며, 회계연도마다 기획재정부장관이 위임하는 범위 안에서 각 세항 또는 목의 금액을 자체적으로 전용할 수 있다. 다만, 당초 예산에 계상되지 아니한 사업을 추진하는 경우와 국회가 의결한 취지와 다르게 사업 예산을 집행하는 경우에는 전용할 수 없다.

# 제 4 장 공동주택 예산안의 편성

의무관리대상 공동주택의 관리주체는 공동주택관리법시행령 제26조제1항에 따라 다음 회계연도에 관한 관리비 등의 사업계획 및 예산안(공동주택회계처리기준 제50조제2항에 따라 세입·세출예산안의 편성지침, 사항별 설명서, 총계표 등 첨부)을 매 회계연도 개시 1개월 전까지 입주자대표회의에 제출하여 승인을 받아야 하며, 매 분기 말일을 기준으로 사업실적서 및 결산서를 작성하여 입주자대표회의에 보고하고 회계연도마다 회계연도 종료 후 2개월 이내에 입주자대표회의에 제출해야 한다. 잡수입의 집행 및 회계처리 방법은 해당 단지의 공동주택관리규약에 구체적인 집행 및 회계처리 근거규정을 정하고, 공동주택회계처리기준에 적합하게 예산안을 편성해야 한다.

## 4.1 관리비용의 세출예산

사업계획에 따른 관리비용의 세출예산(집행예산을 말한다)으로서 일반관리비와 수선유지비,

사용료는 연평균 발생금액을 고려하여 예산을 편성하고, 청소비, 경비비 등 용역비는 용역계약 금액에 따라 예산을 편성한다. 수선유지비는 연간사업계획에 의하여 예산을 편성하고, 주요시설의 교체주기에 따른 장기수선충당금의 집행도 장기수선계획에 따라 예산에 반영하면 된다.

실무에서 수선유지비의 경우 선급비용으로 집행한 이후에 관리비 부과의 균형을 도모하고자 분할부과할 수 있고, 승강기정기검사수수료 등 확정적인 지출의 경우 미리 매월 균등액을 부과하여 집행할 수도 있다.

## 4.2 관리외비용의 세출예산

관리외비용의 세출예산은 복리시설의 운영, 자치활동 등을 통하여 발생하는 비용예산을 말한다. 일부 시·도 공동주택관리규약준칙은 공동기여수익을 당기에 일반관리비·용역비·수선유지비 등의 관리비차감 용도로 일정액을 집행하고, 그 잔액만 미처분이익잉여금의 이익처분을 통하여 차기의 제적립금 세출예산으로 편성하기도 한다. 이 경우에 당기의 집행금액은 관리외비용으로서 차감관리비 항목의 해당 관리비 계정과목으로 분개하여 회계처리한다. 청소비 ₩1,500,000을 관리비용으로 ₩1,200,000을 집행하고, 공동기여수익 ₩1,000,000 중 ₩300,000을 관리외비용의 차감관리비로 집행하는 경우의 분개와 운영성과표는 다음과 같다.

◉ 분개

| | | | |
|---|---|---|---|
| 차변 | 청소비(관리비용) 1,200,000 | 대변 | 미지급금 1,500,000 |
| | 청소비(관리외비용) 300,000 | | |

◉ 운영성과표

| 운영성과표<br>(관리비 차감을 적용하지 않은 경우) | | 운영성과표<br>(관리비 차감을 적용한 경우) | |
|---|---|---|---|
| **관리비용**<br>공용관리비<br>청소비 | 1,500,000 | **관리비용**<br>공용관리비<br>청소비 | 1,200,000 |
| **관리외수익**<br>공동기여수익<br>재활용품수입 | 1,000,000 | **관리외수익**<br>공동기여수익<br>재활용품수입 | 1,000,000 |
| **관리외비용**<br>차감관리비<br>청소비 | – | **관리외비용**<br>차감관리비<br>청소비 | 300,000 |

※ **관리비 차감 항목** : 일반관리비, 경비비, 청소비, 수선유지비 등

## 4.3 이익잉여금의 세출예산

이익잉여금의 처분항목은 입주자기여수익의 경우 장기수선충당금 등이 있고, 공동기여수익의 경우 예비비적립금, 공동체활성화지원적립금, 기타적립금 등이 있다. **기타적립금**은 차감관리비적립금, 자생단체지원적립금, 주민공동시설운영적립금, 수선적립금 등의 처분항목으로 정하여 세출예산으로 편성한다.

## 4.4 관리수익 및 관리외수익의 세입예산

공동주택의 세입예산(수입예산을 말한다) 항목은 관리수익과 관리외수익으로 구성된다. 관리수익은 관리비용의 합계액으로서 공동주택회계처리기준 제46조제2항에 따라 관리비수익, 사용료수익, 장기수선충당금수익으로 구분한다. 관리외수익인 이자수입, 연체료수입 등 고유사업수익은 연평균 수입금액으로, 용역사업수익은 용역계약금액으로 세입예산을 편성한다.

## 4.5 예산서의 작성

세입예산서와 세출예산서 작성은 [부록 2] 공동주택회계처리기준 [별지 제4호 서식]과 [별지 제6호 서식]으로 예시된 양식을 참조하여 작성한다. 관리수익은 3개 항목이고 관리외수익은 13개 항목이다. 관리비용은 일반관리비 21개 항목, 제경비 9개 항목, 사용료 등 10개 항목, 장기수선충당금 등 41개 항목으로 나뉘어져 있는데, 이 관리비용의 합계액이 관리수익과 동일금액으로 대응된다. 관리외수익과 관리외비용은 동일금액의 대응관계가 아니고, 이익잉여금의 세출예산은 결산처분에 의한 집행예산금액이므로 세입예산서의 '세입합계' 금액과 세출예산서의 '세출합계' 금액은 일치하지 않는다.

이익잉여금 항목별 적립금의 세출예산액은 공동기여수익의 경우 전기 회계연도말 항목별 적립금 잔액과 당기 결산처분액의 합계액이다. 따라서 사용계획이 없어져서 이익잉여금처분계산서 상의 이입액으로 환입되는 경우 이외에는 제적립금의 잔액은 이입액으로 회계처리하지 않는다.

공동주택회계처리기준 제51조에 따라 세출예산 과목은 장, 관, 항으로 단계별로 구분하고, 세출예산의 장은 공용관리비, 사용료 등, 관리외비용, 이익잉여금으로 구분하고 관 및 항은 재무상태표, 운영성과표 계정과목을 최대한 준용한다.

또한 제52조에 따라 세입예산 과목은 장, 관, 항으로 단계별로 구분하고, 세입예산의 장은 관리수익, 관리외수익으로 구분하고 관 및 항은 재무상태표, 운영성과표 계정과목을 최대한 준용한다. 그리고 제53조에 따라 지출예산에 정하여진 예산액은 과목 간에 이를 전용할 수 없다. 다만, 부득이한 사유로 인하여 입주자대표회의의 승인을 받은 경우에는 그러하지 아니하다.

[부록 2] 공동주택회계처리기준 [별지 제4호 서식], [별지 제6호 서식]의 양식을 참조하여 작성한 **세입·세출예산총괄표**와 **註1 ~ 註8의 항목별 명세**는 아래와 같다.

## 세입·세출예산총괄표

당기 ○○기 20○○년 1월 1일 ~ 20○○년 12월 31일
(예산승인일 20○○년 ○○월 ○○일)

○○아파트 관리사무소 (단위 : 원)

| 장 | 관 | 항 | | 20○○년 예산액 | | 전년도 예산액 | | 증감액 | | 증감율 | |
|---|---|---|---|---|---|---|---|---|---|---|---|
| Ⅰ.관리수익 | | | | | 0 | | 0 | | 0 | | % |
| | 1.관리비수익 | | | 0 | | 0 | | 0 | | % | |
| | 2.사용료수익 | | | 0 | | 0 | | 0 | | % | |
| | 3.장기수선충당금수익 | | | 0 | | 0 | | 0 | | % | |
| Ⅱ.관리외수익 | | | 註7 | | 0 | | 0 | | 0 | | % |
| | 1.입주자기여수익 | (1)어린이집임대수입 외 | | 0 | | 0 | | 0 | | % | |
| | 2.공동기여수익 | (1)주차수입 외 | | 0 | | 0 | | 0 | | % | |
| | 3.시설이용료수익 | (1)주민공동시설이용수입 | | 0 | | 0 | | 0 | | % | |
| Ⅲ.세입합계 | | | | | 0 | | 0 | | 0 | | % |
| Ⅳ.관리비용 | | | | | 0 | | 0 | | 0 | | % |
| | 1.공용관리비 | | | | 0 | | 0 | | 0 | | % |
| | 1)일반관리비 | | | (0) | | (0) | | (0) | | (%) | |
| | | (1)급여 외 인건비 | 註1 | 0 | | 0 | | 0 | | % | |
| | | (1)제사무비 외 제경비 | 註2 | 0 | | 0 | | 0 | | % | |
| | 2)용역비 또는 직영비 | (1)청소비 외 용역비 | 註3 | 0 | | 0 | | 0 | | % | |
| | 3)수선유지비 | (1)수선비 외 수선유지비 | 註4 | 0 | | 0 | | 0 | | % | |
| | 4)위탁관리수수료 | (1)위탁관리수수료 | | 0 | | 0 | | 0 | | % | |
| | 2.사용료 등 | | | | 0 | | 0 | | 0 | | % |
| | | (1)전기료 외 사용료 | 註5 | 0 | | 0 | | 0 | | % | |
| | | (1)입주자대표회의운영비 외 | 註6 | 0 | | 0 | | 0 | | % | |
| | | (1)건물보험료 | | 0 | | 0 | | 0 | | % | |
| | 3.장기수선충당금 | (1)장기수선비 | | | 0 | | 0 | | 0 | | % |
| Ⅴ.관리외비용 | | | 註7 | | 0 | | 0 | | 0 | | % |
| | 1)공동기여비용 | (1)재활용품비용 외 | | 0 | | 0 | | 0 | | % | |
| | 2)시설운영비용 | (1)주민공동시설운영비용 | | 0 | | 0 | | 0 | | % | |
| | 3)예치금전입이자비용 | (1)장충예치금전입이자비용 외 | | 0 | | 0 | | 0 | | % | |
| Ⅵ.이익잉여금 | | | 註8 | | 0 | | 0 | | 0 | | % |
| | 1)예비비적립금 | (1)수선유지비 외 | | 0 | | 0 | | 0 | | % | |
| | 2)공동체활성화지원적립금 | (1)공동체활성화단체지원비 외 | | 0 | | 0 | | 0 | | % | |
| | 3)장기수선충당금 | (1)장기수선비 | | 0 | | 0 | | 0 | | % | |
| | 4)차감관리비적립금 등 | (1)차감관리비 등 | | 0 | | 0 | | 0 | | % | |
| Ⅶ.세출합계 | | | | | 0 | | 0 | | 0 | | % |

## 인건비 명세 (註 1)

단위 : 원(이하에서 같다)

| 항 | 목 | 20○○년 예산액 | 전년도 예산액 | 증감율 | 산 출 근 거 |
|---|---|---|---|---|---|
| (1)급여(기본급) | | (0) | (0) | (%) | |
| | 관리사무소장 | 0 | 0 | % | |
| | 관리과장 | 0 | 0 | % | |
| | 대리(1) | 0 | 0 | % | |
| | 대리(2) | 0 | 0 | % | |
| | 경리주임 | 0 | 0 | % | |
| (2)제수당 | | (0) | (0) | (%) | |
| | 자격수당 | 0 | 0 | % | |
| | 직책수당 등 | 0 | 0 | % | |
| | 출납수당 | 0 | 0 | % | |
| | 야근수당 | 0 | 0 | % | |
| | 업무추진비 | 0 | 0 | % | |
| (3)연차수당충당금전입액 | 연차수당 | 0 | 0 | % | |
| (4)상여금 | 상여금 | 0 | 0 | % | |
| (5)퇴직급여충당부채전입액 | 퇴직금 | 0 | 0 | % | |
| (6)산재보험료 | 산재보험료 | 0 | 0 | % | |
| (7)고용보험료 | 고용보험료 | 0 | 0 | % | |
| (8)국민연금 | 국민연금 | 0 | 0 | % | |
| (9)건강보험료 | 건강보험료 | 0 | 0 | % | |
| (10)식대등 복리후생비 | 체력단련비 외 | 0 | 0 | % | |
| 인건비 합계 | | 0 | 0 | % | |

## 급여조정안

| 구 분 | | 기본급 | 자격수당 | 직책수당 | 상여금 | 출납수당 | 소방안전수당 | 야간수당 | 급여총액 |
|---|---|---|---|---|---|---|---|---|---|
| 관리사무소장 | 현행 | 0 | 0 | 0 | 0 | | | | 0 |
| | 조정 | 0 | 0 | 0 | 0 | | | | 0 |
| 관리과장 | 현행 | 0 | 0 | 0 | 0 | | 0 | | 0 |
| | 조정 | 0 | 0 | 0 | 0 | | 0 | | 0 |
| 대리(2명) | 현행 | 0 | 0 | 0 | 0 | | 0 | 0 | 0 |
| | 조정 | 0 | 0 | 0 | 0 | | 0 | 0 | 0 |
| 경리주임 | 현행 | 0 | | | 0 | 0 | | | 0 |
| | 조정 | 0 | | | 0 | 0 | | | 0 |
| 합계 | 현행 | 0 | 0 | 0 | 0 | 0 | 0 | 0 | 0 |
| | 조정 | 0 | 0 | 0 | 0 | 0 | 0 | 0 | 0 |

## 제경비 명세 (註 2)

| 항 | 목 | 20○○년 예산액 | 전년도 예산액 | 증감율 | 산 출 근 거 |
|---|---|---|---|---|---|
| (1)제사무비 | | (0) | (0) | (%) | |
| | 일반사무용품비(비품 등) | 0 | 0 | % | |
| | 비품 등 감가상각비 | 0 | 0 | % | |
| | 사무용품소모품비 | 0 | 0 | % | |
| | 도서인쇄비 | 0 | 0 | % | |
| | 여비교통비 | 0 | 0 | % | |
| (2)제세공과금 | | (0) | (0) | (%) | |
| | 통신료 | 0 | 0 | % | |
| | 우편료 | 0 | 0 | % | |
| | 제세공과금 등 | 0 | 0 | % | |
| (3)피복비 | | 0 | 0 | % | |
| (4)교육훈련비 | | 0 | 0 | % | |
| (5)그 밖의 부대비용 | | (0) | (0) | (%) | |
| | 관리용품구입비(공기구 등) | 0 | 0 | % | |
| | 공기구 등 감가상각비 | 0 | 0 | % | |
| | 관리용품소모품비 | 0 | 0 | % | |
| (6)회계감사비 등 | | 0 | 0 | % | |
| (7)잡비 | | 0 | 0 | % | |
| 제경비 합계 | | 0 | 0 | % | |

## 용역비 명세 (註 3)

| 항 | 20○○년 예산액 | 전년도 예산액 | 증감율 | 계약기간 | 산 출 근 거 |
|---|---|---|---|---|---|
| (1)청소비 | 0 | 0 | % | | |
| (2)경비비 | 0 | 0 | % | | |
| (3)소독비 | 0 | 0 | % | | |
| (4)승강기유지비 등 | 0 | 0 | % | | |
| (5)홈네트워크설비유지비 | 0 | 0 | % | | |
| (6)위탁관리수수료 | 0 | 0 | % | | |
| 용역비 합계 | 0 | 0 | % | | |

## 수선유지비 명세 (註 4)

| 항 | 목 | 20○○년 예산액 | 전년도 예산액 | 증감율 | 산 출 근 거 |
|---|---|---|---|---|---|
| (1)수선비 | | (0) | (0) | (%) | |
| | 건물내부·외부 보수 | 0 | 0 | % | |
| | 전기설비 보수 | 0 | 0 | % | |
| | 소방설비 보수 | 0 | 0 | % | |
| | 승강기설비 보수 | 0 | 0 | % | |
| | 통신설비 보수 | 0 | 0 | % | |
| | 보안·방범시설 보수 | 0 | 0 | % | |
| | 홈네트워크설비 보수 | 0 | 0 | % | |
| | 급수·배수설비 보수 | 0 | 0 | % | |
| | 난방·급탕설비 보수 | 0 | 0 | % | |
| | 옥상 보수 | 0 | 0 | % | |
| | 조명설비 보수 | 0 | 0 | % | |
| | 단지내 도로·주차장 등 보수 | 0 | 0 | % | |
| | 어린이놀이시설 보수 | 0 | 0 | % | |
| | 기타 옥외 부대·복리시설 보수 | 0 | 0 | % | |
| (2)시설유지비 | | (0) | (0) | (%) | |
| | 어린이놀이시설안전검사비 | 0 | 0 | % | |
| | 승강기정밀안전검사비 | 0 | 0 | % | |
| | 소방종합정밀점검비 등 | 0 | 0 | % | |
| (3)안전점검비 | 시설물 정밀점검비 | 0 | 0 | % | |
| (4)재해예방비 | | 0 | 0 | % | |
| 수선유지비 합계 | | 0 | 0 | % | |

※ 수선유지비(관리비용) 또는 차감관리비(관리외비용)로 예산편성하거나 수선적립금 · 차감관리비적립금(이익잉여금)으로 예산편성한다. 관리외비용이나 이익잉여금으로 예산편성하는 경우에는 수선유지비에서 제외하고 산출근거에 명시한다.

## 사용료 명세 (註 5)

| 항 | 20○○년 예산액 | 전년도 예산액 | 증감율 | 산 출 근 거 |
|---|---|---|---|---|
| (1)전기료 | 0 | 0 | % | |
| (2)수도료 | 0 | 0 | % | |
| (3)난방비 | 0 | 0 | % | |
| (4)급탕비 | 0 | 0 | % | |
| (5)정화조오물수수료 | 0 | 0 | % | |
| (6)생활폐기물수수료 | 0 | 0 | % | |
| 사용료 합계 | 0 | 0 | % | |

## 입주자대표회의 운영비 명세 (註 6)

| 항 | 목 | 20○○년 예산액 | 전년도 예산액 | 증감율 | 산 출 근 거 |
|---|---|---|---|---|---|
| (1)입주자대표회의 구성원교육비 | | 0 | 0 | % | |
| (2)회의출석수당 | | 0 | 0 | % | |
| (3)업무추진비 | | 0 | 0 | % | |
| (4)공동체활성화비용 | | (0) | (0) | (%) | |
| | 자생단체지원비 | 0 | 0 | % | |
| | 입주민행사지원비 | 0 | 0 | % | |
| | 기타 | 0 | 0 | % | |
| (5)입주자대표회의 운영비 | 회의비 등 | 0 | 0 | % | |
| (6)보증보험료 | | 0 | 0 | % | |
| 입주자대표회의 운영비 합계 | | 0 | 0 | % | |

※ 입주자대표회의 운영비(관리비용) 또는 차감관리비(관리외비용)로 예산편성하거나 차감관리비적립금(이익잉여금)으로 예산편성한다. 관리외비용이나 이익잉여금으로 예산편성하는 경우에는 사용료 등에서 제외하고 산출근거에 명시한다.

## 선거관리위원회 운영비 명세 (註 6)

| 항 | 목 | 20○○년 예산액 | 전년도 예산액 | 증감율 | 산 출 근 거 |
|---|---|---|---|---|---|
| (1)회의출석수당 | | 0 | 0 | % | |
| (2)선거활동수당 | | 0 | 0 | % | |
| (3)선거진행비 | 전자투표수수료 등 | 0 | 0 | % | |
| (4)선관위운영비 | 회의비 등 | 0 | 0 | % | |
| 선거관리위원회 운영비 합계 | | 0 | 0 | % | |

※ 선거관리위원회운영비(관리비용) 또는 차감관리비(관리외비용)로 예산편성하거나 차감관리비적립금(이익잉여금)으로 예산편성한다. 관리외비용이나 이익잉여금으로 예산편성하는 경우에는 사용료 등에서 제외하고 산출근거에 명시한다.

## 관리외손익 명세 (註 7)

| 관 | 항 | 20○○년 예산액 | | 전년도 예산액 | | 증감율 | 산 출 근 거 |
|---|---|---|---|---|---|---|---|
| | | 관리외수익 | 관리외비용 | 관리외수익 | 관리외비용 | | |
| 1.입주자기여수익 | | (0) | (0) | (0) | (0) | (%) | |
| | (1)어린이집임대료 | 0 | – | 0 | – | % | |
| | (2)중계기임대료 | 0 | – | 0 | – | % | |
| | (3)예치금이자 및 전입액 | 0 | 0 | 0 | 0 | % | 장기수선·하자보수충당예치금이자 및 전입액 |
| | (4)기타입주자기여수익 | 0 | – | 0 | – | % | |
| 2.공동기여손익 | | (0) | (0) | (0) | (0) | (%) | |
| | (1)주차수입 | 0 | – | 0 | – | % | |
| | (2)승강기수입 | 0 | – | 0 | – | % | |
| | (3)재활용품손익 | 0 | 0 | 0 | 0 | % | 재활용품수입 및 관련 비용 |
| | (4)알뜰시장수입 | 0 | – | 0 | – | % | |
| | (5)광고수입 | 0 | – | 0 | – | % | |
| | (6)공동체활성화비용 | – | 0 | – | 0 | % | 관리규약에 우선사용항목으로 정한 경우 |
| | (7)차감관리비 | – | 0 | – | 0 | % | 일반관리비, 용역비, 수선유지비 등의 차감 |
| | (8)이자수입 | 0 | – | 0 | – | % | |
| | (9)연체료수입 | 0 | – | 0 | – | % | |
| | (10)부과차손익 | 0 | 0 | 0 | 0 | % | |
| | (11)기타공동기여손익 | 0 | 0 | 0 | 0 | % | |
| 3.시설이용손익 등 | | (0) | (0) | (0) | (0) | (%) | |
| | (1)주민공동시설이용손익 | 0 | 0 | 0 | 0 | % | 주민공동시설이용수입 및 관련 시설운영비용 |
| | (2)검침대행손익 | 0 | 0 | 0 | 0 | % | 검침담당자의 검침대행수입 및 검침비용 |
| 4.기타관리외손익 | | (0) | (0) | (0) | (0) | (%) | |
| | (1)공동주택지원금손익 | 0 | 0 | 0 | 0 | % | 지자체의 공동주택지원금 및 관련 비용 |
| | (2)세무신고수수료 | – | 0 | – | 0 | % | |
| | (3)법인세 등 | – | 0 | – | 0 | % | |
| 관리외손익 합계 | | 0 | 0 | 0 | 0 | % | |

※ 관리외비용은 원칙적으로 해당 관리외수익과 직접 관련된 경우와 차감관리비로 세출예산을 편성하고, 관리외비용을 공제한 관리외수익의 잔액은 이익잉여금 세출예산으로 편성할 수 있다. 다만, 공동체활성화비용은 관리규약에 우선사용항목으로 정한 경우에 예산편성할 수 있고, 차감관리비는 일반관리비, 용역비, 수선유지비 등의 관리비용 차감용도로 예산편성할 수 있다.

## 이익잉여금 명세 (註 8)

| 관 | 항 | 20○○년 예산액 | 전년도 예산액 | 증감율 | 산 출 근 거 |
|---|---|---|---|---|---|
| 1.예비비적립금 | | (0) | (0) | (%) | 예산에 없거나 예측할 수 없는 관리비 항목 |
| | (1)수선유지비 | 0 | 0 | % | |
| | (2)투표참여촉진비용 | 0 | 0 | % | |
| | (3)소송비용 | 0 | 0 | % | |
| | (4)불우이웃돕기성금 등 | 0 | 0 | % | |
| | (5)기타예비비 | 0 | 0 | % | |
| 2.공동체활성화지원적립금 | | (0) | (0) | (%) | |
| | (1)공동체활성화단체지원비 | 0 | 0 | % | |
| | (2)경로당 등 자생단체지원비 | 0 | 0 | % | |
| | (3)입주민행사지원비 | 0 | 0 | % | |
| | (4)기타공동체활성화비용 | 0 | 0 | % | |
| 3.장기수선충당금 | (1)장기수선비 | 0 | 0 | % | 장기수선충당금 계정으로 대체 |
| 4.차감관리비적립금 | (1)차감관리비 | 0 | 0 | % | 일반관리비, 용역비, 수선유지비 등의 차감 |
| 5.수선적립금 | (1)수선유지비 | 0 | 0 | % | |
| 6.주민공동시설운영적립금 | (1)주민공동시설운영비 | 0 | 0 | % | 주민운동시설, 도서실, 독서실 등의 시설운영비 |
| 이익잉여금 합계 | | 0 | 0 | % | |

※ 전기 제적립금 잔액은 이익잉여금처분계산서 상의 이입액으로 계상하지 않는다. 따라서 결산처분 시에 제적립금 세출예산액 중 부족액만 이익처분(제적립금 세출예산 = 전기 제적립금 집행잔액 + 당기 제적립금 이익처분액) 한다.

Chapter

# 11 공동주택의 서무관리

제 1 장 문서관리

제 2 장 민원관리

제 3 장 대외·공시업무

제 4 장 전자투표

# 제 1 장 문서관리

## 1.1 문서 관련규정

의무관리대상 공동주택의 관리주체는 공동주택관리법 제27조에 따라 관리비등의 징수 · 보관 · 예치 · 집행 등 모든 거래 행위에 관하여 장부를 월별로 작성하여 그 증빙서류와 함께 해당 회계연도 종료일부터 5년 간 보관하여야 하며, 공동주택관리법 제31조에 따라 공동주택의 체계적인 유지관리를 위하여 공동주택의 설계도서 등을 보관하고, 공동주택 시설의 교체 · 보수 등의 내용을 기록 · 보관 · 유지하여야 한다. 따라서 관리주체는 법령상의 보관의무문서와 공동주택관리 실무상 필요에 의하여 아래와 같은 여러 문서를 생산하여 관리 · 보관한다.

## 1.2 문서의 분류

(1) 재무제표 및 부속명세서철, 전표철, 지출결의서철, 기타 회계서류철

(2) 관리비 통장, 관리비부과명세서 · 세대별 관리비조정명세서철, 연체관리철

(3) 입주자명부철, 입주민관리(관리비중간정산, 민원접수 · 처리) 관련서류철

(4) 사업계획 및 예산서철, 사업결과 및 결산서철, 감사보고서철

(5) 용역 · 공사계약서철, 사업자선정 등 입찰 관련서류철

(6) 수신 · 발신공문철, 게시판공고철, 기타 서무관리 · 기안서류철

(7) 동별 대표자 선출 · 해임, 관리규약 개정 등 선거 관련서류철

(8) 입주자대표회의 회의록철, 선거관리위원회 회의록철

(9) 공동주택관리규약 제정 · 개정 관련서류철

(10) 설계도서, 장기수선계획서, 안전관리계획서, 소방계획서, 유지보수 · 하자보수실적 이력관리 등 공용시설관리 관련서류철

## 1.3 문서의 편철·보관

문서는 생산 연도 중에는 업무담당자별로 관리·보관하고 있다가, 회계연도가 종료되면 연도별, 기능별로 편철·보관하게 되며, 관계법령이나 문서관리규정에 따른 문서보관기간 동안 필요 시 검색이나 출납이 용이하도록 문서관리대장을 작성하여 일정한 보관장소에 안전하게 보관하여야 한다.

# 제 2 장 민원관리

## 2.1 민원의 접수

입주자등의 민원은 통상 세대 내에서 관리사무소로 전화를 걸거나 관리사무소에 방문하여 접수하며, 사무실에 상주하고 있는 회계·서무담당자가 주로 접수를 받게 된다. 민원접수자는 민원접수 및 처리대장에 접수일시, 민원내용, 민원처리 담당자를 기록하고, 민원접수자로부터 인계받은 민원처리 담당자는 민원처리결과를 기록하여 관리책임자의 확인과 결재를 받아야 한다.

민원인과의 최초 접점인 회계·서무담당자의 접수받는 자세와 대응력이 민원해결의 첫걸음이고, 접수가 제대로 되면 민원의 상당부분은 해결된 것이나 마찬가지다. 왜냐하면 입주자등의 민원은 간단한 대응으로 해결될 수 있는 단순민원이 많아서 민원접수 담당자와 총괄관리자 선에서 해결되는 민원이 대부분이기 때문이다. 초기대응은 민원 악화를 방지하는 아주 중요한 민원 해결단계이다. 화재에서 초기진화의 중요성과 같은 이치이다. 주로 민원전화를 받는 회계담당자가 평소에 관리규약 등 제 규정을 정확하게 숙지하고 있다가 민원인이 궁금해 하거나 잘못 알고 있는 사항을 친절하게 설명한다면 수긍하지 않는 민원인은 없을 것이다.

관리주체는 민원을 제기하는 숫자가 전체 입주자등에 비하면 소수이기 때문에, 민원인의 목소리에 귀를 기울이지 않고 간과하기 쉽다. 소수 민원인의 의견이 전체 입주자등의 불만을 대변하는 경우가 많으므로, 이는 보다 큰 민원의 조기경보임을 알아채고 근본적인 해결방안을 강구해야 한다.

## 2.2 민원의 처리

### (1) 세대 민원

개별세대의 주거전용공간은 입주자등의 책임과 부담으로 관리하는 것이 원칙이다. 그러나 관리주체는 Chapter 1 제1장의 '공동주택의 관리목적'에서 살펴본 바와 같이 입주자등의 삶의 질 향상을 대전제로 하여 공동주택 관리업무를 수행해야 하므로 관리서비스 제공 차원에서 세대민원이 발생하면 일단 방문하거나 전화통화로 애로사항을 청취하고, 간단한 가재도구나 설비의 고장이라면 대처요령을 설명하거나 응급조치를 해 주고, 전문적인 후속조치가 필요한 경우에는 해결방안을 친절하게 안내하여야 한다.

특히 관리현장에서는 공용부분인 외벽과 전유부분인 창을 실리콘 코킹 등으로 연결한 부위(다만, 외벽의 크랙에 의한 누수는 공용부분임) 및 외벽에 부착된 전유부분인 보일러 연통·환기구 등에서 빗물의 외부 유입으로 누수가 발생하거나, 벽체 내부의 공용 입상관에서 세대로 나뉘어 연결되는 배관(횡주관)에서 누수가 발생 된 경우, 전체 입주민이 공동으로 부담하는 관리비로 보수해 달라는 민원이 많이 발생한다.

이 경우에는 세대 전용으로 사용되는 시설에서 발생 된 누수이므로 해당 세대에서 자기책임으로 보수해야 한다. 요약하면, 전유와 공용의 구분은 해당 설비가 1세대가 전용으로 사용하느냐 2세대 이상이 공동으로 사용하느냐를 생각하면 이해하기 쉽다.

통상 공동주택관리규약에서 정하는 전유부분은 「입주자등이 세대에서 단독으로 사용하는 공간」으로서 그 범위는 다음과 같다.

▼ 전유부분의 범위

| 구분 | 범위 |
|---|---|
| 1. 천장, 바닥, 벽 | 세대내부의 마감부분과 전유으로 사용하는 벽체. |
| 2. 현관문, 창(발코니 창 포함) | 문틀·문짝·창과 이에 부수된 시건장치 등의 시설. |
| 3. 배관·배선, 닥트와 그 외의 건물에 부속되는 설비 | 제1호(천정, 바닥, 벽)에서 정하는 전유부분에 설치되어 있는 부분(보일러 연통, 환기구 등). 다만, 2세대 이상이 사용하는 배관(입상관, 우수관)·배선, 세대내 감지기, 스프링클러 등 소방시설은 공용부분으로 한다(입상관에서 세대의 싱크대, 화장실 시설물 등과 연결되는 횡주관은 전유부분임). |
| 4. 세대별 전기·수도·가스·급탕 및 난방의 배관·배선 등 | 계량기까지는 공용부분으로 하고, 그 후의 배관 및 배선은 전유부분으로 한다. 다만 계량기가 세대 내부에 설치된 경우에는 세대 인입 지점까지를 공용부분으로 한다. |

(2) 공용시설 민원

관리주체의 주된 업무가 공용시설의 관리에 있으므로, 공용시설에 대한 민원발생은 관리업무의 최우선 해결과제로 삼아서 친절하고 신속하게 그리고 적극적으로 해결하도록 노력해야 한다. 그리고 입주자등의 안전을 위하여 공용시설의 안전관리에 만전을 기해야 하며, 더불어 안전사고 방지를 위하여 사전 예방조치가 반드시 필요하다.

단지 안의 전기, 도로, 주차장, 승강기 등의 유지·운영기준은 공동주택관리법시행령 제14조 제2항제8호에 따라 입주자대표회의의 의결사항이므로, 필요한 경우 관리주체가 주도적으로 공용시설의 유지·운영방안을 마련하여 입주자등의 민원발생을 사전에 예방하고 민원이 발생한 경우에도 합리적이고 원만한 해결방안을 강구하여야 한다.

(3) 관리서비스 민원

관리주체는 '공용부분의 적정관리'를 관리목적으로 한다. 이러한 관리목적을 달성하는 과정에서 입주자등의 입장에서 불편사항이나 불만사항이 발생하지 않도록 근무자세에 유의하여야 한다. 관리기구의 직원도 114 전화안내원이나 비행기 승무원처럼 민원인의 어떠한 감정표출에도 웃는 얼굴로 대해야 하는 감정노동자라는 얘기도 있는데, 입주민을 친절하게 대하는 것은 당연한 것이고 항상 능동적으로 애로사항을 해결하는 자세가 요구된다. 또한 수준 높은 관리서비스를 제공하려면 공동주택관리에 필요한 관계법령 지식에 정통해야 하고, 관련 기술습득을 위한 직무교육과 자질향상을 위한 스스로의 노력이 필요하다.

(4) 이해상반사항 민원

공동주택단지는 많은 사람이 공동으로 거주하는 공간이므로 입주자등 상호간에 의견충돌이 있을 수 있고, 이해관계가 상반되어 조정이 필요한 경우가 종종 있다. 따라서 공동주택에는 입주자등의 과반수가 동의한 자체 관리규약을 만들어서 입주자등의 권리 및 의무를 규정하고 있고, 관리주체는 관리규약을 위반한 자 및 공동생활의 질서를 문란하게 한 자에 대한 조치를 할 수 있다. 그리고 공용부분에 물건을 적재하거나 광고물을 부착하는 등 일정한 행위는 관리주체의 동의를 받아야 하며, 공동주택관리법시행령 제14조제2항제15호에 따라 입주자대표회의는 의결로서 입주자등 상호간에 이해가 상반되는 사항을 조정할 수 있도록 규정하고 있다.

관리주체는 입주민으로부터 층간소음 같은 이해상반사항 민원이 발생하면 일단 양쪽 당사자의 의견을 충분히 청취하고 위와 같은 관계규정이 있다면 상세하게 설명하여 이해시키고, 공동생활을 위한 공중도덕상 양보와 배려의 미덕이 발휘될 수 있도록 조정하여야 하며, 가능한 한 총괄관리자가 민원발생 제일선에서 원만하게 해결되도록 노력하는 자세가 필요하다. 이러한 노력에도 불구하고 해결이 안 되면 차선책으로 위의 입주자대표회의, 단지 내 층간소음관리위원회에서 조정하는 방법이나 공동주택관리법 제74조제1항에 따라 중앙·지방분쟁조정위원회에 회부하는 방법도 있다.

(5) 대외 민원

입주자등의 대외민원은 공동주택단지 전체의 숙원사업이나 불만사항에 대한 행정기관의 행정조치를 촉구하는 집단민원 등이 있고, 입주자등의 개별적인 민원으로서 사업주체, 관리주체에 대한 민원이나 입주자등 상호 간의 민원이 대내적으로 해결이 안 되어 행정기관에 민원을 제기하는 경우가 있다.

관리주체가 대외민원을 해결하기에는 권한과 수단이 제한적인 경우가 대부분이고, 관리주체 자체가 민원의 대상이 된 경우에는 적법한 관리업무 집행에 대하여 소명하는 방법으로 해결해야 한다. 그러나 입주자등의 숙원사업이나 행정기관의 공동주택 지원사업 유치 등을 적극적으로 해결하는 것은 관리주체의 역량을 발휘할 수 있는 좋은 기회이고, 전체 입주자등을 위한 수준 높은 관리서비스 제공의 일환이 될 것이다.

# 제 3 장 대외·공시업무

## 3.1 대외업무

관리주체의 대외업무는 공동주택관리 지도·감독기관에 대한 대관업무와 관리비와 관련하여 금융기관, 우체국, 4대보험기관, 세무서, 회계법인 등과 관계되는 업무이다. 대외업무는 관계 법령에 따른 근거와 절차에 의한 것이 대부분이므로 관련법령과 제 규정을 정확하게 숙지하고 실행할 수 있어야 한다.

## 3.2 공시업무

관리주체의 공시업무는 관리비 관련 정보, 제반 관리현황정보, 용역 및 사업자선정 등의 입찰정보와 계약체결정보, 공용시설물 교체·유지 보수실적정보, 외부 회계감사보고서 등을 공동주택관리정보시스템과 해당 공동주택단지 홈페이지에 공개하거나 게시판에 공고하는 방법으로 실시한다.

# 제 4 장 전자투표

## 4.1 전자적 방법을 통한 의사결정

공동주택관리법 제22조(전자적 방법을 통한 의사결정)에서 입주자등이 동별 대표자나 입주자대표회의의 임원의 선출 및 해임, 관리규약의 개정, 관리방법의 결정, 주택관리업자 선정 또는 재계약을 위한 입주자등의 동의 등 공동주택의 관리와 관련하여 의사를 결정하는 경우(서면동의에 의하여 의사를 결정하는 경우 포함)에 입주자등의 참여를 확대하기 위하여 전자적 방법(이하, '전자투표'라 한다)을 우선적으로 이용하도록 권장하고 있다.

## 4.2 XpERP 회계프로그램 상 전자투표

(1) 전자투표 프로그램 접속 : XpHUB에서 XpVOTE 실행 후 신청버튼을 클릭하여 접속한다.

(2) 선거인명부 등록 : 19세 이상의 선거권자를 정상적으로 선거인명부에 등록하려면, 사전에 관리사무소에 제출된 「입주자명부」 상 이름/핸드폰번호/생년월일이 정확하게 기재되어 있어야 한다.

(3) 투표알림 발송 : 앱 또는 카카오톡으로 투표참여를 안내하는 알림문자를 발송한다.

(4) 투표등록 및 투표하기 : 1세대 1투표가 원칙이며 세대 구성원 중 한 명이 투표 참여 시 그 외 대상자는 투표에서 제외된다. 입주민이 모바일 어플에서 진행되는 투표방법을 예시하면 다음과 같다(선거관리위원의 세대 방문투표, 관리사무소의 현장투표도 가능함).

> 투표등록하기 클릭 → 발신 전화번호 등록 → 투표종류(인명투표, 찬반투표 등) 선택 → 투표내용(투표제목) 등록 → 투표옵션·투표일정·투표대상 설정 → 투표하기 클릭 → 동, 호 확인 후 이름, 휴대폰번호 입력 → 개인정보 이용 동의 → 투표내용 확인 → 투표하기 → 서명 후 투표완료 클릭

MEMO

Chapter

# 12 공동주택의 노무관리



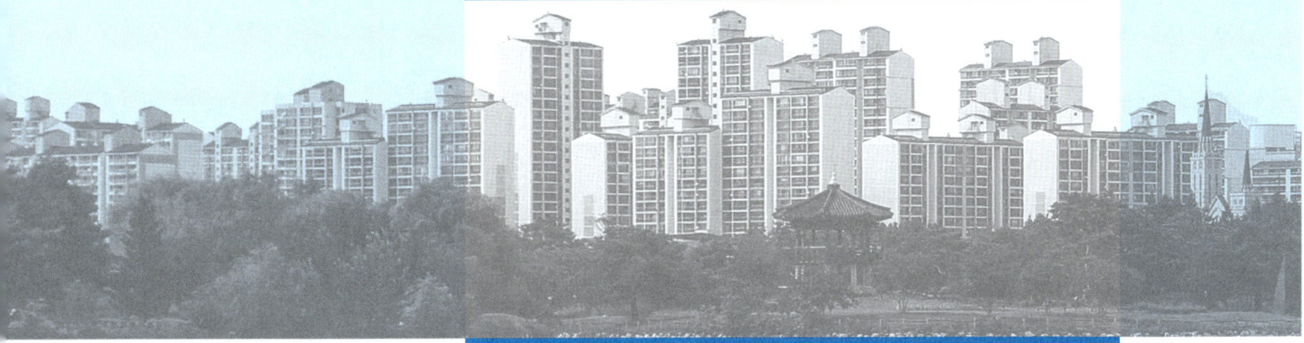

제 1 장

# 근로기준법

## 1.1 용어의 정의

(1) 근로자란 직업의 종류와 관계없이 임금을 목적으로 사업이나 사업장에 근로를 제공하는 자를 말한다. 사용자란 사업주 또는 사업 경영 담당자, 그밖에 근로자에 관한 사항에 대하여 사업주를 위하여 행위하는 자를 말한다.

(2) 근로란 정신노동과 육체노동을 말한다. 근로계약이란 근로자가 사용자에게 근로를 제공하고 사용자는 이에 대하여 임금을 지급하는 것을 목적으로 체결된 계약을 말한다.

(3) 임금이란 사용자가 근로의 대가로 근로자에게 임금, 봉급, 그밖에 어떠한 명칭으로든지 지급하는 일체의 금품을 말한다. 평균임금이란 이를 산정하여야 할 사유가 발생한 날 이전 3개월 동안에 그 근로자에게 지급된 임금의 총액을 그 기간의 총일수로 나눈 금액을 말한다. 근로자가 취업한 후 3개월 미만인 경우도 이에 준한다. 소정근로시간이란 이 법과 산업안전보건법에 따른 근로시간의 범위에서 근로자와 사용자 사이에 정한 근로시간을 말한다.

## 1.2 근로시간

(1) 1주간의 근로시간은 휴게시간을 제외하고 40시간을 초과할 수 없다.

(2) 1일의 근로시간은 휴게시간을 제외하고 8시간을 초과할 수 없다.

(3) (1) 및 (2)에 따른 근로시간을 산정함에 있어 작업을 위하여 근로자가 사용자의 지휘·감독 아래에 있는 대기시간 등은 근로시간으로 본다.

## 1.3 연장·야간 및 휴일근로

사용자는 연장근로(제53조·59조 및 제69조 단서에 따라 연장된 시간의 근로)와 야간근로(오후 10시부터 오전 6시까지 사이의 근로) 또는 휴일근로에 대하여는 통상임금의 100분의 50 이상을 가산하여 지급하여야 한다.

## 1.4 연차유급휴가

(1) 사용자는 1년간 80퍼센트 이상 출근한 근로자에게 15일의 유급휴가를 주어야 한다. 1년간이란 근무시작일부터 365일을 의미하고, 80%란 주5일 근무인 경우 순수한 근무일 30 - 8일 = 약22일 중 80% 이상 출근한 경우이므로, 병가휴가 등 특별한 경우가 아니면 대부분 80% 이상일 것이며, 공동주택단지 취업 후 1년 미만 근무하고 퇴직한 자는 (1)의 적용을 받지 않고 (2)에 따라 근무월수에 따른 월간 1일의 연차수당이 적용된다.

(2) 사용자는 계속하여 근로한 기간이 1년 미만인 근로자 또는 1년간 80퍼센트 미만 출근한 근로자에게 1개월 개근 시 1일의 유급휴가를 주어야 한다. 1년 미만인 근로자란 취업한 최초년도만을 의미하며 수년간 근무하다가 당해 연도 중간에 퇴직할 경우에는 1년 미만 근무자에 해당되지 않으므로 퇴직 연도의 연차수당은 발생하지 않는다.

(3) 사용자는 근로자의 최초 1년간의 근로에 대하여 유급휴가를 주는 경우에는 (2)에 따른 휴가를 포함하여 15일로 하고, 근로자가 (2)에 따른 휴가를 이미 사용한 경우에는 그 사용한 휴가 일수를 15일에서 뺀다.

(4) 사용자는 3년 이상 계속하여 근로한 근로자에게는 (1)에 따른 휴가에 최초 1년을 초과하는 계속 근로 연수 매 2년에 대하여 1일을 가산한 유급휴가를 주어야 한다. 이 경우 가산휴가를 포함한 총 휴가 일수는 25일을 한도로 한다.

제 2 장

# 4대보험관리

## 2.1 국민연금보험

(1) 사업장 가입대상자

당연적용사업장(1명 이상의 근로자를 사용하는 사업장)의 18세 이상 60세 미만 근로자와 사용자는 당연히 사업장가입자가 된다.

(2) 사업장가입자의 연금보험료

연금보험료 중 기여금은 사업장가입자, 부담금은 사용자가 각각 부담하되, 그 금액은 각각 기준소득월액의 45/1000에 해당하는 금액으로 한다.

(3) 기준소득월액은 당해 연도 가입자는 입사당시 신고한 월 평균임금이고, 전년도부터 계속가입자는 '전년도소득총액신고(익년 2월 말일까지 신고)'에 의해 결정된다.

(4) 당연적용사업장 해당신고, 사업장가입자 자격취득신고·자격상실신고는 해당일 익월 15일까지 4대사회보험 공통서식에 의거하여 신고하고, 기여금과 부담금 합계액을 익월 10일까지 납부하여야 한다. 자격취득시기는 사업장에 고용된 때이고, 자격상실시기는 사용관계가 끝난 때 및 60세가 된 때의 익일이다.

(5) 4대보험 자격취득 및 자격상실 신고(4대보험 공통)

① 4대사회보험 연계정보센터(www.4insure.or.kr)에서 신고

4대사회보험 연계정보센터사이트에서 공인인증서를 발급받아 '사업장 회원로그인' 후 이용한다. 사업장 업무로는 성립신고, 탈퇴신고, 내역변경, 자동이체, 보험료지원신청이 있고, 사업자 가입자 업무로는 자격취득, 자격상실, 내역변경, 근로내용, 보수월액변경 등이 있다. 국민건강보험의 피부양자가 있는 경우에는 '직장가입자격취득신고서(피부양자가 있는 경우)'도 신

고하여야 한다(이하에서 같다).

② 서식에 의한 팩스신고

공인인증서를 발급받지 않은 경우에는 국민건강보험공단, 국민연금공단, 고용보험, 4대사회보험 정보연계센터사이트 중 한곳에서 서식자료를 다운받는다. 서식자료실에서 자격취득/상실신고서를 출력하여 내용을 입력한 후 4대사회보험 연계정보센터사이트의 '4대사회보험 지사찾기'에서 국민연금공단이나 국민건강보험공단의 관할지사 팩스번호를 조회하여 팩스로 송부하면 된다.

## 2.2 국민건강보험

### (1) 직장 가입대상자

모든 사업장의 근로자와 사용자는 직장가입자가 된다. 피부양자는 다음 각 호의 어느 하나에 해당하는 사람 중 직장가입자에게 주로 생계를 의존하는 사람으로서 보수나 소득이 없는 사람을 말한다.

① 직장가입자의 배우자

② 직장가입자의 직계존속(배우자의 직계존속을 포함한다)

③ 직장가입자의 직계비속(배우자의 직계비속을 포함한다)과 그 배우자

④ 직장가입자의 형제·자매

(2) 직장 가입대상자의 2022년 기준 국민건강보험료율은 월평균보수월액의 6.99%이다. 국민건강보험료와 장기요양보험료는 가입자와 사용자가 각각 50% 부담하며, 장기요양보험료율은 건강보험료 금액의 12.27%이다.

(3) 직장가입자 자격취득신고. 자격상실신고는 해당일로부터 14일까지 신고하고, 가입자·사용자 부담금 합계액을 익월 10일까지 납부하여야 한다. 자격취득 시기는 사업장에 고용된 날이고, 자격상실 시기는 사용관계가 끝난 날의 익일이다.

(4) 보험료는 가입자의 자격을 매월 1일에 취득한 경우는 그 달부터 징수하고, 이외의 경우에는 자격취득일의 익월부터 징수한다.

## 2.3 고용보험, 산업재해보상보험(약칭 산재보험)

### (1) 사업장 가입대상자

고용보험법을 적용받는 사업의 사업주와 근로자(65세 이후에 고용된 근로자는 실업급여의 보험료 적용에서 제외된다)는 당연히 고용보험의 보험가입자가 되며, 산업재해보상보험법을 적용받는 사업의 사업주는 당연히 산재보험의 보험가입자가 된다.

### (2) 고용보험료와 산재보험료 부담 및 보험료율

고용안정·직업능력개발사업(공동주택관리 각 사업별 150인 미만 사업장은 사업주가 보수총액의 0.25% 부담) 및 실업급여(사업주와 근로자가 각각 사업장 근로자 월평균 보수총액의 0.9%씩 부담)의 보험료를 고용보험료라 하며, 산재보험은 업종별 보험료율(2021년 도·소매업은 0.8% 및 부동산업은 0.7%)을 적용한 보험료를 사업주가 전액 부담한다.

### (3) 고용보험 피보험자격의 취득 및 상실

피보험자는 사업에 고용된 날에 피보험자격을 취득하며, 이직한 경우에는 이직한 날의 다음 날에 상실한다. 이에 대한 신고는 그 사유가 발생한 날의 익월 15일까지이다.

## 2.4 기관별 안내

| 기 관 명 | 문 의 내 용 | 전 화 번 호 | 홈 페 이 지 |
|---|---|---|---|
| 4대사회보험 정보연계센터 | 4대 사회보험 포털사이트 접속 및 운영 관련 | 063-711-7800 | www.4insure.or.kr |
| 국민연금관리공단 | 국민연금 관련 | 국번없이 1355 | www.nps.or.kr |
| 국민건강보험공단 | 건강보험 관련 | 1577-1000 | www.nhis.or.kr |
| 고용노동부 고용지원센터 | 고용보험 관련 | 국번없이 1350 | www.ei.go.kr |
| 근로복지공단 | 산재·고용보험 관련 | 1588-0075 | total.kcomwel.or.kr |

## 2.5 취득·상실 4대보험 공통신고서 작성·제출

| | |
|---|---|
| 공통신고 | • 사업장관리번호(또는 사업자등록번호) 및 즉시 연락가능한 전화번호, 팩스번호를 기재한다.<br>• 공통신고 대상은 취득 상실신고 및 가입자 변경사항 중 성명·주민등록번호 등이다. |

| | | |
|---|---|---|
| 취득 신고 | 국민 연금 | • 취득일이 2일 이후인 경우 납부희망(1)·미희망(2)을 반드시 기재하고 납부희망(1) 시 해당월 국민연금 보험료를 부과한다.<br>• 건강보험은 2일 이후 취득의 경우 보험료가 부과되지 않는다.<br>• 2017.1.25 입사 후 미희망 시 2017. 2월분부터 부과한다. |
| 상실 신고 | 국민 연금 | • 퇴직일의 다음날을 상실일로 기재하며, 2017.1.5. 퇴사한 경우 2017.1.6에 상실되며 1월분까지 부과한다.<br>• 초일 취득·당월 상실하는 경우 납부희망여부를 기재한다. |
| | 건강 보험 | • 해당 연도 보수총액과 산정월수를 기재하며, 전년도 보수총액은 매년 2월 보수총액을 신고한 경우에는 기재할 필요가 없다. |
| | 고용 보험 | • 상실사유에 따라 실업급여 지급여부가 결정되므로 상실사유와 기호를 정확히 기재하여야 한다.<br>• 착오신고 시 고용보험에 직접 문의하여 해결하여야 한다. |

제 3 장

# 최저임금의 적용

## 3.1 최저임금의 의의

최저임금법은 근로자를 사용하는 모든 사업 또는 사업장에 적용하며, 최저임금액은 시간·일·주 또는 월을 단위로 하여 정한다. 이 경우 일·주 또는 월을 단위로 하여 최저임금액을 정할 때에는 시간급으로도 표시하여야 한다.

다만, 수습 사용 중에 있는 자로서 수습 사용한 날부터 3개월 이내인 자(1년 미만의 기간을 정하여 근로계약을 체결한 근로자는 제외한다), 근로기준법 제63조제3호에 따라 감시 또는 단속적)으로 근로에 종사하는 자로서 사용자가 고용노동부장관의 승인을 받은 자는 상기에 따른 최저임금액과 다른 금액으로 최저임금액을 정할 수 있다.

## 3.2 최저임금적용 계산 예시

2024년 최저임금 계산(격일제 감단직 포함, 9860원)

| | 급여 | 야간수당 | 급여계 |
|---|---|---|---|
| 24 | 3,598,900 | 599,820 | 4,198,720 |
| 22 | 3,298,990 | 524,840 | 3,823,830 |
| 21 | 3,149,040 | 449,860 | 3,598,900 |
| 20 | 2,999,080 | 374,890 | 3,373,970 |
| 19 | 2,849,130 | 299,910 | 3,149,040 |
| 21 | 3,149,040 | 524,840 | 3,673,880 |
| 20 | 2,999,080 | 449,860 | 3,448,940 |
| 19 | 2,849,130 | 374,890 | 3,224,020 |
| 18 | 2,699,180 | 299,910 | 2,999,090 |
| **17** | **2,549,220** | **224,930** | **2,774,150** |
| 16 | 2,399,270 | 149,950 | 2,549,220 |
| 19 | 2,849,130 | 449,860 | 3,298,990 |
| 18 | 2,699,180 | 374,890 | 3,074,070 |
| 17 | 2,549,220 | 299,910 | 2,849,130 |
| 16 | 2,399,270 | 224,930 | 2,624,200 |
| 15 | 2,249,310 | 149,950 | 2,399,260 |
| 18 | 2,699,180 | 449,860 | 3,149,040 |
| 17 | 2,549,220 | 374,890 | 2,924,110 |
| 16 | 2,399,270 | 299,910 | 2,699,180 |
| 15 | 2,249,310 | 224,930 | 2,474,240 |
| 14.5 | 2,174,340 | 224,930 | 2,399,270 |
| 14.5 | 2,174,340 | 187,440 | 2,361,780 |
| 14 | 2,099,360 | 149,950 | 2,249,310 |

## 3.3 감단직의 최저임금 등 계산 예시(경비원의 경우)

(1) 기본금

시급 9,860 = 2,549,220원

(2) 야간수당

시급 9,860 = 224,930원

(3) 최저임금(위 '최저임금적용 계산 예시(2024년 기준)' 참조)

(1) + (2) = 2,774,150원

(4) 연차수당

= 104,762원

(5) 퇴직금

= 231,179원

# 제 4 장 통상임금산정지침

2012.9.25, 고용노동부 예규 제47호 개정

**제1조(목적)** 이 예규는 「근로기준법 시행령」 제6조에 따른 통상임금의 산정기초가 되는 임금 및 산정기준시간에 대하여 그 개념과 범위를 명확히 정함으로써 「근로기준법」 등 노동관계법령상의 통상임금을 일관성 있게 산정·적용함을 목적으로 한다.

**제2조(용어의 정의)** 이 예규에서 사용하는 용어의 정의는 다음의 각 호와 같다.

1. "통상임금"이란 근로자에게 정기적·일률적으로 소정근로 또는 총근로에 대하여 지급하기로 정한 시간급 금액·일급 금액·주급 금액·월급 금액 또는 도급 금액을 말한다.
2. "법정근로시간"이란 「근로기준법」 제50조, 제69조 본문 및 「산업안전보건법」 제46조에 따른 근로시간을 말한다.
3. "소정근로시간"이란 법정근로시간의 범위에서 근로자와 사용자간에 정한 근로시간을 말한다.

**제3조(산정기초임금)**

① 통상임금의 산정기초가 되는 임금은 근로계약이나 취업규칙 또는 단체협약 등에 의하여 소정근로시간(소정근로시간이 없는 경우에는 법정근로시간, 이하 같다)에 대하여 근로자에게 지급하기로 정하여진 기본급 임금과 정기적·일률적으로 1임금산정기간에 지급하기로 정하여진 고정급 임금으로 한다.

② 제1항에도 불구하고 도급금액으로 정하여진 임금에 대하여는 그 임금산정기간에 있어서 도급제에 의하여 계산된 임금의 총액(연장·야간·휴일근로 등에 대한 가산수당은 제외한다)으로 한다.

**제4조(산정기준시간)** 제3조에 따른 통상임금의 산정기초가 되는 임금을 시간급 금액으로 산정할 경우의 산정기준시간은 다음 각 호의 시간으로 한다.

1. 일급 금액으로 정하여진 경우에는 1일의 소정근로시간
2. 주급 금액으로 정하여진 경우에는 소정근로시간과 소정근로시간 외에 유급처리되는 시간을 합산한 시간(이하 "주의 통상임금 산정기준시간"이라 한다)
3. 월급 금액으로 정하여진 경우에는 주의 통상임금 산정기준시간에 1년간의 평균주수를 곱한 시간을 12월로 나눈 시간(이하 "월의 통상임금 산정기준시간"이라 한다)

4. 도급 금액으로 정하여진 경우에는 당해 임금산정기간(임금마감일이 있는 경우에는 임금마감기간)의 총근로시간(총근로시간 외에 유급처리되는 시간은 합산한다)

**제5조(통상임금의 산정)**

① 시간급 통상임금은 제3조에 따른 산정기초임금을 다음 각 호의 방법에 따라 산정한 금액으로 한다.

1. 시간급 임금으로 정하여진 때에는 그 금액
2. 일급 금액, 주급 금액 또는 월급 금액 등으로 정하여진 때에는 그 금액을 각 각 그 기간에 해당하는 제4조의 산정기준시간으로 나눈 금액
3. 제2호에도 불구하고 「근로기준법」 제56조에 따른 연장·야간·휴일근로 등을 전제로 일급 금액, 주급 금액, 월급 금액 등으로 정하여진 때에는 1임금산정기간의 임금의 총액(연장·야간·휴일근로 등에 대한 가산수당은 제외한다)을 그 기간의 총근로시간수(총근로시간 외에 유급처리되는 시간은 합산한다)로 나눈 금액

② 일급 통상임금은 시간급 금액에 1일의 소정근로시간을 곱한 금액으로 한다.

③ 주급 통상임금은 시간급 금액에 주의 통상임금 산정기준시간을 곱한 금액으로 한다.

④ 월급 통상임금은 시간급 금액에 월의 통상임금 산정기준시간을 곱한 금액으로 한다.

⑤ 도급제에 의하여 정하여진 경우의 통상임금은 다음 각호의 방법에 따라 산정한 금액으로 한다.

1. 시간급 통상임금은 1임금산정기간의 임금의 총액(연장·야간·휴일근로 등에 대한 가산수당은 제외한다)을 그 기간의 총근로시간수(제4조제4호에 의한 총근로시간수를 말한다)로 나눈 금액
2. 일급 통상임금은 시간급 금액에 1일의 소정근로시간을 곱한 금액
3. 주급 통상임금은 시간급 금액에 주의 통상임금 산정기준시간을 곱한 금액
4. 월급 통상임금은 시간급 금액에 월의 통상임금 산정기준시간을 곱한 금액

⑥ 월 또는 주 이외의 일정기간으로 정하여진 임금에 대하여는 제1항부터 제5항까지에 준하여 산정한 금액으로 한다.

⑦ 임금이 제1항부터 제6항까지에서 정한 2이상의 임금으로 되어 있는 경우에는 각 부분에 대하여 제1항부터 제6항까지에 따라 각 각 산정된 금액을 합산한 금액으로 한다.

**제5조의2(통상임금의 판단기준)** 통상임금에 포함되는 임금의 범위는 별표의 예시에 따라 판단한다. 다만, 그 명칭만으로 판단하여서는 아니 되며, 통상임금의 의의, 근로계약·취업규칙·단체협약 등의 내용, 직종·근무형태, 지급관행 등을 종합적으로 고려하여야 한다.

**제6조(적용)** 이 예규는 「근로기준법」 제26조, 제46조, 제55조, 제56조, 제60조 및 제74조 등에 근거하는 해고예고수당, 휴업수당, 유급 휴일임금, 연장·야간·휴일근로수당, 연차 유급휴가수당, 출산전후휴가수당 등과 그밖에 노동관계법에 규정된 통상임금의 계산에 적용한다.

## 부칙〈고용노동부예규 제47호, 2012.9.25.〉

이 예규는 발령한 날부터 시행한다.

## [별표] 통상임금 및 평균임금 등의 판단기준 예시(공동주택 관련사항 요약)

| | 판단기준 예시 | 통상임금 | 평균임금 | 기타금품 |
|---|---|---|---|---|
| 1. | 소정근로시간 또는 법정근로시간에 대하여 지급하기로 정하여진 기본급 임금 | ○ | ○ | |
| 2. | 일·주·월 기타 1임금산정기간내의 소정근로시간 또는 법정근로시간에 대하여 일급·주급·월급 등의 형태로 정기적·일률적으로 지급하기로 정하여진 고정급임금 | | | |
| ① | 담당업무나 직책의 경중 등에 따라 미리 정하여진 지급조건에 의해 지급하는 수당 : 직무수당(출납수당), 직책수당(반장수당, 소장수당) 등 | ○ | ○ | |
| ② | 물가변동이나 직급간의 임금격차 등을 조정하기 위하여 지급하는 수당 : 물가수당, 조정수당 등 | ○ | ○ | |
| ③ | 기술이나 자격·면허증소지자 등에게 지급하는 수당 : 기술수당, 자격수당, 면허수당, 위험수당 등 | ○ | ○ | |
| ④ | 그 밖에 제①부터 제③까지에 준하는 임금 또는 수당 | ○ | ○ | |
| 3. | 실제 근로여부에 따라 지급금액이 변동되는 금품과 1임금산정기간 이외에 지급되는 금품 | | | |
| ① | 근로기준법과 근로자의날 제정에 관한법률 등에 의하여 지급되는 연장근로수당, 야간근로수당, 휴일근로수당, 월차유급휴가근로수당, 연차유급휴가근로수당, 생리휴가보전수당 및 취업규칙 등에 의하여 정하여진 휴일에 근로한 대가로 지급되는 휴일근로수당 등 | | ○ | |
| ② | 장기근속자의 우대 또는 개근을 촉진하기 위한 수당 : 개근수당, 근속수당, 정근수당 등 | | ○ | |
| ③ | 취업규칙 등에 미리 지급금액을 정하여 지급하는 일·숙직수당 | | ○ | |
| ④ | 상여금<br>ⓐ 취업규칙 등에 지급조건, 금액, 지급시기가 정해져 있거나 전 근로자에게 관례적으로 지급하여 사회통념상 근로자가 당연히 지급 받을 수 있다는 기대를 갖게 되는 경우 : 정기상여금, 체력단련비 등 | | ○ | |
| | ⓑ 관례적으로 지급한 사례가 없고, 기업이윤에 따라 일시적·불확정적으로 사용자의 재량이나 호의에 의해 지급하는 경우 : 경영성과배분금, 격려금, 생산장려금, 포상금, 인센티브 등 | | | ○ |
| ⑤ | 봉사료(팁)로서 사용자가 일괄관리 배분하는 경우 | | ○ | |
| 4. | 근로시간과 관계없이 근로자에게 생활보조적·복리후생적으로 지급되는 금품 | | | |
| ① | 통근수당, 차량유지비<br>ⓐ 전 근로자에게 정기적·일률적으로 지급하는 경우 | ○ | | |
| | ⓑ 출근일수에 따라 변동적으로 지급하거나 일부 근로자에게 지급하는 경우 | | ○ | |
| ② | 급식 및 급식비<br>ⓐ 근로계약, 취업규칙 등에 규정된 급식비로써 근무일수에 관계없이 전 근로자에게 일률적으로 지급하는 경우 | | ○ | |
| | ⓑ 출근일수에 따라 차등 지급하는 경우 | | | ○ |
| 5. | 임금의 대상에서 제외되는 금품 | | | |
| ① | 휴업수당, 퇴직금, 해고예고수당 | | | ○ |

| | | | | |
|---|---|---|---|---|
| ② | 단순히 생활보조적, 복리후생적으로 보조하거나 혜택을 부여하는 금품 : 결혼축의금, 조의금, 의료비, 재해위로금, 교육기관. 체육시설 이용비, 피복비, 통근차. 기숙사. 주택제공 등 | | | ○ |
| ③ | 사회보장성 및 손해보험성 보험료부담금 : 고용보험료, 건강보험료, 국민연금, 운전자보험 등 | | | ○ |
| ④ | 실비변상으로 지급되는 금품 : 출장비, 정보활동비, 업무추진비, 작업용품 구입비 등 | | | ○ |
| ⑤ | 돌발적인 사유에 따라 지급되거나 지급조건이 규정되어 있어도 사유발생이 불확정으로 나타나는 금품 : 결혼수당, 사상병수당 등 | | | ○ |
| ⑥ | 기업의 시설이나 그 보수비 : 기구손실금 등 | | | ○ |

# 제 5 장 아파트종사근로자의 근로조건 보호에 관한 지침

(고용노동부 근기68206-564, 1999.11.9.)

## 5.1 배경

최근 아파트 관리형태 변경 시 또는 주택관리업자 변경 시 아파트 관리업무 종사 근로자의 퇴직금·해고 등과 관련한 분쟁이 빈발. 따라서 노사간 분쟁해소를 위해 아파트 관리형태별 사실관계에 따라 근로기준법상 책임소재를 분명히 할 필요성 제기.

## 5.2 기본원칙 및 구체적 판단기준

(1) 기본원칙

관리형태 자체를 변경하는 경우에는 업무의 동질성이 유지되고 근로자의 인수를 배제하는 특약(그러한 특약은 실질적으로 해고나 다름이 없으므로 근로기준법 제30조제1항의 정당한 이유가 있어야 유효함)이 없는 한 영업의 양도·양수(근로자 자유의사로 사직서 제출하고 퇴직금을 수령한 후 양수기업에 새로이 입사하는 것은 가능함)로 보아 고용이 승계된다고 봄

(2) 주택관리업자를 변경하는 경우에는 다음의 2가지로 구분

① 수탁 받은 주택관리업자가 입주자대표회의로부터 독립하여 근로자에 대한 인사·노무관리의 전권(관리직원의 임면, 노무관리, 보수 및 퇴직금 지급 등)을 행사하는 경우에는 원칙적으로 고용승계 의무가 없음. 종전 위·수탁계약은 해지되어 관리업무를 행하지 않게 되고 새로운 주택관리업자가 다시 입주자대표회의로부터 아파트 관리업무를 수탁 받아 관리하게 되면 두 업체 간에 고용승계에 관한 별도의 약정이 없는 한 원칙적으로 새로운 업체가, 종래 업체와 근로자간에 맺어진 근로관계를 승계하여야 할 법적의무는 없음.

◉ 판단기준

주택관리업자가 관리업무 종사자의 채용·해임·승진·배치전환·징계 등 인사조치에 관하여 전권을 행사하는 경우, 매월 관리비 등의 징수·사용 등에 관하여 전권을 행사하는 경우에는 주택관리업자를 근로기준법상의 사용자로 봄. 다만, 퇴직급여충당금을 입주자대표회의가 직접 관리할 경우에는 퇴직금 부분에 관한 한 입주자대표회의에 대해 근로기준법상 제43조제1항의 직상수급인의 연대책임 규정 적용.

② 수탁 받은 주택관리업자는 근로자에 대해 근로계약 체결 등 형식적 사용자의 지위를 가질 뿐, 입주자대표회의가 사실상의 사용자로서 근로자의 인사·노무관리에 직접 관여하는 경우(입주자대표회의가 관리직원의 급여를 직접 지급하거나, 급여수준을 직접 결정한 경우, 관리직원의 임면 등 인사·노무관리에 직접 관여한 경우)에는 입주자대표회의가 사용자로서의 지위를 가지므로 특별한 사유가 없는 한 고용은 유지되어야 할 것임.

◉ 판단기준

관리업무 종사자에게 정기적으로 지급되는 임금·퇴직금 등의 지급·결정에 있어서 최종 결재권을 행사하는 경우, 입주자대표회의가 관리업무 종사자의 채용·해임·배치전환 등 인사조치와 관련하여 위탁관리업체에게 지시하거나 최종적으로 결재하는 경우, 입주자대표회의가 외형상 위탁관리 방식을 취하면서도 관리업무 전반에 사실상의 집행권을 행사하는 경우에는 입주자대표회의를 근로기준법상의 사용자로 봄.

## 5.3 유권해석

(1) 사업주체관리에서 입주자대표회의에서 포괄인수시 고용승계 여부

사업주체의 의무관리기간이 경과한 후 입주자대표회의에서 의무관리의 상태(직원, 관리기구, 비품 및 공기구 등)대로 모든 권리·의무를 포괄적으로 인수하였다면 직원들에 대한 고용승계도 이루어졌다고 판단되며, 이 경우 입주자대표회의와 별도의 근로계약을 다시 체결하지 않아도 기존의 근로계약은 유효하다고 사료됨. (근기 68207-2115, 1999.8.30)

(2) 사업주체관리에서 자치관리 변경시 고용승계 여부

사업주체가 관리하다가 입주자대표회의가 자치관리하기로 한 경우 관리업무의 동질성이 변경되지 아니하였고 단순히 사업주체의 변경에 불과하다고 판단되므로 새로운 사업주체(입주자대표회의)가 관리업무 종사자의 고용을 승계함이 타당 (근기 68207-147, 1999.9.28)

(3) 자치관리에서 위탁관리 변경 시 고용승계 여부

입주자대표회의가 자치관리하다가 주택관리업자에게 위탁관리하는 경우 관리형태 변경 시에는 새로운 수탁업체가 당해 아파트 관리업무 종사자의 고용을 승계하여야 함이 원칙이므로 관리형태 변경 시 근로자를 해고하고자 할 경우에는 정당한 사유가 있어야함
(근기 68207-343, 1999.10.16)

(4) 위탁관리업체 변경 시 고용승계 여부

아파트 입주자대표회의가 주택관리업자에게 위탁하여 관리하다가 주택관리업자를 변경하는 경우 입주자대표회의가 채용, 급여 등 근로조건의 결정에 직접적으로 개입하고 사실상 근로자를 사용하며 지위·감독하였다면 입주자대표회의를 사용자로 볼 수 있으며 이러한 경우에는 위탁관리업체는 입주자대표회의의 노무지휘권한을 수임 받은 자에 불과하다고 볼 것이므로 위탁관리 업체가 변경되어도 정당한 사유가 없다면 고용은 유지되어야 할 것임.
(법심 61010-477, 1998.7.29)

제 6 장

# 고용노동부 질의회신 및 판례

## 입주자대표회의와 관리소장의 근로관계 행정법원 판례

자치관리를 위하여 아파트 입주자대표회의에 고용된 관리소장과 같이 근로형태에 있어 근로자에게 비교적 재량권이 폭넓게 인정됨으로써 그 사용종속의 정도가 다른 일반 근로자에 비하여 비교적 완화되어 있는 경우에는 사용자와의 강한 신뢰관계를 기초로 하여서만 근로관계가 유지될 수밖에 없다고 할 것이어서,

만일 사용자와의 신뢰관계가 깨진 것으로 볼 만한 객관적으로 합리적인 사유(아파트 보수공사의 진행과정에서 관리주체로서의 책임과 의무를 제대로 이행하였다고 볼 수 없는 경우)가 있게 된 경우에는 그것이 통상의 근로관계에 있어서의 해고사유에 이를 정도는 아닐지라도 당해 근로관계는 사회통념상 더 이상 유지될 수 없게 되었다고 보아야함. (서울행법 2007.7.19, 2006구합36339)

## 권고사직 해당 여부

권고사직이라 함은 사용자가 근로자에게 퇴직을 권유하고 근로자가 사용자의 퇴직권유를 동의하여 퇴직하는 당사자 간의 합의한 퇴직을 말하는 것으로서, 사용자의 퇴직권유가 아니라 회장과 감사의 의견충돌을 막기 위해 스스로 사직서를 제출하였다면 권고사직에 해당한다고 보기는 어렵습니다. (고용노동부 – 전자민원, 2014.4.20)

## 근로자의 날 감단근로자 수당 계산방법

격일제 근무자(경비원, 전기기사 등)가 노동부에 감시·단속적 승인을 받은 근로자 등의 경우 근로자의 날에는 통상 하루에 지급하는 임금을 추가 지급하여야 합니다. 근기법 제63조의 적용제외 근로자가 근로자의 날에 근로제공을 하지 않고 쉬더라도 통상 하루에 지급하는 소정임금을 추가로 지급하여야 함.

단, 격일제 근무자는 근무일 다음의 휴무일(비번일을 말한다)은 전날의 근무를 전제로 주어지는 것이므로, 격일제 근무자에게 지급하여야 할 통상 하루의 소정임금은 근무일의 절반에 해당하는 근로시간(휴게시간을 제외한 근로시간의 절반을 말한다)의 소정임금으로 함. 만약, 제63조 적용제외 근로자가 격일제 근무 등을 이유로 근로자의 날 당일을 쉬지 못하고 근로를 제공한 경우라도 휴무자(비번자)와 동일하게 통상 하루의 소정임금(근무일의 절반에 해당하는 근로시간)을 추가로 지급함을 알려드립니다. (고용노동부 - 전자민원, 2014.5.3)

### 격일근무자 야간근로 수당의 통상임금 포함 여부

**질의** 24시간 격일근무자(기전주임, 경비원) 야간근로수당은 매월 똑같은 금액으로 최저임금에 산정된 기본급에서 야간근로시간만큼 산정해서 매월 똑같은 금액으로 지급됩니다. 야간근로수당이 통상임금에 포함되는지?

**회신** 통상임금은 초과·야간·휴일근로수당 산정 등을 위한 기초임금이므로, 야간근로수당은 통상임금에 포함되지 않습니다. (고용노동부 - 전자민원, 2014.4.24)
전기기사 등 격일제 근무자가 비번일에 출근하여 근무한 경우 휴일근로가산수당은 통상임금 산정 시 포함되지 않습니다. (고용노동부 - 전자민원, 2014.4.24)
*퇴직금 계산의 기초가 되는 평균임금에는 야간근로수당 등이 포함된다.

### 경비원 임금체계

근기법 제63조제3호, 동 규칙 제10조제2항에 따른 "감시적 근로에 종사하는 자"의 적용제외 승인은 다음 각 호의 기준을 모두 갖춘 때에 한 합니다.

(1) 경비원 등과 같이 심신의 피로가 적은 노무에 종사하는 경우. 다만, 감시적 업무이기는 하나 잠시도 감시를 소홀히 할 수 없는 고도의 정신적 긴장이 요구되는 경우는 제외한다.

(2) 감시적 업무가 본래의 업무이나 불규칙적으로 단시간동안 타 업무를 수행하는 경우. 다만, 감시적 업무라도 타 업무를 반복하여 수행하거나 겸직하는 경우는 제외한다.

(3) 사업주의 지배하에 있는 1일 근로시간이 12시간 이내인 경우 또는 다음 각목의 어느 하나에 해당하는 격일제(24시간) 근무의 경우

① 수면시간 또는 근로자가 자유로이 이용할 수 있는 휴게시간이 8시간 이상 확보되어 있는 경우
② 가목의 요건이 확보되지 아니하더라도 공동주택 아파트, 연립주택 등 경비원에 있어서는 당사자 간의 합의가 있고 다음날 24시간의 휴무가 보장되어 있는 경우

### 근로기준법 제63조[적용의 제외]

근로시간, 휴게와 휴일에 관한 규정은 감시적 근로에 종사하는 자의 적용제외 승인을 받은 자에 해당하는 근로자에 대하여는 적용하지 아니한다.

ⓐ 적용이 배제되는 내용 : 법정 근로시간(1일 8시간, 1주 40시간)에 대한 제한, 휴게시간과 주 1회 유급 주휴일, 연장근로와 휴일근로에 대한 가산임금

ⓑ 적용되는 내용(상시근로자가 5인 이상인 사업장에 적용) : 야간근로수당(오후 10시~오전 6시)에 대하여는 통상임금의 50%를 가산한 야간근로수당 지급, 근로자의 날, 연차 휴가 (고용노동부 - 전자민원, 2014.4.24)

### 격일 근무자의 근로시간 계산

감시·단속적 근로자로 승인 받은 경우(휴게 시간이 2시간일 경우)

* 월 소정근로시간 = 22시간(1일 근로시간) × 365일 ÷ 12개월 ÷ 2 = 334.6시간

* 1일 통상임금 = 통상임금 ÷ 335시간 × 11시간 (고용노동부 - 전자민원, 2013.11.27)

### 감시적 근로자의 휴게시간

근로의 성격이 감시·단속적이라 하더라도 근기법 제63조에 의한 적용제외 승인을 얻지 못한 경우라면 근기법에 의한 근로시간, 휴게와 휴일에 관한 규정이 적용되어야 합니다. 따라서 적용제외 승인을 받았다면 휴게시간에 대하여는 별도의 규정이 적용되지 않으므로 사용자가 임의로 휴게시간을 부여할 수 있습니다. 다만, 근로계약, 취업규칙 등에 휴게시간이 규정되어 있다면 동 규정에 따라 휴게시간은 부여되어야 하며, 내부규정에 휴게시간이 규정되이 있음에도 불구하고 사용자가 부여하지 않았다면 근기법 위반으로 사업장 소재지 관할 고용노동청에 신고할 수 있습니다. (고용노동부 - 전자민원, 2013.11.25)

### 입주자대표회의 감원요청이 해고요건에 해당 여부 대법원 판례

아파트 입주자대표회의의 감원요청이 있었다는 사정만으로는 그와 위탁관리계약을 체결한 아파트 관리용역 회사의 근로자에 대한 정리해고가 긴박한 경영상의 필요성과 해고회피 노력을 다하였다고 인정할 수 없음. (대법원 1999.4.27, 99두202)

### 입주자대표회의의 관리사무소 직원에 대한 사용자성 대법원 판례

입주자대표회의와 사이에 위수탁관리계약을 체결한 아파트 관리업자와의 대리인인 관리소

장이 관리사무소에서 근무하게 된 직원들과 근로계약을 체결하였다면, 그 직원들은 아파트 관리업자의 피고용인이라 할 것이므로, 아파트 관리업자와 위수탁관리계약을 체결하였을 뿐인 아파트 입주자대표회의가 직원들에 대하여 임금지급의무가 있는 사용자로 인정되기 위하여는 그 직원들이 관리사무소장을 상대방으로 하여 체결한 근로계약이 형식적이고 명목적인 것에 지나지 않고, 직원들이 사실상 입주자대표회의와 종속적인 관계에서 그에게 근로를 제공하며, 입주자대표회의는 그 대가로 임금을 지급하는 사정 등이 존재하여 관리사무소 직원들과 입주자대표회의와 사이에 적어도 묵시적인 근로계약관계가 성립되어 있다고 평가되어야 함.

아파트 입주자대표회의가 아파트 관리업자와 체결한 위수탁관리계약의 지위에 기한 감독권의 범위를 넘어 일부 직원의 채용과 승진에 관여하거나 관리사무소 업무의 수행상태를 감독하기도 하고, 또 관리사무소 직원들의 근로조건인 임금, 복지비 등의 지급수준을 독자적으로 결정하여 오기는 하였으나, 관리업자 혹은 그를 대리한 관리사무소장이 근로계약 당사자로서 갖는 관리사무소 직원들에 대한 임면, 징계, 배치 등 인사권과 업무 지휘명령권이 모두 배제 내지 형해화 되어 그 직원들과 체결한 근로계약이 형식적인 것에 지나지 않는다고 할 수 없고, 또 입주자대표회의가 관리사무소 직원들의 업무내용을 정하고 그 업무수행 과정에 있어 구체적·개별적인 지휘·감독을 행하고 있다고 볼 수도 없는 경우, 입주자대표회의가 그 관리사무소 직원들과 근로계약관계에 있는 사용자라고 볼 수 없다고 한 사례. (대법원 1999.7.12, 99마628)

### 고용계약의 재계약의무 유무

**질의** 아파트 관리사무소 직원의 고용계약서가 2009.12.31로 끝나고 재계약이 없는 상태인데 재계약을 2년으로 할 수 있는지? 사용자가 재계약 의무가 있는지?

**회신** 기간제 및 단시간근로자 보호 등에 관한 법률 제4조(기간근로자의 사용) 제1항에 따라 2년을 초과하지 않는 범위 내에서 계약 체결이 가능합니다. 사용자가 근로계약기간이 끝나고 재계약을 체결할 의무는 없습니다. 재계약 체결은 당사자 간 의사의 합치에 따라 이루어지는 것이므로, 급여 등 근로조건의 변경이 가능합니다. 계약기간이 만료되면 별도의 통보 또는 의사표시 없이 근로관계는 자동으로 해지됩니다.(별도의 해고통지를 할 필요가 없음) (고용노동부 – 전자민원, 2013.11.26)

### 기한의 정함이 없는 근로자의 해고

기간제법에 따라 기한의 정함이 없는 근로자에 해당됨에도 근로자를 해고하는 경우 근로자는 노동위원회에 부당해고 구제신청 등을 할 수 있을 것으로 사료됩니다.

＊ 참고 : 2007.7.1. 이후 근로계약이 체결·갱신 후 2년을 초과하여 기간제 근로자를 사용할 경우 기간의 정함이 없는 근로계약으로 봄. 다만, 사업의 종료 또는 특정한 업무완성에 필요한 기간을 정한 경우 등 예외사유가 존재한다.

### 주휴수당 지급여부

사용자가 근로하기로 한 1주간의 소정근로시간이 15시간 이상이고 1주간의 소정근로일을 개근(지각·조퇴 등은 무관)하였다면 1일의 유급휴일을 부여하여야 할 것으로 사료됩니다. (고용노동부 - 전자민원, 2013.11.25)

### 주택관리업자 변경으로 퇴직금 중간정산이 가능한지

위탁관리업체가 변경되면서 고용승계를 약정하였거나, 위탁관리인 경우에도 사실상 입주자대표회의가 사용자인 경우 퇴직금 중간정산을 하기 위해서는 근로자퇴직급여보장법상의 중간정산 사유에 해당하여야 중간정산이 가능할 것으로 사료됩니다. (고용노동부 - 전자민원, 2013.10.28)

### 연차수당에 식대를 포함해서 지급해야 하는지

연차유급휴가 미사용수당은 법령상의 규정은 없으나 판례와 행정해석에 의해 형성되어온 것으로서, 연차유급휴가 미사용수당 청구권은 근로자가 연차유급휴가를 사용하지 아니하고 근로를 제공한 경우 미사용 휴가일수에 해당하는 연차유급휴가 미사용수당을 사용자에게 청구할 수 있는 권리로서, 휴가청구권이 소멸한 경우 미사용휴가일수에 대하여 수당으로 대체 지급하고자 하는 때에는 취업규칙이나 그 밖의 정하는 바에 의하여 통상임금 또는 평균임금으로 계산하여 최종 휴가청구권이 있는 달의 임금(통상임금, 평균임금 양자 모두 가능)을 기준으로 산정. 지급하면 될 것입니다.

고용노동부 '통상임금산정지침(예규 제602호)'에 의하면 통상임금이란 근로자에게 정기적이고 일률적으로 지급하기로 정하여진 고정급입니다. 동 지침 별표 '통상임금 및 평균임금 등의 판단기준 예시'에 의하면 식대(급식비)는 평균임금 또는 기타금품에 해당하고, 통상임금에는 해당하지 아니합니다. 다만, 연차유급휴가 미사용수당은 통상임금 또는 평균임금으로 지급할 수 있으며 해당 사업장의 취업규칙 등으로 평균임금으로 지급하는 것으로 규정되어 있고, 식대가 근무일수에 관계없이 전 근로자에게 일률적으로 지급하는 경우라면 식대도 포함하여야 할

것입니다. (고용노동부 – 전자민원, 2013.10.25)

### 퇴사 마지막 1년 미만 근무자의 연차수당

(수년간 근무한 근로자가) 마지막 1년 미만 근무기간에 대하여는 근기법 제60조제2항을 적용하지 않으므로 연차휴가는 발생하지 않습니다. (고용노동부 – 전자민원, 2013.10.22)

### 최초 1년 미만 근무자의 연차수당

상시근로자수 5인 이상 사업장에서 2.12 입사하여 11.24.(1년 미만 근로)에 퇴사하였고 결근이 없다면 총 9일의 연차휴급휴가가 발생 함. (고용노동부 – 전자민원, 2014.1.28)

### 최초 중간입사자의 연차수당 계산

연차유급휴가는 원칙적으로 개별근로자의 입사일 등 실제로 근로제공을 개시한 날이 되는 것이나, 노무관리의 편의상 단체협약, 취업규칙 등에 의하여 회계연도를 기준으로 전 근로자에 대해 일률적으로 기산일을 정할 수 있으며 이 경우 근로자에게 불이익하지 않도록 해야 할 것입니다. 참고로 회계연도(1/1~12/31) 단위로 연차휴가를 부여하는 사업장의 중간입사의 연차휴가 산정방식에 대해 법령에 정한 바는 없으나 일반적으로 2012.7.1 입사자의 경우 2013.1.1 연차휴가는 15일 × 6월 / 12월 = 7.5일 발생 (고용노동부 – 전자민원, 2013.8.21)

### 정년 도래자의 퇴직금 및 연차수당 지급

고용 상 연령차별금지 및 고령자고용촉진에 관한 법률 제21조제2항 사업주는 고령자인 정년 퇴직자를 재고용할 때 당사자 간의 합의에 의하여 근기법 제34조에 따른 퇴직금과 동 법 제60조에 따른 연차유급 휴가일수 계산을 위한 계속근로기간을 산정할 때 종전의 근로기간을 제외할 수 있으며 임금의 결정을 종전과 달리할 수 있다. 라고 규정하고 있습니다. (고용노동부 – 전자민원, 2013.10.16)

### 단시간근로자의 연차수당 지급 여부

**질의** 주40시간 미만인 근로자(미화원)은 1년 만근 시 연차가 발생하는지?

**회신** 근기법 제2조에 의거 단시간근로자는 '1주 동안의 소정근로시간이 그 사업장에서 같은 종류의 업무에 종사하는 통상근로자의 1주 동안의 소정근로시간에 비하여 짧은 근로자'를 말하며, 근기법 시행령 제9조 별표2에 따라 단시간근로자의 경우에도 법 제60조에 따른 연차유급휴가를 주어야 하며 다음 계산식에 따라 산정한 후 시간단위로 부여하며, 1시간 미만은 1시간으로 본다. 라고 규정하고 있습니다. 따라서 미화원(1일 6시간이며, 토요일은 3시간 근무인 경우 : 6 × 5 + 3 = 33시간)의 연차휴가는 통상근로자의 연차휴가일수 × 단시간근로자의 소정근로시간 / 통상근로자의 소정근로시간 × 8시간 = 15일 × 33 / 40 × 8시간 = 99시간입니다. (고용노동부 - 전자민원, 2013.10.15)

### 관리소장 업무추진비가 통상임금에 해당되는지

**질의** 아파트 관리소장의 업무추진비는 통상임금에 해당되어 퇴직금 산정 시 삽입여부

**회신** 귀 질의만으로 정확한 답변은 곤란하나 일반적으로 실비변상적으로 지급되는 업무추진비(출장비, 정보활동비, 작업용품구입비 등)는 노동관계법령상 임금으로 보기 어려울 것으로 보입니다. (통상임금산정지침, 고용노동부 예규 제47호 참조) 다만, 업무추진비가 근로의 대상으로 근로자에게 지급하는 금품으로서 지급대상 및 시기, 금액 등 지급조건이 단체협약, 취업규칙, 근로계약 등에 규정되어 사용자에게 지급의무가 부여되어 있는 경우라면 평균임금에 해당될 수 있을 것으로 사료됩니다. (고용노동부 - 전자민원, 2013.8.21)

### 업무추진비가 퇴직금 정산시 포함되는지

업무추진비가 근로의 대상으로 근로자에게 지급하는 금품으로서 지급대상, 시기, 금액 등 지급조건이 단체협약, 취업규칙, 근로계약 등에 규정되어 사용자에게 지급의무가 부여되어 있거나 명시적인 규정이 없더라도 노사 당사자 간에 그 지급이 당연한 것으로 여겨질 정도의 관행이 형성되어 있는 경우라면 평균임금에 해당될 수 있을 것이나, 근로자가 특수한 근무조건이나 환경에서 직무를 수행함으로써 그 비용을 변상하기 위해 지급하거나, 단순히 생활보조적·복리후생적 성격으로 지급한다면 근로의 대상으로 인정하기 어려우므로 평균임금에 해당하지 아니함. (고용노동부 - 전자민원, 2013.8.5)

### 촉탁직 퇴직금 정산

촉탁직 근로계약이 매년 갱신되는 경우에는 1년간의 근로계약기간 만료 이후 근로계약이 종료(단절)되었다가 신규채용된 것으로 보는 것은 아니며, 1년 간 근로계약 기간 이후에도 계속

근로한 것으로 봅니다. 따라서 1년마다 퇴직금을 정산하여 지급할 것이 아니라, 근로자가 실제로 퇴사하는 시점에서 퇴직금 전액을 지급하여야 할 것입니다.

만약 중간정산사유가 아님에도 불구하고 사용자가 임의로 퇴직금 중간정산을 실시한다면, 사용자나 근로자가 법 위반을 이유로 형사처벌을 받거나 과태료 처분을 받지는 않습니다. 단, 퇴직금 중간정산은 그 정당성을 인정하기 어려우므로, 근로자는 퇴사하는 시점에서 사용자에게 퇴직금을 다시 산정하여 지급할 것을 주장할 수 있으며, 사용자는 (근로자가 중간정산 받은 퇴직금 반환을 거부하는 경우) 이미 지급한 중간정산 금액을 민사소송을 통하여 근로자로부터 반환받아야 하는 경우도 발생할 수 있을 것입니다. (고용노동부 - 전자민원, 2013.8.21)

### 전기검침수당도 퇴직금 산정에 포함되는지

전기검침수당은 근로에 대한 대가인 임금의 성격이므로 평균임금에 포함이 되고, 따라서 퇴직금 산정 시에도 포함을 시켜야 한다. 만일 검침업무에 대해 사용자와 별개로 한전으로부터 직접 업무 지시를 받아 임금을 받았다면 해당 업무에 대해서는 사용자가 개입하지 않았으므로 동 수당을 평균임금 산정에 넣을 수 없으나 이것이 아니라면 검침수당도 임금이므로 평균임금 산정 시 포함을 시켜야 할 것으로 판단한다. (고용노동부 고객상담센터, 2011.1.17)

### 급여를 아파트에서 직접 받았는데, 퇴직금도 아파트에서 받아야 하는지

**질의** 위탁관리 아파트 직원이다. 매월 급여를 위탁관리업체가 아닌 아파트에서 직접 받았는데, 퇴직금도 아파트에서 받아야 하는지?

**회신** 퇴직 근로자에 대한 퇴직금 지급 의무는 근기법상 사용자의 지위에 있는 자이다. 그러나 위탁관리업체가 외형상으로만 아파트 관리업무를 수탁, 입주자대표회의가 관리직원에 대한 인사·급여 등 근로조건을 결정하고, 관리직원의 임면 및 노무관리에 직접 관여하는 등 사실상 사용자로서의 권한을 행사한 경우 입주자대표회의를 사용자로 볼 수 있을 것이다. (고용노동부 고객상담센터, 2010.9.20)

### 경비원 휴게시간의 법령상 휴게시간 인정 조건

**질의** 아파트 경비원에 적용되는 휴게시간이 관계 법령상 휴게시간으로 인정되려면 어떠한 조건을 갖춰야 하는지?

**회신** 아파트 경비원에 휴게시간을 부여하는 경우에는 단체협약, 취업규칙, 근로계약 등에 시간을 명시해 근로자에게 휴게시간임을 충분히 인식시켜야 하고, 필요시에는 입주자 등에게도 고지해야 할 것이다. 휴게시간은 사용자의 지휘·감독에서 벗어나 근로자가 자유롭게 이용하는 것을 보장해야 한다.
다만 비상연락체계 유지를 위해 최소한의 범위 내에서 사업장 밖으로 나가는 것을 제한할 수는 있다. 그러나 이 경우에도 사용자가 휴게장소를 경비초소 등으로 특정하는 경우에는 근로와 휴게의 구분이 곤란하므로 휴게시간으로 볼 수 없는 것이 원칙(근로자가 직접 선택한 경우 인정)이다. (고용노동부 종합상담센터, 2010.7.5)

### 경리 직원이 관리소장직을 수행하다가 퇴직한 경우 퇴직금 산정기준

근로관계가 단절되지 않았다면 퇴직금 지급사유가 발생한 때를 기준으로 관계 법령에 따라 퇴직금을 산정하면 된다. (고용노동부 고객상담센터, 2010.9.20)

### 7년 동안 근무한 경비원이 연차수당 모두를 청구할 수 있는지

**질의** 아파트에서 7년 동안 근무한 경비원이 업무 특성상 연차유급휴가를 사용한 적이 없는데, 이에 따른 수당을 청구할 수 있는지?

**회신** 연차유급휴가에 대한 미사용수당 청구권은 연차유급휴가 청구권이 소멸된 시점에 발생한다. 연차유급휴가는 휴가가 발생한 날로부터 1년간 사용하지 아니하면 소멸하나, 휴가를 사용하지 않고 근로를 제공한 데 대한 대가인 연차휴가근로수당은 휴가청구권이 소멸한 날의 다음 날에 발생하는 것으로 그로부터 3년간 청구하지 않는 경우에는 소멸시효가 완성돼 수당을 지급받을 수 없다. (고용노동부 종합상담센터, 2010.7.5)

### 관리방식 변경에 따른 관리사무소 직원 해고의 위법성 판례

공동주택 입주자들이 공동주택 관리방식을 자치관리에서 위탁관리로 변경하면서 관리사무소 직원 전원을 해고한 사안에서, 공동주택 관리방식 변경은 사업폐지라 볼 수 없고, 그에 따른 관리사무소 직원의 해고는 경영상의 필요에 의한 해고로서 정리해고에 해당한다고 본 원심 판단이 정당.

아파트 입주자대표회의가 아파트 관리방식을 관리사무소 직원 전원을 정리해고하였는데, 이들 중 취업을 원한 직원들은 모두 위탁관리업체에 고용된 반면, 관리소장은 그 업체와 고용계약을 체결하지 못한 사안에서, 관리소장이 위탁관리업체와 고용계약을 체결하지 못한 것은 관리방식에 불만을 품고 스스로 이를 거부하였기 때문이고, 입주자대표회의로서는 위탁관리업체로 하여금 관리소장을 고용하도록 부탁하는 등의 노력을 함으로써 해고회피노력을 다하였다고 보아야 함에도, 이와 달리 위탁관리업체가 새로운 관리소장을 내정한 사실 등을 이유로 입주자대표회의가 해고회피노력을 다하지 않았다고 본 원심판결에는 법리 오해 등 위법이 있음. (대법원 2011.3.24, 2010다92148)

◆ **노무관리 관련 서식**은 [부록 3]과 같다.

Chapter

# 13 공동주택의 세무관리



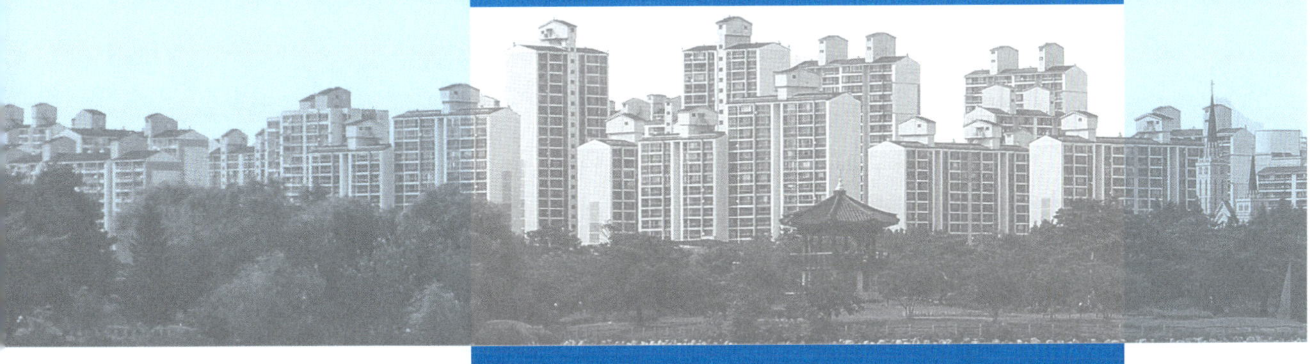

제 1 장

# 부가가치세법

## 1.1 부가가치의 의의

(1) 생산은 자연자원인 토지, 물적자원인 자본, 인적자원인 노동이라는 생산의 3요소에 원재료를 투입하고 기업가능력을 더하여 생산이 이루어진다. 여기에서 원재료를 가공하여 제품을 생산하기 위해 투입하는 토지·자본·노동을 생산요소라고 하고, 생산요소를 투입한 만큼 '부가가치가 생겼다'라고 한다. 부가가치(附加價値)란 구입한 중간재인 원재료 가치에 '부가된 가치'를 말한다.

(2) 이를 소득 측면에서 보면 원재료는 생산과정에서 물리적·화학적으로 분해·소비되어 없어지고 토지 제공자에게는 임대료(임대인 경우에는 임대소득, 자기소유인 경우에는 이윤이 된다)를 지급하고, 자본 제공자에게는 이자(투자자의 이자소득이 된다)를 지급하며, 노동 제공자에게는 임금(노동자의 근로소득이 된다)을 지급한다. 그리고 기업가는 세금을 내고 나머지 이윤은 기업가가 법인인 경우에는 법인소득과 주주의 배당소득이 되고 개인인 경우에는 사업소득이 된다.

이렇게 생산단계에서 창출된 부가가치는 결국 임금, 이자, 임대료, 이윤의 형태로 분배된다. 각 생산요소에 대한 보수를 모두 더한 것을 '국내총생산(GDP)'이라고 부를 수 있다.

(3) 이를 손익계산서 측면에서 보면 매출액에서 매출원가(원재료)를 빼면 매출총이익이 되는데, 이를 숫자로 예를 들면 매출액이 100원이고 원재료가 30원인 경우 매출총이익은 70원이며, 이 매출총이익이 생산요소를 투입하고 얻은 총부가가치이다. 총부가가치에서 감가상각비 등의 일반관리비를 빼면 순부가가치가 된다.

## 1.2 용어의 정의

(1) 재화는 재산 가치가 있는 물건 및 권리를 말하며, 용역은 재화 외에 재산가치가 있는 모든 역무와 그 밖의 행위를 말한다.

(2) 사업자란 사업 목적이 영리이든 비영리이든 관계없이 사업상 독립적으로 재화 또는 용역을 공급하는 자를 말한다.

(3) 간이과세자란 직전 연도의 공급대가의 합계액이 4,800만원에 미달하는 사업자로서, 간편한 절차로 부가가치세를 신고·납부하는 개인사업자를 말한다.

(4) 과세사업은 부가가치세가 과세되는 재화 또는 용역을 공급하는 사업이고, 면세사업은 부가가치세가 면제되는 재화 또는 용역을 공급하는 사업을 말한다.

(5) 사업자는 사업장마다 사업 개시일부터 20일 이내에 사업장 관할 세무서장에게 사업자등록을 신청하여야 한다.

## 1.3 부가가치세의 부담주체

부가가치세는 유통세로서 부담주체는 최종소비자이다. 위의 예시에서 기업가인 생산자는 30원하는 원재료의 구입과정에서 3원(공급가액의 10%이며, 단순화를 위하여 기타 매입세액은 무시한다)의 매입세액을 부담했다. 100원 짜리 생산품을 팔아서 이를 매입한 최종 소비자한테 10원의 매입세액을 부담시켜 110원을 받는다.

최종소비자한테 받은 10원의 매출세액에서 원재료를 사오면서 부담한 3원의 매입세액(3원의 부가가치세 납세의무는 종전 단계의 사업자이다)을 공제하면 7원이 되는데, 이 7원이 생산자가 100원을 매출하고 납부해야하는 부가가치세액이다. 결국 생산단계별로 사업자가 부가세를 납부하기는 하지만 그들은 보관만 하고 있다가 납부하는 것이므로 생산자가 부가가치세를 실제로 부담하는 것은 전혀 없고, 최종소비자가 10원 전액을 부담하는 것이다.

부가가치 70원 × 부가가치세율 10% = 부가가치세 7원으로 계산하거나, 공제법에 의하여 매출세액 10원 - 매입세액 3원 = 부가가치세 7원으로 계산하여도 세액은 동일하다. 생산자는 부가가치세법 상 '사업자'라 하고, 세금계산서 용어로는 '공급자'라 하며 상대방은 '공급받는 자'라고 한다.

## 1.4 부가가치세의 납세의무자 및 과세대상

부가가치세의 납세의무자는 사업자와 재화를 수입하는 자로서, 개인, 법인, 법인격이 없는 단체이다. 그리고 부가가치세의 과세대상은 사업자가 행하는 재화 또는 용역의 공급과 재화의 수입이다. 부가가치세의 부담자는 공급받는 자인데 납세의무자는 공급자이므로 혼동하기 쉽다. 근로소득세의 부담자는 근로자인데 사용자가 원천징수하여 원천징수세액 납부의무자가 되는 것과 유사한 형태로서 이는 과세편의상의 제도이다.

## 1.5 부가가치세의 면세·면제

### (1) 면세사업

면세사업이란 부가가치세가 면제되는 재화 또는 용역을 공급하는 사업을 말한다. 부가가치세액의 계산은 「매출세액 - 매입세액 = 납부세액」이라는 구조를 가지고 있는데, 매출세액은 있는데 매입세액의 파악이 곤란한 1차 산업, 수출 등의 경우나 국민후생적 장려, 부가가치의 생산요소(토지, 자본, 노동), 기타 정책목적 등으로 부가가치세를 면세한다. 부가가치세 면세는 부가가치세법 제26제1항제1호 ~ 제20호에 규정하고 있고, 부가가치세 면제는 조세특례제한법 제106조에 규정하고 있다.

### (2) 부가가치세법 상 면세 대상

① 기초생활 관련
농산물, 축산물, 수산물, 수돗물, 연탄, 대중교통, 주택임대, 공동주택 어린이집 임대

② 국민후생 관련
의료보건, 교육, 도서·언론매체, 문화·예술·체육, 도서관 등 입장

③ 부가가치 생산요소
금융, 보험, 인적용역

④ 기타 정책적 목적
우표, 담배, 종교, 자선 등의 공익단체, 국가·지방자치단체

(3) 조세특례제한법 상 부가가치세 면제(제106조)

① 영구면제

국민주택 공급·건설, 국민주택(85㎡) 이하 공동주택의 위탁관리 일반관리·경비·청소, 정부업무 대행단체, 철도시설, 희귀병 치료제, 연안여객선 석유류 등

② 2022.12.31.까지 면제(부칙개정에 의거 면제기한이 연장될 수 있음)

국민주택 85㎡ 초과~전용면적 135㎡ 이하 공동주택의 위탁관리 일반관리(인건비)·경비·청소 용역은 2022.12.31까지 면제된다. 공동주택의 전용면적 135㎡ 초과는 2014.12월경 동법 개정시 한시규정이었는데, 이를 연장하지 않았기 때문에 2015.1.1부터 부가가치세가 과세되는 것이다.

# 제 2 장 소득세법

## 2.1 용어의 정의

(1) 거주자란 소득세법 상의 용어로서 국내에 주소를 두거나 183일 이상의 거소를 둔 개인을 말한다.

(2) 사업자란 사업소득이 있는 거주자이며, 사업소득이란 소득세법에서 정하는 20개 항목의 해당 과세기간에 발생한 소득으로서 영리를 목적으로 자기의 계산과 책임 하에 계속적·반복적으로 행하는 활동을 통하여 얻는 소득을 말한다. 이와 비교하여 부가가치세법상의 사업자는 사업 목적이 영리이든 비영리이든 관계없이 사업상 독립적으로 재화 또는 용역을 공급하는 자를 말한다.

## 2.2 공동사업자

(1) 사업소득이 발생하는 사업을 공동으로 경영하고 그 손익을 분배하는 공동사업의 경우에는 해당 사업을 경영하는 장소(이하 "공동사업장"이라 한다)를 1거주자로 보아 공동사업장별로 그 소득금액을 계산한다.

공동사업에서 발생한 소득금액은 해당 공동사업을 경영하는 각 거주자간에 약정된 손익분배비율에 의하여 분배되었거나 분배될 소득금액에 따라 각 공동사업자별로 분배한다.

**(2) 소득세법시행령 제3조의2(거주자 또는 비거주자로 보는 단체의 구분)**

소득세법 제2조제3항에 따라 거주자 또는 비거주자로 보는 법인 아닌 단체에 대해서는 다음 각 호의 구분에 따라 소득세법을 적용한다.

1. 구성원 간 **이익의 분배방법이나 분배비율**이 정하여져 있거나 **사실상 이익이 분배**되는 것으로 확인되는 경우에는 해당 구성원이 공동으로 사업을 영위하는 것으로 보아 구성원별로 과세
2. 구성원 간 이익의 분배방법이나 분배비율이 정하여져 있지 않거나 확인되지 않는 경우에는 해당 단체를 1 거주자 또는 1 비거주자로 보아 과세

공동주택의 경우 제4장 4.4 공동주택의 법인으로 보는 단체에서 후술하는 바와 같이 입주자대표회의가 법인으로 보는 단체에 해당되지 않는다면, 위 기준에 따라 잡수입에 대하여 소득세를 과세하여야 한다.

## 2.3 원천징수의무자

(1) 소득세법상 국내에 주소를 두거나 183일 이상의 거소를 둔 개인을 '거주자'라 하며, 거주자가 각자의 종합소득(이자소득, 배당소득, 사업소득, 근로소득, 연금소득, 기타소득을 말한다)이나 퇴직소득이 있으면 소득세(주민세 포함)를 납부할 의무를 진다. 그리고 소득세법에 따라 거주자, 내국법인 등이 원천징수 대상소득을 지급하는 경우에는 거주자에게서 원천징수한 소득세를 납부할 의무를 진다.

(2) 원천징수세액의 납부

원천징수한 소득세, 지방소득세(주민세)는 그 징수일이 속한 달의 다음달 10일까지 국세징수법에 의한 납부서에 의하여 납부하여야 하며, 원천징수이행상황신고서를 관할 세무서장에게 제출해야 한다.

## 2.4 연말정산

(1) 근로소득을 지급하는 원천징수의무자는 다음연도 2월분의 급여 또는 연도 중 퇴직하는 달의 급여를 지급하는 때에 전년도 1년간의 총급여액(퇴직의 경우에는 퇴직일까지 급여액을 말한다)에 대하여 세법에 따라 정산한 근로소득세액과 매월 급여지급 시 간이세액표에 의하여 이미 원천징수한 세액과 비교하여, 정산세액이 원천징수세액보다 적을 경우 그만큼 많이 징수했으므로 차액을 근로소득자에게 환급하고 반대의 경우에는 그만큼 적게 징수했으므로 추가 징수하여야 한다.

(2) 국세청 홈페이지(www.hometax.go.kr) 연말정산 간소화 포털

국세청 연말정산 간소화 서비스는 근로자 본인의 인증 절차 후 병원·은행 등 영수증 발급처로부터 소득·세액공제 증명 자료를 수집하여 납세자에게 증명서류를 제공하는 서비스하고 근로자 본인이 직접 국세청 홈택스에서 작성한 자료가 국세청에서 회사로 제공되고 회사에서 국세청으로 자료가 제공된다.

| |
|---|
| 일괄제공 명단등록(회사 ⇨ 국세청) |
| 연말정산 간소화 제공 및 연말정산 자료 일괄제공 (근로자 ⇨ 국세청) |
| 간소화자료 내려받기 (국세청 ⇨ 회사) |
| 원천징수의무자 전자신고 (회사 ⇨ 국세청) |

(3) 근로자 연말정산 절차

① 근로자의 소득공제자료 조회

연말정산 소득공제자료 조회 : 홈택스 → 조회→ 간소화제출

간소화자료 온라인(On-Line)제출 : 근무처 선택 후 간편제출

② 근로자의 공제신고서 자동작성 및 제출

공제신고서작성 : 기본사항 입력 → 부양가족 입력 → 공제목록 지출명세 작성 → 공제신고서 작성 → 간편제출하기(공제신고서 이상이 없는 경우 회사제출)

③ 근로자의 신고결과 조회(공제신고서 및 예상세액 조회)

회사로 제출한 신고서에 수정사항 있는 경우 반드시 회수한 후 다시 제출하여야 한다.

### (4) 회사 연말정산 절차

① 연말정산 업무준비(신고유형 선택, 근로자에게 일정과 정보 제공 동의)

② 국세청 홈택스에서 간소화 자료 일괄제공 근로자 명단 등록

③ 국세청 홈택스에서 내려받은 간소화 자료(근로자가 제출한 소득·세액 공제신고서와 공제 증명자료) 검토 후 근로자별 세액계산 완료 및 개인별 원천징수 영수증 발급 국세청 홈택스에서 연말정산 전자신고(원천징수이행상황신고 및 환급신청, 소득공제신고서, 지급명세서)

## 2.5 연말정산 소득·세액공제요건

(1) 연말정산 공제요건은 근로자 스스로 검토하여야 하며, 연말정산 소득·세액 공제요건은 다음과 같다.

◉ 연말정산 소득·세액공제요건

<table>
<tr><th colspan="2" rowspan="3">구분</th><th colspan="4">공제요건</th></tr>
<tr><th rowspan="2">나이요건</th><th rowspan="2">소득요건<br>100만원이하</th><th colspan="2">동거요건</th></tr>
<tr><th>주민등록동거</th><th>일시퇴거허용</th></tr>
<tr><td rowspan="6">기본공제</td><td>본 인</td><td>×</td><td>×</td><td>×</td><td>–</td></tr>
<tr><td>배우자</td><td>×</td><td>○</td><td>×</td><td>–</td></tr>
<tr><td>직계존속</td><td>60세 이상</td><td>○</td><td colspan="2">주거형편상 별거허용</td></tr>
<tr><td>직계비속</td><td>20세 이하</td><td>○</td><td>×</td><td>–</td></tr>
<tr><td>형제자매</td><td>60세 이상<br>20세 이하</td><td>○</td><td>○</td><td>○</td></tr>
<tr><td>기초수급자</td><td>×</td><td>○</td><td>○</td><td>○</td></tr>
<tr><td rowspan="4">추가공제</td><td>장애인</td><td colspan="4">기본공제대상자 중 장애인</td></tr>
<tr><td>경로우대</td><td colspan="4">기본공제대상자 중 70세 이상인 자</td></tr>
<tr><td>부녀자</td><td colspan="4">배우자가 없는 여성근로자로서 기본공제대상 부양가족이 있는 세대주 또는<br>배우자 있는 여성근로자, 근로소득 3천만이하</td></tr>
<tr><td>한부모</td><td colspan="4">배우자가 없는 자로서 20세 이하 부양자녀가 있는 자</td></tr>
<tr><td colspan="2">연금보험료 공제</td><td colspan="4">공적연금보험료의 근로자 본인 불입분만 공제 가능</td></tr>
</table>

| 구 분 | | 기본공제대상자의 요건 | | 근로기간 지출한 비용만 공제 | 비 고 |
|---|---|---|---|---|---|
| | | 나이 | 소득 | | |
| 특별소득공제 | 보험료 | 근로자 본인 부담분만 공제(건강·노인장기요양, 고용보험) | | | |
| | 주택자금공제 | – | – | ○ | 본인만 가능 |
| 그밖의 소득공제 | 개인연금저축 | 근로자 본인 불입분만 공제 가능 | | | |
| | 주택마련저축 | 세대주인 근로자 본인 불입분만 공제 가능 | | | |
| | 신용카드 등 | × | ○ | ○ | 형제자매 제외 |
| 자녀세액공제 | | ○ | ○ | – | 기본공제대상자녀 |
| 연금계좌세액공제 | | 근로자 본인 불입분만 세액공제 가능 | | | |
| 특별세액공제 | 보장성보험료 | ○ | ○ | ○ | |
| | 의료비 | × | × | ○ | |
| | 교육비 | × | ○ | ○ | 직계존속 제외 |
| | 기부금 | × | ○ | × | 기본공제대상자 (정치자금은 본인만 가능) |
| 표준세액공제 | | 특별소득공제, 특별세액공제, 월세액세액공제 신청하지 아니한 경우 13만원 표준세액공제 적용 | | | |

(2) 개인정보 보호를 위해 근로자 본인의 공인인증서가 꼭 필요하다. 영수증 발급기관에서 국세청에 제출하지 않은 자료는 간소화서비스에서 조회되지 않는다. 이 경우 근로자 본인이 해당기관에서 수집해야 한다.

(3) 부양가족의 자료조회는 간소화서비스에서 부양가족 본인의 사전 동의가 필요하다. 19세 미만의 자녀는 동의절차 없이 '자녀자료 조회신청' 후 조회가능하다.

## 2.6 근로소득자의 과세표준 및 세액계산(2016년 기준)

다음의 근로소득 세액의 계산과정은 국세청 홈페이지에서 자동계산 서비스되지만 전반적인 계산과정을 이해하기 위하여 (1) ~ (16)까지 계산흐름을 요약하였다.

### (1) 연간 소득금액

명칭 여하에 불구하고 근로를 제공하고 지급받는 모든 대가 등(다만, 일용근로소득 제외)으로서 비과세소득을 포함하여 일반적으로 '연봉'을 말한다.

(2) (−) 비과세소득

실비변상적 급여(지급규정에 의한 여비, 월 20만원 이내 자기차량운전보조금 등), 비과세 학자금, 근로장학금, 현물식사 또는 월 10만원 이하 식사대, 출산수당 또는 6세 이하의 자녀 보육수당(월 10만원 이내), 고용보험법에 따라 받는 육아휴직 급여 및 산전산후휴가 급여 등

(3) 총급여액

(1) − (2), 총급여액은 의료비 세액공제·신용카드 소득공제 적용 시 활용

(4) (−) 근로소득공제

공제액은 총급여액 1,500만원 초과 4,500만원 이하는 750만원 + 1,500만원 초과액의 15%, 4,500만원 초과 1억원 이하는 1,200만원 + 4,500만원 초과액의 5%

(5) 근로소득금액

(3) − (4), 근로소득금액은 기부금 소득공제 한도 적용 시 활용

(6) (−) 인적공제

① 기본공제 : 근로자 본인, 연간 소득금액 100만원(근로소득만 있는 자는 총급여액 500만원) 이하인 배우자 및 생계를 같이하는 부양가족(나이요건 충족 필요, 장애인은 나이 제한 없음)에 대하여 1명당 연 150만원

② 추가공제 : 기본공제대상자가 70세 이상 경로우대 100만원, 장애인 200만원, 부녀자(부양/기혼) 50만원, 한부모 100만원(부녀자 공제와 중복배제) 공제

(7) (−) 연금보험공제

공적연금(국민연금, 공무원연금 외)의 근로자 부담금 전액공제

(8) (−) 특별소득공제

보험료(국민건강보험료, 고용보험료, 노인장기요양보험료) 전액공제, 주택자금(주택임차차입금 원리금상환액의 40% 공제 − 주택마련저축과 합하여 연 400만원 한도, 장기주택저당차입금 이자상환액 공제 − 연 300만원 ~ 1,800만원 한도)

(9) (−) 그 밖의 소득공제

신용카드·직불카드·선불카드·현금영수증 사용액의 합계액 중 총급여액의 25%를 초과하는

금액의 15%(전통시장사용분, 대중교통이용분, 현금영수증, 직불카드 등의 경우 30%)를 소득공제(총급여액의 20%와 300만원 중 적은 금액 한도. 다만, 전통시장사용분, 대중교통이용분 각각 추가 100만원)

(10) 과세표준

(5) - (6) ~ (9) + 소득공제 종합한도초과액

* 소득공제 종합한도초과액 : 특별소득공제 및 그 밖의 소득공제 중 종합한도대상 공제금액이 2,500만원을 초과하는 경우 과세표준에 합산

(11) (×) 기본세율

과세표준 1,400만원 이하는 과세표준의 6%

과세표준 5,000만원 이하는 (과세표준 × 15%) -126만원

과세표준 8,800만원 이하는 (과세표준 × 24%) -576만원

(12) 산출세액

(10) × (11)

(13) (-) 세액공제 및 세액감면

① 근로소득세액공제 : 산출세액 130만원 이하분 55%, 초과분 30% 공제(74만원, 66만원, 20만원 한도)

② 자녀세액공제 : 기본공제대상(8세 이상) 자녀 및 손자녀 1명 15만원, 2명 30만원, 3명 이상 30만원 + 2명 초과 1명당 30만원) 출생·입양 : 첫째 30만원, 둘째 50만원, 셋째 이상 70만원

③ 연금계좌세액공제 : 퇴직연금·연금저축 납입액의 12% 세액공제(총급여액 55백만원 이하는 15%) 공제한도는 연600만원(퇴직연금과 합하여 연 900만원 한도)

④ 특별세액공제

* 보험료 세액공제(세액공제율 12%, 장애인전용보장성보험은 15%) 기본공제대상자(피보험자인 경우), 기본공제대상자 중 장애인을 피보험자 연 100만원

* 의료비 세액공제(세액공제율 15%, 난입시술비 30%, 미숙아·선천성 이상아 의료비는 20%) 기본공제대상자를 위해 지출한 총급여액의 3% 초과하는 의료비 연 700만원

* 교육비 세액공제(세액공제율 15% ) 근로자 본인 전액공제대상, 기본공제대상자를 위해 교육비(취학전 아동 및 초·등·고생 1명당 연 300만원 대학생 1명당 연 900만원 한도, 기본공제대상자 중 장애인은 전액공제 대상

* 기부금세액공제 정치자금기부금(10만원 이하 110%, 10만원 초과 15%(3천만원 초과 20%) 고향사랑기부금(10만원 이하 110%, 10만원 초과 15% 특례기부금,우리사주조합기부금, 종

교단체기부금 15%(1천만원 초과분 30%)

⑤ 표준세액공제(연 10만원 세액공제) : 특별소득공제·특별세액공제·월세액 세액공제를 신청하지 아니한 경우

⑥ 주택자금차입금이자세액공제(95.11.1~97.12.31 취득) 주택자금차입금에 대한 이상 상환액의 30% 세액공제

⑦ 월세액 세액공제 : 총급여액 7천만원이하 무주택 세대주(일정요건을 충족한 세대원도 가능)가 지급한 월세액(연 750만원 한도)의 15%, 17% 세액공제

### (14) 결정세액

(12) – (13)

### (15) (–) 기납부세액

주 근무지(현 근무지)의 기납부세액과 종 근무지(전 근무지)의 결정세액의 합계액

### (16) 차감징수세액

(14) – (15) 결정세액 〉 기납부세액 : 차액 납부, 결정세액 〈 기납부세액 :차액 환급

## 2.7 퇴직급여

### (1) 퇴직금 계산방법

① 퇴직금 = 재직일수 ÷ 365일 × 30일분 평균임금

② 30일분 평균임금 = 최근 3개월 임금총액 ÷ 91일(3개월 총일수)

### (2) 퇴직소득금액

퇴직소득은 해당 과세기간에 발생한 사용자 부담금을 기초로 하여 현실적인 퇴직을 원인으로 지급받는 소득을 말하며, 퇴직소득에서 비과세소득을 공제하면 퇴직소득금액이 된다.

### (3) 퇴직소득세의 계산

① 과세표준의 계산

퇴직소득세 계산은 국세청 홈페이지(www.nts.go.kr)에서 서비스를 제공하고 있다. 퇴직소득의 과세표준은 퇴직소득금액에서 퇴직소득공제액을 차감하여 계산하며, 이는 기본공제와 근속연수에 따른 공제로 구분한다. 다만, 공제금액이 소득금액을 초과하는 경우에는 그 퇴직급여액을 퇴직소득공제액으로 한다. 즉, 퇴직소득과세표준 = 퇴직소득금액 – 퇴직소득공제액이다.

② 퇴직소득공제

ⓐ 기본공제액 = 퇴직급여액 × 40%

ⓑ 근속연수(1년 미만은 1년으로 한다)에 따른 공제액 계산방법

| 근속연수 | 공제액 |
|---|---|
| 5년 이하 | 30만원 × 근속연수 |
| 5년 초과 10년 이하 | 150만원 + 50만원 × (근속연수 – 5년) |
| 10년 초과 20년 이하 | 400만원 + 80만원 × (근속연수 – 10년) |
| 20년 초과 | 1,200만원 + 120만원 × (근속연수 – 20년) |

### (4) 퇴직소득산출세액의 계산

① 퇴직소득산출세액 = (퇴직소득과세표준 ÷ 근속연수 × 기본세율) × 근속연수

② 기본세율에 의한 산출세액계산

ⓐ 퇴직소득과세표준이 1,200만원 이하인 경우 : 과세표준 × 6%

ⓑ 퇴직소득과세표준이 1,200만원 초과, 4,600만원 이하인 경우 : 72만원 + 1,200만원을 초과하는 금액의 15%

## 2.8 종합소득세 과세표준 확정신고

(1) 모든 사업자는 종합소득세 과세표준을 확정신고하여야 한다. 사업소득(부동산 임대소득 포함)이 있는 모든 사업자는 다른 종합소득을 합하여 매년 5월 31일까지 납세지(주소지) 관할 세무서에 신고하여야 한다. 종합소득이란 이자소득, 배당소득, 사업소득(부동산 임대소득 포함), 근로소득, 연금소득, 기타소득을 말한다. 소득세 대상이 되는 개인소득은 종합소득 이외에 퇴직소득과 양도소득이 있다.

(2) 종합소득에는 이를 종합하여 과세하는 종합과세소득과 별도로 분리하여 과세하는 분리과세소득이 있다. 분리과세소득의 종류는 이자소득, 배당소득, 근로소득, 연금소득, 기타소득이 있다. 분리과세소득만 있는 자는 원천징수의무자가 원천징수를 하고 연말정산을 한 경우에는 종합소득세 과세표준 확정신고를 하지 아니 할 수 있다.

(3) 장부에 의해 계산된 실질소득으로 신고하여야 한다. 모든 사업자는 사업과 관련된 모든 거래사실을 세금계산서 등 증명서류를 근거로 장부에 기록하여 계산된 실질소득에 따라 소득세를 신고하여야 한다. 해당되는 업종이 2 이상인 경우에는 수입금액이 가장 큰 업종의 수입금액 기준으로 환산하여 판단한다. 직전연도 사업소득금액별로 장부신고자와 추계신고자 구분 기준은 다음과 같다.

| 직전연도 사업소득금액 | 장부신고자 | | 추계신고자 | |
|---|---|---|---|---|
| 업종별 | 복식부기 의무자 | 간편장부 대상자 | 기준경비율 적용대상자 | 단순경비율 적용대상자 |
| 도매업 | 3억원이상자 | 3억원미만자 | 6천만이상자 | 6천만미만자 |
| 부동산임대입 | 7천5백이상자 | 7천5백미만자 | 2천4백이상자 | 2천4백미만자 |

- 잡수입 중 재활용품판매의 업태는 도매업, 종목은 재생용 재료수집 및 판매업, 업종코드 514971로 분류되며, 기준경비율은 6.2%, 단순경비율은 95.6%이다. 이를 계산식으로 표시하면, 재활용수입금액 − (재활용수입금액 × 기준 또는 단순경비율) = 재활용소득금액이 된다. 즉, 단순경비율 적용대상의 소득금액은 4.4%이다.
- 잡수입 중 어린이집임대, 중계기임대, 알뜰시장임대 등의 업태는 부동산업, 종목은 비주거용 건물임대업, 업종코드 701201로 분류되며, 기준경비율은 21.1%, 단순경비율은 38.4%이다.

(4) 장부가 없으면 직전연도의 사업소득의 수입금액(매출액을 말한다)을 기준으로 기준경비율 또는 단순경비율로 소득금액을 계산할 수 있다. 기준경비율대상자는 다음 ①의 금액과 ② × 3.0배(간편장부대상자는 2.4배를 적용한다)의 금액 중 적은 것을 신고할 수 있다.

① 기준경비율에 의한 소득금액 = 수입금액 - 주요경비 - (수입금액 × 기준경비율), 주요경비는 매입비용, 임차료, 인건비로서 증빙수취분에 한한다.
② 단순경비율에 의한 소득금액 = 수입금액 - (수입금액 × 단순경비율)

반면, 복식부기의무자의 경우에는 수입금액에 기준경비율의 2분의 1을 곱하여 계산한 금액으로 한다. 단순경비율대상자는 위 ①의 금액과 ②의 금액 중 적은 것으로 신고할 수 있다.

(5) 간편장부대상자가 복식부기에 의해 장부기록 시 산출세액의 20%를 산출세액에서 차감한다. 장부를 기록하지 않으면 수입금액이 4,800만원 이상이면 산출세액의 20%를 무기장가산세로 부담한다. 그리고 복식부기의무자는 수입금액의 0.07%와 산출세액의 20% 중 큰 금액을 무신고가산세로 부담하게 된다.

(6) 신고유형별로 납세자의 수입금액, 기준경비율, 소득공제 등이 수록된 맞춤형 개별 신고안내문을 홈텍스 My NTS에서 제공하고 있으며 출력도 가능하다. 신고안내문에는 개인 과세정보가 수록되어 있어 공인인증서로 본인 여부가 확인되어야 제공되고 있다.

(7) 신고유형별 신고서식

① 복식부기 신고자(자기조정, 외부조정) : 제40호 서식(1), 재무상태표, 손익계산서와 그 부속서류, 합계잔액시산표, 조정계산서 등, 외부조정(세무사, 공인회계사)대상자는 도매업은 수입금액이 6억원 이상, 부동산임대업은 수입금액이 1억5천만원 이상인 경우이다. 즉, 공동주택의 경우 대부분 자기조정 대상이다.
② 간편장부 신고자 : 제40호 서식(1), 간편장부소득금액계산서, 총수입금액 및 필요경비 명세서 등
③ 기준경비율 신고자 : 제40호 서식(1), 주요경비지출명세서 등
④ 단순경비율 신고자 : 제40호 서식(1)
⑤ 비사업자(근로자, 금융소득자, 기타소득자) : 제40호 서식(1), 금융소득이란 이자소득과 배당소득을 말한다.

# 제 3 장 법인세법

## 3.1 용어의 정의

내국법인이란 국내에 본점이나 주사무소 또는 사업의 실질적 관리장소를 둔 법인을 말하며, 비영리내국법인이란 내국법인 중 민법 제32조에 따라 설립된 법인, 사립학교법인이나 그 밖의 특별법에 따라 설립된 법인, 국세기본법 제13조제4항에 따른 법인으로 보는 단체에 해당하는 법인을 말한다.

## 3.2 납세의무와 과세소득의 범위

내국법인은 법인세법에 따라 그 소득에 대한 법인세를 납부할 의무가 있다. 법인세는 각 사업연도의 소득, 청산소득, 토지 등의 양도소득 등에 대하여 부과한다. 다만, 비영리내국법인과 외국법인에 대하여는 각 사업연도의 소득과 토지 등의 양도소득에 대하여만 법인세를 부과한다. 비영리내국법인의 각 사업연도의 소득은 제조업, 건설업, 도매업·소매업, 부동산·임대 등의 사업 또는 수입(수익사업)에서 생기는 소득으로 한다.

## 3.3 고유목적사업준비금의 손금산입

법인세법 제29조에 따라 비영리내국법인(법인으로 보는 단체의 경우에는 대통령령으로 정하는 단체만 해당)이 고유목적사업 등에 지출하기 위하여 고유목적사업준비금을 손금으로 계상한 경우에는 이자소득의 금액은 전액, 기타 수익사업에서 발생한 소득에 100분의 50을 곱하여 산출한 금액의 범위에서 그 사업연도의 소득금액을 계산할 때 이를 손금에 산입한다. 법인세법시행령 제56조에 따라 공동주택의 **입주자대표회의** 또는 **자치관리기구**는 고유목적사업준비금의 손금산입을 할 수 있는 단체에 해당한다.

## 3.4 수익사업에 대한 사업자등록 절차

### (1) 입주자대표회의 의결

수익사업에 대한 사업자등록을 위하여 고유번호증을 사업자등록증으로 변경신청하는 경우에는 입주자대표회의의 의결이 있어야 한다.

### (2) 수익사업의 세무서 신고

수익사업용 사업자등록변경을 위하여 수익사업 개시신고(사업자등록증 발행신청)를 하는 경우에는 비영리법인의 수익사업 개시신고서(단체의 인감날인), 개시 재무상태표, 입주자대표회의 회의록, 비영리법인 대표자 신분증사본 / 대리인 신분증, 고유번호증 사본을 첨부하여 관할 세무서에 신청하여야 한다.

### (3) 수익거래의 전자세금계산서 발행

수익사업으로 인한 수익거래에 대하여 전자세금계산서를 발행해야 하는데, 이 경우 국세청 전자세금계산서 사이트에서 공인인증서를 발급받아야 한다.

# 제 4 장 공동주택의 소득세와 법인세 비교

공동주택은 비영리단체이므로 고유번호증이 발급된다. 잡수입으로 인한 수익사업에 따른 사업자등록변경 시 법인사업자로 변경할 것인지 개인사업자로 변경할 것인지가 문제인데, 이 경우 과세당국은 공동주택의 입주자대표회의를 법인으로 보아 법인사업자로 변경해야 한다고 유권해석하고 있다. 법인세 과세대상인 경우 자산, 부채 및 손익을 수익사업에 대해서만 과세하기 위하여 '수익사업'과 '기타사업'으로 구분경리하여야 한다.

## 4.1 법인과 개인의 과세차이

| 구 분 | 법 인<br>(법인으로 보는 단체) | 개 인<br>(법인 아닌 단체) |
|---|---|---|
| 적용 세법 | 법인세법 적용 | 소득세법 적용 |
| 신고일 | 익년 3월 31일까지 | 익년 5월 31일까지 |
| 신고방법 | 장부기장에 의한 신고 | 장부기장 또는 추계신고 |
| 적용세율 | 10, 20, 22% 3단계 | 6 ~ 38% 5단계 |
| 손금산입준비금 | 고유목적사업준비금 있음 | 없음 |
| 간이과세 | 없음, 전자세금계산서 발행 | 있음 |
| 부가세 신고 | 연 4회 | 연 1회 또는 2회 |

## 4.2 부가가치세 신고

| 구 분 | 개인사업자 | | | 법인사업자 |
|---|---|---|---|---|
| 공급대가<br>합계액 | 2,400만 미만 | 4,800만 미만 | 4,800만 이상 | 공급대가 무관 |
| 사업자등록 | 간이과세자 | 간이과세자 | 일반과세자 | 비영리법인사업자 |
| 부가세신고 | 익년 1/25 1회 | 익년 1/25 1회 | 반기별 2회 | 분기별 4회 |
| 납부세액 | 납무의무 면제 | 공급가액1또는3%<br>×10%–공제세액 | 매출세액–<br>매입세액 | 매출세액–<br>매입세액 |
| 세금계산서,<br>계산서 | 영수증만 발급 | 영수증만 발급 | 모두 발급 | 모두 발급(전자) |
| 세금계산서 가산세 | 없음 | 없음 | 공급가액 2% | 공급가액 2% |

## 4.3 공동주택의 법인으로 보는 단체

### (1) 법인의제 단체의 요건

국세기본법 제13조제2항에 따라 다음 각각의 요건을 모두 갖춘 것(아래의 1. ~ 3.호를 말한다)으로서 대표자나 관리인이 관할 세무서장에게 비영리법인으로 신청하여 승인을 받은 경우에는 **법인의제**(法人擬制) **단체**가 되어 법인세 과세대상이 된다.

> **국세기본법 제13조제2항**
>
> 1. 단체의 조직과 운영에 관한 규정을 가지고 대표자나 관리인을 선임하고 있을 것
> 2. 단체 자신의 계산과 명의로 수익과 재산을 독립적으로 소유, 관리할 것
> 3. 단체의 **수익을 구성원에게 분배**하지 않을 것

### (2) 법인의제 단체의 대표

공동주택관리법 제2조제1항제8호에서 "입주자대표회의란 공동주택의 입주자등을 대표하여 관리에 관한 주요사항을 결정하기 위하여 제14조에 따라 구성하는 자치 **의결기구**를 말한다." 라고 정의한다. 즉, 입주자대표회의는 동별 세대수에 비례하여 선거구에 따라 선출된 대표자로 구성하는 대의기구로서의 의결기구이다. 그러나 입주자등을 구성원으로 하는 「**공동주택의 대표기관**」이 무엇이고 그 대표가 누구인지에 대한 공동주택관리법령의 관련 규정은 없다.

공동주택관리법시행규칙 제4조제1항에서는 입주자대표회의 회장의 **업무범위**를 "입주자대표회의의 회장은 입주자대표회의를 대표하고, 그 회의의 의장이 된다."라고 규정하고 있다. 영리법인의 경우 의결기관은 이사회이며 대표이사가 이사회의 의장이고 법인의 대표기관이다. 영리법인은 이사회의 결의 또는 정관으로 정하여 주주총회에서 **회사를 대표**할 이사를 선정하며, 통상 최대주주(owner)가 대표이사가 되거나 전문경영인을 대표이사로 선정하기도 한다. 그런데 과세당국은 입주자대표회의가 공동주택의 대표기관으로서 국세기본법 제13조제2항제1호 ~ 제3호 요건에 모두 충족되어 법인세 과세대상이라고 유권해석하며, 잡수입이 법인의 수익사업에 해당하므로 입주자대표회의 명의로 법인사업자등록을 하고 법인세를 납부하여야 된다고 한다.

(3) 결론적으로 입주자대표회의는 '**구성원**'과 '**수익의 분배**'에서 국세기본법 제13조제2항제3호의 **법인의제** 요건을 충족하지 못하므로 법인세 과세대상이 아닌 것으로 판단된다. 위의 제2장 2.2 **공동사업자**에서 살펴본바와 같이 공동주택의 잡수입은 소득세법상 입주자등의 공동사업에 해당되어 소득세법시행령 제3조의2에 따라 구성원 간 관리비 부과기준(주택공급면적)으로 이익의 분배방법이나 분배비율이 정해져 있으므로 구성원별(세대별)로 소득세를 과세하여야 할 것이다.

## 4.4 법인의제 이외의 단체

(1) 법인의제(법인으로 보는 단체) **이외의 단체**는 국내에 주사무소 또는 사업의 실질적 관리장소를 둔 경우 **거주자로 본다**. 즉, 소득세 과세대상이다. 법인으로 보는 단체 이외의 단체로서 소득이 있는 경우에는 고유번호를 부여받는 것이 아니고 개인사업자등록을 하여야 하는 것이다(소득세과-27, 2012.01.10).

(2) 1거주자로 보는 단체의 소득은 그 대표자나 관리인의 **다른 소득과 합산하여** 과세하지 아니 하는 것이며(서일-880, 2007.06.26), 법인으로 보는 단체 외의 단체가 납부하여야 할 세금을 체납하였을 경우에 당해 단체의 구성원은 연대납세의무가 없다(소법 1-3-3).

(3) 법인으로 보는 단체 외의 단체의 대표자 또는 관리인은 그 단체에서 발생하는 소득에 대하여는 **소득세법상 납세의무**가 없다(재경원 소득 46073-52, 1996.04.19).

## 4.5 공동주택의 수익사업 해당여부

(1) 판단기준

수익사업의 사업소득 원천이 대외적이고 수익목적인 경우는 수익사업으로 판단하고, 대내적으로 입주민을 대상으로 하고 비영리 고유사업으로 인한 소득이거나 징벌적 목적인 경우에는 수익사업이 아닌 것으로 판단한다.

국세청은 관리수익을 입주자대표회의의 고유사업으로 보고 있으나, 기준초과 차량보유 세대의 주차수입과 이삿짐을 부득이하게 승강기로 운반하는 경우에 징수하는 승강기수입에 대하여 수익사업으로 해석하고 있는데, 위의 판단기준을 적용하면 이 잡수입도 성격상 비영리 고유사업인 이용료에 해당한다. 또한 관리주체는 공동주택관리법시행령 제23조제4항에 따라 주민공동시설, 인양기 등 공용시설물의 이용료를 관리비등으로 부과할 수 있다. 이와 같은 이용료 성격의 잡수입은 수익사업이 아닌 것으로 분류하여야 한다.

(2) 고유사업

관리수익, 이자수입, 연체료수입, 부과차익 등은 비영리 고유사업에 해당하여 법인세 과세대상이 아니고 이자수입 등은 전액 고유목적사업준비금으로 손금 인정된다.

(3) 수익사업

어린이집임대수입, 중계기임대수입, 알뜰시장수입, 광고수입, 기준초과 차량보유 세대의 주차수입은 수익사업으로서 부동산업으로 분류되고, 재활용품수입 등은 도매업으로 분류된다.

(4) 부가가치세 면세사업

어린이집임대수입, 공과금카드할인료수입, 이자수입(금융용역)은 부가가치세법상 부가가치세가 면제되는 면세사업이다.

## 4.6 사업자등록 미이행시 불이익처분

| 구 분 | 간이사업자 | 일반사업자 | 법인사업자 |
|---|---|---|---|
| 부가세 미등록가산세 | 공급대가 0.5% | 공급대가 1% | 공급대가 1% |
| 부가세 무신고가산세 | 납부할 세액 20% | 납부할세액 20% | 납부할세액 20% |
| 부가세 납부불성실가산세 | 일 10만분의 25 | 일 10만분의 25 | 일 10만분의 25 |
| 법인(소득)세 무신고가산세 | 납부할세액 20% | 납부할세액 20% | 납부할세액 20% |
| 납부불성실법인(소득)세가산세 | 일 10만분의 25 | 일 10만분의 25 | 일 10만분의 25 |

◆ **세무관리 관련 서식**은 [부록 4]와 같다.

# 부록

## [부록 1] 아파트관리비 회계계정항목 표준분류

# K-apt 소개

▶ 공동주택관리 정보시스템(K-apt)이란?

공동주택 관리정보를 종합적이고 효율적으로 관리하기 위한 시스템으로, 관리비정보(47개 항목), 유지관리 및 하자담보 정보, 에너지사용량, 입찰정보 및 외부회계감사보고서 등을 공개(주택법 제45조의7)하고 있습니다.

▶ 주요경과

- 2009.09월 관리비 등 주요항목(6개 항목) 최초 공개 시작
- 2010.10월 관리비 등 공개항목 27개로 확대
- 2014.06월 관리비 등 공개항목 47개로 확대
- 2015.01월 의무관리대상 공동주택 전자입찰제 의무시행에 따른 입찰공고 및 선정 결과 공개

▶ 주요업무

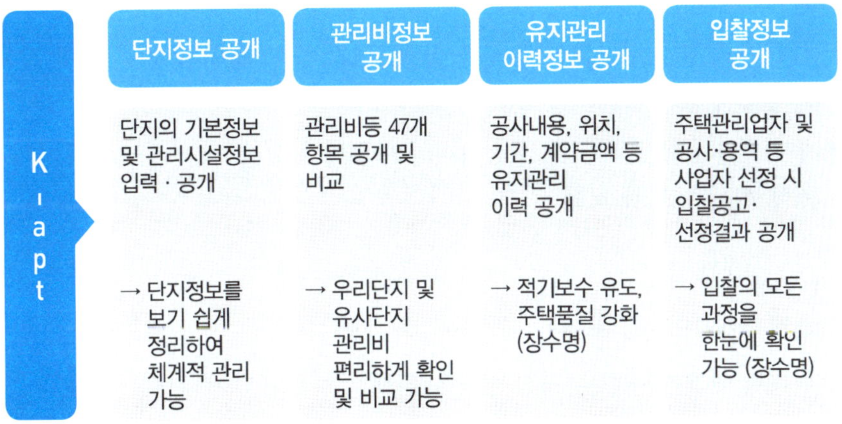
K-apt
단지정보 공개
관리비정보 공개
유지관리 이력정보 공개
입찰정보 공개
단지의 기본정보 및 관리시설정보 입력 · 공개
→ 단지정보를 보기 쉽게 정리하여 체계적 관리 가능
관리비등 47개 항목 공개 및 비교
→ 우리단지 및 유사단지 관리비 편리하게 확인 및 비교 가능
공사내용, 위치, 기간, 계약금액 등 유지관리 이력 공개
→ 적기보수 유도, 주택품질 강화 (장수명)
주택관리업자 및 공사·용역 등 사업자 선정 시 입찰공고·선정결과 공개
→ 입찰의 모든 과정을 한눈에 확인 가능 (장수명)

◉ 단지정보

- 기본정보 및 관리시설정보 입력·공개
  - 기본정보 : 단지주소, 관리방식, 분양형태, 난방방식, 동수·세대수 등 입력·공개
  - 관리시설정보 : 관리사항(경비·청소관리 등), 시설사항, 주변사항 입력·공개

◉ 관리비정보

① 맞춤형 유사단지 비교·통계, 시각화된 정보 제공

- 유사단지 기준 대상단지 관리비 상태알림 및 그래프 제공
- 대상·유사단지 간 비교기능 강화로 사용자 중심 정보 제공
- 관리비 맞춤형 통계 정보 등 추가 제공

② 대국민 관리비 공개 접근성 향상

- 서비스 접근성 및 이용편의성 극대화를 위해 스마트폰 플랫폼 지원

  → 부동산 가격정보 앱(APP)에 우리아파트 관리비 정보 탑재

◉ 유지관리 및 하자담보

- 유지관리이력정보·하자담보책임기간 알림 기능
  - 공동주택 적기보수를 통한 품질강화·수명장기화 및 사회적 비용 절감을 위해 신설

◉ 입찰정보

- '15년부터 의무관리대상 공동주택은 전자입찰제 의무시행 → K-apt 전자입찰시스템 개선
  - 사업자 선정 입찰공고·선정결과 공개, 민간전자입찰사업자 선정 및 감독 등 입찰과정 전부공개
  - 주택관리업자 및 사업자 선정지침(국토교통부 고시 제2015-784호, '15.11.16) 개정에 따른 시스템 개선

◉ 부가 공개 정보

- 외부회계감사보고서 공개
  - 관리비 공개에 대한 투명성 향상을 위해 감사보고서 세부내용 공개

◉ 대국민 서비스 제공

① 콜센터 및 질의응답(Q&A)·전문가상담 코너 운영

- K-apt 전담 콜센터 및 공동주택 관리 관련 전문가 상담(법률·회계) 운영

② 주택관리사 및 입주자대표회의 등 교육·홍보

- K-apt 업무 소개 및 전자입찰시스템 사용에 대한 교육

# 47개 공개항목 표준분류

| 구분 | 대항목 | 중항목 | 영 별표 5의 세항목 |
| --- | --- | --- | --- |
| 공용 관리비 | 일반 관리비 | 인건비 | ❶ 급여 |
| | | | ❷ 제수당 |
| | | | ❸ 상여금 |
| | | | ❹ 퇴직금 |
| | | | ❺ 산재보험료 |
| | | | ❻ 고용보험료 |
| | | | ❼ 국민연금 |
| | | | ❽ 국민건강보험료 |
| | | | ❾ 식대 등 복리후생비 |
| | | 제사무비 | ❿ 일반사무용품비 |
| | | | ⓫ 도서인쇄비 |
| | | | ⓬ 교통통신비 등 |
| | | 제세공과금 (관리기구 사용) | ⓭ 전기료 |
| | | | ⓮ 통신료 |
| | | | ⓯ 우편료 |
| | | | ⓰ 세금 등 |
| | | ⓱ 피복비 | |
| | | ⓲ 교육훈련비 | |
| | | 차량유지비 | ⓳ 연료비 |
| | | | ⓴ 수리비 |
| | | | ㉑ 보험료 |
| | | | ㉒ 기타 차량유지비 |
| | | 그 밖의 부대비용 | ㉓ 관리용품 구입비 |
| | | | ㉔ 회계감사비 |
| | | | ㉕ 그 밖의 비용 |

| 구분 | 대항목 | 중항목 | 영 별표 5의 세항목 |
| --- | --- | --- | --- |
| | ㉖ 청소비 | | |
| | ㉗ 경비비 | | |
| | ㉘ 소독비 | | |
| | ㉙ 승강기유지비 | | |
| | ㉚ 지능형홈네트워크설비유지비 | | |
| | 수선유지비 | | ㉛ 용역금액 또는 자재 및 인건비 |
| | | | ㉜ 보수유지비 및 제반 검사비 |
| | | | ㉝ 건축물의 안전점검비용 |
| | | | ㉞ 재난 및 재해 등의 예방에 따른 비용 |
| | ㉟ 위탁관리수수료 | | |
| 개별 사용료 | ㊱ 난방비 | | |
| | ㊲ 급탕비 | | |
| | ㊳ 가스사용료 | | |
| | ㊴ 전기료 | | |
| | ㊵ 수도료 | | |
| | ㊶ 정화조오물수수료 | | |
| | ㊷ 생활폐기물수수료 | | |
| | ㊸ 입주자대표회의 운영비 | | |
| | ㊹ 건물보험료 | | |
| | ㊺ 선거관리위원회 운영비기타 | | |
| ㊻ 장기수선충당금 | | | |
| ㊼ 잡수입 | | | |

# 관리비등 47개 항목 추천 회계계정

| 공개 항목(47개) | | | | 부과기준(설명) |
|---|---|---|---|---|
| 구분 | 대항목 | 중항목 | 영 별표 5의 세항목<br>* 추천계정항목은 〈 〉로 표기 | |
| 공용관리비 | 일반관리비 | 인건비 | ● 인건비란 급여, 제수당, 상여, 퇴직금, 산재보험료, 고용보험료, 국민연금, 국민건강보험료 및 식대 등 복리후생비 등을 말한다. | |
| | | | ❶ 급여 〈**급여**〉 | ● 미화원과 경비원을 제외한 관리사무소 직원에 대해 급여 지급기준에 의해 지급하는 급여를 말한다.<br>☞ 주의사항: 경비원의 급여는 경비비에 포함되고 청소원의 급여는 청소비에 포함 |
| | | | ❷ 제수당 〈**제수당**〉 | ● 제수당이란 급여지급 기준에 의거하여 발생하는 인건비 중 기본급여 이외의 모든 개별수당을 총칭한다. 실무에서는 자격수당(주택관리사, 전기기사, 소방안전관리관리자, 방화관리자 등), 직책수당, 근속수당, 회계담당수당(출납수당), 야간근무수당, 휴일근무수당 등이 있다.<br>☞ 단지에서 관리사무소장 등 업무추진비를 지급한다면 제수당에 포함<br>☞ 수당 지급을 위해 충당금을 설정, 운용한다면(예 연차수당충당금) 제수당에 포함 |
| | | | ❸ 상여금 〈**상여금**〉 | ● 정기적으로 지급하는 상여금과 특별성과에 지급하는 특별 상여금 등을 말한다.<br>☞ 주의사항: 단지에 따라 실무에서 지급되는 명절 떡값, 하계 휴가비는 복리후생비로 분류 |
| | | | ❹ 퇴직금 〈**퇴직금**〉 | ● 근로기준법에 의거하는 직원 퇴직 시 지급될 퇴직급여충당금 상당액을 계상하여 이를 월할 안분하여 충당금으로 설정하는 경우에 발생하는 비용 계상액을 말한다.<br>☞ 관련법규에 의거, 퇴직연금을 납부한다면 퇴직금에 포함 |
| | | | ❺ 산재보험료 〈**산재보험료**〉 | ● 산재보험료를 말한다. |
| | | | ❻ 고용보험료 〈**고용보험료**〉 | ● 고용보험료 중 사업자분을 말한다. |
| | | | ❼ 국민연금 〈**국민연금**〉 | ● 국민연금 중 사업자분을 말한다. |
| | | | ❽ 국민건강보험료 〈**건강보험료**〉 | ● 국민건강보험료 중 사업자분을 말한다. |
| | | | ❾ 식대 등 복리후생비 〈**식대 등 복리후생비**〉 | ● 관리사무소 직원의 근로환경 개선과 근무의욕의 향상 등을 위해 지출하는 비용 등을 말한다. 실무상 복리후생비에는 식대, 회식비, 경조사비, 체력단련비, 명절 떡값, 하계 휴가비 등이 있다. |

<table>
<tr><th colspan="5">공개 항목(47개)</th><th rowspan="2">부과기준(설명)</th></tr>
<tr><th>구분</th><th>대항목</th><th>중항목</th><th colspan="2">영 별표 5의 세항목<br>*추천계정항목은 〈 〉로 표기</th></tr>
<tr><td rowspan="13">공용관리비</td><td rowspan="13">일반관리비</td><td rowspan="6">제사무비</td><td colspan="3">● 제사무비란 관리사무소에서 직접 사용하는 행정 또는 사무용품 구입비용 등을 말하며, 일반사무용품비, 도서인쇄비, 교통통신비(여비교통비), 소모품비 등이 있다.</td></tr>
<tr><td rowspan="2">⑩ 일반 사무용품비</td><td>10-1. 비품 등 구입비</td><td rowspan="2">● 관리사무소에서 사용하는 행정 또는 사무용품비를 말한다.<br>10-1. 비품 등 구입비 : 컴퓨터, 복사기, 프린터, 가구류(책상, 테이블, 캐비닛 등) 등<br>10-2. 사무용품 소모품비 : 복사지, 문구류, 프린터 또는 복사기의 토너 등 소모품 비용<br>☞ 주의사항: 실무에서 "일반사무용품비"와 "관리용품구입비"(23) 구분이 모호할 때가 많으나, 관리사무소에서 사용되는 물품구입비는 "일반사무용품비"로, 기계·전기실 또는 경비실에서 사용되는 물품구입비는 "관리용품구입비"로 구분하는 것이 타당<br>☞ 필요 시 컴퓨터, 복사기, 프린터 등의 감가상각 처리를 위해 "사무용품 감가상각비" 계정항목을 일반사무용품비 내 신설, 추가도 가능</td></tr>
<tr><td>10-2. 사무용품 소모품비</td></tr>
<tr><td colspan="2">⑪ 도서인쇄비 〈도서인쇄비〉</td><td>● 전산 프로그램(회계 프로그램, 관리비 고지서 인쇄 등 포함) 사용료, 인쇄비, 신문구독료, 도서구입비, 인장제작비, 사진현상비, 복사비 등이 있다.</td></tr>
<tr><td colspan="2">⑫ 교통통신비 등 〈여비교통비〉</td><td>● 관리사무소 업무 수행을 위해 외부 출장 시 지급된 여비와 교통비 발생액을 말하며, 일반적으로는 대중교통비 등이 해당한다.<br>☞ 주의사항: 개인차량을 업무용으로 이용한 경우에는 주차비와 연료비 상당액 등을 교통통신비(여비교통비)로 처리가능하다. 통신비는 여비교통비로 처리하지 않고 제세공과금의 통신료로 처리</td></tr>
<tr style="display:none"><td colspan="3"></td></tr>
<tr><td rowspan="5">제세공과금(관리기구사용)</td><td colspan="3">● 제세공과금이란 관리기구가 사용한 전기료, 통신료, 우편료 및 관리기구에 부과된 세금과 공과금 등을 말한다.</td></tr>
<tr><td colspan="2">⑬ 전기료 〈공과금 중 전기료〉</td><td>● 공동전기료에 포함되지 않는 전기료 등을 의미(실무상으로는 거의 없는 것으로 파악)<br>☞ 주의사항: 공동 전기료에 포함되는 경우에는 관리비가 아니라 사용료 중 전기료로 처리</td></tr>
<tr><td colspan="2">⑭ 통신료 〈통신료〉</td><td>● 관리사무소 업무용 전화료, 인터넷 사용료, 무전기 이용 시 전파 사용료 등을 말한다.</td></tr>
<tr><td colspan="2">⑮ 우편료 〈우편료〉</td><td>● 관리기구에서 사용한 우편등기료, 택배비 등을 말한다.</td></tr>
<tr><td colspan="2">⑯ 세금 등 〈제세공과금 등〉</td><td>● 세금, 공과금 등 기타사항</td></tr>
<tr><td colspan="3">⑰ 피복비 〈피복비〉</td><td>● 관리업무 수행을 위하여 동절기와 하절기용 근무복과 작업복 등을 구입하는 경우 소요되는 비용을 말한다.<br>☞ 주의사항: 미화원과 경비원의 피복비는 포함하지 않음(청소비와 경비비에 각각 포함)</td></tr>
</table>

| 공개 항목(47개) | | | | | 부과기준(설명) |
|---|---|---|---|---|---|
| 구분 | 대항목 | 중항목 | 영 별표 5의 세항목<br>*추천계정항목은 〈 〉로 표기 | | |
| 공용관리비 | 일반관리비 | ⑱ 교육훈련비 〈교육훈련비〉 | | | ● 관리사무소 직원에 대한 법정교육 참가비 및 관리효율, 관리비 절감 등을 위한 직무향상 교육 등에 소요되는 비용을 말한다. |
| | | 차량유지비(관리기구) | ⑲ 연료비 〈연료비〉 | | ● 관리기구에서 운영하는 차량의 연료비를 말한다.<br>☞ 주의사항: 비상발전기에 사용되는 연료비는 수선유지비로 분류하는 것이 타당 |
| | | | ⑳ 수리비 〈수리비〉 | | ● 관리기구에서 운영하는 차량의 수리비를 말한다. |
| | | | ㉑ 보험료 〈보험료〉 | | ● 관리기구에서 운영하는 차량의 보험료를 말한다. |
| | | | ㉒ 차량유지에 직접 소요되는 비용 〈기타차량유지비〉 | | ● 관리기구에서 운영하는 차량에 발생하는 기타 모든 비용(주차비, 통행료, 검사비 등 포함)을 말한다. |
| | | 그 밖의 부대비용 | ㉓ 관리용품 구입비 | 23-1. 공·기구 등 구입비<br>23-2. 관리용품 소모품비 | ● 기계, 전기실 또는 경비실에서 사용하는 물품 구입비를 말한다.<br>23-1. 공기구 등 구입비: 공구, 기구(제설기, 조경 소독기구 등) 등(다만, 컴퓨터, 프린터, 복사기 등이 기계, 전기실에서 사용된다 하더라도 이는 일반사무용품비로 분류)<br>23-2. 관리용품 소모품비: 장갑, 공용부분 전등, 제설용 염화칼슘, 공구용 오일 등<br>☞ 필요 시 공구, 기구 등의 감가상각 처리를 위해 "관리용품 감가상각비" 계정항목을 관리용품 구입비 내 신설, 추가도 가능 |
| | | | ㉔ 회계감사비 〈전문가자문비 등〉 | | ● 회계감사비, 변호사·법무사·노무사 수임료 등 전문가의 자문(감사) 비용<br>☞ 필요 시 "회계감사비", "그 외 전문가자문비" 등으로 계정항목을 세분화하여 운용도 가능 |
| | | | ㉕ 그 밖에 관리업무에 소요되는 비용 〈잡비〉 | | ● 송금수수료, 인지대 등 기타 발생하는 지출을 말한다. |
| | ㉖ 청소비 〈청소비〉<br>(용역 시에는 용역금액, 직영 시에는 청소원인건비, 피복비 및 청소용품비 등 청소에 직접 소요되는 비용) | | | | ● 청소비란 용역 시에는 용역업체와 계약된 금액, 직영 시에는 청소원의 인건비, 피복비, 청소용품비 등 청소작업에 직접 소요되는 경비를 말한다.<br>☞ 주의사항 : 직영으로 청소업무를 수행하는 단지의 경우, 청소원에 대한 4대 보험의 사업주 부담분 등은 청소비에 포함한다. |
| | ㉗ 경비비 〈경비비〉<br>(용역 시에는 용역금액, 직영 시에는 경비원 인건비, 피복비 등 경비에 직접 소요된 비용) | | | | ● 경비비란 공동주택 단지의 공용부분에 대한 경비업무 수행 시 필요한 비용으로, 용역 시에는 용역금액, 직영 시에는 경비원 인건비와 피복비, 경비용품비 등 경비에 직접 소요되는 비용을 말한다.<br>☞ 주의사항: 직영으로 경비업무를 수행하는 단지의 경우, 경비원에 대한 4대 보험의 사업주 부담분 등은 경비비에 포함한다. |

| 공개 항목(47개) | | | | 부과기준(설명) |
|---|---|---|---|---|
| 구분 | 대항목 | 중항목 | 영 별표 5의 세항목<br>*추천계정항목은 〈 〉로 표기 | |
| 공용관리비 | ㉘ 소독비 **〈소독비〉**<br>(용역 시에는 용역금액, 직영시 에는 소독용품비 등 소독에 직접 소요된 비용) | | | ● 소독비란 소독 작업을 수행할 경우, 용역 시에는 용역금액, 직영 시에는 소독요원 인건비, 피복비, 약품비, 소독용품 등 소독작업에 직접 소요된 비용을 말한다. |
| | ㉙ 승강기유지비 **〈승강기유지비〉**<br>(용역 시에는 용역금액, 직영 시에는 제부대비, 자재비 등 다만, 전기료는 공동으로 사용되는 시설의 전기료에 포함) | | | ● 승강기유지비란 용역 시에는 용역금액, 직영 시에는 자재 및 인건비, 제부대비 등을 말한다. 다만, 전기료는 공동으로 사용되는 시설의 전기료에 포함한다.<br>☞ 주의사항: 승강기의 효율성을 높이거나 고장발생 시 소요되는 제 비용을 실무에서 수선유지비로 처리하는 경우가 많으나, 승강기유지비로 처리하여야 한다.<br>☞ 주의사항: 승강기 운행에 소요되는 전기료는 관리비중 승강기유지비가 아니라 사용료 중 전기료임 |
| | ㉚ 지능형홈네트워크설비유지비<br>**〈지능형홈네트워크설비유지비〉**<br>(용역 시에는 용역금액, 직영 시에는 지능형 홈네트워크 설비관련 인건비, 자재비 등 지능형 홈네트워크 설비의 유지 및 관리에 직접 소요되는 비용. 다만, 전기료는 공동으로 사용되는 시설의 전기료에 포함) | | | ● 용역 시에는 용역금액, 직영 시에는 지능형 홈네크워크 설비관련 인건비, 자재비 등 지능형 홈네트워크 설비의 유지 및 관리에 직접 소요되는 비용. 다만, 전기료는 공동으로 사용되는 시설의 전기료에 포함한다. |
| | 수선유지비 | ㉛ 장기수선계획에서 제외되는 공용부분의 수선·보수에 소요되는 비용으로 보수용역 시에는 용역금액, 직영 시에는 자재 및 인건비<br>**〈수선비〉** | | ● 장기수선계획에서 제외되는 공용부분의 수선·보수에 소요되는 비용으로 보수용역 시에는 용역금액, 직영 시에는 자재 및 인건비 |
| | | ㉜ 공동으로 이용하는 시설의 보수유지비 및 제반 검사비(냉난방시설의 청소비, 소화기충약비 등)<br>**〈시설유지비〉** | | ● 어린이놀이시설 안전검사비, 수질검사비, 승강기안전점검비용, 전기안전관리비(대행료), 소방안전관리비(대행료), 전기시설물 안전검사비 등을 말한다. |
| | | ㉝ 건축물의 안전점검비용<br>**〈안전점검비〉** | | ● 건축물의 안전점검 비용을 말한다. |
| | | ㉞ 재난 및 재해 등의 예방에 따른 비용<br>**〈재해예방비〉** | | ● 재난 및 재해를 예방하기 위해 지출하는 비용 |
| | ㉟ 위탁관리수수료 **〈위탁관리수수료〉**<br>(주택관리업자에게 위탁하여 관리하는 경우로서 입주자대표회의와 주택관리업자 간의 계약으로 정한 월간비용) | | | ● 주택관리업자에게 위탁하여 관리하는 경우로서 입주자대표회의와 주택관리자 간의 계약으로 정한 월간비용을 말한다. |

| 공개 항목(47개) | | | | 부과기준(설명) |
|---|---|---|---|---|
| 구분 | 대항목 | 중항목 | 영 별표 5의 세항목<br>*추천계정항목은 〈 〉로 표기 | |
| 개별사용료 | ㊱ 난방비 **〈난방비〉**<br>(사용량 포함)<br>* 난방 및 급탕에 소요된 원가(유류대, 난방비 및 급탕용수비)에서 급탕비를 뺀 금액 | | | ● 난방비는 난방 유형에 불구하고(중앙집중식, 지역난방 등) 모든 형태의 난방비를 말한다. |
| | ㊲ 급탕비 **〈급탕비〉**<br>(사용량 포함, 급탕용 유류대 및 급탕용수비) | | | ● 급탕비란 급탕용 유류대 및 급탕용수비를 말한다. |
| | ㊳ 가스사용료 **〈가스사용료〉** (사용량 포함) | | | ● 취사에 사용하는 가스나 개별난방 시 사용하는 가스에 대한 사용료를 말한다.<br>☞ 주의사항: 중앙집중식 난방방식에서 가스를 연료로 사용하면 사용된 가스료는 난방비로 분류 |
| | ㊴ 전기료 **〈전기료〉** (사용량 포함) | | | ● 한전에서 부과하는 전기요금 |
| | ㊵ 수도료 **〈수도료〉** (사용량 포함) | | | ● 수도사업소에서 부과하는 수도요금 |
| | ㊶ 정화조오물수수료 **〈정화조오물수수료〉** | | | ● 매년 정화조 청소 시 발생하는 수수료를 말한다.<br>☞ 주의사항 : 정화조시설 유지관리 대행비는 수선유지비 |
| | ㊷ 생활폐기물수수료 **〈생활폐기물수수료〉** | | | ● 음식물 수거업체의 수거비용을 말한다. |
| | ㊸ 입주자대표회의 운영비<br>**〈입주자대표회의 운영비〉** | | | ● 관리규약으로 정한, 입주자대표회의 운영비용(회의 관련 비용 포함) |
| | ㊹ 건물보험료(종합보험료)<br>**〈건물보험료〉** | | | ● 건물 화재보험과 승강기, 어린이놀이시설, 지하주차장, 독서실 운동시설 등에 소요되는 보험료를 말한다. |
| | ㊺ 선거관리위원회 운영비<br>**〈선거관리위원회 운영비〉** | | | ● 관리규약으로 정한, 선거관리위원회 운영비용 |
| ㊻ 장기수선충당금(매월 적립액/$m^2$)<br>**〈장기수선충당금〉** | | | | ● 관리주체가 매월 입주자에게 부과 징수하는 장기수선충당금을 말한다. |
| ㊼ 잡수입 **〈잡수입〉** | | | | ● 옥상 중계기 설치에 따른 수입, 재활용품 매각수입, 알뜰시장 운영수입, 광고 수입 등 공동주택관리와 관련하여 발생하는 제반 수입 |

# 실무상 회계계정항목 분류안내

## 실무상 회계계정항목 운영 시 주의사항

▶ 추진배경

- 개별단지의 무분별한 회계계정항목 생성(약 30,000여 개) 및 부적정한 분류·공개로 단지 간의 관리비 항목 비교 및 검증의 어려움 존재
- 이로 인해, K-apt 공개정보*에 대한 신뢰성 및 투명성 저하

* K-apt시스템 관리비등 47개 공개항목: 주택법 제 45조(관리비 등의 납부 및 공개 등)

▶ 추진사항

- 회계항목 분류 : 단지별 실사용 회계계정항목(약 30,000여 개) 분석을 통해 국토부 '관리비등 47개 항목 추천 회계계정항목'으로 분류수행
- 분류결과 : 분류 불가능한 항목에 대한 원인파악 및 개선점 도출, '관리비등 47개 항목 추천 회계계정항목'상 주의사항 및 세부계정 예시 제시
- 표준안 마련 : 분류한 결과를 바탕으로 '관리비등 47개 항목 추천 회계계정항목'의 표준분류 확정
- 홍보 : 단지관리자를 대상으로 책자 제작·배포('15년 12월 중 예정)

▶ 주의사항

- 본 실무상 회계계정 주의사항은 관리비의 투명한 공개를 위하여 실무적으로 회계계정항목의 잘못된 분류를 바로 잡기 위한 것으로 공동주택관리정보시스템에 입력된 자료를 토대로 작성한 것으로 실무상 적용 시 회계계정 분류상 적합성을 담보하는 것은 아닙니다.
- 회계계정항목의 명칭이 같은 경우라 하더라도 사용목적, 용도, 성격에 따라 계정항목 분류가 다를 수 있습니다.
- 또한 실사용계정(예시)는 실무에서 사용되는 것을 열거한 것으로 예시항목을 계속 사용되는 것은 바람직하지 않으며, 관련 법규 및 관리규약을 확인하시어 수정 및 삭제가 필요합니다.
- 본 책자는 회계계정항목 분류 잘못으로 인한 관리비 집행의 오류를 정당화하는 것은 아니므로 계정항목의 사용목적, 용도, 성격에 맞게 분류하여 사용하시기를 부탁드립니다.

## 포괄적이고 불명확한 회계계정 사용

① 회계계정항목 2개 이상 통합사용

- 세부예시
  ▷ 수도광열비, 경비·미화원용역비, 난방과급탕비, 4대보험 등
- 권고사항
  ▷ 구분이 필요한 회계계정항목은 반드시 구분하여 회계계정사용

**| 예시 |**

수도광열비 → 수도료, 전기료, 난방비

경비·미화원용역비 → 경비비, 청소비

난방과급탕비 → 난방비, 급탕비

4대보험 → 산재보험료, 고용보험료, 국민연금, 국민건강보험료

② 공개항목이 아닌 상위항목 사용

- 세부예시
  ▷ 수선유지비, 인건비 등
- 권고사항
  ▷ 47개의 회계항목 보다 상위의 회계항목(중항목 및 대항목) 사용 금지

③ 포괄적·모호한 계정항목 사용

- 세부예시
  ▷ 용역비, 부가가치세, 감가상각비, 노무비, 리스료, 지급수수료, 업무협력비, 임차료, 도급비 등
- 권고사항
  ▷ 계정성격의 확인이 가능하도록 세분화하여 운영 필요

**| 예시 |**

부가가치세 → 위탁관리수수료 부가가치세, 경비비 부가가치세, 청소비 부가가치세 등으로 세분화

## 공동·복지시설 운영방식에 따른 회계계정 구분 명확화

- 현황

▷ 단지 내 공동시설물·복지시설 운영에 따른 비용 부담방법은 단지의 관리규약 또는 입주자대표회의 의결로 정할 수 있음. 이에 따라 회계계정항목의 구분이 달라짐

① 모든 세대가 일정 배부기준으로 실제 발생금액을 부담시 : 47개 항목 적용

② 이용자(수익자) 사용에 따른 개별 부담 시 : 잡지출

- 세부예시

▷체육시설·스파시설·골프장 등의 유지비 및 운영비(전기료, 가스료 등)

- 권고사항

▷개별단지의 관리규약 및 입주자대표회의 의결상의 비용 부담방법에 따라 적정한 회계처리 및 공개가 필요함

**| 예시 |** 체육시설 전기료

▷모든 세대가 면적 등에 따라 실제 발생금액을 부담한다면 '전기료'로 처리

▷체육시설을 이용하는 입주민에게만 사용료를 부과한다면, 해당 사용료 수입은 '잡수입', 체육시설 운영과 관련 비용(전기료 등)은 '잡지출'로 처리

## 무분별한 충당금계정 사용으로 자금집행의 투명성 저하

① 공동시설수선에 대해 장기수선충당금이 아닌 별도의 계정 사용 및 자금 운영

- 세부예시

▷ 엘리베이터교체충당금, 배관충당금, CCTV충당금, 건물도색충당금

- 권고사항

▷ 장기수선충당금으로 집행하여야 하는 항목이 있는지 점검 후 장기수선계획에 포함하여 장기수선충당금으로 통합 적립 및 사용

② 실무상 편의에 따라 공동시설수선 목적 외의 충당금계정 사용

- 세부예시

▷스포츠센터충당금, 주차장사용충당금, 청소비충당금, 회계감사비충당금, 하수도료충당금

- 권고사항

① 스포츠센터충당금, 주차장사용충당금

- 세대별 사용유형에 따라 차등하여 수납하는 시설이용료의 성격으로 '잡수입'으로 처리

② 청소비충당금, 회계감사비충당금, 하수도료충당금

- 실제 발생금액에 대해 부과하여야 하며, 과납입시에는 관리비 차감 등을 하여 잉여금형식으로 적립하지 않아야 함

〈기존 관리규약 상 충당금계정을 사용하여 적립한다고 규정되어 있다면, 향후 관리 규약 개정을 통해 충당금계정을 사용하지 않도록 하여야하며 기 적립된 충당금은 적립 목적에 맞게 선집행 될 수 있도록 하여야 함〉

## 공개대상이 아닌 비용항목

- 현황

▷개별사용자(수익자)가 부담하여야 하는 비용은 관리비의 성격이 아니나, 관리비로 공개되는 경우가 있음

- 세부예시

▷케이블TV수신료(전기료), 인터넷사용료(전기료) 등

- 권고사항

▷세대별로 개별적으로 선택하여 이용하는 시설에 대한 이용료(케이블TV 및 인터넷 등)는 관리비 항목이 아님. 공개되지 않도록 주의 필요

## 공용관리비-일반관리비

### ▶ 인건비

◉ 세부설명

인건비란 급여, 제수당, 상여, 퇴직금, 산재보험료, 고용보험료, 국민연금, 국민건강보험료 및 식대 등 복리후생비 등을 말한다.

◉ 주의사항

부가가치세 발생분은 인건비 항목에 포함

| 구분 | 내용 |
|---|---|
| ❶ 급여 | **● 세부설명**<br>▷ 미화원과 경비원을 제외한 관리사무소 직원에 대해 급여 지급기준에 의해 지급하는 급여를 의미<br><br>**● 주의사항**<br>▷ 경비원의 급여 → 경비비, 청소원의 급여 → 청소비<br>▷ 인건비 부가가치세 발생분 급여에 포함<br><br>**● 급여에 포함되는 실사용계정(예시)**<br>▷ 기본급 |
| ❷ 제수당 | **● 세부설명**<br>▷ 급여지급 기준에 의거하여 발생하는 인건비 중 기본급여 이외의 모든 개별수당을 총칭함. 실무에서는 자격수당(주택관리사, 전기기사, 소방안전관리관리자, 방화관리자 등), 직책수당, 근속수당, 회계담당수당(출납수당), 야간근무수당, 휴일근무수당 등이 있음<br><br>**● 주의사항**<br>▷ 단지에서 관리사무소장 등 업무추진비를 지급한다면 제수당에 포함<br>▷ 수당 지급을 위해 충당금을 설정, 운용한다면 (예 : 연차수당충당금) 제수당에 포함<br><br>**● 제수당에 포함되는 실사용계정(예시)**<br>▷ 기술수당, 능률수당, 만근수당, 방화관리수당, 보전수당, 시간외근무수당, 업무대행수당, 대외업무비, 특근수당, 호봉수당, 직무수당, 관리수당, 업무행정수당, 가족수당, 강습수당, 경리수당, 교통수당, 근로수당, 조정수당, 당직수당, 대체수당, 도서관정리수당, 면허수당, 비상근무수당, 사무수당, 선임수당, 승강기안전관리자수당, 위험수당, 전산수당, 장기근속수당, 장려수당, 정화조관리수당, 주차관리수당, 환경수당 |
| ❸ 상여금 | **● 세부설명**<br>▷ 정기적으로 지급하는 상여금과 특별성과에 지급하는 특별 상여금 등을 의미<br><br>**● 주의사항**<br>▷ 단지에 따라 실무에서 지급되는 명절 떡값, 하계 휴가비는 복리후생비로 분류 |

| 구분 | 내용 |
|---|---|
| | ● **상여금에 포함되는 실사용계정(예시)**<br>▷ (특별)상여충당금전입액 |
| ❹ 퇴직금 | ● **세부설명**<br>▷ 근로기준법에 의거하여 직원 퇴직 시 지급될 퇴직급여충당금상당액을 계상하여 이를 월할 안분하여 충당금으로 설정하는 경우에 발생하는 비용 계상액을 의미<br>● **주의사항**<br>▷ 관련법규에 의거, 퇴직연금을 납부한다면 퇴직금에 포함<br>● **퇴직금에 포함되는 실사용계정(예시)**<br>▷ 퇴직연금충당금전입액, 퇴직위로금, 퇴직적립금 |
| ❺ 산재보험료 | ● **세부설명**<br>▷ 산재보험료를 의미<br>● **주의사항**<br>▷ 산재보험료 납부분은 복리후생비가 아닌 산재보험료로 분류하여야 함 |
| ❻ 고용보험료 | ● **세부설명**<br>▷ 고용보험료 중 사업자분을 의미<br>● **주의사항**<br>▷ 고용보험료 사업자 납부분은 복리후생비가 아닌 고용보험료로 분류하여야 함 |
| ❼ 국민연금 | ● **세부설명**<br>▷ 국민연금 중 사업자분을 의미<br>● **주의사항**<br>▷ 국민연금 사업자 납부분은 복리후생비가 아닌 국민연금으로 분류하여야 함 |
| ❽ 건강보험료 | ● **세부설명**<br>▷ 국민건강보험료 중 사업자분을 의미<br>● **주의사항**<br>▷ 건강보험료 사업자 납부분은 복리후생비가 아닌 건강보험료로 분류하여야 함<br>▷ 장기요양보험료 포함하여야 함 |
| ❾ 식대 등 복리후생비 | ● **세부설명**<br>▷ 관리사무소 직원의 근로환경 개선과 근무의욕의 향상 등을 위해 지출하는 비용 등을 의미. 실무상 복리후생비에는 식대, 회식비, 경조사비, 체력단련비, 명절 떡값, 하계 휴가비 등이 있음<br>● **식대 등 복리후생비에 포함되는 실사용계정(예시)**<br>▷ 상해보험료, 안전보건대행료, 유류지원비, 의료비, 자차운전보조금, 교통보조비, 근로복지비, 명절선물비, 비상약품및진료비, 위로금, 품위유지비 |

## ▶ 제사무비

| 구분 | 내용 |
|---|---|
| ⑩ 일반 사무용품비 | ● **세부설명**<br>▷ 관리사무소에서 사용하는 행정 또는 사무용품비를 의미<br>10-1. 비품 등 구입비 : 컴퓨터, 복사기, 프린터, 가구류(책상, 테이블, 캐비넷 등) 등<br>10-2. 사무용품 소모품비 : 복사지, 문구류, 프린터 또는 복사기의 토너 등 소모품 비용<br><br>● **주의사항**<br>▷ 실무에서 "일반사무용품비"와 "관리용품구입비"(23) 구분이 모호할 때가 많으나, 관리사무소에서 사용되는 물품구입비는 "일반사무용품비"로, 기계·전기실 또는 경비실에서 사용되는 물품구입비는 "관리용품구입비"로 구분하는 것이 타당<br>▷ 필요 시 컴퓨터, 복사기, 프린터 등의 감가상각 처리를 위해 "사무용품 감가상각비" 계정항목을 일반사무용품비 내 신설, 추가도 가능<br><br>● **일반 사무용품비에 포함되는 실사용계정(예시)**<br>▷ 사무기기임차료, 복사기/복합기/프린터임차료(유지비), 정수기임차료, 공기청정기렌탈비, 공용비데렌탈비, 봉투구입비, 정수기필터교체비 |
| ⑪ 도서인쇄비 | ● **세부설명**<br>▷ 전산 프로그램(회계 프로그램, 관리비 고지서 인쇄 등 포함) 사용료, 인쇄비, 신문구독료, 도서구입비, 인장제작비, 사진현상비, 복사비 등이 있음<br>● **도서인쇄비에 포함되는 실사용계정(예시)**<br>▷ 전산처리비, 전산고지비, 전산유지보수비, 전산용역비, S/W대여비, 관리비영수증발급수수료, 관리비용지대, 세무프로그램유지비, 소식지발행비, 전자세금계산서발행료, 지로지급수수료 |
| ⑫ 여비교통비 | ● **세부설명**<br>▷ 관리사무소 업무 수행을 위해 외부 출장 시 지급된 여비와 교통비 발생액을 말하며, 일반적으로는 대중교통비 등이 해당됨<br><br>● **주의사항**<br>▷ 개인차량을 업무용으로 이용한 경우에는 주차비와 연료비 상당액 등을 교통통신비(여비교통비)로 처리 가능함. 통신비는 여비교통비로 처리하지 않고 제세공과금의 통신료로 처리함 |

## ▶ 제세공과금

◉ 세부설명

관리기구가 사용한 전기료, 통신료, 우편료 및 관리기구에 부과된 세금과 공과금 등을 말한다.

| 구분 | 내용 |
|---|---|
| ⑬ 공과금 중 전기료 | ● **세부설명**<br>▷ 공동전기료에 포함되지 않는 전기료 등을 의미(실무상으로는 거의 없는 것으로 파악)<br>● **주의사항**<br>▷ 공동 전기료에 포함되는 경우에는 관리비가 아니라 사용료 중 전기료로 처리 |
| ⑭ 통신료 | ● **세부설명**<br>▷ 관리사무소 업무용 전화료, 인터넷 사용료, 무전기 이용 시 전파 사용료 등을 의미<br>● **통신료에 포함되는 실사용계정(예시)**<br>▷ 현관로비폰전화료, 자동문통신비, 유선통신비, 음성방송수수료, 자동문세대호출통화료, 컴퓨터방송비, 팩스료 |
| ⑮ 우편료 | ● **세부설명**<br>▷ 관리기구에서 사용한 우편등기료, 택배비 등을 의미 |
| ⑯ 제세공과금 등 | ● **세부설명**<br>▷ 세금, 공과금 등 기타사항<br>● **제세공과금 등에 포함되는 실사용계정(예시)**<br>▷ 도로점용료, 공용부분점용료, 공유재산및도로사용료, 녹지점용료, 면허세, 사업소세, 재산세기타세, 지역개발세, 지역자원시설세, 진입도로사용료 |

## ▶ 피복비 및 교육훈련비

| 구분 | 내용 |
|---|---|
| ⑰ 피복비 | ● **세부설명**<br>▷ 관리업무 수행을 위하여 동절기와 하절기용 근무복과 작업복 등을 구입하는 경우 소요되는 비용<br>● **주의사항**<br>▷ 미화원과 경비원의 피복비는 포함하지 않음<br>(청소비와 경비비에 각각 포함)<br>▷ 부가가치세 발생분 포함하여 분류<br>▷ 관리업무 수행을 위한 피복비는 복리후생비가 아닌 피복비로 분류하여야 함<br>● **피복비에 포함되는 실사용계정(예시)**<br>▷ 안전보호구 |

| 구분 | 내용 |
| --- | --- |
| ⑱ 교육훈련비 | ● **세부설명**<br>▷ 관리사무소 직원에 대한 법정교육 참가비 및 관리효율, 관리비 절감 등을 위한 직무향상 교육 등에 소요되는 비용<br>● **주의사항**<br>▷ 대한주택관리사협회비, 전기기사협회비 등 사적인 협회가입비는 교육훈련비에 포함되지 않음<br>● **교육훈련비에 포함되는 실사용계정(예시)**<br>▷ 강사료, 교육연수비, 시설물안전관리교육비, 직무교육비 |

▶ 차량유지비

| 구분 | 내용 |
| --- | --- |
| ⑲ 연료비 | ● **세부설명**<br>▷ 관리기구에서 운영하는 차량의 연료비<br>● **주의사항**<br>▷ 비상발전기에 사용되는 연료비는 수선유지비로 분류하는 것이 타당<br>● **연료비에 포함되는 실사용계정(예시)**<br>▷ 유류대 |
| ⑳ 수리비 | ● **세부설명**<br>▷ 관리기구에서 운영하는 차량의 수리비 |
| ㉑ 보험료 | ● **세부설명**<br>▷ 관리기구에서 운영하는 차량의 보험료 |
| ㉒ 기타 차량유지비 | ● **세부설명**<br>▷ 관리기구에서 운영하는 차량에 발생하는 기타 모든 비용<br>(주차료, 통행료, 검사비 등 포함)<br>● **기타 차량유지비에 포함되는 실사용계정(예시)**<br>▷ 차량운반구감가상각비, 등록면허세, 차량리모콘비, 차량번호판제작비, 차량시설유지보수비, 차량임차료, 차량출입시설료, 차량출입토지사용료 |

▶ 그 밖의 부대비용

| 구분 | 내용 |
|---|---|
| ㉓ 관리용품구입비 | ● **세부설명**<br>▷ 기계, 전기실 또는 경비실에서 사용하는 물품 구입비<br>23-1. 공기구 등 구입비 : 공구, 기구(제설기, 조경 소독기구 등) 등<br>(다만, 컴퓨터, 프린터, 복사기 등이 기계, 전기실에서 사용된다 하더라도 이는 일반사무용품비로 분류)<br>23-2. 관리용품 소모품비 : 장갑, 공용부분 전등, 제설용 염화칼슘, 공구용 오일 등<br>● **주의사항**<br>▷ 필요 시 공구, 기구 등의 감가상각 처리를 위해 "관리용품 감가상각비" 계정항목을 관리용품구입비 내 신설, 추가도 가능<br>● **관리용품 구입비에 포함되는 실사용계정(예시)**<br>▷ 조경소모품비(감가상각비), 설비약품비, 시설장치감가상각비, 장비대여수수료 |
| ㉔ 전문가 자문비 등 | ● **세부설명**<br>▷ 회계감사비, 변호사·법무사·노무사 수임료 등 전문가의 자문(감사) 비용<br>● **주의사항**<br>▷ 필요 시 "회계감사비", "그 외 전문가자문비" 등으로 계정항목을 세분화하여 운용도 가능<br>● **전문가자문비 등에 포함되는 실사용계정(예시)**<br>▷ 세무대행수수료, 경리대행수수료 등 기장전문가에 의한 회계기장료 |
| ㉕ 잡비 | ● **세부설명**<br>▷ 송금수수료, 인지대 등 기타 발생하는 지출<br>● **잡비에 포함되는 실사용계정(예시)**<br>▷ 광고선전비, 경비실본등기비용, 관리실임차료, 간담회비, 방송장비사용료, SMS서비스료, 공인인증수수료, 금융결제수수료, 세탁비, 운반비, 카드사수수료, 퇴직연금수수료비용, 홈페이지유지 관리비, 회의비, 문고(북카페)운영비*<br>*관리비로 부과할 경우에 한함 |

▶ 공용관리비

| 구분 | 내용 |
|---|---|
| ㉖ 청소비 | ● **세부설명**<br>▷ 용역 시에는 용역업체와 계약된 금액, 직영 시에는 청소원의 인건비, 피복비, 청소용품비 등 청소작업에 직접 소요되는 경비<br>● **주의사항**<br>▷ 직영으로 청소업무를 수행하는 단지의 경우, 청소원에 대한 4대 보험의 사업주 부담분 등은 청소비에 포함<br>▷ 부가가치세 발생분 포함하여 분류<br>▷ 청소원 인건비에는 급여, 제수당, 상여금, 퇴직금, 복리후생비 모두 포함 |

| 구분 | 내용 |
|---|---|
| | ● **청소비에 포함되는 실사용계정(예시)**<br>▷ 미화원재활용정리수당, 위생관리수수료, 청소장비감가상각비, 청소장비임차수수료 |
| ㉗ 경비비 | ● **세부설명**<br>▷ 공동주택 단지의 공용부분에 대한 경비업무 수행 시 필요한 비용으로, 용역 시에는 용역금액, 직영 시에는 경비원 인건비와 피복비, 경비용품비 등 경비에 직접 소요되는 비용<br><br>● **주의사항**<br>▷ 직영으로 경비업무를 수행하는 단지의 경우, 경비원에 대한 4대 보험의 사업주 부담분 등은 경비비에 포함<br>▷ 부가가치세 발생분 포함하여 분류<br>▷ 경비원 인건비에는 급여, 제수당, 상여금, 퇴직금, 복리후생비 모두 포함<br><br>● **경비비에 포함되는 실사용계정(예시)**<br>▷ 무인경비시스템유지관리비, 전자경비유지비, 경비원재활용수고비*, 자율방범대월운영비*<br>*관리비로 부과할 경우에 한함 |
| ㉘ 소독비 | ● **세부설명**<br>▷ 소독 작업을 수행할 경우, 용역 시에는 용역금액, 직영 시에는 소독요원 인건비, 피복비, 약품비, 소독용품 등 소독작업에 직접 소요된 비용<br>● **소독비에 포함되는 실사용계정(예시)**<br>▷ 수목방제비, 유분해약품비, 정화조소독비 |

▶ 공용관리비

| 구분 | 내용 |
|---|---|
| ㉙ 승강기 유지비 | ● **세부설명**<br>▷ 용역 시에는 용역금액, 직영 시에는 자재 및 인건비, 제부대비 등을 의미. 다만, 전기료는 공동으로 사용되는 시설의 전기료에 포함<br><br>● **주의사항**<br>▷ 승강기의 효율성을 높이거나 고장발생 시 소요되는 제 비용을 실무에서 수선유지비로 처리하는 경우가 많으나, 승강기유지비로 처리하여야 함<br>▷ 승강기 운행에 소요되는 전기료는 관리비 중 승강기유지비가 아니라 사용료 중 전기료임<br>▷ 장기수선계획에 반영되어 있는 승강기(부품) 전면교체 및 부분수리비용은 '장기수선충당금의 사용'으로 처리하여야 함<br><br>● **승강기 유지비에 포함되는 실사용계정(예시)**<br>▷ 승강기수리비, E/L설비관리대행료, 주차리프트유지비(차량용승강기유지비), 승강기(부품)교체비, 승강기보수비, 승강기비상통화장치설치비(임대료), 승강기안전관리위탁, 승강기용역비, 승강기확장비용 |

| 구분 | 내용 |
|---|---|
| ㉚ 지능형 홈네트워크 설비유지비 | ● **세부설명**<br>▷ 용역 시에는 용역금액, 직영 시에는 지능형 홈네트워크 설비 관련 인건비, 자재비 등 지능형 홈네트워크 설비의 유지 및 관리에 직접 소요되는 비용. 다만, 전기료는 공동으로 사용되는 시설의 전기료에 포함<br>● **지능형 홈네트워크 설비유지비에 포함되는 실사용계정(예시)**<br>▷ 공용홈넷유지비, 원격서버유지관리비, 지능형홈네트워크SNS문자서비스, 지능형홈네트워크수선비, 홈네트워크설비유지통신비, 홈네트워크솔루션유지비, 홈네트워크전용회선비, 홈비타네트워크유지비, 홈오토유지보수비 |

▶ 수선유지비

| 구분 | 내용 |
|---|---|
| ㉛ 수선비 | ● **세부설명**<br>▷ 장기수선계획에서 제외되는 공용부분의 수선·보수에 소요되는 비용으로 보수용역 시에는 용역금액, 직영시에는 자재 및 인건비<br>● **수선비에 포함되는 실사용계정(예시)**<br>▷ 구동기보수비, 방재수선비, 설비자재비, 소방자재비, E.S밸브설치비, LED공사비, LED조명교체비, OH자동이송설비비, 가스경보기교체비, 감압밸브교체비, 경비실증축공사비, 계량기교체비, 도시가스호스교체비, 도어락설치비, 바닥왁스작업비, 수도계량기설치비, 열교환세관비, 열량계교체비, 온도조절기교체비, 주차수선비, 중앙정수휠터교체비, 지역난방공사비, 에어컨보수비 |
| ㉜ 시설유지비 | ● **세부설명**<br>▷ 공동으로 이용하는 시설의 보수유지비 및 제반 검사비로 어린이놀이시설 안전검사비, 수질검사비, 승강기안전점검비용, 전기안전관리비(대행료), 소방안전관리비(대행료), 전기시설물 안전검사비 등을 의미<br>● **시설유지비에 포함되는 실사용계정(예시)**<br>▷ 정화조시설 유지관리 대행비, 냉난방시설의 청소비, 소화기충약비, 방청약품비, CCTV대여료(유지관리비), 기계식주차장 법정검사비, 주차타워점검비, 오배수폐기물처리비, 저수조(물탱크)청소비, 쓰레기처리비, 대형폐기물처리비, 제초작업비, 방화관리대행료, 소방시설유지관리용역비, 열교환기청소비, 청관제투입비, 소방종합정밀점검비, 지하주차장청소비용, 조경관리비, 주차시설유지비, 실내공기질측정비, 케이블유지보수비(CATV선로유지비), ATM임대료, TV시설유지보수료, 가스시설정기검사비, 가스안전관리자선임료, 계단청소비, 계량기유지보수비, 공용면적사용료, 공유부지보수유지비, 공조기청소비, 난방수 수질관리비, 난방안전대행관리비, 난방용설비보호제, 냉난방유지비, 녹지관리비, 무인택배유지관리비, 문화시설관리비, 발전기유지보수료, 방송안내시스템임대료, 방재업무대행료, 배관보호약품비 보일러세관청소비, 부스터펌프유지비, 분뇨탱크유지비, 쓰레기이송설비유지관리비, 연수기유지비, 오수처리시설관리비, 운동시설관리비, 원격검침시스템유지보수비, 음용수유지관리비, 자동문유지보수비(점검대행료), 자동제어유지비, (중앙)정수기유지비, 정화조안전대행료, 주민공동시설운영비, 집수정처리비, 출입카드리더기유지비, 카리프트안전관리비, 통합관제유지비, 편의시설유지비, 하수구세정비, 화장실유지관리비, 환경개선비, 정화조약품비 |

| 구분 | 내용 |
|---|---|
| ㉝ 안전점검비 | ● **세부설명**<br>▷ 건축물의 안전점검 비용 |
| ㉞ 재해예방비 | ● **세부설명**<br>▷ 재난 및 재해를 예방하기 위해 지출하는 비용<br>● **재해예방비에 포함되는 실사용계정(예시)**<br>▷ 소화기구입비, 가스경보기구입비, 제설작업비, 제설용품비 |

▶ 공용관리비

| 구분 | 내용 |
|---|---|
| ㉟ 위탁관리 수수료 | ● **세부설명**<br>▷ 주택관리업자에게 위탁하여 관리하는 경우로서 입주자대표회의와 주택관리자 간의 계약으로 정한 월간비용<br>● **주의사항**<br>▷ 부가가치세 발생분 포함하여 분류 |
| ㊱ 난방비 | ● **세부설명**<br>▷ 난방 및 급탕에 소요된 원가(유류대, 난방비 및 급탕용수비)에서 급탕비를 뺀 금액으로 난방비는 난방 유형에 불구하고(중앙집중식, 지역난방 등) 모든 형태의 난방비를 의미<br>● **난방비에 포함되는 실사용계정(예시)**<br>▷ 경비실/초소난방비, 열사용요금 |
| ㊲ 급탕비 | ● **세부설명**<br>▷ 급탕비란 급탕용 유류대 및 급탕용수비를 의미<br>● **급탕비에 포함되는 실사용계정(예시)**<br>▷ 온수료 |
| ㊳ 가스사용료 | ● **세부설명**<br>▷ 취사에 사용하는 가스나 개별난방 시 사용하는 가스에 대한 사용료를 의미<br>● **주의사항**<br>▷ 중앙집중식 난방방식에서 가스를 연료로 사용하면 사용된 가스료는 난방비로 분류<br>▷ 관리소·경비실 가스사용료는 제세공과금이 아닌 가스사용료로 분류하여야 함 |
| ㊴ 전기료 | ● **세부설명**<br>▷ 한전에서 부과하는 전기요금<br>● **전기료에 포함되는 실사용계정(예시)**<br>▷ 가로등전기료, 공동및승강기전기료, 광열비, 가스실전기료, 간판전기료, 계단전기료, 경비실전기료, 급수전기료, 난방/급탕전기료, 동력전기료, TV수신료, 정화조전기료, 주차장전기료 |

| 구분 | 내용 |
|---|---|
| ㊵ 수도료 | ● **세부설명**<br>▷ 수도사업소에서 부과하는 수도요금<br><br>● **주의사항**<br>▷ 급탕용수비는 수도료가 아닌 급탕비에 포함<br><br>● **수도료에 포함되는 실사용계정(예시)**<br>▷ 상하수도료, 개별검침수도료, 소화전수도료, 음용수 수도료, 지하수사용료 |

▶ 개별사용료

| 구분 | 내용 |
|---|---|
| ㊶ 정화조오물 수수료 | ● **세부설명**<br>▷ 매년 정화조 청소 시 발생하는 수수료<br><br>● **주의사항**<br>▷ 정화조시설 유지관리 대행비는 수선유지비 |
| ㊷ 생활폐기물 수수료 | ● **세부설명**<br>▷ 음식물 수거업체의 수거비용<br><br>● **생활폐기물수수료에 포함되는 실사용계정(예시)**<br>▷ 음식물배출카드비, 오물수거비, 음식물수거비, 음식물수거용기세척수수료, 음식물스티커구입비, 음식물쓰레기운반수수료, 음식물종량제수수료, 음식물봉투비, 음식물처리시스템유지보수비, 음식물통통신료, 폐가구처리비 |
| ㊸ 입주자대표회의 운영비 | ● **세부설명**<br>▷ 관리규약으로 정한, 입주자대표회의 운영 비용<br>(회의 관련 비용 포함)<br><br>● **주의사항**<br>▷ 입주자대표회의 운영비를 잡지출 또는 예비비로 집행하고 공개하지 않는 것은 입주자대표회의 운영규정에 부합하지 않음<br><br>● **입주자대표회의 운영비에 포함되는 실사용계정(예시)**<br>▷ 감사업무추진비, 동대표운영비, 동대표정기회의참석비, 입주자대표회의회장 입무추진비, 회의출석수당, 감사실회의비 입주자대표총무업무추진비, 입주자대표회의 회장보증보험료 |
| ㊹ 건물보험료 | ● **세부설명**<br>▷ 건물 화재보험과 승강기, 어린이놀이시설, 지하주차장, 독서실 운동시설 등에 소요되는 보험료<br><br>● **건물보험료에 포함되는 실사용계정(예시)**<br>▷ 시설물배상책임보험료, 가스사고배상책임보험료, 영업배상책임보험료, 경로당보험료, 공동주택종합보험료, 살수기오작동보험료, 주택관리종합공제보험료, 체육시설보험료 |

| 구분 | 내용 |
|---|---|
| ㊺ 선거관리위원회 운영비 | ● **세부설명**<br>▷ 관리규약으로 정한, 선거관리위원회 운영 비용<br>● **선거관리위원회 운영비에 포함되는 실사용계정(예시)**<br>▷ 선거관리위원참가(출석)수당, 선거관리위원회의비, 선거관리위원활동비 |

▶ 장기수선충당금 및 잡수입

| 구분 | 내용 |
|---|---|
| ㊻ 장기수선 충당금 | ● **세부설명**<br>▷ 관리주체가 매월 입주자에게 부과 징수하는 장기수선충당금을 의미<br>● **장기수선충당금에 포함되는 실사용계정(예시)**<br>▷ 승강기장기수선충당금전입액 |
| ㊼ 잡수입 | ● **세부설명**<br>▷ 옥상 중계기 설치에 따른 수입, 재활용품 매각수입, 알뜰시장 운영수입, 광고 수입 등 공동주택관리와 관련하여 발생하는 제반 수입<br>● **잡수입에 포함되는 실사용계정(예시)**<br>▷ 공동주택지원금수입(구청지원-가로등전기료, 구청지원-보안등전기료, 공사비등 관리비지원금, 노인정 구청지원비 등), 주차장수입, 고용안정사업수입(근로복지장려금), 재활용수입, 시설물사용수입, 운동시설사용수입, 검침수입, 공용부지사용수입, 독서실이용수입, 부과차익, 연체료수입, 임대료수입, 승강기사용수입, 유료간판수입, 유아놀이방사용수입, 알뜰장터수입 |

[별지 제4호 서식]

# 세입예산서

당기 ○○기 20○○년 1월 1일 ~ 20○○년 12월 31일

(예산승인일 20○○년 ○○월 ○○일)

○○아파트 관리사무소 (단위 : 원)

| 구 분 | 예산액 | | 전년도예산액 | | 비교증감 | | 증감율 | |
|---|---|---|---|---|---|---|---|---|
| I. 관리수익 | | 0 | | 0 | | 0 | | % |
| 1.관리비수익 | 0 | | 0 | | 0 | | % | |
| 2.사용료수익 | 0 | | 0 | | 0 | | % | |
| 3.장기수선충당금수익 | 0 | | 0 | | 0 | | % | |
| II. 관리외수익 | | 0 | | 0 | | 0 | | % |
| 1.이자수입 | 0 | | 0 | | 0 | | % | |
| 2.중계기임대수입 | 0 | | 0 | | 0 | | % | |
| 3.어린이집임대수입 | 0 | | 0 | | 0 | | % | |
| 4.주차수입 | 0 | | 0 | | 0 | | % | |
| 5.승강기수입 | 0 | | 0 | | 0 | | % | |
| 6.운동시설이용수입 | 0 | | 0 | | 0 | | % | |
| 7.독서실이용수입 | 0 | | 0 | | 0 | | % | |
| 8.재활용품수입 | 0 | | 0 | | 0 | | % | |
| 9.알뜰시장수입 | 0 | | 0 | | 0 | | % | |
| 10.광고수입 | 0 | | 0 | | 0 | | % | |
| 11.검침수입 | 0 | | 0 | | 0 | | % | |
| 12.연체료수입 | 0 | | 0 | | 0 | | % | |
| 13.기타 | 0 | | 0 | | 0 | | % | |
| III. 세입합계 | | 0 | | 0 | | 0 | | % |

[별지 제5호 서식]

# 세입결산서

당기 ○○기 20○○년 1월 1일 ~ 20○○년 12월 31일

○○아파트 관리사무소 (단위 : 원)

| 구 분 | 당초예산 | | 예산액 | | 증감 | | 결산액 | | 차이액 | |
|---|---|---|---|---|---|---|---|---|---|---|
| I. 관리수익 | | 0 | | 0 | | 0 | | % | | % |
| 1. 관리비수익 | 0 | | 0 | | 0 | | % | | % | |
| 2. 사용료수익 | 0 | | 0 | | 0 | | % | | % | |
| 3. 장기수선충당금수익 | 0 | | 0 | | 0 | | % | | % | |
| II. 관리외수익 | | 0 | | 0 | | 0 | | % | | % |
| 1. 이자수입 | 0 | | 0 | | 0 | | % | | % | |
| 2. 중계기임대수입 | 0 | | 0 | | 0 | | % | | % | |
| 3. 어린이집임대수입 | 0 | | 0 | | 0 | | % | | % | |
| 4. 주차수입 | 0 | | 0 | | 0 | | % | | % | |
| 5. 승강기수입 | 0 | | 0 | | 0 | | % | | % | |
| 6. 운동시설이용수입 | 0 | | 0 | | 0 | | % | | % | |
| 7. 독서실이용수입 | 0 | | 0 | | 0 | | % | | % | |
| 8. 재활용품수입 | 0 | | 0 | | 0 | | % | | % | |
| 9. 알뜰시장수입 | 0 | | 0 | | 0 | | % | | % | |
| 10. 광고수입 | 0 | | 0 | | 0 | | % | | % | |
| 11. 검침수입 | 0 | | 0 | | 0 | | % | | % | |
| 12. 연체료수입 | 0 | | 0 | | 0 | | % | | % | |
| 13. 기타 | 0 | | 0 | | 0 | | % | | % | |
| III. 세입합계 | | 0 | | 0 | | 0 | | % | | % |

[별지 제6호 서식]

# 세출예산서

당기 ○○기 20○○년 1월 1일 ~ 20○○년 12월 31일

(예산승인일 20○○년 ○○월 ○○일)

○○아파트 관리사무소 (단위 : 원)

| 과 목 | 예산액 | | 전년도예산액 | | 비교증감 | | 증감율 | |
|---|---|---|---|---|---|---|---|---|
| I. 관리비용 | | 0 | | 0 | | 0 | | % |
| 1. 공용관리비 | | 0 | | 0 | | 0 | | % |
| 1)일반관리비 | 0 | | 0 | | 0 | | % | |
| (1)급여 | 0 | | 0 | | 0 | | % | |
| (2)제수당 | 0 | | 0 | | 0 | | % | |
| (3)상여금 | 0 | | 0 | | 0 | | % | |
| (4)퇴직금 | 0 | | 0 | | 0 | | % | |
| (5)산재보험료 | 0 | | 0 | | 0 | | % | |
| (6)고용보험료 | 0 | | 0 | | 0 | | % | |
| (7)국민연금 | 0 | | 0 | | 0 | | % | |
| (8)건강보험료 | 0 | | 0 | | 0 | | % | |
| (9)식대등복리후생비 | 0 | | 0 | | 0 | | % | |
| (10)일반사무용품비 | 0 | | 0 | | 0 | | % | |
| (11)도서인쇄비 | 0 | | 0 | | 0 | | % | |
| (12)여비교통비 | 0 | | 0 | | 0 | | % | |
| (13)통신료 | 0 | | 0 | | 0 | | % | |
| (14)우편료 | 0 | | 0 | | 0 | | % | |
| (15)제세공과금등 | 0 | | 0 | | 0 | | % | |
| (16)피복비 | 0 | | 0 | | 0 | | % | |
| (17)교육훈련비 | 0 | | 0 | | 0 | | % | |
| (18)차량유지비 | 0 | | 0 | | 0 | | % | |
| (19)관리용품구입비 | 0 | | 0 | | 0 | | % | |
| (20)회계감사비 | 0 | | 0 | | 0 | | % | |
| (21)잡비 | 0 | | 0 | | 0 | | % | |
| 2)경비비 | 0 | | 0 | | 0 | | % | |
| 3)청소비 | 0 | | 0 | | 0 | | % | |
| 4)소독비 | 0 | | 0 | | 0 | | % | |
| 5)승강기유지비 | 0 | | 0 | | 0 | | % | |
| 6)난방비 | 0 | | 0 | | 0 | | % | |

| | | | | | | | | |
|---|---|---|---|---|---|---|---|---|
| 7)급탕비 | 0 | | 0 | | 0 | | % | |
| 8)지능형홈네트워크설비유지비 | 0 | | 0 | | 0 | | % | |
| 9)수선유지비 | 0 | | 0 | | 0 | | % | |
| 10)위탁관리수수료 | 0 | | 0 | | 0 | | % | |
| 2.사용료등 | | 0 | | 0 | | 0 | | % |
| 1)전기료 | 0 | | 0 | | 0 | | % | |
| 2)수도료 | 0 | | 0 | | 0 | | % | |
| 3)가스료 | 0 | | 0 | | 0 | | % | |
| 4)난방비 | 0 | | 0 | | 0 | | % | |
| 5)급탕비 | 0 | | 0 | | 0 | | % | |
| 6)정화조오물수수료 | 0 | | 0 | | 0 | | % | |
| 7)생활폐기물수수료 | 0 | | 0 | | 0 | | % | |
| 8)입주자대표회의운영비 | 0 | | 0 | | 0 | | % | |
| 9)보험료 | 0 | | 0 | | 0 | | % | |
| 10)선거관리위원회운영경비 | 0 | | 0 | | 0 | | % | |
| 3.장기수선충당금 | | 0 | | 0 | | 0 | | % |
| 1)장기수선비 | 0 | | 0 | | 0 | | % | |
| II. 관리외비용 | | 0 | | 0 | | 0 | | % |
| 1.장기수선충당금이자전입액 | 0 | | 0 | | 0 | | % | |
| 2.하자보수충당금이자전입액 | 0 | | 0 | | 0 | | % | |
| 3.승강기운영비용 | 0 | | 0 | | 0 | | % | |
| 4.주차장운영비용 | 0 | | 0 | | 0 | | % | |
| 5.공동체활성화비용 | 0 | | 0 | | 0 | | % | |
| 6.주민자치활성화비용 | 0 | | 0 | | 0 | | % | |
| 7.차감관리비 | 0 | | 0 | | 0 | | % | |
| 8.알뜰시장비용 | | | | | | | | |
| 9.재활용품비용 | 0 | | 0 | | 0 | | % | |
| 10.검침비용 | 0 | | 0 | | 0 | | % | |
| 11.공동주택지원금비용 | | | | | | | | |
| 12.고용안정사업비용 | | | | | | | | |
| 13.부과차손 | 0 | | 0 | | 0 | | % | |
| 14.세무신고수수료 | 0 | | 0 | | 0 | | % | |
| 15.법인세등 | 0 | | 0 | | 0 | | % | |
| 16.기타의관리외비용 | 0 | | 0 | | 0 | | % | |
| III. 이익잉여금 | | 0 | | 0 | | 0 | | % |
| 1.예비비적립금 | 0 | | 0 | | 0 | | % | |
| 2.공동체활성화지원적립금 | 0 | | 0 | | 0 | | % | |
| 3.기타적립금 | 0 | | 0 | | 0 | | % | |
| IV. 세출합계 | | 0 | | 0 | | 0 | | 0 |

[별지 제7호 서식]

# 세출결산서

당기 ○○기 20○○년 1월 1일 ~ 20○○년 12월 31일

○○아파트 관리사무소 (단위 : 원)

| 과 목 | 예산액 | | 전년도 예산액 | | 비교증감 | | 증감율 | | 차이액 | |
|---|---|---|---|---|---|---|---|---|---|---|
| I. 관리비용 | | 0 | | 0 | | 0 | | % | | % |
| 1.공용관리비 | | 0 | | 0 | | 0 | | % | | % |
| 1)일반관리비 | 0 | | 0 | | 0 | | % | | % | |
| (1)급여 | 0 | | 0 | | 0 | | % | | % | |
| (2)제수당 | 0 | | 0 | | 0 | | % | | % | |
| (3)상여금 | 0 | | 0 | | 0 | | % | | % | |
| (4)퇴직금 | 0 | | 0 | | 0 | | % | | % | |
| (5)산재보험료 | 0 | | 0 | | 0 | | % | | % | |
| (6)고용보험료 | 0 | | 0 | | 0 | | % | | % | |
| (7)국민연금 | 0 | | 0 | | 0 | | % | | % | |
| (8)건강보험료 | 0 | | 0 | | 0 | | % | | % | |
| (9)식대등복리후생비 | 0 | | 0 | | 0 | | % | | % | |
| (10)일반사무용품비 | 0 | | 0 | | 0 | | % | | % | |
| (11)도서인쇄비 | 0 | | 0 | | 0 | | % | | % | |
| (12)여비교통비 | 0 | | 0 | | 0 | | % | | % | |
| (13)통신료 | 0 | | 0 | | 0 | | % | | % | |
| (14)우편료 | 0 | | 0 | | 0 | | % | | % | |
| (15)제세공과금등 | 0 | | 0 | | 0 | | % | | % | |
| (16)피복비 | 0 | | 0 | | 0 | | % | | % | |
| (17)교육훈련비 | 0 | | 0 | | 0 | | % | | % | |
| (18)차량유지비 | 0 | | 0 | | 0 | | % | | % | |
| (19)관리용품구입비 | 0 | | 0 | | 0 | | % | | % | |
| (20)회계감사비 | 0 | | 0 | | 0 | | % | | % | |
| (21)잡비 | 0 | | 0 | | 0 | | % | | % | |
| 2)경비비 | 0 | | 0 | | 0 | | % | | % | |
| 3)청소비 | 0 | | 0 | | 0 | | % | | % | |
| 4)소독비 | 0 | | 0 | | 0 | | % | | % | |
| 5)승강기유지비 | 0 | | 0 | | 0 | | % | | % | |
| 6)난방비 | 0 | | 0 | | 0 | | % | | % | |

| | | | | | | | | | | |
|---|---|---|---|---|---|---|---|---|---|---|
| 7)급탕비 | 0 | | 0 | | 0 | | % | | % | |
| 8)지능형홈네트워크설비유지비 | 0 | | 0 | | 0 | | % | | % | |
| 9)수선유지비 | 0 | | 0 | | 0 | | % | | % | |
| 10)위탁관리수수료 | 0 | | 0 | | 0 | | % | | % | |
| 2.사용료등 | | 0 | | 0 | | 0 | | % | | % |
| 1)전기료 | 0 | | 0 | | 0 | | % | | % | |
| 2)수도료 | 0 | | 0 | | 0 | | % | | % | |
| 3)가스료 | 0 | | 0 | | 0 | | % | | % | |
| 4)난방비 | 0 | | 0 | | 0 | | % | | % | |
| 5)급탕비 | 0 | | 0 | | 0 | | % | | % | |
| 6)정화조오물수수료 | 0 | | 0 | | 0 | | % | | % | |
| 7)생활폐기물수수료 | 0 | | 0 | | 0 | | % | | % | |
| 8)입주자대표회의운영비 | 0 | | 0 | | 0 | | % | | % | |
| 9)보험료 | 0 | | 0 | | 0 | | % | | % | |
| 10)선거관리위원회운영경비 | 0 | | 0 | | 0 | | % | | % | |
| 3.장기수선충당금 | | 0 | | 0 | | 0 | | % | | % |
| 1)장기수선비 | 0 | | 0 | | 0 | | % | | % | |
| **II. 관리외비용** | | 0 | | 0 | | 0 | | % | | % |
| 1.장기수선충당금이자전입액 | 0 | | 0 | | 0 | | % | | % | |
| 2.하자보수충당금이자전입액 | 0 | | 0 | | 0 | | % | | % | |
| 3.승강기운영비용 | 0 | | 0 | | 0 | | % | | % | |
| 4.주차장운영비용 | 0 | | 0 | | 0 | | % | | % | |
| 5.공동체활성화비용 | 0 | | 0 | | 0 | | % | | % | |
| 6.주민자치활성화비용 | 0 | | 0 | | 0 | | % | | % | |
| 7.차감관리비 | 0 | | 0 | | 0 | | % | | % | |
| 8.알뜰시장비용 | | | | | | | | | | |
| 9.재활용품비용 | 0 | | 0 | | 0 | | % | | % | |
| 10.검침비용 | 0 | | 0 | | 0 | | % | | % | |
| 11.공동주택지원금비용 | | | | | | | | | | |
| 12.고용안정사업비용 | | | | | | | | | | |
| 13.부과차손 | 0 | | 0 | | 0 | | % | | % | |
| 14.세무신고수수료 | 0 | | 0 | | 0 | | % | | % | |
| 15.법인세등 | 0 | | 0 | | 0 | | % | | % | |
| 16.기타의관리외비용 | 0 | | 0 | | 0 | | % | | % | |
| **III. 이익잉여금** | | 0 | | 0 | | 0 | | % | | % |
| 1.예비비적립금 | 0 | | 0 | | 0 | | % | | % | |
| 2.공동체활성화지원적립금 | 0 | | 0 | | 0 | | % | | % | |
| 3.기타적립금 | 0 | | 0 | | 0 | | % | | % | |
| **IV. 세출합계** | | 0 | | 0 | | 0 | | 0 | | 0 |

■ 국민연금법 시행규칙 [별지 제3호서식] <개정 2016.2.4.>

# 국민연금 [ ]당연적용사업장 해당신고서
# 건강보험 [ ]사업장(기관) 적용신고서
# 고용보험 ([ ]보험관계성립신고서 [ ]보험가입신청서)
# 산재보험 ([ ]보험관계성립신고서 [ ]보험가입신청서)

※ 유의사항 및 작성방법은 제1쪽 뒷면을 참고하여 주시기 바라며, 색상이 어두운 란은 신청인이 적지 않습니다. (제1쪽 앞면)

| 접수번호 | 접수일 | 처리기간 건강보험·국민연금 3일<br>고용·산재보험 5일 |
|---|---|---|

| | | | | |
|---|---|---|---|---|
| 공통 | 사업장 | 사업장관리번호 | 명칭 | 사업장 형태 [ ]법인 [ ]개인 |
| | | 소재지 우편번호( ) | | |
| | | 우편물 수령지 우편번호( ) | | 전자우편주소 |
| | | 전화번호 | (휴대전화) | FAX번호 |
| | | 업태 | 종목 (주생산품) | 업종코드 |
| | | 사업자등록번호 | 법인등록번호 | |
| | 사용자(대표자) | 성명 | 주민(외국인)등록번호 | 전화번호 |
| | | 주소 | | |
| | 보험료 자동이체신청 | 은행명 | 계좌번호 | |
| | | 예금주명 | 예금주 주민등록번호(사업자 등록번호) | |
| | 전자고지 신청 | 고지 방법 [ ]전자우편 [ ]전자문서교환시스템 | [ ]휴대전화 [ ]인터넷홈페이지(사회보험통합징수포털) | 4대 사회보험 합산고지<br>[ ] 신청<br>[ ] 미신청 |
| | | 수신처(전자우편주소, 휴대전화번호 또는 아이디) | | |
| | | 수신자 성명 | 수신자 주민등록번호 | |
| 국민연금/건강보험 | | 건설현장사업장 [ ]해당 [ ]비해당 | 건설현장 사업기간 ~ | |
| 연금(고용)보험료 지원 신청 | | 「국민연금법」 제100조의3 또는 「고용보험 및 산업재해보상보험의 보험료징수 등에 관한 법률」 제21조에 따라 아래와 같이 연금(고용)보험료 지원을 신청합니다(근로자 수가 10명 미만인 사업장만 해당합니다).<br>국민연금 [ ] 고용보험 [ ] | | |
| 국민연금 | | 근로자수 | 가입대상자수 | 적용연월일 |
| | | 분리적용사업장 [ ]해당 [ ]비해당 | 본점사업장관리번호 | |
| 건강보험 | | 적용대상자수 | 본점사업장관리번호 | 적용 연월일 |
| | | 사업장 특성부호 | 회계종목(공무원 및 교직원기관만 작성) | 1 2 3 |
| 고용보험 | | 상시근로자수 | 피보험자수 | 성립일 |
| | | 보험사무대행기관 (명칭) | | (번호) |
| | 주된 사업장 | 명 칭 | 사업자등록번호 | |
| | | 총상시근로자수 | 총피보험자수 | 업종 |
| | | 우선지원대상기업 [ ]해당 [ ]비해당 | 주된 사업장관리번호 | |
| 산재보험 | | 상시근로자수 | 성립일 | 사업종류코드 |
| | | 사업의 형태 [ ] 계속 [ ] 기간이 정하여져 있는 사업(사업기간: - ) | | |
| | | 성립신고(가입신청)일 현재 산업재해발생여부 | [ ]있음 [ ]없음 | |
| | | 주된 사업장 여부 [ ]해당 [ ]비해당 | 주된 사업장 관리번호 | |

위와 같이 신고(신청)합니다.

년 월 일

신고인·신청인(사용자·대표자) (서명 또는 인)

[ ]보험사무대행기관(고용·산재보험만 해당) (서명 또는 인)

국민연금공단 이사장/국민건강보험공단 이사장/근로복지공단 지역본부장(지사장) 귀하

(제1쪽 뒷면)

| | | |
|---|---|---|
| 신고인<br>(신청인)<br>제출서류 | 1. 근로자 과반수의 동의서 1부(고용보험 임의적용 가입신청의 경우에만 제출합니다)<br>2. 통장 사본 1부(자동이체 신청의 경우에만 제출합니다) | 수수료<br>없음 |
| 담당 직원<br>확인사항 | 1. 사업자등록증 사본 1부<br>2. 주민등록표 등본 1통(고용·산재보험의 경우에만 제출합니다)<br>3. 법인 등기사항증명서 | |

## 행정정보 공동이용 동의서

본인은 이 건 업무처리와 관련하여 담당 직원이 「전자정부법」 제36조제2항에 따른 행정정보의 공동이용을 통하여 담당 직원 확인사항의 제1호 및 제2호의 행정정보를 확인하는 것에 동의합니다. *동의하지 않는 경우에는 신청인이 직접 관련 서류를 제출해야 합니다.

신고인(신청인) (서명 또는 인)

## 유의사항

1. 국민연금, 건강보험의 건설현장사업장은 건설일용근로자만 가입된 사업장을 말하고, 건설현장사업장으로 적용받고자 하는 사업장이 일괄경정 고지신청서(해당 기관 서식)를 제출하고 사업장 자격관리 등을 위하여 해당 기관이 운영하는 정보통신망(EDI)에 가입하면 일괄경정고지를 받을 수 있습니다.
2. 전자고지는 국민건강보험법 제79조에 따라 송달의 효력이 발생하며, 별도의 우편고지서는 발송하지 않습니다.
3. 연금(고용)보험료 지원 대상 사업장은 전년도의 월평균 근로자 수가 10명 미만이거나 신청 직전 3개월 동안(보험관계성립일 이후 3개월이 지나지 않은 경우에는 그 기간 동안) 연속하여 근로자 수가 10명 미만이고, 신청월 말일 기준으로 10명 미만이어야 합니다. 다만, 고용보험의 경우에 보수총액신고서를 제출하지 않은 사업장은 고용보험료 지원이 중단될 수 있습니다.
   **※ 법인사업장은 법인 단위로 10명 미만 여부를 판단하나, 공동주택관리사무소의 경우 「고용보험 및 산업재해보상보험의 보험료징수 등에 관한 법률 시행령」 제12조제2항에 따라 관리사무소 현장 별로 10명 미만 여부를 판단합니다.**
4. 신청 연도의 근로자 수가 3개월 연속 10명 이상인 경우 4개월째부터 해당 연도 말까지 연금(고용)보험료 지원 대상에서 제외됩니다.
5. 연금(고용)보험료 지원은 국민연금 및 고용보험의 자격취득이 된 사람으로 한정하여 이루어지므로 현재까지 자격취득이 안 된 근로자는 반드시 해당 기관에 자격취득신고서 또는 근로내용확인신고서를 제출하여야 혜택을 받을 수 있습니다.
   (신고관련 문의: 국번없이 국민연금 1355, 고용보험 1350)
6. 연금(고용)보험료 지원 대상에 해당하는 경우에 신청 월부터 해당 연도 말까지 지원되며 매월 해당 월의 보험료가 납부기한 이내에 모두 납부된 경우에만 보험료가 지원됩니다. 따라서 납부기한이 지나서 납부하거나 일부만 납부한 월에는 지원을 받을 수 없습니다.
7. 연금(고용)보험료는 근로자의 소득수준, 국민연금(고용보험) 가입이력 등에 따라 사용자와 근로자의 연금보험료와 고용보험료 부담분의 5분의 3 범위에서 지원됩니다.
8. 연금(고용)보험료를 지원받고 있는 사업장에 신규로 자격을 취득한 근로자가 있을 경우 연금(고용)보험료 지원신청이 없어도 해당 가입자가 보험료 지원요건을 충족할 경우 연금(고용)보험료를 지원받을 수 있습니다.
9. 연금(고용)보험료 지원 대상 요건에 해당되지 않음이 추후 확인된 경우에는 기 지원한 금액에 대하여 국가가 이를 환수할 수 있습니다.
10. 국민연금공단과 근로복지공단에서 국민연금과 고용보험의 지원 여부를 확인하여 처리 결과를 각각 통보합니다.
11. 국민연금의 경우 18세 미만의 근로자도 사업장가입자입니다. 다만, 본인이 원하지 아니하면 가입하지 않을 수 있습니다.
12. **고용·산재보험 신고(신청) 시 "건설공사 및 임업 중 벌목업"의 경우에는 별도 서식을 이용하여 근로복지공단에 제출하여 주시기 바랍니다.**
13. 자동이체 신청 시 고용·산재보험료의 처리 대상은 월별보험료 및 분할납부보험료(2~4기)이며, 일시납부하는 개산보험료와 분할납부보험료(1기)는 자동이체 처리되지 않습니다.
14. 산재보험 적용사업(장)은 「임금채권보장법」을 당연히 적용받게 됩니다.
15. 상시근로자 20명 이상의 산재보험 적용사업(장)은 「석면피해구제법」을 당연히 적용받게 됩니다.

## 작성방법

| | |
|---|---|
| 공통<br>사항 | 1. "사용자·대표자"란은 개인사업의 경우 개인사업주, 법인의 경우 대표자 인적사항을 적습니다.<br>2. "업태와 종목"란은 사업자등록증 상의 업태와 종목을 적습니다.<br>3. "자동이체신청"란의 예금주 주민등록번호는 계좌개설 시 주민등록번호로 등록되었으면 그 주민등록번호를, 사업자등록번호로 등록되었으면 그 사업자등록번호를 적습니다.<br>4. "합산고지"는 4대 사회보험을 한 장의 고지서에 합산된 금액으로 고지 받는 것으로 그 신청여부에 따라 "[√]"표시를 합니다.<br>5. "전자고지 신청"란은 전자고지를 받으려는 방법에 해당하는 부분에 "[√]"표시를 하고, 전자우편이나 휴대전화를 선택한 경우에는 "수신처"에 전자고지를 받으려는 정확한 전자우편주소 또는 휴대전화번호를 적으며, 전자문서교환시스템을 선택한 경우에는 "건강보험 Web EDI, 사회보험 EDI" 중 하나를 선택하여 적습니다. |
| 국민<br>연금 | 1. "적용 연월일"란에는 사업장이 1명 이상의 근로자를 사용하게 된 날을 적습니다.<br>2. "근로자수"란에는 법인의 대표자는 포함하고, 개인사업장의 사용자는 포함하지 마십시오.<br>3. "가입대상자수"란에는 사업장의 18세 이상 60세 미만의 근로자와 사용자를 합하여 기재하되, 18세 미만 근로자의 경우에도 가입을 희망하는 경우에는 포함하십시오.<br>4. "분리적용사업장"이란 이미 국민연금에 가입된 본점(모사업장)으로부터 분리하여 별개의 사업장으로 가입한 경우를 말하며, 이러한 분리적용사업장으로 가입하려는 경우에만 본점 명세를 적습니다. |
| 건강<br>보험 | 1. "적용 연월일"란에는 사업장이 1명 이상의 근로자를 사용하게 된 날을 적습니다.<br>2. "회계종목"란은 공무원 및 교직원사업장만 회계종목 사항을 적습니다.<br>※ 사업장 특성부호: 1. 공무원사업장 3. 사립학교교직원사업장 5. 군 기관 7. 일반근로자사업장<br>3. 관할 단위사업장 및 부서가 있을 때에는 제2쪽의 "단위사업장 현황" 및 "영업소 현황"을 적고, 고용보험의 경우 보험관계 성립사업장이 둘 이상일 때에는 제3쪽의"신고대상사업장 현황"을 계속 적습니다. |
| 고용<br>보험 | ※ "(총)피보험자수" 란은 「고용보험법」 제10조에 따른 적용제외 근로자를 제외한 근로자수를 적습니다.<br>1. "상시근로자수" 및 "피보험자수"란은 신고대상 사업장의 내용을 적습니다.<br>2. "총상시근로자수" 및 "총피보험자수"란은 하나의 사업주가 운영하는 전체사업장에 근로하는 상시근로자수 및 피보험자수의 총계를 적습니다.<br>3. "우선지원 대상기업"란은 「고용보험법 시행령」 제12조에 따른 "우선지원 대상기업에 해당하는 기업"인지 여부를 적습니다.<br>4. "주된 사업장관리번호"란은 주된 사업장의 보험관계가 이미 성립한 경우에만 적습니다.<br>5. 제출된 서식만으로 사실 여부의 확인이 곤란한 경우 관련 서류의 보완 요구가 있을 수 있습니다(산재보험 동일). |
| 산재<br>보험 | ※ "원사업주 사업장관리번호 또는 사업개시번호"란은 사내하도급 근로자를 고용하여 사내하도급을 수행하는 수급사업주가 원사업주의 산재보험 사업장관리번호(원사업주가 일괄적용 사업장인 경우에는 원사업주의 사업개시번호)를 적습니다(건설업은 제외).<br>1. "사내하도급"이란 원사업주로부터 업무를 도급받거나 업무의 처리를 수탁한 사업주가 자신의 의무를 이행하기 위해 원사업주의 사업장에서 해당 업무를 수행하는 것을 말합니다.<br>2. "수급사업주"란 업무를 도급받거나 업무의 처리를 위탁받은 사업주를 말합니다.<br>3. "원사업주"란 업무를 도급하거나 업무의 처리를 위탁한 사업주를 말한다. 사업이 수차의 도급에 의해 이루어지는 경우에는 최상위의 원사업주를 말합니다.<br>4. "사내하도급 근로자"란 수급사업주가 원사업주로부터 도급받거나 위탁 받은 일을 완성하거나 업무를 처리하기 위하여 고용한 근로자를 말합니다.<br>5. 원사업주가 다수 있는 경우에는 사내하도급 근로자가 가장 많은 사업장의 원사업주 원수급 사업장관리번호를 적습니다.<br>6. 제출된 서식만으로 사실 여부의 확인이 곤란한 경우 관련 서류의 보완 요구가 있을 수 있습니다(원사업주는 수급사업주에게 사업장관리번호 제공에 협조하여야 합니다). |

## 처리절차

신고서(신청서) 작성 → 접수 및 확인 → 신고서(신청서) 처리 → 사업장 해당(적용)·보험관계 성립 확인통지 → 수 령

신고인(신청인) / 국민연금공단 · 국민건강보험공단 · 근로복지공단 / 신고인(신청인)

## 공동대표자 현황

| 연번 | 성 명 | 주민(외국인)등록번호 | 취임일 | 주 소 | 전화번호 |
|---|---|---|---|---|---|
| | | | | 우편번호( ) | |
| | | | | 우편번호( ) | |
| | | | | 우편번호( ) | |
| | | | | 우편번호( ) | |
| | | | | 우편번호( ) | |
| | | | | 우편번호( ) | |
| | | | | 우편번호( ) | |

## 단위사업장 현황(건강보험)

| 연번 | 단위사업장기호 | 단위사업장명 | 소 재 지 | 전화번호 |
|---|---|---|---|---|
| | | | | |
| | | | | |
| | | | | |
| | | | | |
| | | | | |
| | | | | |
| | | | | |

## 영업소 현황(건강보험)

| 연번 | 영업소기호 | 영업소명 | 소 재 지 | 전화번호 |
|---|---|---|---|---|
| | | | | |
| | | | | |
| | | | | |
| | | | | |
| | | | | |
| | | | | |
| | | | | |

**유의사항 및 작성방법**

1. 관할 단위사업장 및 부서가 있을 때에는 "단위사업장현황", "영업소현황"을 작성하십시오.
2. 영업소기호는 사업장에서 영업소별로 부여하여 관리하시기 바랍니다.
3. 색상이 어두운 란은 국민건강보험공단에서 작성하므로 신고인(신청인)은 작성하지 마십시오.

※ 고용보험의 보험관계성립사업장이 둘 이상인 경우에만 작성하며, 색상이 어두운 란은 신고인이 적지 않습니다. (제3쪽)

# 신고대상사업장현황(고용보험)

| | | | |
|---|---|---|---|
| 사업장(2) | 명칭 | | 전화번호 |
| | 소재지 | | |
| | 업태 | 종목 (주생산품: ) | 업종코드 |
| | 상시근로자수 명 | 피보험자수 명 | 사업자등록번호 |
| | 고용보험성립일 | | 보험사무대행기관번호 |
| | 사업장관리번호 | | |
| 사업장(3) | 명칭 | | 전화번호 |
| | 소재지 | | |
| | 업태 | 종목 (주생산품: ) | 업종코드 |
| | 상시근로자수 명 | 피보험자수 명 | 사업자등록번호 |
| | 고용보험성립일 | | 보험사무대행기관번호 |
| | 사업장관리번호 | | |
| 사업장(4) | 명칭 | | 전화번호 |
| | 소재지 | | |
| | 업태 | 종목 (주생산품: ) | 업종코드 |
| | 상시근로자수 명 | 피보험자수 명 | 사업자등록번호 |
| | 고용보험성립일 | | 보험사무대행기관번호 |
| | 사업장관리번호 | | |
| 사업장(5) | 명칭 | | 전화번호 |
| | 소재지 | | |
| | 업태 | 종목 (주생산품: ) | 업종코드 |
| | 상시근로자수 명 | 피보험자수 명 | 사업자등록번호 |
| | 고용보험성립일 | | 보험사무대행기관번호 |
| | 사업장관리번호 | | |

■ 고용보험법 시행규칙[별지 제5호서식] <개정 2016. 12. 30.>

# 국민연금 [ ] 사업장가입자 자격취득 신고서　　건강보험 [ ] 직장가입자 자격취득 신고서
# 고용보험 [ ] 피보험 자격취득 신고서　　산재보험 [ ] 근로자 고용 신고서

※ 유의사항 및 작성방법은 제2쪽을 참고해 주시기 바라며, 색상이 어두운 란은 신고인이 적지 않습니다.
※ [ ]에는 해당되는 곳에 "√" 표시를 합니다.　　(제1쪽)
※ 같은 사람의 4대 사회보험의 자격취득일 또는 소득(보수)월액, 월평균보수액이 서로 다른 경우 줄을 달리하여 적습니다.

| 접수번호 | 접수일 | 처리기간: 3일(고용보험은 5일) |
|---|---|---|

| | | | | |
|---|---|---|---|---|
| 사업장 | 사업장관리번호 | 명칭 | 단위사업장 명칭 | 영업소 명칭 |
| | 소재지 | | | 우편번호( － ) |
| | 전화번호 | (유선) (이동전화) | FAX번호 | |
| 보험사무 대행기관 | 번호 | 명칭 | 하수급인 관리번호(건설공사 등의 미승인 하수급인만 해당함) | |

| 구분 | 성명 / 주민등록번호 (외국인등록번호) | 국적 / 체류자격 | 대표자 여부 | 월 소득액 (소득월액·보수월액·월 평균보수) (원) | 자격 취득일 | 국민연금: 자격취득부호 | 국민연금: 특수직종부호 | 국민연금: 직역연금부호 | 건강보험: 자격취득부호 | 건강보험: 보험료 감면부호 | 건강보험: 공무원·교직원 회계명/부호 | 건강보험: 공무원·교직원 직종명/부호 | 고용보험·산재보험: 직종부호 | 고용보험·산재보험: 주소정 근로시간 | 고용보험·산재보험: 계약 종료 연월 (계약직만 작성) | 보험료 부과구분(해당자만): 부호 | 보험료 부과구분(해당자만): 사유 |
|---|---|---|---|---|---|---|---|---|---|---|---|---|---|---|---|---|---|
| 1 | | | [ ]예 [ ]아니오 | | | [ ]국민연금 ([ ]취득 월 납부 희망) | | | [ ]건강보험 | ([ ]피부양자 신청) ([ ]건강보험증 사업장으로 발송 희망) | | | [ ]고용보험(계약직 여부: [ ]예, [ ]아니오) [ ]산재보험 | | | | |
| 2 | | | [ ]예 [ ]아니오 | | | [ ]국민연금 ([ ]취득 월 납부 희망) | | | [ ]건강보험 | ([ ]피부양자 신청) ([ ]건강보험증 사업장으로 발송 희망) | | | [ ]고용보험(계약직 여부: [ ]예, [ ]아니오) [ ]산재보험 | | | | |
| 3 | | | [ ]예 [ ]아니오 | | | [ ]국민연금 ([ ]취득 월 납부 희망) | | | [ ]건강보험 | ([ ]피부양자 신청) ([ ]건강보험증 사업장으로 발송 희망) | | | [ ]고용보험(계약직 여부: [ ]예, [ ]아니오) [ ]산재보험 | | | | |
| 4 | | | [ ]예 [ ]아니오 | | | [ ]국민연금 ([ ]취득 월 납부 희망) | | | [ ]건강보험 | ([ ]피부양자 신청) ([ ]건강보험증 사업장으로 발송 희망) | | | [ ]고용보험(계약직 여부: [ ]예, [ ]아니오) [ ]산재보험 | | | | |

「고용보험법 시행령」 제7조 및 같은 법 시행규칙 제5조에 따라 위와 같이 자격취득을 신고합니다.

년　월　일

신고인(사용자·대표자)　(서명 또는 인) / [ ]보험사무대행기관　(서명 또는 인)

국민연금공단 이사장/국민건강보험공단 이사장/근로복지공단 ○○지역본부(지사)장 귀하

(제2쪽)

<table>
<tr><td rowspan="2">첨부서류</td><td>국민연금</td><td>임금대장 사본 또는 선원수첩 사본 등 특수직종근로자임을 증명할 수 있는 서류 1부</td><td rowspan="2">수수료<br>없음</td></tr>
<tr><td>건강보험</td><td>직장가입자의 자격을 얻으려는 사람이 재외국민 또는 외국인인 경우에는 다음의 구분에 따른 서류<br>가. 재외국민: 국내거소신고증 사본 또는 국내거소신고 사실증명 1부<br>나. 외국인: 외국인등록증 사본, 외국인등록 사실증명, 국내거소신고증 사본(「재외동포의 출입국과 법적 지위에 관한 법률」 제2조제2호에 따른 외국국적동포의 경우에만 제출합니다) 또는 국내거소신고사실증명(「재외동포의 출입국과 법적지위에 관한 법률」 제2조제2호에 따른 외국국적동포의 경우에만 제출합니다) 1부</td></tr>
<tr><td colspan="4">유의사항</td></tr>
<tr><td>건강보험</td><td colspan="3">피부양자가 있을 때에는 제5쪽의 직장가입자 자격취득 신고서(피부양자가 있는 경우)를 작성해 주시기 바랍니다.</td></tr>
<tr><td>고용보험</td><td colspan="3">임의가입대상 외국인근로자는 "고용보험 외국인 가입・가입탈퇴・피보험자격 취득신청서"로 신청해 주시기 바랍니다.</td></tr>
<tr><td colspan="4">작성방법</td></tr>
<tr><td>공통사항</td><td colspan="3">1. 신고대상 가입자 또는 근로자별 해당 사회보험(국민연금・건강보험・고용보험・산재보험) 취득 및 고용 여부를 "[ ]"에 "√" 표시를 합니다.<br>2. 성명 및 주민(외국인)등록번호란에는 주민등록표(외국인등록증 또는 국내거소신고증)상의 성명 및 주민등록번호(외국인등록번호 또는 국내거소신고번호)를 적습니다.<br>3. 자격취득일란에는 해당 사업장의 채용일 등을 적습니다. 다만, 국민연금의 경우 자격취득 사유가 사업장 전입인 경우에는 상대 사업장에서의 전출일과 같은 일자를 적습니다.<br>4. 외국인의 경우에는 국적, 체류자격(외국인등록증 기재내역)을 적습니다.<br>※ 건강보험의 경우 재외국민의 "체류자격"은 "C0(유학생의 경우 C9)", "국적"은 이주국가명을 적습니다.<br>5. 같은 사람의 4대 사회보험의 자격취득일 또는 소득(보수)월액, 월평균보수액이 서로 다른 경우, 줄을 달리하여 적습니다.</td></tr>
<tr><td>국민연금</td><td colspan="3">1. 특수직종부호는 해당 근로자가 「광업법」 제4조에 따른 광업종사자인 경우 "광원" 또는 「선원법」 제2조에 따른 선박 중 어선에서 직접 어로작업에 종사하는 "부원"인 경우에 해당 부호를 적습니다.<br>2. 18세 미만의 근로자는 본인이 가입을 희망하고 사용자가 동의한 경우에 사업장가입자로 가입할 수 있습니다.<br>3. 취득일이 1일인 경우를 제외하고, 취득월의 보험료 납부를 희망하는 경우에는 "[ ]취득 월 납부 희망"의 "[ ]"에 "√" 표시를 합니다.<br>4. 「공무원연금법」, 「군인연금법」, 「사립학교교직원 연금법」, 「별정우체국법」에 따른 직역연금 가입자 또는 퇴역연금, 퇴직연금 등을 받거나 받을 권리를 얻은 자는 사업장가입자로 가입할 수 없습니다.</td></tr>
<tr><td>건강보험</td><td colspan="3">공무원・교직원의 경우에만 회계명, 회계부호, 직종명, 직종부호를 적습니다.</td></tr>
<tr><td>고용보험산재보험</td><td colspan="3">1. 산재보험 관리번호와 고용보험 관리번호가 다른 경우에는 별도 서식에 작성하시기 바랍니다.<br>2. "월평균 보수액"은 연도 중에 월별로 지급이 예상되는 평균 보수액을 적습니다(입사 이후 연도 중에 지급이 예상되는 보수총액을 예상근무월수로 나눈 금액을 기재).<br>3. 주 소정 근로시간은 주간의 소정 근로시간을 달리하는 경우에는 평균 주 소정 근로시간을 적습니다.<br>4. 피보험자의 계약직 근로자 여부에 대해 "[ ]"에 "√" 표시를 하고, 계약직 근로자인 경우에는 예정된 계약 종료 연도와 월을 적습니다. 근로계약기간이 정해져 있다면 근로(고용)계약 만료일이 속한 월을, 건설공사기간으로 계약을 체결하였다면 예상 공사 종료일이 속한 월을, 사업이나 특정업무를 완성하는 것으로 계약을 체결하였다면 예상 완성일이 속한 월을 적습니다.<br>5. 보험료 부과구분은 해당자만 적습니다(사유란에는 대상근로자 부호를 기재).</td></tr>
</table>

(제3쪽)

## 자격취득 부호 등

**국민연금**

[자격취득 부호] 1. 18세 이상 당연취득(1개월 이상 계속 사용하는 일용직・기한부근로자, 1개월 동안 소정근로시간이 60시간 이상인 단시간근로자등을 포함합니다) 3. 18세 미만 신청 취득(근로자 본인이 원하고 사용자가 동의하는 경우에 적으시기 바랍니다) 9. 전입(사업장 통・폐합) 11. 대학시간강사 12. 60시간 미만 신청 취득(근로자 본인이 원하고 사용자가 동의하는 경우에 적으시기 바랍니다)

[특수직종 부호] 1. 광원 2. 부원

[직역연금 부호] 1. 직역연금(「공무원연금법」, 「군인연금법」, 「사립학교교직원 연금법」, 「별정우체국법」에 따른 연금) 가입자 2. 직역연금(「공무원연금법」, 「군인연금법」, 「사립학교교직원 연금법」, 「별정우체국법」에 따른 연금) 수급권자

**건강보험**

[자격취득 사유] 00. 최초취득 04. 의료급여 수급권자등에서 제외 05. 직장가입자 변경 06. 직장피부양자 상실 07. 지역가입자에서 변경 10. 유공자 등 건강보험 적용 신청 13. 기타 14. 거주불명 등록 후 재등록 29. 직장가입자 이중가입

[보험료 감면 부호] 11. 해외근무(전액) 12. 해외근무(반액) 21. 현역 군 입대 22. 상근예비역(현역 입대) 24. 상근예비역(근무) 31.시설수용(교도소) 32. 시설수용(기타) 41. 섬・벽지(사업장) 42. 섬・벽지(거주지) 81. 휴직

**고용보험 산재보험**

[직종 부호] 제4쪽의 별지[한국고용직업분류 중 소분류(139개) 직종 현황]를 참고하여 적습니다.

[보험료 부과구분 부호]

| 부호 | 부과범위 | | | | 대상근로자 |
|---|---|---|---|---|---|
| | 산재보험 | | 고용보험 | | |
| | 산재보험 | 임금채권부담금 | 실업급여 | 고용안정 직업능력개발 | |
| 51 | O | O | x | x | 09.고용보험 미가입.외국인근로자, 10.월 60시간 미만 근로자<br>11.항운노조원(임금채권부담금 부과대상) |
| 52 | O | x | x | x | 03.현장실습생<br>13.항운노조원(임금채권부담금 소송승소)<br>24.시간선택제채용공무원 |
| 54 | O | x | O | O | 22. 자활근로종사자(급여특례, 차상위계층, 주거급여・의료급여 또는 교육급여 수급자) |

| 부호 | 부과범위 | | | | 대상근로자 |
|---|---|---|---|---|---|
| | 산재보험 | | 고용보험 | | |
| | 산재보험 | 임금채권부담금 | 실업급여 | 고용안정 직업능력개발 | |
| 55 | x | x | O | O | 05.국가기관에서 근무하는 청원경찰<br>06.선원법 및 어선재해보상법적용자 07.해외파견자 |
| 56 | x | x | O | x | 01.별정직・임기제공무원 16.노조전임자(노동조합 등 금품 지급) |
| 57 | O | x | O | x | 14.시간선택제임기제공무원, 한시임기제공무원 |
| 58 | O | x | x | O | 21. 자활근로종사자(생계급여 수급자) |

(제5쪽)

# 직장가입자 자격취득 신고서(피부양자가 있는 경우)

※ 국민건강보험의 피부양자가 있는 경우에 작성하며, 색상이 어두운 란은 신고인이 적지 않습니다.

| 가입자 성명 | | 주민(외국인)등록번호 | |
|---|---|---|---|

| | | | | 장애인·국가유공자 | | | 외국인 | | | |
|---|---|---|---|---|---|---|---|---|---|---|
| | 관계 | 성명 | 주민(외국인)등록번호 | 종별부호 / 등급 | 등록일 | 국적 | 체류자격 | 체류기간 | 추가발급 코드 | 첨부서류 유무 |
| 피부양자 | | | | | | | | | | |
| | | | | | | | | | | |
| | | | | | | | | | | |
| | | | | | | | | | | |
| | | | | | | | | | | |
| | | | | | | | | | | |

위와 같이 직장가입자 자격 취득사항을 신고합니다.

년 월 일

신고인(사용자) (서명 또는 인)

## 국민건강보험공단 이사장 귀하

| | | |
|---|---|---|
| 첨부 서류 | 1. 주민등록표 등본(주민등록표 등본으로 해당 직장가입자와의 관계를 확인할 수 없는 경우는 가족관계등록부의 증명서를 제출합니다) 1부<br>2. 「장애인복지법」 제32조에 따라 등록된 장애인, 「국가유공자 등 예우 및 지원에 관한 법률」 제4조·제73조 및 제74조에 따른 국가유공자 등(법률 제11041호로 개정되기 전의 「국가유공자 등 예우 및 지원에 관한 법률」 제73조의2에 따른 국가유공자 등을 포함한다)으로서 같은 법 제6조의4에 따른 상이등급 판정을 받은 사람과 「보훈보상대상자 지원에 관한 법률」 제2조에 따른 보훈보상대상자로서 같은 법 제6조에 따른 상이등급 판정을 받은 사람임을 증명할 수 있는 서류 1부(장애인, 국가유공자 등 또는 보훈보상대상자의 경우만 제출합니다)<br>3. 피부양자의 자격을 취득하려는 사람이 재외국민 또는 외국인인 경우에는 다음의 구분에 따른 서류<br>가. 재외국민: 국내거소신고증 사본 또는 국내거소신고 사실증명 1부<br>나. 외국인: 외국인등록증 사본, 외국인등록사실증명, 국내거소신고증 사본(「재외동포의 출입국과 법적지위에 관한 법률」 제2조제2호에 따른 외국국적동포의 경우에만 제출합니다) 또는 국내거소신고사실증명(「재외동포의 출입국과 법적지위에 관한 법률」 제2조제2호에 따른 외국국적동포의 경우에만 제출합니다) 1부 | 수수료 없음 |

### 작성방법

**※ 가입자 신고는 "건강보험직장가입자 자격취득 신고서"에 적어야 하며, 추가발급코드는 적지 않습니다.**

1. "관계"는 가입자와의 관계를 적습니다. 배우자, 부모, 조부모, 자녀, 손자·손녀 이하, 형제자매, 처부모, 시부모, 사위, 며느리, 증조부모 등
2. "성명 및 주민등록번호"는 피부양자의 성명, 주민등록번호를 적습니다(외국인은 외국인등록번호, 「재외동포의 출입국과 법적 지위에 관한 법률」에 따른 재외국민 및 재외동포는 국내거소신고번호를 적습니다).
3. 장애인 또는 국가유공자인 경우에는 장애 종류 부호 및 등급, 등록일을 적습니다.
[장애종류 및 국가유공자 등 부호] 1. 지체장애인 2. 뇌병변장애인 3. 시각장애인 4. 청각장애인 5. 언어장애인 6. 지적장애인 7. 자폐성장애인 8. 정신장애인 9. 신장장애인 10. 심장장애인 11. 호흡기장애인 12. 간 장애인 13. 안면장애인 14. 장루·요루장애인 15. 뇌전증장애인 19. 국가유공자 등
4. 피부양자가 외국인인 경우에는 국적, 체류자격(외국인등록증 기재내용), 체류기간(외국인등록증 발급일부터 출국 예정일까지)을 적습니다.
※ 재외국민의 경우 체류자격은 C0(유학생의 경우에는 C9), 국적은 이주국가명을 적고, 체류기간은 적지 않습니다.
5. 첨부서류가 있는 경우 첨부서류 유무란에 "○"표시를 합니다.

■ 고용보험법 시행규칙[별지 제6호서식] <개정 2016. 11. 17.>

# 국민연금 [ ]사업장가입자자격상실신고서　　건강보험 [ ]직장가입자자격상실신고서
# 고용보험 [ ]피 보 험 자 격 상 실 신 고 서　　산재보험 [ ]근로자고용종료신고서

※ 유의사항 및 작성방법은 뒷면을 참고하여 주시기 바라며, 색상이 어두운 란은 신청인이 적지 않습니다.　　(앞 쪽)

| 접수번호 | | 접수일자 | | 처리기간 3일(고용보험은 7일) |
|---|---|---|---|---|
| 사업장 | 사업장관리번호 | 명칭 | 전화번호 | FAX번호 |
| | 소재지 | | | ( – ) |
| 보험사무대행기관 | 명칭 | 번호 | 하수급인관리번호(건설공사등의 미승인 하수급인으로 한정함) | |

| 연번 | 성명 | 주민(외국인)등록번호 | 전화번호(이동전화) | 국민연금 | | 건강보험 | | | | | | | [ ]고용보험 [ ]산재보험 | | | |
|---|---|---|---|---|---|---|---|---|---|---|---|---|---|---|---|---|
| | | | | 상실연월일 | 상실부호 | 상실연월일 | 상실부호 | 연간보수총액 | | | | 퇴직 전 3개월간 평균보수 | 상실연월일 | 상실사유 | | 당해연도 보수총액 |
| | | | | | | | | 당해연도 보수총액 | 당해연도 산정월수 | 전년도 보수총액 | 전년도 산정월수 | | | 구체적 사유 | 구분코드 | |
| | | | | | | | | | | | | | | | | |
| | | | | | | | | | | | | | | | | |
| | | | | | | | | | | | | | | | | |
| | | | | | | | | | | | | | | | | |
| | | | | | | | | | | | | | | | | |
| | | | | | | | | | | | | | | | | |

「고용보험법 시행령」 제7조 및 같은 법 시행규칙 제5조에 따라 위와 같이 자격상실신고를 합니다.

년　　월　　일

신고(확인)인(사용자·대표자)　　(서명 또는 인) / [ ]보험사무대행기관　　(서명 또는 인)

국민연금공단 이사장/국민건강보험공단 이사장/근로복지공단 ○○지역본부(지사)장 귀하

(뒤 쪽)

## 유의사항

| | |
|---|---|
| 국민연금 | 1. 사용자는 소재불명 등으로 상실자에게 통지가 불가능한 때에는 그 사실을 공단에 통지하여야 합니다. |
| 건강보험 | 1. 건강보험 가입자가 퇴직으로 이 신고서를 제출한 경우에는 「국민건강보험법 시행규칙」 제4조제1항의 별지 제5호서식(건강보험 지역가입자자격취득·변동신고서)은 제출하지 아니합니다.<br>2. 외국인당연적용제외신청을 하는 경우에는 재외국민 및 외국인 건강보험가입제외신청서를 별도로 제출하여야 합니다. |
| 고용보험<br>산재보험 | 1. 앞면 신고사항을 거짓으로 신고한 경우에는 「고용보험법」 제118조에 따라 300만원 이하의 과태료가 부과될 수 있고, 이로 인하여 실업급여를 부정하게 받은 경우 사업주도 연대하여 책임지며 형사처벌도 받을 수 있습니다.<br>2. 실업급여를 지급 받을 수 있는 기간은 퇴직(이직)일의 다음날부터 12개월입니다. |

## 작성방법

| | |
|---|---|
| 공통사항 | "성명 및 주민(외국인)등록번호란에는 주민등록표(외국인등록증 또는 국내거소신고증)상의 성명 및 주민등록번호(외국인등록번호 또는 국내거소신고번호)를 적습니다. |
| 국민연금 | 1. "상실연월일"란에는 자격상실사유 발생일(해당사업장에서의 퇴직일, 사망일 등)의 다음 날을 적습니다. 다만, 자격상실사유가 사업장간의 전출인 경우에는 상대 사업장에서의 자격취득일인 전입일을, 상실부호가 6·10·15·16·20인 경우에는 해당 일을 적으십시오. (예)-퇴직일/상실일: 1월31일/2월1일, 1월30일/1월31일, -사망일/상실일: 2월1일/2월2일<br>**<상실부호>** 1. 사망 3. 사용관계 종료 4. 국적상실(국외이주) 5. 60세 도달 6. 다른 공적연금 가입 9. 전출(통·폐합) 10. 「국민기초생활 보장법」에 따른 수급자 15. 노령연금수급권 취득자 중 특수직종(60세 미만) 16. 조기노령연금 수급 중인 사람 17. 협정국 연금가입 19. 체류기간 만료(외국인) 20. 적용제외 체류자격(외국인) |
| 건강보험 | 1. "상실연월일"란에는 가입자의 자격상실사유가 발생한 날의 다음 날을 적습니다. 다만, 의료급여수급권자가 되거나 유공자등으로서 건강보험적용배제 신청을 한 경우는 당일을 적습니다.<br>(예) – 퇴직일/상실일 : 1월31일/2월1일, -사망일/상실일: 2월1일/2월2일, – 적용배제신청일/상실일 : 1월5일/1월5일<br><상실부호> 퇴직<01> 사망<02> 의료급여수급권자<04> 유공자등 건강보험배제신청<10> 기타(외국인당연적용제외 등)<13><br>2. "당해연도"란의 "보수총액"은 해당 사업장에서 발생된 보수(소득)를 아래의 사항에 의거 기재하며, "전년도"란의 "보수총액"은 보험료 연말정산을 실시하지 않은 경우에만 적습니다.<br>▶ 근로자 – 직장가입자로서 근로의 제공으로 인하여 받은 봉급·급료·보수·세비·임금·상여·수당과 이와 유사한 성질의 금품<br>· 비과세 근로소득 중 보수총액 포함 항목: 「소득세법」 제12조제3호차목·파목 및 거목에 따라 비과세 되는 소득과 직급보조비 또는 이와 유사한 성질의 금품<br>· 보수총액 제외 항목 : 퇴직금, 현상금·번역료 및 원고료, 「소득세법」에 따른 비과세 근로소득 일부<br>·「소득세법 시행규칙」 제100조제26호에 따른 근로소득원천징수영수증의 ⑯계와 ⑰국외근로소득의 합계를 적습니다. 단, 비과세 소득 ⑱야간근로수당과 ⑲기타비과세 항목 등에 직급보조비 등 「국민건강보험법 시행령」 제33조의 보수가 포함되어 있을 경우 합산하여 적습니다.<br>▶ 개인사업장 사업주 – 해당사업장 사업소득과 부동산임대소득의 합계 (총수입금액에서 필요경비 제외한 금액)를 적습니다.<br>3. "산정월수"는 퇴직 해당 연도(연말정산 실시하지 않은 경우 "전년도"란도 작성함)의 연간보수총액이 해당하는 개월 수를 적습니다.<br>4. "퇴직 전 3개월간 평균보수" 산정 시 휴직 등의 사유로 보수의 전부 또는 일부가 지급되지 아니한 경우에는 해당 월을 제외한 3개월간 평균보수를 적습니다(퇴직근로자가 해당 사업장에서 1년 미만의 기간 동안 근무한 경우 및 상실사유가 외국인당연적용제외인 경우에는 작성하지 아니합니다). |
| 고용<br>보험<br>산재<br>보험 | <상실 연월일> 사유발생일의 다음날 예) 이직시 : 이직일 다음날 (이직일 2010. 12. 31. → 상실일 2011. 1. 1.)<br><상실(이직)사유 코드 > ※ 상실(이직)사유는 반드시 구체적 사유를 구분코드와 함께 적도록 합니다.<br>◈ 자진퇴사 : 11. 개인사정으로 인한 자진퇴사 12. 사업장 이전, 근로조건 변동, 임금체불 등으로 자진퇴사<br>◈ 회사사정과 근로자 귀책사유에 의한 이직 : 22. 폐업·도산 23. 경영상 필요 및 회사불황으로 인한 인원감축 등에 따른 퇴사(해고·권고사직·명예퇴직 포함) 26. 근로자의 귀책사유에 의한 징계해고·권고사직<br>◈ 정년 등 기간만료에 의한 이직 : 31. 정년 32. 계약기간 만료, 공사 종료<br>◈ 기타 : 41. 고용보험 비적용, 42. 이중고용<br><당해연도 보수총액> 보수총액은 해당 사업장에서 발생된 보수(「소득세법」 제12조제3호에 따른 비과세 근로소득을 제외한 소득액)를 적습니다. |

## 처리절차

| 신고서 작성 | → | 접수 및 확인 | → | 신고서 처리 | → | 자격상실 및 확인 통지 | → | 수 령 |
|---|---|---|---|---|---|---|---|---|
| 신고인 | | 국민연금공단 · 국민건강보험공단 · 근로복지공단 | | | | | | |

# 피부양자 자격(취득 · 상실) 신고서

※ 작성방법은 뒤쪽을 참고하시기 바라며, 바탕색이 어두운 난은 신고인이 적지 않습니다. (앞쪽)

| 접수번호 | 접수일 | 처리기간 즉시 |
|---|---|---|

| | | | |
|---|---|---|---|
| 사업장(기관) | ① 사업장 관리번호 | ② 사업장 명칭 | ③ 전화번호 |
| 가입자 | ④ 성명 | ⑤ 주민등록번호(외국인등록번호 · 국내거소신고번호) | ⑥ 전화번호 |

| | | | | | | ⑫ 장애인 · 국가유공자 | | ⑬ 외국인 | | | |
|---|---|---|---|---|---|---|---|---|---|---|---|
| 피부양자 | ⑦ 관계 | ⑧ 성명 | ⑨ 주민등록번호(외국인등록번호 · 국내거소신고번호) | ⑩ 취득(상실) 년월일 | ⑪ 취득(상실) 부호 | 종류부호 / 등급 | 등록일 | 국적 | 체류자격 | 체류기간 | 추가발급 코드 |
| | | | | | | | | | | | |
| | | | | | | | | | | | |
| | | | | | | | | | | | |
| | | | | | | | | | | | |
| | | | | | | | | | | | |
| | | | | | | | | | | | |
| | | | | | | | | | | | |
| | | | | | | | | | | | |
| | | | | | | | | | | | |

「국민건강보험법 시행규칙」 제2조 및 제61조의3에 따라 위와 같이 피부양자 자격 취득(상실) 사항을 신고합니다.

년 월 일

신고인 (서명 또는 인)

국민건강보험공단 이사장 귀하

(뒤쪽)

| | | |
|---|---|---|
| 첨부서류 | 1. 가족관계등록부의 증명서 등 가입자와의 관계를 확인할 수 있는 서류 1부(주민등록표 등본으로 해당 직장가입자와의 관계를 확인할 수 없는 경우에만 제출합니다)<br>2. 「장애인복지법」 제32조에 따라 등록된 장애인, 「국가유공자 등 예우 및 지원에 관한 법률」 제4조·제73조 및 제74조에 따른 국가유공자 등(법률 제11041호로 개정되기 전의 「국가유공자 등 예우 및 지원에 관한 법률」 제73조의2에 따른 국가유공자 등을 포함한다)으로서 같은 법 제6조의4에 따른 상이등급 판정을 받은 사람과 「보훈보상대상자 지원에 관한 법률」 제2조에 따른 보훈보상대상자로서 같은 법 제6조에 따른 상이등급 판정을 받은 사람임을 증명할 수 있는 서류 1부(해당 사항이 있는 경우에만 제출합니다)<br>3. 폐업 사실을 입증할 수 있는 서류, 「도시 및 주거환경정비법」에 따른 주택재건축사업의 사업자등록증 사본 등 별표 1의2 제2호에 해당하는 사실을 확인하기 위하여 공단이 요구하는 서류(피부양자가 별표 1의2 제2호에 따른 인정을 받으려는 경우만 제출합니다)<br>4. 피부양자의 자격을 취득하려는 사람 또는 피부양자의 자격을 상실한 피부양자가 재외국민 또는 외국인인 경우에는 다음의 구분에 따른 서류<br>가. 자격취득의 경우<br>1) 재외국민: 주민등록표 등본 1부<br>2) 외국인: 「재외동포의 출입국과 법적 지위에 관한 법률」 제2조제2호에 따른 외국국적동포의 경우에는 국내거소신고증 사본 또는 국내거소신고 사실증명 1부, 그 밖의 외국인의 경우에는 외국인등록증 사본 또는 외국인등록 사실증명 1부<br>나. 자격상실의 경우: 피부양자 자격 상실 사유를 입증하는 서류 | 수수료<br>없음 |

## 작성방법

①~③: 사업장 및 기관(학교)의 사업장관리번호, 명칭 및 사업장 전화번호를 적습니다.

④~⑥: 직장가입자의 성명, 주민등록번호(외국인은 외국인등록번호, 「재외동포의 출입국과 법적 지위에 관한 법률」 제2조제2호에 따른 외국국적동포는 국내거소신고번호) 및 전화번호를 적습니다.

⑦ : 가입자와의 관계를 적습니다(단, 상실의 경우에는 적지 마십시오).

※ 배우자, 부모, 조부모, 자녀, 손자·손녀 이하, 형제자매, 처부모, 시부모, 사위·며느리, 증조부모, 계자(繼子), 친생자녀, 친생부모, 시조부모, 처조부모, 손녀사위, 손자며느리 등

⑧~⑩: 신고 대상 피부양자의 성명, 주민등록번호(외국인은 외국인등록번호, 「재외동포의 출입국과 법적 지위에 관한 법률」 제2조제2호에 따른 외국국적동포는 국내거소신고번호) 및 취득(상실) 연월일을 적습니다.

⑪ : 취득(상실) 부호를 적습니다.

※ 취득 사유<부호>: 출생<03>, 의료급여수급권자등에서 제외<04>, 직장가입자 변경<05>, 피부양자 상실<06>, 지역가입자에서 변경<07>

※ 상실 사유<부호>: 사망<02>, 의료급여수급권자로 책정<04>, 유공자 등 건강보험 배제신청<10>, 거주불명 등록<14>, 국적 상실<17>, 외국인(재외국민)으로서 출국<18>, 이민출국<19>, 행방불명<21>, 기타<13>

⑫ : 장애인 또는 국가유공자(6·18자유상이자 포함)인 경우 장애 종류부호 및 등급, 등록일을 적습니다. 다만, 상실의 경우에는 적지 마십시오.

※ 장애 종류 및 국가유공자 등<부호>: 지체장애인<1>, 뇌병변장애인<2>, 시각장애인<3>, 청각장애인<4>, 언어장애인<5>, 지적장애인<6>, 자폐성장애인<7>, 정신장애인<8>, 신장장애인<9>, 심장장애인<10>, 호흡기장애인<11>, 간장애인<12>, 안면장애인<13>, 장루·요루장애인<14>, 뇌전증장애인<15>, 국가유공자 등<19>

⑬ : 외국인의 경우에는 국적, 체류자격(외국인등록증 기재내용) 및 체류기간(외국인등록증 발급일부터 출국예정일까지)을 적습니다.

## 처리 절차

| 신고서 작성 | → | 접수 및 확인 | → | 신고서 처리 | → | 자격변경 확인 통지 | → | 수령 |
|---|---|---|---|---|---|---|---|---|
| 신고인 | | 국민건강보험공단 | | 국민건강보험공단 | | 국민건강보험공단 | | 신고인 |

## 작 성 방 법

1. 거주지국과 거주지국코드는 비거주자에 해당하는 경우에만 적으며, 국가표준화기구(ISO)가 정한 국가별 ISO코드 중 국명약어 및 국가코드를 적습니다.

2. 원천징수의무자가 근로를 제공받은 사업장의 지위로서 원천징수하는 경우에는 '사업장1' 을, 공적연금 관련법에 따른 연금사업자의 경우에는 '공적연금사업자3을 체크합니다. 연금계좌 취급자가 지급하는 퇴직소득은 연금계좌 원천징수영수증을 제출해야 합니다.

3. 원천징수의무자는 퇴직소득 해당 과세기간의 다음 연도 3월 10일까지(휴업 또는 폐업한 경우에는 휴업일 또는 폐업일이 속하는 달의 다음 다음 달 말일을 말합니다)까지 이 서식을 제출합니다.

4. 징수의무자란의 ④ 법인(주민)등록번호는 소득자 보관용에는 적지 않습니다.

5. 소득자란의 임원 여부 ⑨에서 임원은 「법인세법 시행령」 제20조제1항제4호 각 목의 어느 하나의 직무에 종사하는 사람을 말합니다. ⑨에서 임원으로 표시하는 경우 ⑪ 2011.12.31.퇴직금 란에 해당 임원이 "2011년 12월 31일에 퇴직하였다고 가정할 때 지급받을 퇴직소득금액"을 적습니다.

6. ⑩ 확정급여형 퇴직연금제도 가입일란: 해당 퇴직자가 확정급여형 퇴직연금제도의 가입자인 경우만 적습니다.

7. 퇴직급여현황(⑬~⑰)의 작성방법은 다음과 같습니다.

가. ⑬ 근무처명 및 ⑭ 사업자등록번호란: 해당 퇴직자의 근무처를 적습니다. 중간지급 등란에는 현 근무처의 퇴직 전 중간지급, 퇴직금의 분할지급 또는 퇴직으로 해당 연도에 이미 발생한 퇴직금이 있는 경우 그 퇴직금이 발생한 근무처 및 사업자등록번호를 적습니다.

나. ⑮ 퇴직급여, ⑯ 비과세퇴직급여, ⑰ 과세대상 퇴직급여란: 사용자에게 퇴직으로 지급받은 퇴직소득(임원의 경우 임원퇴직소득 한도초과금액은 제외합니다)과 퇴직소득 중 비과세퇴직소득을 적습니다.

8. 근속연수(⑱~㉖)의 작성방법은 다음과 같습니다.

가. ⑱ 입사일란: 해당 근무처에서 근로를 제공하기 시작한 날을 적습니다.

나. ⑲ 기산일란: 해당 근무처에서 근로를 제공하기 시작한 날을 적습니다. 다만, 중간지급을 받은 경우 중간지급 받은 날의 다음 날을 적습니다.

다. ⑳ 퇴사일란: 퇴직한 날(「소득세법 시행령」 제43조제2항에 따라 퇴직한 날로 보는 경우를 포함합니다.)을 적습니다.

라. ㉓ 제외월수란: 퇴직금 산정 시 근속연수에서 제외된 기간의 월수를 적습니다.

마. ㉔ 가산월수란: 「소득세법 시행령」 제105조제2항에 따른 근속연수가 입사일 · 퇴사일로 계산한 근속연수와 다른 경우 가산해야 하는 월수를 적습니다.

9. ㉖ 근속연수란의 작성방법은 다음과 같습니다.

가. 기산일부터 2012. 12. 31.까지의 근속연수를 2012. 12. 31. 이전의 근속연수로 합니다.

나. 정산 근속연수에서 가목의 근속연수를 뺀 기간을 2013. 1. 1. 이후의 근속연수로 합니다.

10. 2016~2019년간 퇴직소득세액 계산방법(㉗~㊻)의 작성방법은 다음과 같습니다.

가. ㉗ 퇴직소득란: ⑰ 과세대상 퇴직급여를 적습니다.

나. ㉚ 환산급여별공제란: 환산급여에 따라 아래의 공제액을 적습니다.

| 구분 \ 환산급여 | 8백만원 이하 | 8백만원 초과 7천만원 이하 | 7천만원 초과 1억원 이하 | 1억원 초과 3억원 이하 | 3억원 초과 |
|---|---|---|---|---|---|
| 환산급여공제 | 환산급여의 100% | 8백만원+ (8백만원 초과분의 60%) | 4천520만원+ (7천만원 초과분의 55%) | 6천170만원+ (1억원 초과분의 45%) | 1억5천170만원+ (3억원 초과분의 35%) |

다. ㉜ 환산산출세액란: ㉛ 퇴직소득과세표준에 세율을 적용하여 산출한 값을 적습니다.

라. ㊳ 과세표준안분란: ㊲ 퇴직소득과세표준에 2012. 12. 31.이전 근속연수비율과 2013. 1. 1. 이후 근속연수비율을 각각 곱하여 계산합니다.

마. ㊵ 환산과세표준란과 ㊶ 환산산출세액란: 2013. 1. 1. 이후 부분의 연평균과세표준에 5배수 한 값과 세액을 산출하여 적습니다.

바. ㊷ 연평균산출세액란: 2012. 12. 31. 이전 부분은 ㊴ 연평균과세표준에 세율을 적용하여 산출하고, 2013. 1. 1. 이후 부분은 ㊶ 환산산출세액을 5로 나누어 산출한 값을 적습니다.

사. ㊺ 퇴직소득세 산출세액란: ㊹ 퇴직일이 속하는 과세연도에 따라 아래의 퇴직연도별 비율을 적용합니다.

| 구분 \ 퇴직연도 | 2016년 | 2017년 | 2018년 | 2019년 |
|---|---|---|---|---|
| 퇴직연도별 비율 | 20% | 40% | 60% | 80% |

11. 이연퇴직소득세액 계산(㊽~㊾)은 「소득세법」 제146조제2항에 따라 퇴직급여액을 연금계좌에 입금(이체)하여 퇴직소득세 징수를 하지 않은 경우에 작성합니다.(거주자인 경우만 작성합니다)

가. ㊾ 계좌입금금액란: 과세이연계좌에 입금(이체)한 금액을 적습니다. 다만, 징수 후 환급하는 경우 해당 거주자가 과세이연계좌신고서에 입금금액으로 표기한 금액을 적습니다.

나. ㊿ 퇴직급여란: ⑰ 퇴직급여를 적습니다. 다만, 징수 후 환급하는 경우 퇴직급여액에서 처음 원천징수한 소득세 등을 차감한 금액을 적습니다.

다. (51) 이연퇴직소득세란: ㊽ 신고대상세액에 연금계좌 입금비율(㊾ 계좌입금금액 / ㊿ 퇴직급여)을 곱하여 산정합니다.

12. 납부명세(53~55)의 작성방법은 다음과 같습니다.

가. (53) 신고대상세액란: 퇴직소득세액계산에서 산출된 ㊼ 신고대상세액을 적습니다.

나. (54) 이연퇴직소득세란: 이연퇴직소득세로 계산된 세액((51))을 적습니다.

다. (55) 차감원천징수세액란: (53) 신고대상세액에서 (54) 이연퇴직소득세를 차감한 값을 적습니다.

■ 소득세법 시행규칙 [별지 제21호서식] <개정 2016.3.16.> (10쪽 중 제1쪽)

| ① 신고구분 | | | | | | [ ]원천징수이행상황신고서<br>[ ]원천징수세액환급신청서 | ② 귀속연월 | 년 월 |
|---|---|---|---|---|---|---|---|---|
| 매월 | 반기 | 수정 | 연말 | 소득처분 | 환급신청 | | ③ 지급연월 | 년 월 |

| 원천징수의무자 | 법인명(상호) | | 대표자(성명) | | 일괄납부 여부 | 여, 부 |
|---|---|---|---|---|---|---|
| | | | | | 사업자단위과세 여부 | 여, 부 |
| | 사업자(주민)등록번호 | | 사업장 소재지 | | 전화번호 | |
| | | | | | 전자우편주소 | @ |

**❶ 원천징수 명세 및 납부세액** (단위: 원)

| 소득자 소득구분 | | | | 코드 | 원천징수명세: 소득지급(과세 미달, 일부 비과세 포함) ④ 인원 | ⑤ 총지급액 | 징수세액 ⑥ 소득세 등 | ⑦ 농어촌특별세 | ⑧ 가산세 | ⑨ 당월 조정 환급세액 | 납부세액 ⑩ 소득세 등(가산세 포함) | ⑪ 농어촌특별세 |
|---|---|---|---|---|---|---|---|---|---|---|---|---|
| 개인(거주자·비거주자) | 근로소득 | 간이세액 | | A01 | | | | | | | | |
| | | 중도퇴사 | | A02 | | | | | | | | |
| | | 일용근로 | | A03 | | | | | | | | |
| | | 연말정산 | 합계 | A04 | | | | | | | | |
| | | | 분납신청 | A05 | | | | | | | | |
| | | | 납부금액 | A06 | | | | | | | | |
| | | 가감계 | | A10 | | | | | | | | |
| | 퇴직소득 | 연금계좌 | | A21 | | | | | | | | |
| | | 그 외 | | A22 | | | | | | | | |
| | | 가감계 | | A20 | | | | | | | | |
| | 사업소득 | 매월징수 | | A25 | | | | | | | | |
| | | 연말정산 | | A26 | | | | | | | | |
| | | 가감계 | | A30 | | | | | | | | |
| | 기타소득 | 연금계좌 | | A41 | | | | | | | | |
| | | 그 외 | | A42 | | | | | | | | |
| | | 가감계 | | A40 | | | | | | | | |
| | 연금소득 | 연금계좌 | | A48 | | | | | | | | |
| | | 공적연금(매월) | | A45 | | | | | | | | |
| | | 연말정산 | | A46 | | | | | | | | |
| | | 가감계 | | A47 | | | | | | | | |
| | 이자소득 | | | A50 | | | | | | | | |
| | 배당소득 | | | A60 | | | | | | | | |
| | 저축해지 추징세액 등 | | | A69 | | | | | | | | |
| | 비거주자 양도소득 | | | A70 | | | | | | | | |
| 법인 | 내·외국법인원천 | | | A80 | | | | | | | | |
| 수정신고(세액) | | | | A90 | | | | | | | | |
| 총 합 계 | | | | A99 | | | | | | | | |

**❷ 환급세액 조정** (단위: 원)

| 전월 미환급 세액의 계산: ⑫ 전월 미환급세액 | ⑬ 기환급 신청세액 | ⑭ 차감잔액(⑫-⑬) | 당월 발생 환급세액: ⑮ 일반환급 | ⑯ 신탁재산(금융회사 등) | ⑰ 그 밖의 환급세액: 금융회사 등 | ⑰ 그 밖의 환급세액: 합병 등 | ⑱ 조정대상 환급세액(⑭+⑮+⑯+⑰) | ⑲ 당월조정 환급세액 계 | ⑳ 차월이월 환급세액(⑱-⑲) | ㉑ 환급신청액 |
|---|---|---|---|---|---|---|---|---|---|---|
| | | | | | | | | | | |

원천징수의무자는 「소득세법 시행령」 제185조제1항에 따라 위의 내용을 제출하며, **위 내용을 충분히 검토하였고 원천징수의무자가 알고 있는 사실 그대로를 정확하게 적었음을 확인합니다.**

년 월 일

신고인 (서명 또는 인)

| 신고서 부표 등 작성 여부<br>※ 해당란에 "○" 표시를 합니다. | | |
|---|---|---|
| 부표(4~5쪽) | 환급(7쪽~9쪽) | 승계명세(10쪽) |
| | | |

| 세무대리인 | |
|---|---|
| 성 명 | |
| 사업자등록번호 | |
| 전화번호 | |

**세무대리인은 조세전문자격자로서 위 신고서를 성실하고 공정하게 작성하였음을 확인합니다.**

세무대리인 (서명 또는 인)

**세 무 서 장** 귀하

| 국세환급금 계좌신고<br>※ 환급금액 2천만원 미만인 경우에만 적습니다. | |
|---|---|
| 예입처 | |
| 예금종류 | |
| 계좌번호 | |

## 작성방법 (1)

※ **참고사항**

○ 신고서(부표 등) 작성 여부란에는 원천징수이행상황신고서(부표) 작성 여부를 해당란의 ( )안에 "○"표시를 합니다. 다만, 근로소득(A01,A02,A03,A04,A10) 중 파견근로에 대한 대가, 이자소득(A50), 배당소득(A60), 법인원천(A80)에 해당하는 소득을 지급하거나 저축해지추징세액(A69) 및 연금저축해지가산세를 징수한 원천징수의무자 및 비거주자 또는 외국법인에게 국내원천소득을 지급한 원천징수의무자는 반드시 원천징수이행상황신고서(부표)를 작성하여 신고해야 합니다.

○ 원천징수 세액을 환급신청하는 경우 원천징수세액환급신청서 부표, 기납부세액 명세서, 전월미환급세액 조정명세서, 환급신청대상소득 지급명세서 등을 제출해야 하며, 국세환급금 계좌신고란은 환급금액이 2천만원 미만인 경우에 적으며, 2천만원 이상인 경우 별도 "계좌개설신고서"를 제출해야 합니다.

1. 원천징수대상소득을 지급하는 원천징수의무자(대리인, 위임받은 자 또는 「소득세법」 제164조 및 「법인세법」 제120조에 따라 지급명세서를 작성하여 제출해야 하는 자를 포함합니다)는 납부(환급)세액의 유무와 관계없이 이 서식을 작성하여 제출해야 하며, 귀속연월이 다른 소득을 당월분과 함께 원천징수하는 경우에는 이 서식을 귀속월별로 각각 별지로 작성하여 제출합니다.
   - 「부가가치세법」 제5조제2항 및 제3항에 따라 사업자단위로 등록한 경우 법인의 본점 또는 주사무소에서는 사업자단위과세사업자로 전환되는 월 이후 지급하거나, 연말정산하는 소득에 대해 원천징수이행상황신고서를 작성하여 제출합니다.

2. 기본사항 및 소득구분

가. ① 신고구분란은 매월분 신고서는 "매월"에, 반기별 신고서는 "반기"에, 수정신고서는 "수정"에, 소득처분에 따른 신고 시에는 "소득처분"에 "○"표시(지점법인·국가기관 및 개인은 제외합니다)를 하며, 매월분 신고서에 계속근무자의 연말정산분이 포함된 경우에는 "매월" 및 "연말"란 두 곳에 모두 "○"표시를 합니다. 원천징수세액을 환급신청하려는 경우 "환급신청"란에도 "○" 표시를 합니다.

나. ② 귀속연월란은 소득발생 연월[반기별납부자는 반기 개시월(예: 상반기는 ××년 1월)을 말합니다]을 적습니다.

다. ③ 지급연월란은 지급한 월(또는 지급시기 의제월)[반기별납부자는 반기 종료월(예: 상반기는 ××년 6월)을 말합니다]을 적습니다.

라. ⑤ 총지급액란은 비과세 및 과세미달을 포함한 총지급액을 적습니다. 다만, 비과세 근로소득의 경우 「소득세법 시행령」 제214조제1항제2호의2 및 제2호의3에 해당하는 금액은 제외합니다.

마. [A26]연말정산란은 보험모집인 등 사업소득자(중도해약자를 포함합니다) 연말정산분을 함께 적습니다.

바. 가산세(⑧·⑩)란에는 소득세·법인세 또는 농어촌특별세의 가산세가 있는 경우 이를 포함하여 적습니다.

사. 비거주자 국내원천소득 중 개인분은 아래의 예와 같이 소득종류별로 거주자분과 합산하여 해당 소득란에 적고, 비거주자 중 법인분은 법인원천[A80]란에 합산하여 적습니다.

예) 임대·인적용역·사용료소득 등은 사업소득[A25, A26, A30]란, 유가증권양도소득 등은 비거주자 양도소득[A70]란에 합산합니다.

3. 원천징수 명세 및 납부세액(❶)과 환급세액 조정(❷)

가. 소득지급(④·⑤)란에는 과세미달분과 비과세를 포함한 총지급액과 총인원을 적고, 퇴직 · 기타 · 연금소득의 연금계좌란은 연금계좌에서 지급된 금액을 적습니다(그 외는 연금계좌 외로 지급되는 금액을 적음). 다만, 총지급액은 근로소득(A02, A04) 퇴직소득(A20), 사업소득(A26)의 경우에는 주(현), 종(전) 근무지 등으로부터 지급받은 소득을 합산하여 원천징수하는 경우에는 총지급액의 합계액을 적습니다.

나. 징수세액(⑥ ~ ⑧)란에는 각 소득별로 발생한 납부 또는 환급할 세액을 적되, 납부할 세액의 합계는 총합계 (A99의 ⑥ ~ ⑧)에 적고, 환급할 세액은 해당란에 "△"표시하여 적은 후 그 합계액은 ⑮ 일반환급란에 적습니다["△"표시된 세액은 어떠한 경우에도 총합계를 (A99의 ⑥ ~ ⑪)란에는 적지 않습니다] .

다. 근로소득 연말정산 분납신청(A05)은 분납할 인원(④), 징수세액(⑥~⑧)만 기재, 징수세액란은 A04 = A05 + A06이 되도록 기재합니다.

1) 인원(④), 총지급액(⑤)의 가감계(A10) = (A01 + A02 + A03 + A04), 징수세액(⑥ ~ ⑧)의 가감계(A10) = (A01 + A02 + A03 + A06)

※ 3월 신고분 분납신청(A05) = 4월 신고분 납부금액(A06) + 5월 신고분 납부금액(A06)

## 작성방법 (2)

라. 근로소득·사업소득 및 연금소득의 경우 납부할 세액 또는 환급할 세액의 계산은 코드별 가감 계[A10, A30 또는 A47]의 금액을 기준으로 합니다.
1) 징수세액(⑥ ~ ⑧)란에 납부할 세액만 있는 경우에는 소득별로 납부세액(⑩·⑪)란에 옮겨 적습니다.
2) 징수세액(⑥ ~ ⑧)란에 환급할 세액만 있는 경우에는 그 합계를 ⑮ 일반환급란에 적습니다.
3) 징수세액(⑥ ~ ⑧)란에 각 소득종류별로 납부할 세액과 환급할 세액이 각각 있는 경우는 다음과 같이 적습니다.
가) 납부할 세액의 합계가 조정대상 환급세액보다 큰 경우에는 ⑱ 조정대상환급세액란의 금액을 ⑨ 당월조정환급세액란에 코드[A10, A20, · · ]순서대로 적어 조정환급하고, 잔액은 납부세액(⑩·⑪)란에 적습니다.
나) 납부할 세액의 합계가 환급할 세액인 ⑱ 조정대상환급세액보다 작은 경우에는 위와 같은 방법으로 조정하여 환급하고, 그 나머지는 납부세액(⑩·⑪)란에 적지 아니하며, ⑳ 차월이월 환급세액란에 적습니다.
※ 위의 가) 및 나)에 따른 세목(소득세·법인세 및 농어촌특별세)간 조정환급은 그 조정환급 명세를 원천징수이행상황신고서에 적은 경우에만 가능하며, 원천징수이행상황신고서에 적지 않고 임의 조정하여 충당한 경우에는 무납부로 처리됩니다.
다) ⑨ 당월조정환급세액란의 합계액[A99코드의 ⑨]은 ⑲ 당월조정환급세액계란에 옮겨 적습니다.
4) 금융회사 등 신탁재산의 경우 당월발생 환급세액(⑮ ~ ⑰)란의 ⑯ 신탁재산의 금액은 신탁재산이 원천징수된 세액에서 신탁재산분 등법인원천세액환급(충당)계산서(「법인세법 시행규칙」 별지 제69호서식) ⑦ 법인세란의 계 금액을 뺀 금액을 적어 먼저 법인세부터 ⑨ 당월조정환급세액란에서 조정환급하고, 나머지는 위 3)의 방법과 같이 조정합니다.
5) ⑰ 그 밖의 환급세액란은 금융회사 등이 「소득세법 시행령」 제102조에 따라 환매조건부채권의 매매거래에 따른 원천징수세액을 환급하는 금액 및 「법인세법 시행령」 제114조의2에 따라 환매조건부채권 등의 매매거래에 따른 원천징수세액을 환급하는 금액을 "금융회사 등"란에 적어 먼저 법인세부터 ⑨ 당월조정환급세액란에서 조정환급하고, 나머지는 위 3)의 방법과 같이 조정합니다. 또한 합병법인이 피합병법인의 최종 차월 이월 환급세액을 승계하거나, 사업자단위과세로 지점 등의 최종 차월이월 환급세액을 승계하는 경우 그 승계금액을 "합병 등"란에 적을 수 있습니다. "합병 등"란에 피합병법인 및 지점 등의 최종 차월이월 환급세액을 적은 경우에는 합병 및 사업자단위과세 전환 등에 따른 차월이월 환급세액 승계 명세서(제8쪽)를 제출해야 합니다.
6) 4)번 및 5)번 모두 조정환급하려는 경우에는 4)번부터 조정하여 환급합니다.
7) ⑳ 차월이월 환급세액 중 환급받으려는 금액을 ㉑ 환급신청액에 적고 원천징수세액환급신청서 부표를 작성합니다.

마. 저축해지 추징세액 등(A69)란은 이 서식 부표의 [C41, C42, C43, C44, C45]의 합계를 적습니다.

바. 납부세액의 납부서는 신고서·소득종류별(근로소득세, 퇴직소득세 등)로 별지에 작성하여 납부합니다.

4. 반기별 신고·납부자의 신고서 작성방법

가. 인원
1) 간이세액(A01): 반기(6개월)의 마지막 달의 인원을 적습니다.
2) 중도퇴사(A02): 반기(6개월) 중 중도퇴사자의 총인원을 적습니다.
3) 일용근로(A03): 월별 순인원의 6개월 합계 인원을 적습니다.

4) 사업(A25)·기타소득(A40): 지급명세서 제출대상인원(순인원)을 적습니다.
5) 퇴직(A20)·이자(A50)·배당(A60)·법인원천(A80): 지급명세서 제출대상 인원을 적습니다.

나. 지급액: 신고·납부 대상 6개월 합계액을 적습니다.

다. 귀속월, 지급월, 제출일은 다음과 같이 적습니다.
1) 1월 신고·납부: 귀속월 201X년 7월 , 지급월 201X년 12월 , 제출일 201X년 1월
2) 7월 신고·납부: 귀속월 201X년 1월 , 지급월 201X년 6월 , 제출일 201X년 7월

라. 반기납 포기를 하는 경우 반기납 개시월부터 포기월까지의 신고서를 한 장으로 작성합니다.
(예) 2010년 4월 반기납 포기: 귀속연월에는 반기납 개시월(2010년 1월)을, 지급연월에는 반기납 포기월(2010년 4월)을 적습니다.

**※ 수정원천징수이행상황신고서 작성방법**(① 신고구분란에 수정으로 표시된 경우를 말합니다)

1. 처음 신고분 자체의 오류정정만 수정신고대상에 해당합니다(따라서 추가지급 등에 의한 신고는 귀속연월을 정확히 적어 정상신고해야 합니다).
2. 수정신고서는 별지로 작성·제출하며, 귀속연월과 지급연월은 반드시 수정 전 신고서와 동일하게 적습니다.
3. 수정 전의 모든 숫자는 상단에 빨강색으로, 수정 후 모든 숫자는 하단에 검정색으로 적습니다.
4. 수정신고로 발생한 납부 또는 환급할 세액은 수정 신고서의 [A90]란은 적지 않으며, 그 세액은 수정신고하는 월에 제출하는 당월분 신고서의 수정신고 [A90]란에 옮겨 적어 납부·환급세액을 조정해야 합니다.

■ 소득세법 시행규칙 [별지 제24호서식(1)] <개정 2016.3.16.>

| 관리번호 | |
|---|---|

# [ ]근로소득 원천징수영수증
# [ ]근로소득 지 급 명 세 서

**([ ]소득자 보관용 [ ]발행자 보관용 [ ]발행자 보고용)**

| 거주구분 | 거주자1/비거주자2 | | |
|---|---|---|---|
| 거주지국 | | 거주지국코드 | |
| 내·외국인 | 내국인1 /외국인9 | | |
| 외국인단일세율적용 | 여 1 / 부 2 | | |
| 외국법인소속 파견근로자 여부 | 여 1 / 부 2 | | |
| 국적 | | 국적코드 | |
| 세대주 여부 | 세대주1, 세대원2 | | |
| 연말정산 구분 | 계속근로1, 중도퇴사2 | | |

| | | |
|---|---|---|
| 징 수 의무자 | ① 법인명(상 호) | ② 대 표 자(성 명) |
| | ③ 사업자등록번호 | ④ 주 민 등 록 번 호 |
| | ⑤ 소 재 지(주소) | |
| 소득자 | ⑥ 성 명 | ⑦ 주 민 등 록 번 호(외국인등록번호) |
| | ⑧ 주 소 | |

| | 구 분 | 주(현) | 종(전) | 종(전) | ⑯-1 납세조합 | 합 계 |
|---|---|---|---|---|---|---|
| Ⅰ 근무처별소득명세 | ⑨ 근 무 처 명 | | | | | |
| | ⑩ 사업자등록번호 | | | | | |
| | ⑪ 근무기간 | ~ | ~ | ~ | ~ | ~ |
| | ⑫ 감면기간 | ~ | ~ | ~ | ~ | ~ |
| | ⑬ 급 여 | | | | | |
| | ⑭ 상 여 | | | | | |
| | ⑮ 인 정 상 여 | | | | | |
| | ⑮-1 주식매수선택권 행사이익 | | | | | |
| | ⑮-2 우리사주조합인출금 | | | | | |
| | ⑮-3 임원 퇴직소득금액 한도초과액 | | | | | |
| | ⑮-4 | | | | | |
| | ⑯ 계 | | | | | |

| | 구 분 | 코드 | 주(현) | 종(전) | 종(전) | ⑯-1 납세조합 | 합 계 |
|---|---|---|---|---|---|---|---|
| Ⅱ 비과세및감면소득명세 | ⑱ 국외근로 | MOX | | | | | |
| | ⑱-1 야간근로수당 | OOX | | | | | |
| | ⑱-2 출산·보육수당 | QOX | | | | | |
| | ⑱-4 연구보조비 | HOX | | | | | |
| | ⑱-5 | | | | | | |
| | ⑱-6 | | | | | | |
| | ~ | | | | | | |
| | ⑱-25 | | | | | | |
| | ⑲ 수련보조수당 | Y22 | | | | | |
| | ⑳ 비과세소득 계 | | | | | | |
| | ⑳-1 감면소득 계 | | | | | | |

| | 구 분 | | | ⑲ 소 득 세 | ⑳ 지방소득세 | ㉑ 농어촌특별세 |
|---|---|---|---|---|---|---|
| Ⅲ 세액명세 | ㉝ 결 정 세 액 | | | | | |
| | 기납부 세 액 | ㉞ 종(전)근무지 (결정세액란의 세액을 적습니다) | 사업자 등록 번호 | | | |
| | | | | | | |
| | | ㉟ 주(현)근무지 | | | | |
| | ㊱ 납부특례세액 | | | | | |
| | ㊲ 차 감 징 수 세 액(㉝-㉞-㉟-㊱) | | | | | |

위의 원천징수액(근로소득)을 정히 영수(지급)합니다.

년 월 일

징수(보고)의무자 (서명 또는 인)

**세 무 서 장** 귀하

| 구분 | | | | | | 금액 |
|---|---|---|---|---|---|---|
| Ⅳ 정산명세 | ㉑ 총급여(⑯, 다만 외국인단일세율 적용 시에는 연간 근로소득) | | | | | |
| | ㉒ 근로소득공제 | | | | | |
| | ㉓ 근로소득금액 | | | | | |
| | 종합소득공제 | 기본공제 | ㉔ 본 인 | | | |
| | | | ㉕ 배 우 자 | | | |
| | | | ㉖ 부 양 가 족( 명) | | | |
| | | 추가공제 | ㉗ 경 로 우 대( 명) | | | |
| | | | ㉘ 장 애 인( 명) | | | |
| | | | ㉙ 부 녀 자 | | | |
| | | | ㉚ 한 부 모 가 족 | | | |
| | | 연금보험료공제 | ㉛ 국민연금보험료 | | | |
| | | | ㉜ 공적연금보험료공제 | ㉮ 공무원연금 | | |
| | | | | ㉯ 군인연금 | | |
| | | | | ㉰ 사립학교교직원연금 | | |
| | | | | ㉱ 별정우체국연금 | | |
| | | 특별소득공제 | ㉝ 보험료 | ㉮ 건강보험료(노인장기요양보험료포함) | | |
| | | | | ㉯ 고용보험료 | | |
| | | | ㉞ 주택자금 | ㉮ 주택임차차입금원리금상환액 | 대출기관 | |
| | | | | | 거주자 | |
| | | | | ㉯ 장기주택저당차입금이자상환액 | 2011년 이전 차입분 15년 미만 | |
| | | | | | 2011년 이전 차입분 15년~29년 | |
| | | | | | 2011년 이전 차입분 30년 이상 | |
| | | | | | 2012년 이후 차입분(15년 이상) 고정금리이거나, 비거치상환 대출 | |
| | | | | | 2012년 이후 차입분(15년 이상) 그 밖의 대출 | |
| | | | | | 2015년 이후 차입분 15년 이상 고정금리이면서, 비거치상환 대출 | |
| | | | | | 2015년 이후 차입분 15년 이상 고정금리이거나, 비거치상환 대출 | |
| | | | | | 2015년 이후 차입분 15년 이상 그 밖의 대출 | |
| | | | | | 2015년 이후 차입분 10년~15년 고정금리이거나, 비거치상환 대출 | |
| | | | ㉟ 기부금(이월분) | | | |
| | | | ㊱ 계 | | | |
| | ㊲ 차 감 소 득 금 액 | | | | | |
| | 그 밖의 소득공제 | ㊳ 개인연금저축 | | | | |
| | | ㊴ 소기업·소상공인 공제부금 | | | | |
| | | ㊵ 주택마련저축소득공제 | ㉮ 청약저축 | | | |
| | | | ㉯ 주택청약종합저축 | | | |
| | | | ㉰ 근로자주택마련저축 | | | |
| | | ㊶ 투자조합출자 등 | | | | |
| | | ㊷ 신용카드등 사용액 | | | | |
| | | ㊸ 우리사주조합 출연금 | | | | |
| | | ㊹ 고용유지 중소기업 근로자 | | | | |
| | | ㊺ 목돈 안드는 전세 이자상환액 | | | | |
| | | ㊻ 장기집합투자증권저축 | | | | |
| | | ㊼ 그 밖의 소득공제 계 | | | | |
| | ㊽ 소득공제 종합한도 초과액 | | | | | |

| 구분 | | | | | 금액 |
|---|---|---|---|---|---|
| ㊾ 종합소득 과세표준 | | | | | |
| ㊿ 산출세액 | | | | | |
| 세액감면 | 51 「소득세법」 | | | | |
| | 52 「조세특례제한법」(53 제외) | | | | |
| | 53 「조세특례제한법」 제30조 | | | | |
| | 54 조세조약 | | | | |
| | 55 세 액 감 면 계 | | | | |
| 세액공제 | 56 근로소득 | | | | |
| | 57 자녀 | 공제대상자녀 ( 명) | | | |
| | | 6세 이하 ( 명) | | | |
| | | 출산·입양자 ( 명) | | | |
| | 연금계좌 | 58 과학기술인공제 | | 공제대상금액 | |
| | | | | 세액공제액 | |
| | | 59 「근로자퇴직급여 보장법」에 따른 퇴직연금 | | 공제대상금액 | |
| | | | | 세액공제액 | |
| | | 60 연금저축 | | 공제대상금액 | |
| | | | | 세액공제액 | |
| | 특별세액공제 | 61 보험료 | 보장성 | 공제대상금액 | |
| | | | | 세액공제액 | |
| | | | 장애인전용 보장성 | 공제대상금액 | |
| | | | | 세액공제액 | |
| | | 62 의료비 | | 공제대상금액 | |
| | | | | 세액공제액 | |
| | | 63 교육비 | | 공제대상금액 | |
| | | | | 세액공제액 | |
| | | 64 기부금 | ㉮ 정치자금 기부금 10만원 이하 | 공제대상금액 | |
| | | | | 세액공제액 | |
| | | | ㉮ 정치자금 기부금 10만원 초과 | 공제대상금액 | |
| | | | | 세액공제액 | |
| | | | ㉯ 법정기부금 | 공제대상금액 | |
| | | | | 세액공제액 | |
| | | | ㉰ 우리사주조합 기부금 | 공제대상금액 | |
| | | | | 세액공제액 | |
| | | | ㉱ 지정기부금(종교단체 외) | 공제대상금액 | |
| | | | | 세액공제액 | |
| | | | ㉲ 지정기부금(종교단체) | 공제대상금액 | |
| | | | | 세액공제액 | |
| | | 65 계 | | | |
| | | 66 표준세액공제 | | | |
| | 67 납세조합공제 | | | | |
| | 68 주택차입금 | | | | |
| | 69 외국납부 | | | | |
| | 70 월세액 | | | 공제대상금액 | |
| | | | | 세액공제액 | |
| | 71 세 액 공 제 계 | | | | |
| 72 결 정 세 액(51-56-71) | | | | | |

⑱ 소득·세액공제 명세[인적공제항목은 해당란에 "○"표시(장애인 해당 시 해당 코드 기재)를 하며, 각종 소득공제·세액공제 항목은 공제를 위하여 실제 지출한 금액을 적습니다.]

| 인적공제 항목 | | | | | | 각종 소득공제·세액공제 항목 | | | | | | | | | | | |
|---|---|---|---|---|---|---|---|---|---|---|---|---|---|---|---|---|---|
| 관계코드 | 성 명 | 기본공제 | | 경로우대 | 출산입양 | 자료구분 | 보험료 | | | 의료비 | 교육비 | 신용카드등 사용액공제 | | | | | 기부금 |
| 내·외국인 | 주민등록번호 | 부녀자 | 한부모 | 장애인 | 6세 이하 | | 건강·고용 등 | 보장성 | 장애인 전용 보장성 | | | 신용카드 (전통시장·대중교통 제외) | 직불카드등 (전통시장·대중교통 제외) | 현금영수증 (전통시장·대중교통 제외) | 전통시장 사용액 | 대중교통 이용액 | |
| 인적공제 항목에 해당하는 인원수를 적습니다. | | | | | | 국세청 | | | | | | | | | | | |
| (자녀: 명) | | | | | | 기타 | | | | | | | | | | | |
| 0 | | ○ | | | | 국세청 | | | | | | | | | | | |
| | (근로자 본인) | | | | | 기타 | | | | | | | | | | | |
| | | | | | | 국세청 | | | | | | | | | | | |
| | - | | | | | 기타 | | | | | | | | | | | |
| | | | | | | 국세청 | | | | | | | | | | | |
| | - | | | | | 기타 | | | | | | | | | | | |
| | | | | | | 국세청 | | | | | | | | | | | |
| | - | | | | | 기타 | | | | | | | | | | | |
| | | | | | | 국세청 | | | | | | | | | | | |
| | - | | | | | 기타 | | | | | | | | | | | |
| | | | | | | 국세청 | | | | | | | | | | | |
| | - | | | | | 기타 | | | | | | | | | | | |

## 작 성 방 법

「소득세법」 제149조제1호에 해당하는 납세조합이 「소득세법」 제127조제1항제4호 각 목에 해당하는 근로소득을 연말정산하는 경우에도 사용하며, 이 경우 "⑨ 근무처명"란 및 "⑩ 사업자등록번호"란에는 실제 근무처의 상호 및 사업자번호를 적습니다. 다만, 근무처의 사업자등록이 없는 경우 납세조합의 사업자등록번호를 적습니다.

1. 거주지국과 거주지국코드는 근로소득자가 비거주자에 해당하는 경우에만 적으며, 국제표준화기구(ISO)가 정한 ISO코드 중 국명약어 및 국가코드를 적습니다(※ ISO국가코드: 국세청홈페이지→국세정보→국제조세정보→국세조세자료실에서 조회할 수 있습니다).
   예) 대한민국 : KR, 미국 : US

2. 근로소득자가 외국인에 해당하는 경우에는 "내·외국인"란에 "외국인 9"를 선택하고 "국적 및 국적코드"란에 국제표준화기구(ISO)가 정한 ISO코드 중 국명약어 및 국가코드를 적습니다. 해당 근로소득자가 외국인근로자 단일세율적용신청서를 제출한 경우"외국인단일세율적용"란에 여1를 선택합니다.

3. 원천징수의무자는 지급일이 속하는 연도의 다음 연도 3월 10일(휴업 또는 폐업한 경우에는 휴업일 또는 폐업일이 속하는 달의 다음 다음 달 말일을 말합니다)까지 지급명세서를 제출해야 합니다.

4. "Ⅰ. 근무처별 소득명세"란은 비과세소득를 제외한 금액을 해당 항목별로 적고, "Ⅱ. 비과세 및 감면소득 명세"란에는 지급명세서 작성대상 비과세소득 및 감면대상을 해당 코드별로 구분하여 적습니다(적을 항목이 많은 경우 "Ⅱ. 비과세 및 감면소득 명세"란의 "⑳ 비과세소득 계"란 및 "⑳-1 감면세액 계"란에 총액만 적고, "Ⅱ.비과세 소득"란을 별지로 작성할 수 있습니다).

5. 「소득세법」 제127조제1항제4호의 각 목에 해당하는 근로소득과 그 외 근로소득을 더하여 연말정산하는 때에는 "⑯-1 납세조합"란에 각각 근로소득납세조합과 「소득세법」 제127조제1항제4호 각 목에 해당하는 근로소득을 적고,「소득세법」 제150조에 따른 납세조합공제금액을 "㊲ 납세조합공제"란에 적습니다. 합병, 기업형태 변경 등으로 해당 법인이 연말정산을 하는 경우에 피합병법인과 기업형태 변경 전의 소득은 근무처별 소득명세 종(전)란에 별도로 적습니다.
   또한, 동일회사 내에서 사업자등록번호가 다른 곳에서 전입 등을 한 경우 해당 법인이 연말정산을 하는 경우에 전입하기 전 지점 등에서 발생한 소득은 "근무처별 소득명세 종(전)"란에 별도로 적습니다.

6. "㉑ 총급여"란에는 "⑯계"란의 금액을 적되, 외국인근로자가 「조세특례제한법」(이하 이 서식에서 "조특법"이라 합니다) 제18조의2제2항에 따라 단일세율을 적용하는 경우에는 "⑯계"의 금액과 비과세소득금액을 더한 금액을 적습니다. 이 경우 소득세와 관련한 비과세·공제·감면 및 세액공제에 관한 규정은 적용하지 않습니다.

7. "종합소득 특별소득공제(㉝~㉟)"란과 "그 밖의 소득공제(㊳~㊻)"란은 근로소득자 소득·세액 공제신고서(별지 제37호서식)의 공제액을 적습니다(소득공제는 서식에서 정하는 바에 따라 순서대로 소득공제를 적용하여 종합소득과세표준과 세액을 계산합니다).

8. "연금계좌(㊽~㊿)"란과 "특별세액공제(61~66)"란은 근로소득자 소득·세액 공제신고서(별지 제37호서식)의 공제대상금액 및 세액공제액을 적습니다.

## 작 성 방 법

9. ㊽ 소득공제 종합한도 초과액은 ㉞ 주택자금공제(㉮+㉯), ㊴ 소기업·소상공인 공제부금 소득공제, ㊵ 주택마련저축 소득공제(㉮+㉯+㉰), ㊶ 투자조합출자 등 소득공제(「조세특례제한법」 제16조제1항제3호·제4호는 제외), ㊷ 신용카드등 사용액 소득공제액, ㊸ 우리사주조합 출연금 소득공제액, ㊻ 장기집합투자증권저축 소득공제액 전체를 합한 금액이 2,500만원을 초과하는 경우 적습니다.

10. ㊾ 종합소득 과세표준은 ㊲ 차감소득금액에서 ㊼ 그 밖의 소득공제 계를 차감하고 ㊽ 소득공제 종합한도 초과액을 더하여 적습니다.

11. ⑯ 납부특례세액은 「조세특례제한법」 제16조의2제1항에 따라 주식매수선택권을 행사함으로써 얻은 이익에 대하여 벤처기업의 임원 또는 종업원이 원천징수의무자에게 납부특례의 적용을 신청한 경우에 해당 과세기간의 결정세액에서 해당 과세기간의 근로소득금액 중 주식매수선택권을 행사하므로써 얻는 이익에 따른 소득금액을 제외하여 산출한 결정세액을 뺀 금액을 적습니다.

12. 파견외국법인 소속 파견근로자의 경우 기납부세액은 해당 파견근로자 개인별 근로소득에 대한 소득세로 실제 원천징수된 세액을 확인하여 적습니다. 다만, 파견근로자별로 원천징수세액을 구분하기 어려운 경우에는 사용내국법인이 파견외국법인에게 지급한 파견근로 대가에 대한 원천징수세액(17%)에 총 파견근로자의 결정세액 합계에 대한 각 파견근로자별 결정세액의 비율을 곱하여 적습니다.

13. 이 서식에 적는 금액 중 소수점 이하 값만 버리며, ⑰ 차감징수세액이 소액 부징수(1천원 미만을 말합니다)에 해당하는 경우 세액을 "0"으로 적습니다.

14. "⑱ 소득·세액공제 명세"란은 다음과 같이 작성합니다.

가. 관계코드란

| 구 분 | 관계코드 | 구 분 | 관계코드 | 구 분 | 관계코드 |
|---|---|---|---|---|---|
| 소득자 본인<br>(소득세법 §50 ① 1) | 0 | 소득자의 직계존속<br>(소득세법 §50 ① 3 가) | 1 | 배우자의 직계존속<br>(소득세법 §50 ① 3 가) | 2 |
| 배우자<br>(소득세법 §50 ① 2) | 3 | 직계비속(자녀·입양자)<br>(소득세법 §50 ① 3 나) | 4 | 직계비속(코드 4 제외)<br>(소득세법 §50 ① 3 나) | 5* |
| 형제자매<br>(소득세법 §50 ① 3 다) | 6 | 수급자(코드1~6제외)<br>(소득세법 §50 ① 3 라) | 7 | 위탁아동<br>(소득세법 §50 ① 3 마) | 8 |

* 직계비속과 그 배우자가 장애인인 경우 그 배우자는 포함하되 코드 4는 제외합니다.

※ 관계코드 4~6는 소득자와 배우자의 각각의 관계를 포함합니다.

나. 내·외국인란: 내국인의 경우 "1"로, 외국인의 경우 "9"로 적습니다.

다. 인적공제항목란: 인적공제사항이 있는 경우 해당란에 "○" 표시를 합니다(해당 사항이 없을 경우 비워둡니다).

라. 국세청 자료란: 소득·세액공제 증명서류로 국세청 연말정산간소화 홈페이지(www.yesone.go.kr)에서 제공하는 자료를 이용하는 경우 각 소득·세액공제 항목의 금액 중 소득·세액 공제대상이 되는 금액을 적습니다.

마. 기타 자료란: 국세청에서 제공하는 증명서류 외의 증명서류를 이용하는 경우를 말합니다(예를 들면, 시력교정용 안경구입비는 "의료비 항목"의 "기타"란에 적습니다).

바. 각종 소득·세액 공제 항목란: 소득·세액공제항목에 해당하는 실제 지출금액을 적습니다(소득·세액공제액이 아닌 실제 사용금액을 공제항목별로 구분된 범위 안에 적습니다).

15. 해당 근로소득자가 월세액, 거주자 간 주택임차자금 차입금 원리금 상환액을 소득·세액공제를 한 경우에는 근로소득지급명세서를 원천징수 관할 세무서장에게 제출 시 해당 명세서를 함께 제출해야 합니다.

16. 해당 근로소득자가 퇴직연금, 연금저축, 주택마련저축, 장기집합투자증권저축 소득공제를 한 경우에는 근로소득지급명세서를 원천징수 관할 세무서장에게 제출 시 해당 명세서를 함께 제출해야 합니다.

17. ㉞ 주택자금공제의 15년 이상 29년 이하, 30년 이상에는 「소득세법 시행령」(이하 이 서식에서 "소득령"이라 합니다) 제112조제10항제5호가 해당되는 경우를 포함하여 적습니다.

18. ⑱ 소득·세액공제 명세 작성 시 인적공제 항목 중 본인 또는 부양가족이 장애인인 경우 다음의 코드를 해당 항목에 적습니다.

| 구분 | 코드 |
|---|---|
| 「장애인복지법」에 따른 장애인 | 1 |
| 「국가유공자 등 예우 및 지원에 관한 법률」에 따른 상이자 및 이와 유사한 자로서 근로능력이 없는 자 | 2 |
| 그 밖에 항시 치료를 필요로 하는 중증환자 | 3 |

19. 전통시장 사용액과 대중교통 이용액은 전통시장이나 대중교통을 이용 시 신용카드, 현금영수증, 직불카드·선불카드 등으로 사용한 금액의 합계액을 적습니다.

| 관리 번호 | |
|---|---|

# 근로소득 원천징수영수증(매월분)

([ ]소득자 보관용 [ ]발행자 보관용 [ ]발행자 보고용)

| 거주구분 | | 거주자1/비거주자2 | |
|---|---|---|---|
| 거주지국 | | 거주지국코드 | |
| 내·외국인 | | 내국인1 /외국인9 | |
| 외국인단일세율적용 | | 여 1 / 부 2 | |
| 국적 | | 국적코드 | |

| | | |
|---|---|---|
| 징 수 의무자 | ① 법인명(상 호) | ② 대 표 자(성 명) |
| | ③ 사업자등록번호 | ④ 주 민 등 록 번 호 |
| | ⑤ 소 재 지 (주소) | |
| 소득자 | ⑥ 성 명 | ⑦ 주 민 등 록 번 호 |
| | ⑧ 주 소 | |

| | 구 분 | | 국 내 | 국 외 | 합 계 |
|---|---|---|---|---|---|
| Ⅰ 근무처별소득명세 | ⑨ 근 무 처 명 | | | | |
| | ⑩ 사업자등록번호 | | | | |
| | ⑪ 근무기간 | | ~ | ~ | ~ |
| | ⑫ 감면기간 | | ~ | ~ | ~ |
| | ⑬ 급 여 | | | | |
| | ⑭ 상 여 | | | | |
| | ⑮ 인 정 상 여 | | | | |
| | ⑮-1 주식매수선택권 행사이익 | | | | |
| | ⑮-2 우리사주조합인출금 | | | | |
| | ⑮-3 임원 퇴직소득금액 한도초과액 | | | | |
| | ⑮-4 | | | | |
| | ⑯ 계 | | | | |
| Ⅱ 비과세및감면소득명세 | ⑱ 국외근로 | MOX | | | |
| | ⑱-1 야간근로수당 | OOX | | | |
| | ⑱-2 출산·보육수당 | QOX | | | |
| | ⑱-4 연구보조비 | HOX | | | |
| | ⑱-5 | | | | |
| | ⑱-6 | | | | |
| | ~ | | | | |
| | ⑱-25 | | | | |
| | ⑲ 수련보조수당 | Y22 | | | |
| | ⑳ 비과세소득 계 | | | | |
| | ⑳-1 감면소득 계 | | | | |

| | | | | 차 감 납 부 세 액 | |
|---|---|---|---|---|---|
| Ⅲ 세액계산 | ㉑ 근로소득 | | | ㉗ 소 득 세 | |
| | ㉒ | | | | |
| | ㉓ 간이세액표에 의한 소득세 | | | ㉘ 지방소득세 | |
| | 세액 공제 | ㉔ 외국납부 | | | |
| | | ㉕ 납세조합 [(㉓-㉔)× 10/100] | | ㉙ 농어촌특별세 | |
| | ㉖ 납부특례세액 | | | | |

위의 납부 세액을 영수합니다.

년 월 일

납세조합 (서명 또는 인)

**세 무 서 장** 귀하

## 작 성 방 법

※ 1. 「소득세법」 제149조제1호에 해당하는 납세조합이 「소득세법」 제127조제1항제4호 각 목에 해당하는 근로소득에 대해 매월분의 소득세를 원천징수하는 경우에 사용합니다.

2. "⑨ 근무처명"란 및 "⑩ 사업자등록번호"란에는 실제 근무처의 상호 및 사업자번호를 적습니다. 다만, 근무처의 사업자등록이 없는 경우 납세조합의 사업자등록번호를 적습니다.

| 관리번호 | |
|---|---|

# 퇴직소득원천징수영수증/지급명세서

([ ]소득자 보관용 [ ]발행자 보관용 [ ]발행자 보고용)

| 거주구분 | 거주자1 / 비거주자2 |
|---|---|
| 내 · 외국인 | 내국인1 / 외국인9 |
| 거주지국 | 거주지국코드 |
| 징수의무자 구분 | 사업장1/공적연금사업자3 |

| | | | |
|---|---|---|---|
| 징수의무자 | ① 사업자등록번호 | ② 법인명(상호) | ③ 대표자(성명) |
| | ④ 법인(주민)등록번호 | ⑤ 소재지(주소) | |
| 소득자 | ⑥ 성 명 | ⑦ 주민등록번호 | |
| | ⑧ 주 소 | | ⑨ 임원 여부 [ ]여 [ ]부 |
| | ⑩ 확정급여형 퇴직연금 제도 가입일 | | ⑪ 2011.12.31.퇴직금 |
| 귀 속 연 도 | 부터 까지 | ⑫ 퇴직사유 | [ ]정년퇴직 [ ]정리해고 [ ]자발적 퇴직 [ ]임원퇴직 [ ]중간정산 [ ]기 타 |

| | 근 무 처 구 분 | 중간지급 등 | 최종 | 정산 |
|---|---|---|---|---|
| 퇴직 급여 현황 | ⑬ 근무처명 | | | |
| | ⑭ 사업자등록번호 | | | |
| | ⑮ 퇴직급여 | | | |
| | ⑯ 비과세 퇴직급여 | | | |
| | ⑰ 과세대상 퇴직급여(⑮-⑯) | | | |

| | 구 분 | | ⑱ 입사일 | ⑲ 기산일 | ⑳ 퇴사일 | ㉑ 지급일 | ㉒ 근속월수 | ㉓ 제외월수 | ㉔ 가산월수 | ㉕ 중복월수 | ㉖ 근속연수 |
|---|---|---|---|---|---|---|---|---|---|---|---|
| 근속 연수 | 중간지급 근속연수 | | | | | | | | | | |
| | 최종 근속연수 | | | | | | | | | | |
| | 정산 근속연수 | | | | | | | | | | |
| | 안분 | 2012.12.31.이전 | | | | | | | | | |
| | | 2013.1.1.이후 | | | | | | | | | |

2016~2019년간 퇴직소득세액 계산방법
(※ 개정규정 및 종전 규정에 따른 산출세액에 퇴직연도별 비율을 적용하여 계산합니다)

| | | 계 산 내 용 | 금 액 |
|---|---|---|---|
| 개정 규정에 따른 계산 방법 | 과세 표준 계산 | ㉗ 퇴직소득(⑰) | |
| | | ㉘ 근속연수공제 | |
| | | ㉙ 환산급여 [(㉗-㉘)× 12배/정산근속연수] | |
| | | ㉚ 환산급여별공제 | |
| | | ㉛ 퇴직소득과세표준(㉙-㉚) | |
| | | 계 산 내 용 | 금 액 |
| | 세액 계산 | ㉜ 환산산출세액(㉛× 세율) | |
| | | ㉝ 산출세액(㉜× 정산근속연수/12배) | |

| | | 계 산 내 용 | 금 액 | | |
|---|---|---|---|---|---|
| 종전 규정에 따른 계산 방법 | 과세 표준 계산 | ㉞ 퇴직소득(⑰) | | | |
| | | ㉟ 퇴직소득정률공제 | | | |
| | | ㊱ 근속연수공제 | | | |
| | | ㊲ 퇴직소득과세표준(㉞-㉟-㊱) | | | |
| | | 계 산 내 용 | 2012.12.31.이전 | 2013.1.1.이후 | 합 계 |
| | 세액 계산 | ㊳ 과세표준안분 (㊲× 각근속연수/정산근속연수) | | | |
| | | ㊴ 연평균과세표준(㊳/각근속연수) | | | |
| | | ㊵ 환산과세표준(㊴× 5배) | | | |
| | | ㊶ 환산산출세액(㊵× 세율) | | | |
| | | ㊷ 연평균산출세액 (12.12.31.이전: ㊴× 세율, 13.1.1.이후: ㊶/5배) | | | |
| | | ㊸ 산출세액(㊷× 각 근속연수) | | | |

| | | |
|---|---|---|
| 퇴직소득 세액계산 | ㊹ 퇴직일이 속하는 과세연도 | |
| | ㊺ 퇴직소득세 산출세액 (㉝× 퇴직연도별 비율) + [㊸× (100%-퇴직연도별 비율)] | |
| | ㊻ 기납부(또는 기과세이연) 세액 | |
| | ㊼ 신고대상세액(㊺-㊻) | |

<table>
<tr><td rowspan="5">이연퇴직소득세액계산</td><td rowspan="2">㊽ 신고대상세액(㊼)</td><td colspan="5">연금계좌 입금명세</td><td rowspan="2">㊿ 퇴직급여(⑰)</td><td rowspan="2">51 이연 퇴직소득세 (㊽×㊾/㊿)</td></tr>
<tr><td>연금계좌취급자</td><td>사업자등록번호</td><td>계좌번호</td><td>입금일</td><td>㊾계좌입금금액</td></tr>
<tr><td rowspan="3"></td><td></td><td></td><td></td><td></td><td></td><td rowspan="3"></td><td rowspan="3"></td></tr>
<tr><td></td><td></td><td></td><td></td><td></td></tr>
<tr><td colspan="4">52 합 계</td><td></td></tr>
</table>

<table>
<tr><td rowspan="4">납부명세</td><td>구 분</td><td>소득세</td><td>지방소득세</td><td>농어촌특별세</td><td>계</td></tr>
<tr><td>53 신고대상세액(㊼)</td><td></td><td></td><td></td><td></td></tr>
<tr><td>54 이연퇴직소득세(51)</td><td></td><td></td><td></td><td></td></tr>
<tr><td>55 차감원천징수세액(53-54)</td><td></td><td></td><td></td><td></td></tr>
</table>

위의 원천징수세액(퇴직소득)을 정히 영수(지급)합니다.

년 월 일

징수(보고)의무자 (서명 또는 인)

**세 무 서 장** 귀하

■ 소득세법 시행규칙 [별지 제40호서식(1)] <개정 2016.3.16.>

# (　　　년 귀속)종합소득세 · 농어촌특별세 · 지방소득세 과세표준확정신고 및 납부계산서

◇ 부동산임대업에서 발생한 사업소득(이하 이 서식에서 "부동산임대업의 사업소득" 이라 합니다) 또는 부동산임대업 외의 업종에서 발생한 사업소득(이하 이 서식에서 "부동산임대업 외의 사업소득" 이라 합니다) 중 하나의 소득이 발생하는 하나의 사업장만이 있는 단순경비율 적용사업자로서 장부를 기록하지 않고 단순경비율로 추계신고하는 경우에는 단일소득-단순경비율적용대상자용 신고서 [별지 제40호서식(4)]를 사용하시기 바랍니다.

◇ 간편장부대상자(신규사업자와 직전 과세기간의 수입금액이 4천 800만원에 미달하는 사업자는 제외)가 장부에 따른 기장신고를 하지 않은 경우 산출세액의 20%를 무기장가산세로 추가로 납부해야 합니다.

◇ 복식부기의무자가 복식부기에 따른 장부를 기록하여 신고하지 않은 경우 산출세액의 20% 또는 수입금액의 7/10,000 중 큰 금액을 무신고가산세로 추가로 납부해야 합니다.

## 작 성 방 법

1. ❶ 기본사항란을 적습니다.
2. ❸ 세무대리인란을 적습니다(세무대리인이 기장·조정 또는 신고서를 작성한 경우에만 적습니다).
3. ❺~❽ 각종 소득명세서를 작성합니다(해당 사항이 있는 명세서만 작성합니다).
4. ❾ 종합소득금액 및 결손금·이월결손금공제명세서, ❿ 이월결손금명세서를 작성합니다(이월결손금이 없는 경우에는 ❿ 이월결손금명세서는 작성하지 않습니다).
5. ⓫ 소득공제명세서를 작성합니다.
6. ⓬ 세액감면명세서·⓭ 세액공제명세서·⓮ 준비금명세서를 작성합니다(해당 사항이 있는 명세서만 작성합니다).
7. ⓯ 가산세명세서를 작성합니다.
8. ⓰ 기납부세액명세서를 작성합니다.
9. ❹ 세액의 계산란을 적습니다[금융소득이 있는 경우에는 제23쪽의 ⓱ 종합소득산출세액계산서(금융소득자용)를, 기준경비율에 따라 추계소득금액계산서를 작성하는 경우에는 제25쪽의 ⓲ 추계소득금액계산서(기준경비율 적용대상자용)를, 부동산매매업자로서 종합소득금액에 비사업용토지 등을 보유하여 발생하는 매매차익이 있는 경우에는 제27쪽의 ⓳ 종합소득산출세액계산서(주택등매매업자용)를, 소득에 합산되는 금융소득과 비사업용토지 등을 보유하여 발생하는 매매차익 등이 함께 있는 경우에는 제29쪽의 ⓴종합소득산출세액계산서(주택등매매차익이 있는 금융소득자용)를 먼저 작성합니다.
10. ❷ 환급금 계좌신고란을 적습니다.
11. 각 서식에서 적을 난이 더 필요한 경우에는 별지에 이어서 작성합니다.
12. 신고인은 반드시 신고인의 성명을 쓰고 서명 또는 날인하여 신고해야 합니다.
13. [　　　] 란은 작성하지 않습니다.

<table>
<tr><td colspan="5">접 수 증(　　　년 귀속 종합소득세 과세표준 확정신고서)</td></tr>
<tr><td>성 명</td><td></td><td>주 소</td><td colspan="2"></td></tr>
<tr><td colspan="4" rowspan="2">※ 첨부서류<br>1. 재무상태표 (　)<br>2. 손익계산서와 그 부속서류 (　)<br>3. 합계잔액시산표 (　)<br>4. 조정계산서 (　)<br>5. 소득공제신고서 (　)<br>6. 결손금소급공제세액환급신청서 (　)<br>7. 「조세특례제한법」 상 세액공제·감면신청서 (　)<br>8. 간편장부소득금액계산서 (　)<br>9. 그 밖의 첨부서류 (　　　)</td><td>접 수 자<br><br></td></tr>
<tr><td>접수일(인)<br><br></td></tr>
</table>

## ❶~❹ 작성방법

1. 신고하는 귀속연도와 거주구분 등에 관한 표를 적습니다.
2. ② 주민등록번호란: 외국인은 외국인등록번호(외국인등록번호가 없는 경우 여권번호)를 적습니다.
3. ⑧ 신고유형란: 해당되는 신고유형에 ✔표시 합니다. 신고유형은 신고서에 첨부하는 조정계산서 또는 소득금액계산서 등에 따라 구분하며, 둘 이상의 유형에 해당하는 경우 [14], [12], [11], [20], [31], [32], [40]의 순서에 따라 하나의 유형만을 선택합니다.
4. ❷ 환급금 계좌신고란: 환급세액이 발생하는 경우 환급금을 송금받을 본인의 예금계좌를 적되, 환급세액이 2천만원 이상인 경우에는 별도의 계좌개설(변경)신고서(국세기본법 시행규칙 별지 제22호서식)에 통장사본을 첨부하여 신고해야 합니다.
5. ❸ 세무대리인란: 해당되는 대리구분에 ✔표시합니다. 세무대리인이 기장, 조정 또는 신고서를 작성한 경우에만 선택하며 [1]기장 [2]조정 [3]신고 [4]확인 중 하나를 선택합니다.
6. ⑲ 종합소득금액란: ❾ 종합소득금액 및 결손금·이월결손금공제명세서의 ⑤란의 합계(종합소득금액)를 옮겨 적습니다.
7. ⑳ 소득공제란: ⓫ 소득공제명세서의 ㉒ 소득공제합계에서 ㉓ 소득공제종합한도초과액을 뺀 금액을 적습니다.
8. ㉒ 세율란·㉓ 산출세액란: 세율표에 따라 세율을 적고 과세표준에 세율을 곱한 금액에서 누진공제액을 빼서 산출세액을 계산합니다. 종합과세되는 이자·배당소득이 있는 경우에는 ⓱ 종합소득산출세액계산서(금융소득자용)를 사용하여 계산합니다. 소득세법 제64조를 적용받는 부동산매매업자인 경우에는 ⓳ 종합소득산출세액계산서(주택등매매업자용)에 따라 계산하고, 부동산매매업자가 금융소득자인 경우에는 ⓴종합소득산출세액계산서(주택등매매차익이 있는 금융소득자용)에 따라 계산합니다.
9. ㉔ 세액감면란·㉕ 세액공제란: ⓬ 세액감면명세서의 ⑤ 세액감면 합계 또는 ⓭ 세액공제명세서의 ⑥ 세액공제 합계를 옮겨 적습니다.
10. ㉗·㊽ 가산세란: 국세기본법 제47조의2부터 제47조의5까지, 소득세법 제81조에 따른 가산세를 각각 적습니다. 이 경우 ㉗ 가산세는 ⓯ 가산세명세서의 ⑯ 합계란의 금액을 적습니다.
11. ㉘·㊿ 추가납부세액란: 추가납부세액계산서(별지 제51호서식)를 작성한 후 추가납부세액계산서의 "4. 소득세 추가납부액 합계란"의 금액을 ㉘ 추가납부세액(농어촌특별세의 경우에는 환급세액)란에 적고, 그에 따른 농어촌특별세 환급세액을 ㊿ 추가납부세액(농어촌특별세의 경우에는 환급세액)란에 적습니다.
12. ㉚·㊽ 기납부세액란: ⓰ 기납부세액명세서의 ⑪란 및 ㉖란의 금액을 각각 옮겨 적습니다.
13. ㉛ 납부(환급)할 총세액란: ㉙ 합계 금액에서 ㉚ 기납부세액란의 금액을 빼서 적습니다. 그 금액이 "0"보다 작은 경우에는 환급받을 세액이므로 ❷ 환급금 계좌신고란에 적습니다.
14. ㉜·㉝ 납부특례세액란: 주식매수선택권 행사이익에 대하여 벤처기업의 임원 등이 원천징수의무자에게 납부특례의 적용을 신청한 경우, 주식매수선택권 행사이익과 관련한 소득세액의 3분의 2에 해당하는 금액을 분납할 수 있습니다. 이 경우 다음 2개 연도의 종합소득과세표준 확정신고납부 시 납부특례세액의 2분의 1에 해당하는 금액을 각각 납부하여야 합니다. 분납하려는 경우 ㉜난에, 다음 2개 연도에 납부하는 경우 ㉝난에 납부특례세액을 적습니다.
   ㉞ 분납할세액란: ㉛ 납부할 총세액에서 ㉜㉝ 납부특례세액을 차감·가감한 금액이 1천만원을 초과하는 경우 총세액이 2천만원 이하인 때에는 1천만원을 초과하는 금액을, 2천만원을 초과하는 때에는 세액의 100분의 50 이하의 금액을 납부기한 경과 후 2개월 이내에 분납할 수 있습니다. 분납하려는 경우에는 분납할 세액을 이 난에 적습니다.
15. 지방소득세란: ㊶ 과세표준란에는 ㉑ 종합소득세 과세표준 금액을 옮겨 적습니다. ㊷ 세율란·㊸ 산출세액란에는 세율표에 따라 지방소득세세율을 적고 과세표준에 세율을 곱한 금액에서 누진공제액을 빼서 산출세액을 계산합니다. ㊹ 세액감면 및 ㊺ 세액공제란은 「지방세특례제한법」 제167조의2에 따라 각각 ㉔와 ㉕의 100분의 10에 해당하는 금액을 적습니다. ㊼ 가산세액란은 「지방세법」 제99조와 「지방세기본법」 제53조의2부터 제53조의4에 따라 ㉗의 100분의 10에 해당하는 금액을 적습니다.(단 기한후신고의 경우에는 「지방세기본법」 제54조 가산세의 감면을 적용하여 적습니다) ㊽ 추가납부세액란은 지방세법, 지방세특례제한법에 따라 ㉘의 100분의 10에 해당하는 금액을 적습니다. ㊿ 기납부세액은 ㉚종합소득세기납부세액에서 중간예납세액( 기납부세액명세서의 ①)을 차감한 금액의 100분의 10에 해당하는 금액을 적습니다.
16. 농어촌특별세란: ㊶ 과세표준란은 농어촌특별세 과세대상 감면세액 합계표(별지 제68호서식)의 ⑱ 감면세액 합계란의 금액을 옮겨 적고, 농어촌특별세법 제5조에 따른 세율(20% 또는 10%)을 적용하여 ㊸ 산출세액을 계산합니다. ㊼ 농어촌특별세 합계란에는 (㊹+㊺-㊻)의 금액을 적습니다. 납부할 농어촌특별세 총세액이 5백만원 이상이거나 종합소득세를 분납하는 경우 일정금액을 분납할 수 있습니다.

### 세 율 표

| 과세표준 \ 귀속년도 | 2012년~2013년 | | 과세표준 \ 귀속년도 | 2014년~2015년 | | | |
|---|---|---|---|---|---|---|---|
| | | | | 종합소득세 | | 지방소득세 | |
| | 세율 | 누진공제액 | | 세율 | 누진공제액 | 세율 | 누진공제액 |
| 1,200만원 이하 | 6% | | 1,200만원 이하 | 6% | | 0.6% | |
| 1,200만원 초과 4,600만원 이하 | 15% | 108만원 | 1,200만원 초과 4,600만원 이하 | 15% | 108만원 | 1.5% | 108천원 |
| 4,600만원 초과 8,800만원 이하 | 24% | 522만원 | 4,600만원 초과 8,800만원 이하 | 24% | 522만원 | 2.4% | 522천원 |
| 8,800만원 초과 3억원 이하 | 35% | 1,490만원 | 8,800만원 초과 1억 5천만원 이하 | 35% | 1,490만원 | 3.5% | 1,490천원 |
| 3억원 초과 | 38% | 2,390만원 | 1억 5천만원 초과 | 38% | 1,940만원 | 3.8% | 1,940천원 |

■ 소득세법 시행규칙 [별지 제40호서식(4)] <개정 2016.3.16.>

보내는 사람

| 주의 | 이 우편물은 중요한 문서이므로 반드시 본인이나 그 대리인에게 신속하게 전달하여 주시기 바랍니다. |
|---|---|

세무서장

□□□-□□□

* 세무서 상담전화:

받는 사람

님 귀하

□□□-□□□

| 관리번호 | - |
|---|---|

# ( 년 귀속) 종합소득세 · 지방소득세 과세표준확정신고 및 납부계산서 (단일소득-단순경비율적용대상자용)

| 거주구분 | 거주자1 /비거주자2 |
|---|---|
| 내 · 외국인 | 내국인1 /외국인9 |
| 거주지국 | 거주지국코드 |

| | | | | | |
|---|---|---|---|---|---|
| ❶ 기본사항 | ① 성 명 | | | ② 주민등록번호 | |
| | ③ 상 호 | | | ④ 사업자등록번호 | |
| | ⑤ 주 소 | | | ⑥ 전자우편주소 | |
| ⑦ 주소지 전화번호 | | ⑧ 사업장 전화번호 | | ⑨ 휴대전화번호 | |
| ⑩ 신고유형 | 32 추계-단순율 | ⑪ 기장의무 | 2 간편장부대상자 | ⑫ 소득구분 | 30 부동산임대업의 사업소득<br>40 부동산임대업외의 사업소득 |
| ⑬ 업종코드 | | ⑭ 단순경비율(%) | 일반율<br>자가율 | ⑮ 신고구분 | 10 정기신고, 20 수정신고,<br>40 기한후신고 |
| ❷ 환급금 계좌신고 | ⑯ 금융기관/체신관서명 | | | ⑰ 계좌번호 | |

**❸ 종합소득세액의 계산**

| 구 분 | 금 액 |
|---|---|
| ㉛ 총수입금액: 매출액을 적습니다. | |
| ㉜ 단순경비율에 의한 필요경비: ㉛ 총수입금액 × ⑭ 단순경비율(%) | |
| ㉝ 종합소득금액: ㉛-㉜ | |
| ㉞ 소득공제: 소득공제명세(㉟~㊺)의 공제금액 합계를 적습니다. | |

| 소득공제명세 | 인적공제 대상자 명세 | | | | 인적공제 | | | |
|---|---|---|---|---|---|---|---|---|
| | 관계코드 | 성 명 | 내외국인코드 | 주 민 등 록 번 호 | 구 분 | | 인원 | 금 액 |
| | | | | | 기본공제 | ㉟ 본 인 | | |
| | | | | | | ㊱ 배 우 자 | | |
| | | | | | | ㊲ 부 양 가 족 | | |
| | | | | | 추가공제 | ㊳ 경 로 우 대 자 | | |
| | | | | | | ㊴ 장 애 인 | | |
| | | | | | | ㊵ 부 녀 자 | | |
| | | | | | | ㊶ 한 부 모 가 족 | | |
| | ㊷ 기부금(이월분) 소득공제: 4쪽의 작성방법을 참고하여 기부금 지출액 중 공제액을 적습니다. | | | | | | | |
| | ㊸ 연금보험료공제: 국민연금보험료를 납부한 금액을 적습니다. | | | | | | | |
| | ㊹ 개인연금저축공제: 개인연금저축 불입액에 40%를 곱한 금액과 72만원 중 적은 금액을 적습니다 | | | | | | | |
| | ㊺ 소기업소상공인 공제부금 | | | | | | | |

| | |
|---|---|
| ㊻ 과세표준: ㉝-㉞ ("0"보다 적은 경우에는 "0"으로 합니다) | |
| ㊼ 세율: 4쪽의 작성방법을 참고하여 세율을 적습니다. | |
| ㊽ 산출세액: ㊻×㊼-누진공제액(4쪽 작성방법 참고) | |
| ㊾ 세액공제: 세액공제명세(㊿~56)의 합계금액을 적습니다. | |

| 세액공제명세 | | | | |
|---|---|---|---|---|
| | ㊿ 자녀세액공제 | 기본공제 자녀(입양자, 위탁아동 포함)<br>※ 2명 이하: 1명당 15만원, 자녀 2명 초과: 30만원 + 2명 초과 1명당 30만원 | 명 | |
| | | 6세 이하 자녀(6세 이하 자녀가 2명 이상인 경우)<br>※ 2명: 15만원, 2명초과: 15만원 + 2명 초과 1명당 15만원 | 명 | |
| | | 출산 · 입양 (1명당 30만원) | 명 | |
| | 51 연금계좌세액공제: 연금계좌 납입액(400만원 한도)의 12% (단 종합소득금액 4천만원 이하는 15%) | 공제 대상금액 | | |

| 구분 | | | | 금액 |
|---|---|---|---|---|
| 세액공제명세 | (52) 기부금세액공제: 연말정산대상 사업소득자의 기부금지출액 중 공제액의 15%(25%) | 법정기부금공제 대상금액 | | |
| | | 지정기부금공제 대상금액 | | |
| | | 우리사주조합기부금공제 대상금액 | | |
| | (53) 표준세액공제: 7만원 | | | |
| | (54) 납세조합공제: 납세조합영수증상의 ㊱납세조합공제액을 적습니다. | | | |
| | (55) 전자신고세액공제: 납세자가 전자신고 방법에 의하여 직접 신고하는 경우 2만원을 공제합니다. | | | |
| | (56) 정치자금기부금 세액공제: 「정치자금법」에 따라 정당에 기부한 기부금 중 10만원까지는 100/110을 세액공제합니다. | | | |
| (57) 중소기업에 대한 특별세액감면 금액을 적습니다. | | | | |
| (58) 결정세액: ㊽-㊾-(57)("0"보다 적은 경우에는 "0"으로 합니다) | | | | |
| (59) 가산세액: 가산세액명세((60)~(67))의 합계금액을 적습니다 | | | | |

| | 구분 | | | 계산기준 | 기준금액 | 가산세율 | 가산세액 |
|---|---|---|---|---|---|---|---|
| 가산세계산명세 | (60) 무신고 | 부정무신고 | | 산출세액 | | 40/100 (60/100) | |
| | | | | 수입금액 | | 14/10,000 | |
| | | 일반무신고 | | 산출세액 | | 20/100 | |
| | | | | 수입금액 | | 7/10,000 | |
| | (61) 과소신고 | 부정과소신고 | | 미달세액 | | 40/100 (60/100) | |
| | | | | 수입금액 | | 14/10,000 | |
| | | 일반과소신고 | | 미달세액 | | 10/100 | |
| | (62) 납부(환급)불성실 | 미납일수 | | | ( ) | 3/10,000 | |
| | | 미납부(환급)세액 | | | | | |
| | (63) 보고불성실 | 지급명세서 | 미제출(불명) | 지급(불명)금액 | | 2/100 | |
| | | | 지연제출 | 지연제출금액 | | 1/100 | |
| | (64) 공동사업장 등록불성실 | 미등록·허위등록 | | 총수입금액 | | 0.5/100 | |
| | | 손익분배비율 허위신고 등 | | 총수입금액 | | 0.1/100 | |
| | (65) 무기장 | | | 산출세액 | | 20/100 | |
| | (66) 신용카드거부 | 거래거부·불성실금액 | | | | 5/100 | |
| | | 거래거부·불성실건수 | | | | 5,000원 | |
| | (67) 현금영수증 미발급 | 미가맹 | | 수입금액 | | 1/100 | |
| | | 미발급·불성실금액 | | | | 5/100 | |
| | | 미발급·불성실건수 | | | | 5,000원 | |

| 구분 | | 금액 |
|---|---|---|
| (68) 총결정세액: (58)+(59) | | |
| 기납부세액 | (69) 중간예납세액 | |
| | (70) 원천징수세액 및 지급처사업자등록번호 (사업자등록번호 ) | |
| (71) 납부할 세액 또는 환급받을 세액: (68)-(69)-(70) | | |

**❹ 지방소득세액의 계산**

| | |
|---|---|
| (72) 과세표준: 종합소득세의 ㊻ 과세표준란의 금액을 옮겨 적습니다. | |
| (73) 세율: 4쪽의 작성방법을 참고하여 세율을 적습니다. | |
| (74) 산출세액: (72)×(73)－누진공제액(4쪽 작성방법 참고) | |
| (75) 세액공제·감면: (㊾+(57))×10% | |
| (76) 가산세액: (59)×10%(4쪽 작성방법 참고) | |
| (77) 기 납부한 특별징수세액: (70)×10% | |
| (78) 납부할 세액 또는 환급받을 세액: (74)-(75)+(76)-(77) | |

신고인은 「소득세법」 제70조 및 「지방세법」 제95조와 「국세기본법」 제45조의3에 따라 위의 내용을 신고하며, **위 내용을 충분히 검토하였고 신고인이 알고 있는 사실 그대로를 정확하게 적었음을 확인합니다**. 위 내용 중 과세표준 또는 납부세액을 신고하여야 할 금액보다 적게 신고하거나 환급세액을 신고하여야 할 금액보다 많이 신고한 경우에는 **국세기본법 제47조의3에 따른 가산세 부과 등의 대상이 됨을 알고 있습니다.**

년 월 일 신고인 (서명 또는 인)

**세무서장** 귀하

| 첨부서류 | 1. 장애인증명서 1부(해당자에 한정하며, 종전에 제출한 경우에는 제외합니다)<br>2. 기부금명세서(별지 제45호서식) 및 기부금납입영수증 각 1부(기부금공제가 있는 경우에 한정합니다)<br>3. 가족관계등록부 1부(주민등록표등본에 의하여 공제대상 배우자, 부양가족의 가족관계가 확인되지 않는 경우에만 제출하며, 종전에 제출한 후 변동이 없는 경우에는 제출하지 않습니다)<br>※ 이 신고서는 5월 31일까지 세무서로 우송해야 합니다. |
|---|---|

<단일소득 – 단순경비율적용대상자용>

## 종합소득세 확정신고 안내말씀

1. 신고서를 제출하지 아니하면 무신고가산세가 부과되오니 세금을 납부한 경우에도 반드시 이 신고서를 작성하여 세무서에 제출(우송)하거나 전자신고를 해야 합니다.
2. 국세청에서는 사업자의 신고편의를 위하여 보유정보를 기초로 신고안내자료와 신고서에 적어야 할 사항의 전부 또는 일부를 사전에 적어서 안내하고 있습니다. 신고서에 적힌 사항에 잘못이 있는 경우 수정한 후 제출하시기 바랍니다.
3. 전산으로 적혀있는 소득 외에 근로소득 등 다른 종합소득이 있으면 이를 더하여 신고해야 합니다. 이 경우 종합소득세·농어촌특별세·지방소득세 및 과세표준확정신고 및 납부계산서[별지 제40호서식(1)]를 사용해야 합니다.
4. 신고서는 각 항목에 적혀있는 설명과 제4쪽의 작성방법을 반드시 읽으신 후 작성하시기 바랍니다. 국세청 인터넷 홈페이지의 [신고납부]에서는 종합소득세 신고서 작성방법에 대한 상세한 정보를 제공하고 있습니다.

**신고안내자료**

## 작성방법

1. ⑭ 단순경비율(%) 적용대상자(귀하께 적용되는 단순경비율은 전산으로 적혀 있습니다): 직전 연도 수입금액의 합계액이 업종별로 아래 금액에 미달하는 사업자와 해당 연도의 신규사업자입니다.
   가. 농업, 임업, 어업, 광업, 도매업, 소매업, 부동산매매업, 그밖에 아래에 해당하지 않는 업: 6천만원
   나. 전기·가스·증기 및 수도사업, 하수·폐기물처리·원료재생 및 환경복원업, 건설업, 운수업, 출판·영상·방송통신 및 정보서비스업, 금융 및 보험업, 상품중개업: 3천600만원
   다. 부동산임대업, 부동산관련 서비스업, 임대업, 서비스업(인적용역 등): 2천400만원
   ※ 다만, 의사, 변호사, 세무사 등을 포함한 전문직사업자 등 「소득세법 시행령」 제143조제7항에 따른 사업자는 2008.1.1.부터는 수입금액과 관계없이 단순경비율 적용이 배제됩니다.
2. ⑯ 금융기관명/체신관서명란 및 ⑰ 계좌번호란: ㉑ 납부할 세액 또는 환급받을 세액란에 환급받을 세액이 있는 경우에 적습니다. 환급받을 세액이 2천만원 이상인 경우에는 별도의 계좌개설(변경)신고서에 통장사본을 첨부하여 신고해야 합니다.
3. 인적공제 대상자 명세: 인적공제를 받을 본인, 배우자, 부양가족의 인적사항을 적습니다.
   가. 관계코드: 본인과 인적공제대상자의 관계를 본인 기준으로 코드로 적습니다.
   소득자 본인=0, 소득자의 직계존속=1, 배우자의 직계존속=2, 배우자=3, 직계비속 중 자녀·입양자=4, 직계비속 중 자녀·입양자 외(직계비속과 그 배우자가 모두 장애인인 경우 그 배우자 포함)=5, 형제자매=6, 수급자=7, 위탁아동=8
   나. 내외국인코드: 내국인은 "1", 외국인은 "2"로 구분하여 적습니다.
4. 기본공제: 본인과 아래에 해당하는 부양가족 1명당 150만원 (해당인원×150만원)을 공제합니다.
   가. 배우자: 연간소득금액이 100만원 이하인 자
   나. 부양가족: 본인과(배우자 포함) 생계를 같이 하고, 연간소득금액이 100만원(근로소득만 있는 자는 총급여 500만원) 이하인 자로서 다음에 해당하는 자. 부양가족 중 장애인은 연령에 제한 없이 공제대상입니다.
      1) 부모, 조부모로서 만 60세 이상인 자
      2) 자녀 또는 동거입양자로서 만 20세 이하인 자
      (자녀 또는 동거입양자와 그 배우자가 모두 장애인에 해당하는 경우에는 그 배우자를 포함합니다.)
      3) 형제자매로서 만 20세 이하 또는 만 60세 이상인 자
      4) 「국민기초생활 보장법」 제2조제2호의 수급자
      5) 「아동복지법」에 따른 가정위탁을 받아 해당 과세기간에 6개월 이상 직접 양육한 위탁아동
5. 추가공제: 기본공제대상자가 다음에 해당하는 경우 다음의 금액을 추가로 공제합니다.
   ㊳ 경로우대자(만 70세 이상) 100만원　　　㊴ 장애인 200만원
   ㊵ 배우자가 없는 여성으로서 부양가족이 있는 세대주이거나 배우자가 있는 여성 50만원 (종합소득금액 3천만원 이하인 자로 한정)
   ㊶ 배우자가 없는 자로서 기본공제대상인 직계비속 또는 입양자가 있는 경우 100만원 (㊵과 중복인 경우 ㊶을 적용)
6. ㊷ 기부금(이월분) 공제: 기부금명세서(별지 제45호서식)를 먼저 작성하고, 기부금 코드별로 지출액 중 공제한도 범위 이내의 금액을 공제합니다.
7. ㊼ 세율란 및 ㊽ 산출세액란: 아래의 세율 중 과세표준(㊻)에 해당하는 세율을 적으며, [과세표준(㊻)×세율(㊼)−누진공제액]의 방법으로 산정한 금액을 적습니다.

**세 율 표**

| 과세표준 \ 귀속년도 | 2012년~2013년 세율 | 2012년~2013년 누진공제액 | 과세표준 \ 귀속년도 | 2014년~2015년 종합소득세 세율 | 종합소득세 누진공제액 | 지방소득세 세율 | 지방소득세 누진공제액 |
|---|---|---|---|---|---|---|---|
| 1,200만원 이하 | 6% | | 1,200만원 이하 | 6% | | 0.6% | |
| 1,200만원 초과 4,600만원 이하 | 15% | 108만원 | 1,200만원 초과 4,600만원 이하 | 15% | 108만원 | 1.5% | 108천원 |
| 4,600만원 초과 8,800만원 이하 | 24% | 522만원 | 4,600만원 초과 8,800만원 이하 | 24% | 522만원 | 2.4% | 522천원 |
| 8,800만원 초과 3억원 이하 | 35% | 1,490만원 | 8,800만원 초과 1억 5천만원 이하 | 35% | 1,490만원 | 3.5% | 1,490천원 |
| 3억원 초과 | 38% | 2,390만원 | 1억 5천만원 초과 | 38% | 1,940만원 | 3.8% | 1,940천원 |

※ (사례) 2015년의 경우 과세표준이 13,150,000원인 경우: 13,150,000×15%−1,080,000=892,500원이 됩니다.

8. ㊾ 기부금세액공제는 연말정산대상 사업소득자(보험모집인, 방문판매원, 음료품 배달원으로서 간편장부대상자)만 가능합니다.
9. ㊿ 무신고가산세·㉛ 과소신고가산세: 미달세액에 가산세율을 적용하여 산출된 금액을 적습니다. 가산세율은 국제거래에서 발생한 부정행위로 인한 경우에는 100분의 60을 적용합니다.
10. ㉟ 무기장가산세란: 직전 과세기간의 실제 발생한 수입금액이 4천 800만원 이상인 사업자로서 장부를 기장하지 않고 단순경비율에 따라 추계신고를 하는 경우 산출세액에 20%를 곱한 금액을 적습니다(소득세법 제81조제8항).
11. 세법에 따른 제출·신고·가입·등록·개설 등의 기한이 지난 후 1개월 이내에 제출 등의 의무를 이행하는 경우 해당 가산세의 50%를 감면하여 적습니다.
12. ⑳ 원천징수세액란: 인적용역(보험설계사, 외판원 등) 제공에 대한 대가를 받을 때 원천징수의무자가 원천징수한 소득세의 합계를 적습니다. 지급처 사업자등록번호는 지급총액이 가장 큰 원천징수의무자의 사업자등록번호를 적습니다.
13. 지방소득세 : ㉔ 산출세액란은 위 세율표에서 [과세표준(㉒)×세율(㉓)−누진공제액]의 방법으로 산정한 금액을 적습니다. ㉖ 가산세액란은 「지방세법」 제99조와 「지방세기본법」 제53조의2부터 제53조의4에 따라 ㊾의 100분의 10에 해당하는 금액을 적습니다. (단 기한후신고의 경우에는 「지방세기본법」 제54조 가산세의 감면을 적용하여 적습니다)

■ 법인세법 시행규칙 [별지 제75호의4서식] <개정 2015.3.13.>

# 비영리법인의 수익사업 개시신고서
## (사업자등록증 발급 신청서)

| 접수번호 | 접수일자 | 처리기간 | 3일<br>(보정기간은 불산입) |
|---|---|---|---|

**신 고 할 내 용**

| 법인명<br>(단체명) | | 고유번호 | | 대표자<br>(관리책임자) | |
|---|---|---|---|---|---|
| 수익사업의 사업장 소재지 | | | | 층 | 호 |
| 본점, 주사무소, 또는<br>사업의 실질적 관리장소의 소재지 | | | | 층 | 호 |
| 전화번호 | | 핸드폰번호 | | | |
| 고유목적사업 | | | 수익사업개시일 | | |
| 사 업 연 도 | 월 일 ~ 월 일 | | | | |

**수 익 사 업 의 종 류**

| 주 업 태 | 주 종 목 | 주업종코드 | 부 업 태 | 부 종 목 | 부업종코드 |
|---|---|---|---|---|---|
| | | | | | |

| 주 류 면 허 | | 개 별 소 비 세<br>(해당란에 ○표) | | | | 부가가치세<br>과세사업 | | 인・허가 사업여부 | | | |
|---|---|---|---|---|---|---|---|---|---|---|---|
| 면 허 번 호 | 면허신청 | 제 조 | 판 매 | 장 소 | 유 흥 | 여 | 부 | 신고 | 등록 | 인・허가 | 기타 |
| | 여 / 부 | | | | | | | | | | |

| 전자우편주소 | | 국세청이 제공하는 국세정보<br>수신동의 여부 | [ ]동의함<br>[ ]동의하지않음 |
|---|---|---|---|

납세자의 위임을 받아 대리인이 신고를 하는 경우 아래 사항을 적어 주시기 바랍니다.

| 대리인 인적사항 | 성 명 | | 생 년 월 일 | |
|---|---|---|---|---|
| | 전화번호 | | 납세자와의 관계 | |

「법인세법」 제110조에 따라 위와 같이 비영리법인의 수익사업 개시신고서를 제출합니다.

년 월 일

신고인 (서명 또는 인)

**세무서장** 귀하

| 첨부서류 | 1. 고유번호증<br>2. 수익사업에 관련된 개시 재무상태표 1부.<br>※ 새롭게 사업장을 설치하고 수익사업 개시신고를 하는 경우에는 사업자등록신청서를 별도로 제출하여야 합니다. | 수수료<br>없 음 |
|---|---|---|

(앞쪽)

| 사 업 연 도 | . . . ~ . . . | 고유목적사업준비금 조정명세서(갑) | 법 인 명 | |
|---|---|---|---|---|
| | | | 사업자등록번호 | |

1. 손금산입액 조정

| ① 소득금액 | ② 당기 계상 고유목적사업 준비금 | ③ 「법인세법」 제24조제2항에 따른 기부금 | ④ 해당 사업연도 소득금액 (①+②+③) | ⑤ 「법인세법」 제29조제1항제1호부터 제3호까지에 따른 금액 | ⑥ 「법인세법」 제13조제1호에 따른 결손금 |
|---|---|---|---|---|---|
| | | | | | |
| ⑦ 「법인세법」 제24조제2항에 따른 기부금 | ⑧ 「조세특례제한법」 제121조의23 제6항제2호에 따른 금액 | ⑨ 수익사업 소득금액 (④-⑤-⑥-⑦-⑧) | ⑩ 손금산입률 | ⑪ 손금산입한도액 (⑤+⑧+⑨×⑩) | ⑫ 손금부인액 [(② - ⑪)>0] |
| | | | 50(80,100) / 100 | | |

2. 고유목적사업준비금 명세서

| ⑬ 사업연도 | ⑭ 손금산입액 | ⑮ 직전 사업연도까지 고유목적사업 지출액 | ⑯ 해당 사업연도 고유목적사업 지출액 | ⑰ 익금산입액 | ⑱ 잔 액 (⑭ - ⑮ - ⑯ - ⑰) | |
|---|---|---|---|---|---|---|
| | | | | | ⑲ 5년 이내분 | ⑳ 5년 경과분 |
| | | | | | | |
| | | | | | | |
| | | | | | | |
| | | | | | | |
| | | | | | | |
| | | | | | | |
| | | | | | | |
| | | | | | | |
| | | | | | | |
| (당 기) | | | | | | |
| 계 | | | | | | |

(뒤쪽)

## 작 성 방 법

1. ① 소득금액란: "법인세 과세표준 및 세액조정계산서(별지 제3호서식)"의 ⑭란의 차가감소득금액을 적습니다. 다만, 해당 서식 ⑫ 익금산입란 및 ⑬ 손금산입란에 고유목적사업준비금 중 손금부인된 금액 및 5년 내 미사용하여 익금에 산입한 금액이 포함되어 있는 경우에는 ⑭란의 차가감소득금액에 손금부인된 금액과 5년 내 미사용하여 익금에 산입한 금액을 더하거나 빼고 적습니다.

2. ② 당기 계상 고유목적사업 준비금란: 직전 사업연도 종료일 현재의 고유목적사업준비금의 잔액을 초과하여 해당 사업연도의 고유목적사업 등에 지출한 금액이 있는 경우 그 금액을 포함하여 적습니다.

3. ⑤ 「법인세법」 제29조제1항 제1호부터 제3호까지에 따른 금액란: 「조세특례제한법」 제121조의23제3항제2호를 적용받는 법인의 경우 「법인세법」 제29조제1항 제1호 및 제2호에 따른 금액을 적습니다.

4. ⑧ 「조세특례제한법」 제121조의23제6항제2호에 따른 금액란: 「농업협동조합법」 제159조의2에 따라 농업협동조합의 명칭을 사용하는 법인에 대해서 부과하는 명칭사용료 수입금액에 100분의 70에서 100분의 100까지의 범위에서 기획재정부장관과 농림축산식품부장관이 협의하여 기획재정부령으로 정하는 비율(100분의 100)을 곱하여 산출한 금액을 적습니다.

5. ⑨ 수익사업소득금액란: 금액이 음수(-)인 경우에는 "0"으로 적습니다.

6. ⑨ 손금산입률란: 일반 비영리내국법인은 50/100(「공익법인의 설립·운영에 관한 법률」에 따라 설립된 법인으로서 고유목적사업 등에 대한 지출액 중 50/100 이상의 금액을 장학금으로 지출하는 법인의 경우에는 80/100)을, 「조세특례제한법」 제74조 제1항 또는 제4항을 적용받는 법인은 100/100 또는 80/100을, 「조세특례제한법」 제121조의23제3항을 적용받는 법인은 50/100을 적습니다.

7. ⑭ 손금산입액란: 해당 사업연도종료일 전 5사업연도에 세법상 손금산입된 고유목적사업준비금을 손금산입 사업연도 순차로 적되, 각 사업연도별로(②-⑫)의 금액을 적습니다.

8. ⑮ 직전 사업연도까지 고유목적사업지출액란: 직전 사업연도까지 고유목적사업에 실제 지출한 금액을 적으며, 먼저 손금에 계상한 사업연도의 준비금부터 순차로 사용한 것으로 보아 적습니다.

9. ⑯ 해당 사업연도 고유목적사업지출액란: 해당 사업연도에 고유목적사업에 실제 지출한 금액을 적으며, 먼저 손금에 계상한 사업연도의 준비금부터 순차로 사용한 것으로 보아 적습니다. 이 경우 직전 사업연도 이전에 설정한 준비금이 없거나 준비금 잔액이 해당 사업연도 지출액보다 적은 경우에는 해당 사업연도에 계상할 준비금에서 지출한 것으로 보아 적습니다.

10. ⑰ 익금산입액란: 「법인세법」 제29조제4항에 따라 익금에 산입한 금액을 적습니다.

11. ⑱ 잔액란: 손금에 산입한 준비금 중 고유목적사업에 지출하고 남은 잔액을 5년 이내분과 5년 경과분으로 구분하여 적습니다. 이 경우 ⑱ 5년 이내분란에는 해당 사업연도에 설정한 준비금 중 사용하고 남은 잔액도 포함되며, ⑲ 5년 경과분란에는 처음 손금에 산입한 사업연도의 종료일부터 해당 사업연도 종료일까지 5년 이상된 준비금미사용액을 적습니다.

12. ⑫ 손금부인액과 ⑳ 5년 경과분란의 금액은 익금에 산입합니다.

13. ⑳ 5년 경과분란의 익금산입액에 대해서는 "추가납부세액계산서(별지 제8호서식 부표6)"에 따라 「법인세법」 제29조제5항 및 같은 법 시행령 제56조제7항에 따라 계산한 이자상당가산액을 법인세에 가산하여 납부해야 합니다.

■ 법인세법 시행규칙 [별지 제27호서식(을)] <개정 2015.3.13.>

| 사 업 연 도 | . . . ~ . . . | 고유목적사업준비금 조정명세서(을) | 법 인 명 | |
|---|---|---|---|---|
| | | | 사업자등록번호 | |

| 지출내역 | | | | ④ 금액 | ⑤ 비고 |
|---|---|---|---|---|---|
| ① 구분 | ② 적요 | ③ 지출처 | | | |
| | | 상호(성명) | 사업자등록번호 (주민등록번호) | | |
| Ⅰ. 지정기부금 | | | | | |
| | | | | | |
| | | | | | |
| | | | | | |
| | | | | | |
| Ⅱ. 고유목적 사업비 | | | | | |
| | | | | | |
| | | | | | |
| | | | | | |
| | | | | | |
| Ⅲ. 고유목적사업 관련 운영경비 | | | | | |
| | | | | | |
| | | | | | |
| | | | | | |
| | | | | | |
| Ⅳ. 기 타 | | | | | |
| | | | | | |
| | | | | | |
| | | | | | |
| | | | | | |
| ⑥ 계 | | | | | |

## 작 성 방 법

1. 「법인세법」 제29조,「조세특례제한법」 제74조 및 제121조의23제6항에 따른 고유목적사업준비금을 해당 사업연도에 고유목적사업에 지출한 비영리법인 및 단체가 작성합니다.

2. ② 적요란은 고유목적사업에 지출한 상세 항목을 적습니다.

   예) 장학금 지급, 부동산(토지와 건물 구분 기재)취득, 의료기기 취득, 인건비 (임원과 직원 급여구분 기재), 임차료, 전기료, 전화료 등

3. 비영리법인인 장학재단의 경우에는 ③지출처란에 장학금을 지급받는 자의 인적사항을 적습니다.

4. ④ 금액란은 현금의 경우에는 현금지출액을, 현금 외의 기타의 경우에는 시가를 적고 시가가 불분명한 경우에는 「법인세법 시행령」 제89조의 가액을 시가로 합니다.

5. ⑥ 계란은 "고유목적사업준비금조정명세서(갑)[별지 제27호서식(갑)]"의 ⑯란의 계와 일치하여야 합니다.

■ 법인세법 시행규칙 [별지 제1호서식] <개정 2015.3.13.>

홈택스(www.hometax.go.kr)에서도 신고할 수 있습니다.

# 법인세 과세표준 및 세액신고서

※ 뒤쪽의 신고안내 및 작성방법을 읽고 작성하여 주시기 바랍니다.

(앞쪽)

| | | | |
|---|---|---|---|
| ①사업자등록번호 | | ②법인등록번호 | |
| ③법 인 명 | | ④전 화 번 호 | |
| ⑤대 표 자 성 명 | | ⑥전자우편주소 | |
| ⑦소 재 지 | | | |
| ⑧업 태 | ⑨종 목 | ⑩주업종코드 | |
| ⑪사 업 연 도 | . . . ~ . . . | ⑫수시부과기간 | . . . ~ . . . |

| | | | | | | | | |
|---|---|---|---|---|---|---|---|---|
| ⑬법 인 구 분 | | 1. 내국 2.외국 3.외투(비율 %) | | | | | ⑭조 정 구 분 | 1. 외부 2. 자기 |
| ⑮종 류 별 구 분 | | 중소기업 | 일반 | | | 당기순이익과세 | ⑯외부감사대상 | 1. 여 2. 부 |
| | | | 중견기업 | 상호출자제한기업 | 그외기업 | | | |
| 영리법인 | 상 장 법 인 | 11 | 71 | 81 | 91 | | ⑰신 고 구 분 | 1. 정기신고 |
| | 코스닥상장법인 | 21 | 72 | 82 | 92 | | | 2. 수정신고(가.서면분석, 나.기타) |
| | 기 타 법 인 | 30 | 73 | 83 | 93 | | | 3. 기한후 신고 |
| 비 영 리 법 인 | | 60 | 74 | 84 | 94 | 50 | | 4. 중도폐업신고 |
| | | | | | | | | 5. 경정청구 |

| | | | |
|---|---|---|---|
| ⑱법인유형별구분 | 코드 | ⑲결 산 확 정 일 | |
| ⑳신 고 일 | | ㉑납 부 일 | |
| ㉒신고기한 연장승인 | 1. 신청일 | 2. 연장기한 | |

| 구 분 | 여 | 부 | 구 분 | 여 | 부 |
|---|---|---|---|---|---|
| ㉓주식변동 | 1 | 2 | ㉔장부전산화 | 1 | 2 |
| ㉕사업연도의제 | 1 | 2 | ㉖결손금소급공제 법인세환급신청 | 1 | 2 |
| ㉗감가상각방법(내용연수)신고서 제출 | 1 | 2 | ㉘재고자산등평가방법신고서 제출 | 1 | 2 |
| ㉙기능통화 채택 재무제표 작성 | 1 | 2 | ㉚과세표준 환산시 적용환율 | | |
| ㉛동업기업의 출자자(동업자) | 1 | 2 | ㉜국제회계기준(K-IFRS)적용 | 1 | 2 |
| ㊼내용연수승인(변경승인) 신청 | 1 | 2 | ㊽감가상각방법변경승인 신청 | 1 | 2 |
| ㊾기능통화 도입기업의 과세표준 계산방법 | | | ㊿미환류소득에 대한 법인세 신고 | 1 | 2 |

| 구 분 | 법인세 | | | |
|---|---|---|---|---|
| | 법 인 세 | 토지 등 양도소득에 대한 법인세 | 미환류소득에 대한 법인세 | 계 |
| ㉝수 입 금 액 | ( | | ) | |
| ㉞과 세 표 준 | | | | |
| ㉟산 출 세 액 | | | | |
| ㊱총 부 담 세 액 | | | | |
| ㊲기 납 부 세 액 | | | | |
| ㊳차 감 납 부 할 세 액 | | | | |
| ㊴분 납 할 세 액 | | | | |
| ㊵차 감 납 부 세 액 | | | | |

| | | | | |
|---|---|---|---|---|
| ㊶조 정 반 번 호 | | ㊸조정자 | 성 명 | |
| ㊷조정자관리번호 | | | 사업자등록번호 | |
| | | | 전 화 번 호 | |

| | | |
|---|---|---|
| 국세환급금 계좌 신고(환급세액 2천만원 미만인 경우) | ㊹예 입 처 | 은행 (본)지점 |
| | ㊺예금종류 | |
| | ㊻계 좌 번 호 | 예금 |

신고인은 「법인세법」 제60조 및 「국세기본법」 제45조, 제45조의2, 제45조의3에 따라 위의 내용을 신고하며, 위 내용을 충분히 검토하였고 **신고인이 알고 있는 사실 그대로를 정확하게 적었음을 확인합니다.**

년 월 일

신고인(법 인) ( 인 )

신고인(대표자) (서명)

세무대리인은 조세전문자격자로서 위 신고서를 성실하고 공정하게 작성하였음을 확인합니다.

세무대리인 (서명 또는 인)

**세무서장** 귀하

| | | |
|---|---|---|
| 첨부서류 | 1. 재무상태표 2. (포괄)손익계산서 3. 이익잉여금처분(결손금처리)계산서<br>4. 현금흐름표(「주식회사의 외부감사에 관한 법률」 제2조에 따른 외부감사의 대상이 되는 법인의 경우만 해당합니다), 5. 세무조정계산서 | 수수료 없 음 |

## 신 고 안 내

1. 결손금소급공제에 따른 법인세액의 환급을 받으려는 법인은 소급공제법인세액환급신청서(별지 제68호서식)를 제출하여야 합니다.
2. 법인세분 지방소득세도 사업연도종료일부터 4개월 이내에 해당 시・군・구청에 신고납부하여야 합니다.

## 작 성 방 법

1. ①사업자등록번호란, ②법인등록번호란, ③법인명란, ④전화번호란, ⑤대표자성명란, ⑥전자우편주소란 및 ⑦소재지란은 신고일 현재의 상황을 기준으로 작성합니다.
2. ⑧업태란・⑨종목란・⑩주업종코드란 : 주된 업태・종목・주업종코드["조정후수입금액명세서(별지 제17호서식)"의 수입금액이 가장 큰 업태・종목을 말합니다]를 적습니다.
3. ⑪사업연도란・⑫수시부과기간란
 가. 정상적으로 사업을 영위하는 법인은 신고사업연도를 적고 수시부과기간란에는 적지 않습니다.
 나. 휴・폐업 등으로 수시부과기간에 해당하는 법인세를 신고납부하는 경우에는 사업연도란에 정상적인 사업연도를 적고, 수시부과기간란에 사업연도 개시일과 수시부과사유발생일까지의 기간을 적습니다(반드시 신고구분의 중도폐업신고란에 "○"표시를 하여야 합니다).
4. ⑬법인구분란・⑭조정구분란・⑯외부감사대상란・⑰신고구분란・㉓주식변동여부・㉔장부전산화 여부란・㉕사업연도의제 여부란 : 각각 해당란에 "○"표시를 합니다.
5. ⑮종류별구분란: '중소기업'과 '중견기업'은 중소기업등기준검토표(별지 제51호 서식)상 적합 기업, '상호출자제한기업'은 「독점규제 및 공정거래에 관한 법률」 제14조제1항에 따른 상호출자제한기업집단에 속하는 기업으로 각각 해당하는 란에 "○"표시를 합니다.
6. ⑱법인유형별 구분란 : 아래의 표를 참고하여 법인유형의 명칭과 코드란에는 ( )안의 번호를 적습니다. 다만, 아래에 해당되지 아니하는 경우에는 기타법인으로 적고, 코드란에는 "100"을 적습니다.

| | |
|---|---|
| 금 융 기 관 | 은행(101), 증권(102), 생명보험(103), 손해보험(104), 금융지주회사(105), 상호저축은행(106), 신탁회사(107), 종합금융회사(108), 선물회사(109), 신기술금융회사(110), 신용카드사(111), 재보험사(112), 투자자문회사(113), 시설대여회사(리스회사포함)(114), 할부금융회사(115), 기타금융회사(199) |
| 투자회사 (「법인세법」 제51조의2제1항) | 유동화전문회사(201), 「자본시장과 금융투자업에 관한 법률」에 따른 투자회사 등(사모투자전문회사 제외)(202), 기업구조조정부동산투자회사(203), 위탁관리부동산투자회사(204), 선박투자회사(205), 기업구조조정투자회사(207), 「임대주택법」에 따른 특수목적법인(208), 「문화산업진흥기본법」에 따른 문화산업전문회사(209), 「해외자원개발사업법」에 따른 해외자원개발투자회사(210), 기타 특수목적의 명목회사(206) |
| 비영리 조합 등 | 정비사업조합(301), 농협(302), 수협(303), 신용협동조합(304), 새마을금고(305), 영농조합(306), 영어조합(307), 학교법인(308), 의료법인(309), 산학협력단(310), 산림조합(311), 인삼협동조합(312), 소비자생활협동조합(313), 기타 조합법인(399) |
| 공 기 업 등 | 정부투자기관(401), 정부출자기관(402), 지방공기업(투자)(403), 지방공기업(출자)(404), 그 밖의 공기업(499) |
| 일반 지주회사 | 위 금융기관, 투자회사, 비영리조합 등, 공기업 등에 해당하지 않는 법인으로서 「독점규제 및 공정거래에 관한 법률」 제2조제1호의2에 따른 지주회사(501), 「기술의 이전 및 사업화 촉진에 관한 법률」 제2조제10호의 공공연구기관첨단기술지주회사(502), 「산업교육진흥 및 산학연협력촉진에 관한 법률」 제2조제8호의 산학연협력기술지주회사(503) |

7. ㉒신고기한 연장승인란: 법인세신고기한 연장승인을 받은 경우 신청일 및 승인된 연장기한을 적습니다.
8. ㉓주식변동 여부란: 주식 등의 변동이 있는 경우에는 주식 등 변동상황명세서를 반드시 첨부서류로 제출하여야 합니다.
9. ㉔장부전산화 여부란: 국세청의 「전자기록의 보전방법 등에 관한 고시」에 따라 장부와 증빙서류의 전부 또는 일부를 전산조직을 이용하여 작성・보존하는 경우에 "여"란에 "○"표시를 하고 전산조직운용명세서를 첨부서류로 제출하여야 합니다.
10. ㉕사업연도의제 여부란: 해산・합병・분할 등으로 사업연도가 의제된 경우 "여"란에 "○"표시를 합니다.
11. ㉖결손금소급공제법인세환급신청란 ~ ㉘재고자산등평가방법신고서 제출, ㊼내용연수승인(변경승인) 신청, ㊽감가상각방법변경승인 신청란: 해당 신청(신고)서 등을 제출한 경우 "여"란에 "○"표시를 합니다.
12. ㉙기능통화채택 재무제표 작성란: 원화 외의 통화를 기능통화로 채택하여 재무제표를 작성하는 법인의 경우 "여"란에 "○"표시를 합니다.
13. ㉚과세표준 환산시 적용환율란: 「법인세법」 제53조의2(제53조의3)제1항제2호의 방법으로 과세표준계산방법 적용을 신고한 법인은 "과세표준계산방법신고(변경신청)서(별지 제64호의5 서식)"에 신고한 적용환율의 해당 사업연도 환율을 적습니다(단위:원, 소수점 이하 2자리까지 표시).
14. ㉛동업기업의 출자자(동업자)란: 「조세특례제한법」 제100조의14제2호에 따른 동업자인 경우 "여"란에 "○"표시를 합니다.
15. ㉜국제회계기준(K-IFRS)적용란: 국제회계기준(K-IFRS)을 적용하는 법인인 경우 "여"란에 "○"표시를 합니다.
16. ㉝수입금액란: 조정후수입금액명세서(별지 제17호서식)상의 ⑪합계란 중 ④계란의 금액을 적습니다.
17. ㉟산출세액란: 법인세란에는 법인세 과세표준 및 세액조정계산서(별지 제3호서식)의 ⑬란의 금액을, 토지 등 양도소득에 대한 법인세란에는 ⑭란의 금액을 각각 적습니다.
18. ㊱총부담세액란: 법인세란에는 "법인세 과세표준 및 세액조정계산서(별지 제3호서식)"의 ⑮란과 ⑬란을 합한 금액을, 토지 등 양도소득에 대한 법인세란에는 동 서식의 ⑯란의 금액을 각각 적습니다.
19. ㊶조정반번호란: 외부조정법인은 외부조정자의 조정반 번호를 적습니다.
20. ㊷조정자관리번호, ㊸조정자란: 세무조정조정반의 구성원 중 실제로 세무조정한 조정자의 것을 적습니다.
21. ㊾기능통화 도입기업의 과세표준 계산방법란: 과세표준계산방법이 「법인세법」 제53조의2제1항제1호에 따른 방법(원화 재무제표 기준)일 경우 "1", 같은 항 제2호에 따른 방법(기능통화 표시 재무제표 기준)일 경우 "2", 같은 항 제3호에 따른 방법(자산, 부채 및 거래손익의 원화환산액 기준)일 경우 "3"을 적습니다.
22. 환급받을 세액이 2천만원 이상인 경우는 「국세기본법 시행규칙」 별지 제22호서식 계좌개설(변경)신고서에 통장사본을 첨부하여 신고하여야 합니다.
23. 「법인세법」 제60조제5항 단서에 따른 비영리법인은 재무상태표 등의 첨부서류를 제출하지 아니할 수 있으며, 비영리법인의 수익사업수입명세서(별지 제57호서식)를 첨부하여야 합니다.
24. 음영으로 표시된 란은 적지 않습니다.
25. 「주식회사의 외부감사에 관한 법률」 제2조에 따라 외부감사의 대상이 되는 법인이 「국세기본법」 제2조제19호에 따른 전자신고를 통해 법인세 과세표준을 신고한 경우에는 대표자가 서명하고 날인한 신고서를 관할세무서에 제출하여야 합니다.

## (00년 0월분) 관리용역 부가가치세 산출 내역

| | | | |
|---|---|---|---|
| | | 전자세금계산서받을 e-mail 주소 | |
| | | 사업자(고유)등록번호 | |
| 단 지 명 | OO아파트 | 관 리 소 장 | |
| 전 화 번 호 | | 담 당 자 (경리주임) | |

| 구 분 | 일반관리비 인건비 | | | | 청소비 인건비 | | | | 경비비 인건비 | | | |
|---|---|---|---|---|---|---|---|---|---|---|---|---|
| | ①발생금액 | 공급가액 | ②부가세 | 계(①+②) | ①발생금액 | 공급가액 | ②부가세 | 계(①+②) | ①발생금액 | 공급가액 | ②부가세 | 계(①+②) |
| 급 여 | 26,240,480 | 6,176,440 | 617,640 | 26,858,120 | | - | - | - | | - | - | - |
| 제 수 당(업무수당포함) | 3,661,670 | 861,880 | 86,180 | 3,747,850 | | - | - | - | | - | - | - |
| 상여금 | - | - | - | - | | - | - | - | | - | - | - |
| 복리후생비 | 1,000,000 | 235,378 | 23,540 | 1,023,540 | | - | - | - | | - | - | - |
| 복리후생비2 | 1,191,660 | 280,491 | 28,050 | 1,219,710 | | - | - | - | | - | - | - |
| 국민건강보험료 | 831,850 | 195,800 | 19,580 | 851,430 | | - | - | - | | - | - | - |
| 장기요양급여 | 95,840 | 22,550 | 2,260 | 98,100 | | - | - | - | | - | - | - |
| 국 민 연 금 | 603,880 | 142,140 | 14,210 | 618,090 | | - | - | - | | - | - | - |
| 고용보험료 | 336,890 | 79,300 | 7,930 | 344,820 | | - | - | - | | - | - | - |
| 산재보험료 | 307,980 | 72,490 | 7,250 | 315,230 | | - | - | - | | - | - | - |
| 제수당(연차수당) | 687,290 | 161,770 | 16,180 | 703,470 | | - | - | - | | - | - | - |
| 퇴 직 금 | 3,286,340 | 773,530 | 77,350 | 3,363,690 | | - | - | - | | - | - | - |
| | - | - | - | - | | - | - | - | | - | - | - |
| | | - | - | - | | - | - | - | | - | - | - |
| | | - | - | - | | - | - | - | | - | - | - |
| | | - | - | - | | - | - | - | | - | - | - |
| 계 | 38,243,880 | 9,001,769 | 900,170 | 39,144,050 | - | - | - | - | - | - | - | - |

| 세대별 면적 현황 | | | | |
|---|---|---|---|---|
| 구분 | 공급면적(㎡) | 전용면적(㎡) | 세대수 | 공급(분양)면적계 |
| 135㎡초과 | 209.56 | 161.21 | 188 | 39,397.94 |
| | | | | - |
| | | | | - |
| | | | | - |
| | | | | - |
| | | | | - |
| | | | | - |
| | | | | - |
| | | | | - |
| | | | | - |
| | | | | - |
| | 소계 | | 188 | ① 39,397.94 |
| 135㎡이하 | 115.55 | 84.64 | 63 | 7,279.61 |
| | 115.52 | 84.97 | 120 | 13,862.06 |
| | 120.88 | 84.94 | 422 | 51,011.53 |
| | 146.05 | 116.54 | 286 | 41,771.64 |
| | 167.36 | 133.25 | 84 | 14,058.47 |
| | | | | - |
| | | | | - |
| | | | | - |
| | | | | - |
| | | | | - |
| | | | | - |
| | | | | - |
| | | | | - |
| | 소계 | | 975 | 127,983.32 |
| 총 계 | | | 1,163 | ② 167,381.25 |

### ▷ 세금계산서 발행 내역

| 구 분 | 공 급 가 액 | 부가가치세(본사송금액) | 계 |
|---|---|---|---|
| 일반관리 인건비 | 9,001,769 | 900,170 | 9,901,939 |
| | | | - |
| | - | - | - |
| 계 | 9,001,769 | 900,170 | 9,901,939 |

### ▷ 참고사항(용역인 경우 기재)

| 구 분 | 경 비 용 역 | 청 소 용 역 |
|---|---|---|
| 회 사 명 | | |
| 계약 금액 | | |

[ 과세근거 : 조세특례제한법 제106조 제1항4의2 ]

* 일반관리인건비 : 관리.시설직 인건비로 해당월 관리비 부과대상금액을 기재함.
* 경비비. 청소비 : 직영인 경우 상단부에 일반관리인건비와 같이 기록하며, 용역인 경우 계약금액(예외 : 매월 정산청구하는 경우에는 정산금액)으로 하단에 기록함.

**상기금액은 00년 0월 발생 용역비로 관리비 부과금액과 일치하며, 청구하여야할 금액임을 확인합니다.**

# OO아파트 관리사무소장

| 전자 세금계산서 (공급받는자 보관용) | 책번호 | 권 | 호 |
|---|---|---|---|
| | 일련번호 | | |

| 공급자 | | | | | 공급받는자 | | | | |
|---|---|---|---|---|---|---|---|---|---|
| | 등록번호 * | | | | | 등록번호* | | | |
| | 상호 * | | 성명 * | | | 상호 * | | 성명 * | |
| | 사업장주소 * | [redacted] | | | | 사업장주소 * | | | |
| | 업태 | 서비스 | 종사업장번호 | | | 업태 | 부동산업,서비스 외 | 종사업장번호 | |
| | 종목 | 공동주택및건물종합관리및 | | | | 종목 | 부동산임대,재활용품매각 외 | | |
| | 부서명 | | 담당자 | 경리부 | | 부서명 | | 담당자 | |
| | 연락처 | | 휴대폰 | | | 연락처 | | 휴대폰 | |
| | E-Mail | | | | | E-Mail | | | |

| 작성일자 * | 공급가액 * | 세액 * |
|---|---|---|
| | 9,001,769 | 900,170 |

| | |
|---|---|
| 비고 | |

| 월 | 일 | 품목명 | 규격 | 수량 | 단가 | 공급가액 | 세액 | 비고 |
|---|---|---|---|---|---|---|---|---|
| | | o월분 일반관리비 인건비 | | | | 9,001,769 | 900,170 | |

| 합계 | 현금 | 수표 | 어음 | 외상미수금 | 이 금액을 청구 함 |
|---|---|---|---|---|---|
| 9,901,939 | 0 | 0 | 0 | 0 | |

## [부록 5] 관리비부과명세서, 관리비고지서 예시

# 2016년 5월분

# 관리비 부과명세서

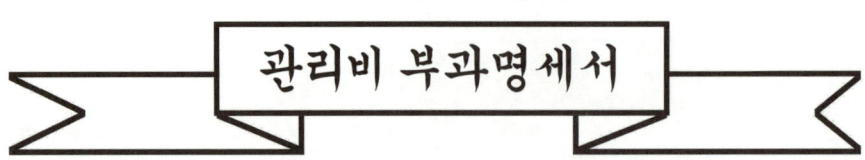

▣ 산출기간 : 2016년 05월 01일 ~ 2016년 05월 31일

▣ 납부기한 : 2016년 06월 30일까지

▣ 납부장소 :

▣ 예 금 주 : 0000아파트입주자대표회의

▣ 자동이체문의 :

※ 관리비등 미납시 연체요율 (관리규약 제66조 관련)

| 연 체 개 월 | 1 | 2 | 3 | 4 | 5 | 6 | 7 | 8 | 9 | 10 | 11 | 12 | 비 고 |
|---|---|---|---|---|---|---|---|---|---|---|---|---|---|
| 연체요율(%) | 2 | 2 | 5 | 5 | 10 | 10 | 10 | 10 | 15 | 15 | 15 | 15 | |

▶ 관리비를 기일내에 납부하지 않으면 연체료가 가산부과 되오니 납기내 납부하여 주시기 바랍니다.

※ 유의사항

▶ 무통장, 인터넷뱅킹, 폰뱅킹 입금시 반드시 동·호수를 기재하여 주시고, 이름으로 입금시 관리소로 전화(000-0000)주시기 바랍니다.

※ 홈 페 이 지 주소 : http//0000.apti.co.kr/

관리비공개 주소 : http//www.k-apt.go.kr(공동주택관리정보시스템)

**0000아파트 관리사무소**

**☎ (000) 000 - 0000**

# ◈ 관 리 실 홍 보 사 항 ◈

## 1. 공동주택 생활예절 안내

아파트는 불특정 다수의 많은 이웃이 모여사는 공동주택입니다. 쾌적하고 살기좋은 아파트를 위하여 입주민들께서는 서로를 배려하는 마음으로 공동생활의 질서를 지켜주시길 부탁드립니다.

1. 발코니, 계단등에서 담배꽁초,생수병,과자봉지,종이컵,캔등을 아래 화단등으로 투척하는 행위를 절대로 하지 마시기 바랍니다.
2. 재활용품은 품목별로 분리하여 배출하여 주시고, 종이류(폐지,헌책,박스등)은 매주 일요일 오전 10시부터 월요일 오전 10시 사이에만 지정된 장소에 배출하여 주시기 바랍니다.
3. 대형폐기물(가구류,의자,전자제품등)은 해당 스티커를 반드시 부착하여 버려주시고, 이불,베게,인형,방석,사기그릇등은 재활용이 되지 않으므로 규격봉투에 담아 배출하여 주시기 바랍니다.
4. 승강기내에서 흡연,침뱉기,음식물쓰레기물,낙서등을 절대로 하지마시고, 감시카메라가 설치되어 있으니 모든 행동을 조심하여 불미스런일이 발생되지 않도록 조심하시기 바랍니다.
5. 차량을 모서리부분(코너)등에 주차를 하여 운전방해와 기타 안전사고를 유발하는 위험한 주차를 삼가하여 주시기 바랍니다.
6. 장애인 전용주차구역에 일반차량이 주차를 하게 되면 00구청에서 10만원의 과태료를 부과하게 되오니 주차를 삼가하여 주시기 바랍니다.
7. 각 세대내에 불의의 화재사고로부터 소중한 가족과 재산을 보호하기 위해 2.5Kg이상 소화기를 비치하시고 사용법을 숙지하여 주시기 바랍니다.

## 2. 재활용품 및 쓰레기 배출 안내

◑ 배출장소 : 각동 분리수거장(플라스틱, 캔, 병류, 스티로폴등)

◑ **박스, 폐지, 신문지등 : 매주 일요일 오전10시부터 월요일 오전10시까지 배출함**

◑ 음식물쓰레기는 음식물 종량제 봉투(단재내 마트에서 판매)에 담아, 음식물 쓰레기통에 배출함.

◑ 대형폐기물은 단지내 마트에서 폐기물스티커를 구입하여 부착후 배출함.

## 3. 매월 25일은 도시가스 검침일

◑ 세대 가스계량기(뒷베란다 부착)의 지침을 확인하여, 복도 전기계량기함에 부착된 검침표에 기록하여 주시기 바랍니다.

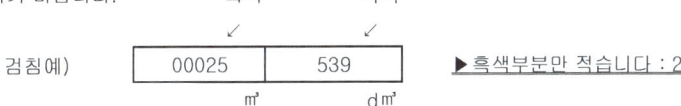

| 검침예) | 흑색 ↙ | 적색 ↙ | |
|---|---|---|---|
| | 00025 | 539 | ▶흑색부분만 적습니다 : 25 |
| | ㎥ | d㎥ | |

* 미기록시 중부도시가스에서 인정고지하오니 불이익을 입는 사례가 없도록 유의하시기 바랍니다.

## 4. 전출시 유의사항

◑ **관리비 정산은 2-3일전에 관리사무소에 통보**하여 주시기 바라며, 관리사무소에 오셔서 정산후 이사하시기 바랍니다. (주말 및 공휴일은 관리비 정산 불가)

◑ 전출시 현관카드, 소화기, 음식물쓰레기통은 상호 인수인계 하시고, **차량카드는 관리사무소에 반납**하여 주시기 바랍니다.

◑ 전출시 도시가스는 00도시가스(T.0000-0000)에 연락하여 정산하시기 바랍니다.

5. 관계기관 (업체)

| 관계기관명 | 전 화 번 호 | 비 고 | 관계기관명 | 전 화 번 호 | 비 고 |
|---|---|---|---|---|---|
| 관 리 사 무 소 | | | 휘트니스센터 | | |
| 정 문 상 황 실 | | | 00 도 시 가 스 | | |
| 경 로 당 | | | 유 선 방 송 | | |
| | | 관리비 자동이체 | | | |
| | | 관리비 자동이체 | | | |
| SC 제 일 은 행 | | 관리비 자동이체 | | | |
| | | 세대 현관문 | | | |

6. 전기요금 복지할인 안내

복지 할인 대상자는 증빙서류를 관리사무소에 제출하여 혜택을 받으시기 바랍니다.

◑ 장애인 : 장애인 복지법에 의한 1~3급 장애인
◑ 국가유공자 : 국가유공자 등 예우 및 지원에 관한 법률에 의한 1~3급 상이자
◑ 5·18 민주유공자 : 5·18 민주유공자 예우에 관한 법률에 의한 1~3급 상이자
◑ 독립유공자 : 독립유공자 예우에 관한 법률에 의한 독립유공자 및 그 유족 또는 가족중 독립유공자증 소유자
◑ 기초생활수급자 : 국민기초생활보장법에 정한 수급자
◑ 대가족 가구 : 주민등록등본상 5인 이상(또는 3자녀 이상) 주거용 고객

7. 다자녀가구 수도요금 할인 안내

주민등록상 동일세대내에 만18세미만(2016년 기준 1999년 1월 1일 이후 출생) 자녀가 3명 이상인 가구에서는 신청한 달 익월부터 **상수도요금 2,000원 감면제도를 시행**하고 있으니 해당세대는 관리사무소로 신청하여 혜택을 받으시기 바랍니다.

8. 관리외 수익 현황

| 구 분 | 전월잔액 | 당월발생액 | 당월지급액 | 당월잔액 | 비 고 |
|---|---|---|---|---|---|
| 이 자 수 입 | 42,874 | 9,502,810 | - | 9,545,684 | 예금이자 |
| 연 체 료 수 입 | 1,548,060 | 530,270 | - | 2,078,330 | 납기후 납입시 발생 |
| 잡 수 입 | 100,000 | - | - | 100,000 | |
| 부 과 차 익 | 4,130 | 1,530 | - | 5,660 | |
| 검 침 수 당 수 입 | 1,729,800 | 432,450 | - | 2,162,250 | |
| 전 단 지 함 수 입 | 378,200 | 94,550 | - | 472,750 | |
| 게 시 판 광 고 수 입 | 2,981,540 | 218,160 | - | 3,199,700 | 현관게시판 광고비 |
| 승강기이용료수입 | 1,045,390 | 199,990 | - | 1,245,380 | 전.출입시,인테리어 공사시 승강기이용료 |
| 재 활 용 품 수 입 | 3,025,460 | 1,512,730 | - | 4,538,190 | |
| 휘트니스수입임대료 | 6,181,800 | - | - | 6,181,800 | 휘트니스 임대료 |
| 어린이집수입임대료 | 6,800,000 | 1,700,000 | - | 8,500,000 | 어린이집 임대료 |
| 중계기수입임대료 | 6,818,180 | 7,454,550 | - | 14,272,730 | 중계기임대료 |
| **합 계** | 30,655,434 | 21,647,040 | - | 52,302,474 | |

9. 5월분 관리외수익 및 관리외비용 내역

| 구 분 | 금 액 | 내 역 |
|---|---|---|
| 관리외 수익 | 21,647,040 | 어린이집등 임대료수입, 게시판광고수입, 승강기이용료수입, 재활용품수입, 전단지함수입, 연체료수입 등 |
| 관리외 비용 | 10,615,627 | 경로당(통신비,도시가스비)지원금, 전기검침수당지급, 예치이자 전입액, 아이파크문고 관리자 인건비 등 |

# [ 2016년 5월분 관리비 총괄표 ]

0000아파트 관리면적:145,757.272㎡

| 구분 | | | 당월발생내역 | | | 전월발생금액 |
|---|---|---|---|---|---|---|
| | | | 발생금액 | 부과 금액 | 부과차액 | |
| 관리비부과 | | 일반관리비 | 28,958,730 | 28,959,400 | 670 | 29,404,950 |
| 관리비부과 | | 청소비 | 19,733,940 | 19,734,980 | 1,040 | 19,703,940 |
| 관리비부과 | | 경비비 | 25,553,260 | 25,555,500 | 2,240 | 26,487,170 |
| 관리비부과 | | 소독비 | 825,000 | 825,180 | 180 | 825,000 |
| 관리비부과 | | 승강기유지비 | 2,030,000 | 2,032,660 | 2,660 | 2,688,900 |
| 관리비부과 | | 지능형홈네트워크설비유지비 | 1,464,380 | 1,464,180 | -200 | 2,630,380 |
| 관리비부과 | | 수선유지비 | 4,289,250 | 4,291,980 | 2,730 | 3,801,600 |
| 관리비부과 | | 위탁관리수수료 | 641,330 | 639,000 | -2,330 | 641,330 |
| 관리비부과 | | [1] 소계 | 83,495,890 | 83,502,880 | 6,990 | 86,183,270 |
| 구분징수 | | [2] 장기수선충당금 | 7,292,580 | 7,292,640 | 60 | 7,292,580 |
| 징수대행 | 전기료 | 세대전기료 | 50,107,630 | 50,107,630 | - | 52,318,550 |
| 징수대행 | 전기료 | TV수신료 | 2,515,000 | 2,515,000 | - | 2,517,500 |
| 징수대행 | 전기료 | 공동전기료 | 13,063,870 | 13,062,620 | -1,250 | 20,037,240 |
| 징수대행 | 전기료 | 기타 | 1,702,200 | 1,702,200 | - | 1,835,800 |
| 징수대행 | 전기료 | 승강기 | 3,957,070 | 3,956,660 | -410 | 4,726,400 |
| 징수대행 | | [3] 소계 | 71,345,770 | 71,344,110 | -1,660 | 81,435,490 |
| 징수대행 | | 수도료 | 22,757,650 | 22,758,160 | 510 | 19,603,270 |
| 징수대행 | | 건물보험료 | 1,345,120 | 1,346,780 | 1,660 | 1,318,020 |
| 징수대행 | | 입주자대표회의운영비 | 1,100,000 | 1,098,080 | -1,920 | 1,200,000 |
| 징수대행 | | 선거관리위원회운영비 | - | - | - | - |
| 징수대행 | | [4] 소계 | 25,202,770 | 25,203,020 | 250 | 22,121,290 |
| 총계 [1]+[2]+[3]+[4] | | | 187,337,010 | 187,342,650 | 5,640 | 197,032,630 |

# [ 5월 관리비 부과명세서 ]

**1. 일 반 관 리 비** ········································································ **28,958,730 원**

▶ 발생 내역

| 항목 | | 금액 | 산출내역 |
|---|---|---|---|
| 인건비 | 급여 | 16,594,420 | 관리소장 외 7인 |
| | 제수당 | 4,254,380 | |
| | (제수당) | 3,684,400 | 직책수당,자격수당,출납수당,야간근로수당,휴일수당,업무추진비,연차충당금 |
| | (일시적 제수당) | 569,980 | 일시적 연장근무수당 |
| | 퇴직금 | 1,562,700 | 평균임금 × 1/12 적립 |
| | 건강보험료 | 647,950 | 건강보험료 사업주분 |
| | 국민연금 | 770,060 | 국민연금 사업주분 |
| | 고용보험료 | 137,250 | 고용보험료 사업주분 |
| | 산재보험료 | 350,250 | 산재보험료 사업주분 |
| | 식대등복리후생비 | 1,056,000 | 식대보조비:1,056,000원 |
| 제사무비 | 일반사무용품비 | 14,450 | |
| | (사무용품소모품비) | 14,450 | 수정펜,볼펜,클립,포스트잇(리필) 구입 |
| | (비품등구입비) 감가상각비 | - | |
| | 도서인쇄비 | 553,000 | 부과명세서 인쇄비(₩300,000),복합기 임대료(₩150,000),주차경고장 인쇄비(₩88,000),주택관리업자 및 사업자선정지침 해설 도서(₩15,000) |
| | 여비교통비 | - | |
| 제세공과금 | 통신료 | 270,760 | 방송시설이용료(₩104,000), 관리소,상황실 전화료및 팩스요금(₩151,760), 무전기 전파사용료(2016.01.01-2016.03.31)(₩15,000) |
| | 우편료 | 2,230 | 00구청 도시건축과 우편발송료 |
| | 제세공과금등 | 135,670 | 5월분 관리사무소 가스요금 |
| 피복비 | | 384,000 | 관리사무소 직원 춘,하복 구입(768,000원 / 2회중 2회) |
| 교육훈련비 | | 20,000 | 승강기관리교육 교육비 |
| 그밖의부대비용 | 관리용품구입비 | 428,140 | |
| | (관리용품소모품비) | 428,140 | 복사용지(A4) 3BOX, 공용화장실용 점보롤 2BOX, 화장지, 모기약, 프린터 대여비, 쌀, 당직직원 반찬보급비,녹차, 둥글레차, 커피등 |
| | (공기구등구입비) 감가상각비 | - | |
| | 회계감사비 | 770,000 | 제7기(2015.01.01-2015.12.31)) 공인회계 감사수수료(2,310,000원 / 3회중 2회) |
| | 잡비 | 216,900 | 정수기 렌탈료, 잔액증명서 발급수수료, 단지내 예초작업시 간식 등 |

▶ 부과 내역

| 항목 | | 금액 | 135㎡ 이하세대 부과액 | 135㎡ 초과 세대 부과액 | | |
|---|---|---|---|---|---|---|
| | | | 99,298,354㎡ | 공급가액 | 부가가치세 | 46,458,918㎡ |
| 인건비 | 급여 | 16,594,420 | 11,305,090 | 5,289,330 | 528,930 | 5,818,260 |
| | 제수당 | 3,684,400 | 2,510,030 | 1,174,370 | 117,440 | 1,291,810 |
| | (제수당) | 3,684,400 | 2,510,030 | 1,174,370 | 117,440 | 1,291,810 |
| | 퇴직금 | 1,562,700 | 1,064,600 | 498,100 | 49,810 | 547,910 |
| | 건강보험료 | 647,950 | 441,420 | 206,530 | 20,650 | 227,180 |
| | 국민연금 | 770,060 | 524,610 | 245,450 | 24,550 | 270,000 |
| | 고용보험료 | 137,250 | 93,500 | 43,750 | 4,380 | 48,130 |
| | 산재보험료 | 350,250 | 238,610 | 111,640 | 11,160 | 122,800 |
| | 식대등복리후생비 | 1,056,000 | 719,410 | 336,590 | 33,650 | 370,240 |
| | 계 | 24,803,030 | 16,897,270 | 7,905,760 | 790,570 | 8,696,330 |
| | (일시적 제수당) | 569,980 | 388,300 | 181,680 | 0 | 181,680 |
| | 소계 | 25,373,010 | 17,285,570 | 8,087,440 | 790,570 | 8,878,010 |
| 제사무비 | 일반사무용품비 | 14,450 | 9,840 | 4,610 | 0 | 4,610 |
| | (사무용품소모품비) | 14,450 | 9,840 | 4,610 | 0 | 4,610 |
| | (비품등구입비) | 0 | 0 | 0 | 0 | 0 |
| | 도서인쇄비 | 553,000 | 376,740 | 176,260 | 0 | 176,260 |
| | 여비교통비 | - | - | - | 0 | - |
| 제세공과금 | 통신료 | 270,760 | 184,460 | 86,300 | 0 | 86,300 |
| | 우편료 | 2,230 | 1,520 | 710 | 0 | 710 |
| | 제세공과금등 | 135,670 | 92,430 | 43,240 | 0 | 43,240 |
| 피복비 | | 384,000 | 261,600 | 122,400 | 0 | 122,400 |
| 교육훈련비 | | 20,000 | 13,630 | 6,370 | 0 | 6,370 |
| 그밖의부대비용 | 관리용품구입비 | 428,140 | 291,670 | 136,470 | 0 | 136,470 |
| | (관리용품소모품비) | 428,140 | 291,670 | 136,470 | 0 | 136,470 |
| | (공기구등구입비) | 0 | 0 | 0 | 0 | 0 |
| | 회계감사비 | 770,000 | 524,570 | 245,430 | 0 | 245,430 |
| | 잡비 | 216,900 | 147,760 | 69,140 | 0 | 69,140 |
| | 소계 | 2,795,150 | 1,904,220 | 890,930 | 0 | 890,930 |
| 계 | | 28,168,160 | **19,189,790** | 8,978,370 | 790,570 | **9,768,940** |
| | | | | 일반관리비 총발생금액 | | **28,958,730** |

**▶ 135㎡ 이하세대 ㎡당 단가 산출내역**

19,189,790 ÷ 99,298,354 ㎡ = 193.25 원/㎡

**▶ 135㎡ 초과세대 ㎡당 단가 산출내역(101동,103동,104동)**

9,768,940 ÷ 46,458,918 ㎡ = 210.27 원/㎡

| 면적별 | ㎡당 단가 | 세대부과액 | 세대수 | 부과금액 | 부과차액 |
|---|---|---|---|---|---|
| 114.509 | 193.25 | 22,130 | 394 | 8,719,220 | 34평 |
| 114.702 | 193.25 | 22,170 | 194 | 4,300,980 | 34평 |
| 117.150 | 193.25 | 22,640 | 118 | 2,671,520 | 35평 |
| 161.660 | 193.25 | 31,240 | 112 | 3,498,880 | 48평 |
| 197.942 | 210.27 | 41,620 | 144 | 5,993,280 | 59평 |
| 225.469 | 210.27 | 47,410 | 72 | 3,413,520 | 68평 |
| 286.810 | 210.27 | 60,310 | 4 | 241,240 | 86평 |
| 287.131 | 210.27 | 60,380 | 2 | 120,760 | 86평 |
| 계 | | | 1,040 | 28,959,400 | 670 |

## 2. 청 소 비 ———— 19,733,940 원

▶ 발생 내역(5월분 청소용역비)

| 항 목 | 금 액 | 135㎡ 이하세대 부과액 | 135㎡ 초과 세대 부과액 | | |
|---|---|---|---|---|---|
| | | 99,298.354㎡ | 공급가액 | 부가가치세 | 46,458.918㎡ |
| 청 소 비 | 18,979,000 | 12,929,600 | 6,049,400 | 604,940 | 6,654,340 |
| 계 | 18,979,000 | **12,929,600** | 6,049,400 | 604,940 | **6,654,340** |
| 청소비(일시적) | 150,000 | 102,190 | 47,810 | 0 | 0 |
| 계 | 19,129,000 | **13,031,790** | 6,097,210 | 604,940 | **6,702,150** |
| | | | | **발생총액** | **19,733,940** |

▶ 135㎡ 이하세대 ㎡당 단가 산출내역
13,031,790 ÷ 99,298.354 ㎡ = 131.24 원/㎡
▶ 135㎡ 초과세대 ㎡당 단가 산출내역(101동,103동,104동)
6,702,150 ÷ 46,458.918 ㎡ = 144.26 원/㎡

| 면적별 | ㎡당 단가 | 세대부과액 | 세대수 | 부과금액 | 부과차액 |
|---|---|---|---|---|---|
| 114.509 | 131.24 | 15,030 | 394 | 5,921,820 | 34평 |
| 114.702 | 131.24 | 15,050 | 194 | 2,919,700 | 34평 |
| 117.150 | 131.24 | 15,370 | 118 | 1,813,660 | 35평 |
| 161.660 | 131.24 | 21,220 | 112 | 2,376,640 | 48평 |
| 197.942 | 144.26 | 28,560 | 144 | 4,112,640 | 59평 |
| 225.469 | 144.26 | 32,530 | 72 | 2,342,160 | 68평 |
| 286.810 | 144.26 | 41,380 | 4 | 165,520 | 86평 |
| 287.131 | 144.26 | 41,420 | 2 | 82,840 | 86평 |
| 계 | | | 1,040 | 19,734,980 | 1,040 |

## 3. 경 비 비 ———— 25,553,260 원

▶ 발생 내역(5월분 경비용역비)-2015년 12월 입주자대표회의 의결에 의해 2016년도 최저임금 적용

| | 금 액 | 135㎡ 이하세대 부과액 | 135㎡ 초과 세대 부과액 | | |
|---|---|---|---|---|---|
| | | 99,298.354㎡ | 공급가액 | 부가가치세 | 46,458.918㎡ |
| 경비용역비 | 24,763,930 | 16,870,630 | 7,893,300 | 789,330 | 8,682,630 |
| 계 | 24,763,930 | **16,870,630** | 7,893,300 | 789,330 | **8,682,630** |
| | | | | **발생총액** | 25,553,260 |

▶ 135㎡ 이하세대 ㎡당 단가 산출내역
16,870,630 ÷ 99,298.354 ㎡ = 169.90 원/㎡
▶ 135㎡ 초과세대 ㎡당 단가 산출내역(101동,103동,104동)
8,682,630 ÷ 46,458.918 ㎡ = 186.89 원/㎡

| 면적별 | ㎡당 단가 | 세대부과액 | 세대수 | 부과금액 | 부과차액 |
|---|---|---|---|---|---|
| 114.509 | 169.90 | 19,460 | 394 | 7,667,240 | 34평 |
| 114.702 | 169.90 | 19,490 | 194 | 3,781,060 | 34평 |
| 117.150 | 169.90 | 19,900 | 118 | 2,348,200 | 35평 |
| 161.660 | 169.90 | 27,470 | 112 | 3,076,640 | 48평 |
| 197.942 | 186.89 | 36,990 | 144 | 5,326,560 | 59평 |
| 225.469 | 186.89 | 42,140 | 72 | 3,034,080 | 68평 |
| 286.810 | 186.89 | 53,600 | 4 | 214,400 | 86평 |
| 287.131 | 186.89 | 53,660 | 2 | 107,320 | 86평 |
| 계 | | | 1,040 | 25,555,500 | 2,240 |

## 4. 소 독 비 825,000 원

▶ 발생 내역
- 소독비(16년 4월 13일 ~ 16일) = 1,650,000 / 2회중 1회차
- 금액 : 월 825,000 원

▶ ㎡당 단가 산출내역
825,000 ÷ 145,757.272 ㎡ = 5.66 원/㎡

| 면적별 | ㎡당 단가 | 세대부과액 | 세대수 | 부과금액 | 부과차액 |
|---|---|---|---|---|---|
| 114.509 | 5.66 | 650 | 394 | 256,100 | 34평 |
| 114.702 | 5.66 | 650 | 194 | 126,100 | 34평 |
| 117.150 | 5.66 | 660 | 118 | 77,880 | 35평 |
| 161.660 | 5.66 | 910 | 112 | 101,920 | 48평 |
| 197.942 | 5.66 | 1,120 | 144 | 161,280 | 59평 |
| 225.469 | 5.66 | 1,280 | 72 | 92,160 | 68평 |
| 286.810 | 5.66 | 1,620 | 4 | 6,480 | 86평 |
| 287.131 | 5.66 | 1,630 | 2 | 3,260 | 86평 |
| 계 | | | 1,040 | 825,180 | 180 |

## 5. 승강기유지비 2,030,000 원

▶ 발생 내역

| 계 정 과 목 | 금 액 | 산 출 근 거 |
|---|---|---|
| 승강기유지비 | 2,030,000 | 5월분 승강기 유지관리비 |
| | | |
| 계 | 2,030,000 | |

▶ ㎡당 단가 산출내역
2,030,000 ÷ 145,757.272 ㎡ = 13.93 원/㎡

| 면적별 | ㎡당 단가 | 세대부과액 | 세대수 | 부과금액 | 부과차액 |
|---|---|---|---|---|---|
| 114.509 | 13.93 | 1,600 | 394 | 630,400 | 34평 |
| 114.702 | 13.93 | 1,600 | 194 | 310,400 | 34평 |
| 117.150 | 13.93 | 1,630 | 118 | 192,340 | 35평 |
| 161.660 | 13.93 | 2,250 | 112 | 252,000 | 48평 |
| 197.942 | 13.93 | 2,760 | 144 | 397,440 | 59평 |
| 225.469 | 13.93 | 3,140 | 72 | 226,080 | 68평 |
| 286.810 | 13.93 | 4,000 | 4 | 16,000 | 86평 |
| 287.131 | 13.93 | 4,000 | 2 | 8,000 | 86평 |
| 계 | | | 1,040 | 2,032,660 | 2,660 |

## 6. 지능형홈네트워크설비유지비 1,464,380 원

▶ 발생 내역

| 계 정 과 목 | 금 액 | 산 출 근 거 |
|---|---|---|
| 지능형홈네트워크 설비유지비 | 1,464,380 | 단지내 메인서버장비(2대) 및 방화벽장비 교체, S/W설치비 (₩35,145,000 / 24회중 6회차) |
| | | |
| 계 | 1,464,380 | |

▶ ㎡당 단가 산출내역
1,464,380 ÷ 145,757.272 ㎡ = 10.05 원/㎡

| 면적별 | ㎡당 단가 | 세대부과액 | 세대수 | 부과금액 | 부과차액 |
|---|---|---|---|---|---|
| 114.509 | 10.05 | 1,150 | 394 | 453,100 | 34평 |
| 114.702 | 10.05 | 1,150 | 194 | 223,100 | 34평 |
| 117.150 | 10.05 | 1,180 | 118 | 139,240 | 35평 |
| 161.660 | 10.05 | 1,620 | 112 | 181,440 | 48평 |
| 197.942 | 10.05 | 1,990 | 144 | 286,560 | 59평 |
| 225.469 | 10.05 | 2,270 | 72 | 163,440 | 68평 |
| 286.810 | 10.05 | 2,880 | 4 | 11,520 | 86평 |
| 287.131 | 10.05 | 2,890 | 2 | 5,780 | 86평 |
| 계 | | | 1,040 | 1,464,180 | -200 |

## 7. 수 선 유 지 비 — 4,289,250 원

▶ 발생 내역

| 계 정 과 목 | | 금 액 | 산 출 근 거 |
|---|---|---|---|
| 수선비 | 수 선 비 | 522,500 | 소방시설용 유도등,감지기,압력게이지등 자재구입 |
| | | 308,000 | 수목소독용 살충제(6개) 및 살충,살균제,녹화마대 구입 |
| | | 166,100 | 삼파장램프(100w,55w),CDM메탈램프,백열전구(60w),형광등(32w) 구입 |
| | | 396,000 | 화단 잡초제거용 제초제 라쏘유제(10개),뉴갈론(5개),모뉴먼트(20개) 구입 |
| | | 514,800 | 예초기날뭉치 나일론커터, 예초기 끈날등 구입 및 예초용 잔디깍기 기계(2대) 수리 |
| | | 849,900 | 잔디수거용 왕겨마대,빗자루,마스크,반코팅장갑등 구입 ₩289,600<br>107동 분리수거장 바닥 배수관 역류로 배관 통수작업등 ₩360,000<br>단지내 공용부 작업시 트럭주유비,예초기용 휘발유 구입 ₩90,000<br>정문측 차도 대리석 보수용 시멘트(3포),전지용 가위(10개)구입 등 ₩110,300 |
| | 계 | 2,757,300 | |
| 시설유지비 | 시 설 유 지 비 | 431,950 | 2016년 승강기 정기안전검사수수료(한국승강기안전관리원)(₩5,183,420 / 12회중 3회차) |
| | | 1,100,000 | 2016년 소방시설 종합정밀점검비(₩2,200,000 / 2회중 1회차) |
| | 계 | 1,531,950 | |
| 안 전 점 검 비 | | - | |
| 재 해 예 방 비 | | - | |
| 계 | | 4,289,250 | |

▶ ㎡당 단가 산출내역

4,289,250 ÷ 145,757.272 ㎡ = 29.43 원/㎡

| 면적별 | ㎡당 단가 | 세대부과액 | 세대수 | 부과금액 | 부과차액 |
|---|---|---|---|---|---|
| 114.509 | 29.43 | 3,370 | 394 | 1,327,780 | 34평 |
| 114.702 | 29.43 | 3,380 | 194 | 655,720 | 34평 |
| 117.150 | 29.43 | 3,450 | 118 | 407,100 | 35평 |
| 161.660 | 29.43 | 4,760 | 112 | 533,120 | 48평 |
| 197.942 | 29.43 | 5,830 | 144 | 839,520 | 59평 |
| 225.469 | 29.43 | 6,640 | 72 | 478,080 | 68평 |
| 286.810 | 29.43 | 8,440 | 4 | 33,760 | 86평 |
| 287.131 | 29.43 | 8,450 | 2 | 16,900 | 86평 |
| 계 | | | 1,040 | 4,291,980 | 2,730 |

## 8.위탁관리수수료 — 641,330 원

▶ 발생 내역

- 계약금액 : 월 641,330 원

▶ ㎡당 단가 산출내역

641,330 ÷ 145,757.272 ㎡ = 4.40 원/㎡

| 면적별 | ㎡당 단가 | 세대부과액 | 세대수 | 부과금액 | 부과차액 |
|---|---|---|---|---|---|
| 114.509 | 4.40 | 500 | 394 | 197,000 | 34평 |
| 114.702 | 4.40 | 500 | 194 | 97,000 | 34평 |
| 117.150 | 4.40 | 520 | 118 | 61,360 | 35평 |
| 161.660 | 4.40 | 710 | 112 | 79,520 | 48평 |
| 197.942 | 4.40 | 870 | 144 | 125,280 | 59평 |
| 225.469 | 4.40 | 990 | 72 | 71,280 | 68평 |
| 286.810 | 4.40 | 1,260 | 4 | 5,040 | 86평 |
| 287.131 | 4.40 | 1,260 | 2 | 2,520 | 86평 |
| 계 | | | 1,040 | 639,000 | -2,330 |

**9.장기수선충당금** ---------- **7,292,580 원**

▶ (2013년 9월 입주자대표회의 의결에 의거, 9월분부터 ㎡당 단가 50원으로 인상함)

▶ ㎡당 단가 산출내역

7,292,580 ÷ 145,757.272 ㎡ = 50.03 원/㎡

| 면적별 | ㎡당 단가 | 세대부과액 | 세대수 | 부과금액 | 부과차액 |
|---|---|---|---|---|---|
| 114.509 | 50.03 | 5,730 | 394 | 2,257,620 | 34평 |
| 114.702 | 50.03 | 5,740 | 194 | 1,113,560 | 34평 |
| 117.150 | 50.03 | 5,860 | 118 | 691,480 | 35평 |
| 161.660 | 50.03 | 8,090 | 112 | 906,080 | 48평 |
| 197.942 | 50.03 | 9,900 | 144 | 1,425,600 | 59평 |
| 225.469 | 50.03 | 11,280 | 72 | 812,160 | 68평 |
| 286.810 | 50.03 | 14,350 | 4 | 57,400 | 86평 |
| 287.131 | 50.03 | 14,370 | 2 | 28,740 | 86평 |
| 계 | | | 1,040 | 7,292,640 | 60 |

**10. 전 기 료** ---------- **71,345,770 원**

▶ 고지 내역서(사용기간:16.04.08~16.05.07)

| 구 분 | 사 용 량 | 금 액 | 비 고 |
|---|---|---|---|
| 가로등(을) | 2,379 | 295,570 | |
| 산업용(갑) | 9,506 | 1,527,250 | |
| 주택용(고압) | 417,518 | 69,522,950 | |
| 계 | 429,403 | 71,345,770 | |

▶ 산 출 내 역

| 계 정 과 목 | | 사 용 량 | 금 액 | 비 고 |
|---|---|---|---|---|
| 주택용 | 세대전기료 | 337,003 | 50,107,630 | 세대사용량별 부과(한전요금적용) |
| | TV 수신료 | | 2,515,000 | 세대당 2,500원(1,006세대), 50Kw미만 미부과 |
| | 소 계 | 337,003 | 52,622,630 | |
| 기타 | 휘트니스센터 | 4,203 | 655,450 | |
| | 보육시설 | 413 | 61,950 | |
| | 00방송 | 1,027 | 410,800 | |
| | LG 파워콤 | 376 | 150,400 | |
| | SK브로드밴드 | 1,026 | 410,400 | |
| | 00도시가스 | 33 | 13,200 | |
| | 소 계 | 7,078 | 1,702,200 | |
| 계 | | 344,081 | 54,324,830 | |

▶ 공동전기료 산출내역 :
가로등 + 산업용 + 주택공용 - 승강기 - 기 타 = 공동전기료금액
295,570 + 1,527,250 + 16,900,320 - 3,957,070 - 1,702,200 = 13,063,870
공동전기료 ㎡당 단가 산출내역
13,063,870 ÷ 145,757.272 ㎡ = 89.63 원/㎡

| 면적별 | ㎡당 단가 | 세대부과액 | 세대수 | 부과금액 | 부과차액 |
|---|---|---|---|---|---|
| 114.509 | 89.63 | 10,260 | 394 | 4,042,440 | 34평 |
| 114.702 | 89.63 | 10,280 | 194 | 1,994,320 | 34평 |
| 117.150 | 89.63 | 10,500 | 118 | 1,239,000 | 35평 |
| 161.660 | 89.63 | 14,490 | 112 | 1,622,880 | 48평 |
| 197.942 | 89.63 | 17,740 | 144 | 2,554,560 | 59평 |
| 225.469 | 89.63 | 20,210 | 72 | 1,455,120 | 68평 |
| 286.810 | 89.63 | 25,710 | 4 | 102,840 | 86평 |
| 287.131 | 89.63 | 25,730 | 2 | 51,460 | 86평 |
| 계 | | | 1,040 | 13,062,620 | -1,250 |

▶ 승강기전기요금 산출내역 : 승강기 전기요금은 각 동 라인별 사용량에 따라 부과됨
1) (주택용한전고지사용량) - (세대사용량) = (공동사용량)
417,518 - 337,003 = 80,515
2) (주택용한전고지금액) - (주택용세대전기요금) = (공동전기요금)
69,522,950 - 52,622,630 = 16,900,320

▶ 승강기전기료 산출금액 :
16,900,320 ÷ 80,515.00 = 209.90 원/Kwh

| 동별 | 라인 | 사용량 (Kwh) | Kwh당 단가 | 발생금액 | 부과세대수 | 세대당금액 | 부과금액 | 부과차액 |
|---|---|---|---|---|---|---|---|---|
| 101 | 1~2 | 716 | 209.90 | 150,290 | 37 | 4,060 | 150,220 | |
| | 3~4 | 688 | 209.90 | 144,410 | 37 | 3,900 | 144,300 | |
| 102 | 1~2 | 655 | 209.90 | 137,490 | 36 | 3,820 | 137,520 | |
| | 3~4 | 627 | 209.90 | 131,610 | 36 | 3,660 | 131,760 | |
| 103 | 1~2 | 691 | 209.90 | 145,040 | 37 | 3,920 | 145,040 | |
| | 3~4 | 680 | 209.90 | 142,730 | 37 | 3,860 | 142,820 | |
| 104 | 1~2 | 805 | 209.90 | 168,970 | 37 | 4,570 | 169,090 | |
| | 3~4 | 629 | 209.90 | 132,030 | 37 | 3,570 | 132,090 | |
| 105 | 1,2,3 | 1,408 | 209.90 | 295,540 | 73 | 4,050 | 295,650 | |
| 106 | 1,2,3 | 1,401 | 209.90 | 294,070 | 74 | 3,970 | 293,780 | |
| 107 | 1,2,3 | 1,381 | 209.90 | 289,880 | 72 | 4,030 | 290,160 | |
| 108 | 1,2,3 | 1,334 | 209.90 | 280,010 | 75 | 3,730 | 279,750 | |
| 109 | 1,2,3 | 1,318 | 209.90 | 276,650 | 75 | 3,690 | 276,750 | |
| 110 | 1,2,3 | 1,269 | 209.90 | 266,370 | 72 | 3,700 | 266,400 | |
| 111 | 1,2,3 | 1,316 | 209.90 | 276,230 | 74 | 3,730 | 276,020 | |
| 112 | 1,2,3 | 1,337 | 209.90 | 280,640 | 73 | 3,840 | 280,320 | |
| 113 | 1~2 | 618 | 209.90 | 129,720 | 40 | 3,240 | 129,600 | |
| 114 | 1~2 | 676 | 209.90 | 141,890 | 40 | 3,550 | 142,000 | |
| 115 | 1~2 | 626 | 209.90 | 131,400 | 39 | 3,370 | 131,430 | |
| 116 | 1~2 | 677 | 209.90 | 142,100 | 39 | 3,640 | 141,960 | |
| 합 계 | | 18,852 | | 3,957,070 | 1,040 | | 3,956,660 | -410 |

## 11. 수 도 료 ———— 22,758,160 원

▶ 고지 내역서

| 전월 지침 | 당월 지침 | 사 용 량 | 고 지 금 액 | 사 용 기 간 |
|---|---|---|---|---|
| 273,233 | 295,026 | 21,793 | 22,757,650 | (16.04.15~16.05.14) |

▶ 산 출 내 역 ( **당월 세대 균등할인율 :** 841,110 ÷ 23,216,540 = **3.62 %** )

| 구 분 | 사용량 | 세대발생분 | 부과금액 | 당월 할인액 | 부과차액 |
|---|---|---|---|---|---|
| 세대수도료 | 20,908 | 23,216,540 | 22,375,940 | 841,110 | 510 |
| 휘트니스센터 | 185 | 368,020 | 368,020 | - | |
| 보육시설 | 14 | 14,200 | 14,200 | - | |
| **계** | **19,433** | **23,598,760** | **22,758,160** | **841,110** | |

**※ 주택법 제45조제3항의 규정에 의거, 00시 공문 도시건축과-21321(2013.05.10)의하여 당아파트 수도요금 차액발생분을 수도료적립금으로 적립하지 아니하고, 2013년 5월분 부과분부터 수도요금 총차익발생분을 세대별로 균등하게 할인 적용 시행하며, 추후 공동수도료 발생시에는 별도 부과됨을 공지합니다.**

## 12. 입주자대표회의운영비 ………… **1,100,000 원**

▶ 발생 내역 : 출석수당 1인당 ₩50,000

| 항 목 | 산 출 내 역 | 금 액 |
|---|---|---|
| 입주자대표회의 운 영 비 | 5월분 대표회장 및 감사 업무추진비 | 700,000 |
| | 5월 21일(4기 12회차) 입주자대표회의 출석수당(참석자 8명) | 400,000 |
| 계 | | 1,100,000 |

▶ **㎡당 단가 산출내역**

1,100,000 ÷ 145,757.272 ㎡ = 7.55 원/㎡

| 면적별 | ㎡당 단가 | 세대부과액 | 세대수 | 부과금액 | 부과차액 |
|---|---|---|---|---|---|
| 114.509 | 7.55 | 860 | 394 | 338,840 | 34평 |
| 114.702 | 7.55 | 870 | 194 | 168,780 | 34평 |
| 117.150 | 7.55 | 880 | 118 | 103,840 | 35평 |
| 161.660 | 7.55 | 1,220 | 112 | 136,640 | 48평 |
| 197.942 | 7.55 | 1,490 | 144 | 214,560 | 59평 |
| 225.469 | 7.55 | 1,700 | 72 | 122,400 | 68평 |
| 286.810 | 7.55 | 2,170 | 4 | 8,680 | 86평 |
| 287.131 | 7.55 | 2,170 | 2 | 4,340 | 86평 |
| 계 | | | 1,040 | 1,098,080 | -1,920 |

## 13. 건물보험료 ………… **1,345,120 원**

▶ 가입 내역

| 항 목 | 가 입 기 간 | 보 험 료 | 비 고 |
|---|---|---|---|
| 화재보험료 | 16.05.06~17.05.06 | 1,345,120 | 2016년 아파트건물화재,시설소유자영업배상, 어린이놀이시설 보험료 (₩16,141,400 / 12회중 1회차 ₩1,345,120) |

▶ **㎡당 단가 산출내역**

1,345,120 ÷ 145,757.272 ㎡ = 9.23 원/㎡

| 면적별 | ㎡당 단가 | 세대부과액 | 세대수 | 부과금액 | 부과차액 |
|---|---|---|---|---|---|
| 114.509 | 9.23 | 1,060 | 394 | 417,640 | 34평 |
| 114.702 | 9.23 | 1,060 | 194 | 205,640 | 34평 |
| 117.150 | 9.23 | 1,080 | 118 | 127,440 | 35평 |
| 161.660 | 9.23 | 1,490 | 112 | 166,880 | 48평 |
| 197.942 | 9.23 | 1,830 | 144 | 263,520 | 59평 |
| 225.469 | 9.23 | 2,080 | 72 | 149,760 | 68평 |
| 286.810 | 9.23 | 2,650 | 4 | 10,600 | 86평 |
| 287.131 | 9.23 | 2,650 | 2 | 5,300 | 86평 |
| 계 | | | 1,040 | 1,346,780 | 1,660 |

※ 예금잔액 현황(기준일 : 2016.05.31)

| 예 금 명 | 계 좌 번 호 | 은 행 명 | 예 금 잔 액 | 비 고 |
|---|---|---|---|---|
| 보통 예금 | | | 210,732,649 | 관 리 비 |
| | | | 46,692,084 | |
| | | | 26,037,591 | |
| | | | 42,324,432 | 독 서 실 |
| | | | 684,500,838 | 하자소송판결금 |
| | | | 28,150,338 | 퇴직급여충당금 |
| | | | 59,682,014 | 장기수선충당금 |
| 정기예탁금 | | | 257,404,789 | 장기수선충당금 |
| | | | 181,126,363 | |
| | | | 55,107,371 | |
| | | | 20,000,000 | 임 대 보 증 금 |
| | | | 20,000,000 | |

관리비 명세서 　　　　　　　　　　　　　　　　　　동　　호 귀하

년　월분

년　월　일 까지

MoCa PAY
모바일 납부용 QR코드
www.moca.co.kr

보유포인트(아파트캐쉬) P

APTi 할인내역

카드 자동이체 신청▶ 국민(1577-9900), 롯데(1588-8100), IBK기업(1566-2566), 신한(1522-0271), 삼성(1599-4170)
※ 신규카드 신청 시 기존 자동이체 세대는 반드시 해지하시기 바랍니다.
◆　　◆ 자동이체 신청시 코드:62183

APTi Home Service

## 전년동월과 당월 비교

| 항 목 | 전월지침 | 당월지침 | 당월사용량 | 전월사용량 | 전년사용량 |
|---|---|---|---|---|---|
| 전기 | 16901 | 16902 | 1 | 2 | 347 |
| 수도 | 1108 | 1109 | 1 | | 17 |
| 온수 | 337 | 337 | | | 3 |
| 난방 | 27.62 | 27.62 | | | |
| 가스 | | | | | |

## 전년도 동월대비 관리비 합계 비교표

| | |
|---|---|
| 원 | 77,630원 |
| 150,950원 | 74,710원 |
| 149,010원 | 81,290원 |

전체 공지사항

| 세 대 감 면 내 역 | |
|---|---|
| 항 목 | 금 액 |
| 감 면 총 계 | |

세대 공지사항

### 전기에너지 1,420 원

| | | | |
|---|---|---|---|
| 우 리 집 | 1,420원 | 세대전기료 | 520 |
| 동일면적 [redacted] | 54,903원 | 공동전기료 | - 910 |
| | | 승강기전기 | 1,810 |

TV수신료

### 열에너지 10,590 원

| | | | |
|---|---|---|---|
| 우 리 집 [redacted] | 10,590원 | 세대난방비 | |
| 동일면적 [redacted] | 17,106원 | 기본열요금 | 6,200 |
| | | 열공동요금 | 4,390 |

세대급탕비

| 항 목 | 전월고지금액 | 당월고지금액 | 증감액 |
|---|---|---|---|
| 일반관리비 | 32,020 | 32,540 | 520 |
| 청소비 | 13,410 | 13,410 | |
| 승강기유지비 | 1,820 | 1,820 | |
| 수선유지비 | 550 | 700 | 150 |
| 경비비 | 16,240 | 16,240 | |

| 항 목 | 전월고지금액 | 당월고지금액 | 증감액 |
|---|---|---|---|
| 세대전기료 | 590 | 520 | - 70 |
| 공동전기료 | - 3,830 | - 910 | 2,920 |
| 승강기전기 | 2,390 | 1,810 | - 580 |
| 세대수도료 | | 910 | 910 |
| 기본열요금 | 6,200 | 6,200 | |
| 열공동요금 | 5,320 | 4,390 | - 930 |
| 합 계 | 74,710 | 77,630 | 2,920 |

호실별 사용량 추이표

| 전기 | 수도 | 온수 | 난방 | 가스 |
|---|---|---|---|---|
| 1 | 1 | | | |
| 2 | | | | |
| 1 | | | | |
| 1 | | | | |
| 2 | | | | |
| 1 | | | | |
| 1 | | | | |
| 2 | | | | |
| 1 | | | | |
| 1 | | | | |
| 6 | | | | |
| 84 | | | | |
| 347 | 17 | 3 | | |

### 관리비 납입영수증 (입주자용)

년　월분　(110㎡)

동　호

당월부과액 : 77,630
할 인 총 계 :
미 납 액 :
미납연체료 :
납기후연체료 : 1,550

| 납 기 내 | 년　월　일 |
|---|---|
| | 77,630 원 |

| 납 기 후 | |
|---|---|
| | 79,180 원 |

(관리사무소 Tel:　　　)

관리사무소 수납인

### 관리비 납입의뢰서 (은행용)

년　월분　동　호

| | |
|---|---|
| 당월부과액 | 77,630 |
| 할 인 총 계 | |
| 미 납 액 | |
| 미납연체료 | |
| **납기내금액** | **77,630** |
| 납기후연체료 | 1,550 |
| 납기후금액 | 79,180 |
| 납 부 기 한 | 년　월　일 |

수 납 은 행
농협(　　　)
예금주:
신협(　　　)
예금주:
* 수도료사용량은 냉수사용량+온수사용량임

관리사무소 수납인

### 관리비 납입의뢰서 (관리소용)

년　월부　동　호

| | |
|---|---|
| 당월부과액 | 77,630 |
| 할 인 총 계 | |
| 미 납 액 | |
| 미납연체료 | |
| **납기내금액** | **77,630** |
| 납기후연체료 | 1,550 |
| 납기후금액 | 79,180 |
| 납 부 기 한 | 년　월　일 |

수 납 은 행
농협(　　　)
예금주:
신협(　　　)
예금주:
* 수도료사용량은 냉수사용량+온수사용량임

관리사무소 수납인

## 인·용·보·기

1. Chapter 1, Chapter 2의 6쪽 (1) 재무회계, 7쪽 (2) 관리회계, 28쪽 (3) 자산, 28쪽 (4) 부채, 29쪽 (5) 자본, 31쪽 (6) 수익, 32쪽 (7) 비용은 「개념을 알면 쉬운 회계학원론」 신홍철. 정영기 저, 2015년 발행, 도서출판 청람'에서 위 (1) 항목은 27쪽, (2) 항목은 27쪽, (3) 항목은 46쪽, (4) 항목은 49쪽, (5) 항목은 51쪽, (6) 항목은 60쪽, (7) 항목은 62쪽 용어의 정의 인용 및 제3장~제5장, 제7장에서 발췌
2. [그림 9-1]~[그림 9-5], [그림 9-12], [그림 9-13], [그림 9-15]~[그림 9-24]는 XPERP 회계프로그램에서 발췌
3. [그림 9-8]~[그림 9-10]은 AMSYS21Ver5.0.1.19 원격검침프로그램에서 발췌
4. [그림 9-25]~[그림 9-30]은 공동주택관리정보시스템 K-Apt에서 발췌
5. Chapter 5 제3장 관리비 관련 공동주택관리규약준칙 표준안은 대한주택관리사협회 web site에서 발췌
6. Chapter 5 제2장 관리비 관련 공동주택관리법령, Chapter 6 공동주택회계처리기준 [부록 2], [부록 3]~[부록 4]의 서식은 해당 법령·고시에서 발췌
7. Chapter 7 공동주택회계감사기준은 한국공인회계사회 web site에서 발췌
8. Chapter 8 관리비 관련 국토교통부 질의회신 및 판례, Chapter 12 제6장 고용노동부 질의회신 및 판례는 대한주택관리사협회, 2014년 발행 「공동주택관리 질의 회신집」에서 발췌
9. Chapter 12 제4장 통상임금산정지침, Chapter 12 제5장 아파트종사근로자의 근로조건 보호에 관한 지침은 고용노동부 web site에서 발췌

## 저·자·소·개

**저자 박승풍은** 1955년 충남 예산에서 태어나 중학교 시절 가족과 함께 서울로 올라왔으며 국민대학교에서 경영학을 공부했다. 졸업 후 대한생명보험에 입사해 17년 동안 퇴사할 때까지 주로 회계 및 융자부서에서 일해 회계와 금융 업무에 밝은 편이다. 2006년 51세에 제9회 주택관리사(보)시험에 합격한 이후 지금까지 공동주택의 관리사무소장을 하고 있다.

**금융기관에서의** 회계분야 근무 경험은 관리사무소장 업무수행에 매우 유용했으나 공동주택회계는 일반 기업회계와 그 성격 상 상이한 점이 많기 때문에 아파트만의 특화된 회계처리 업무 텍스트가 필요하다는 생각을 갖게 되었다. 특히 까다로운 회계처리문제에 부딪힌 동료 주택관리사들에게 조언을 해주는 과정에서 이러한 생각은 점점 확신으로 바뀌어 갔다.

**이점이** 이 책을 쓰게 된 직접적인 동기라 할 것이다.

주택관리사로서 저자의 이력을 보더라도 그가 아파트 회계업무에 얼마나 많은 관심과 열정을 갖고 있는지 알 수 있다.

**저자는** 2014년부터 한국폴리텍Ⅳ대학에서 경력단절여성의 아파트경리 양성을 위한「공동주택회계」정보처리과정 명예교수로 강의하고 있으며, 충청남도 공동주택감사반, 천안시 공동주택관리 전문감사관, 세종특별자치시 공동주택감사반 민간전문위원 등의 활동을 통해 투명한 아파트 만들기에 힘을 쏟고 있다.

**또한 현재 천안 지역에서** 관리사무소장으로 근무하면서 주택관리사 단체인 대한주택관리사협회 충남도회 고충처리위원장 및 공동주택 실무연구회장으로서 주택관리현장의 문제를 해결하고 개선하는데 앞장서고 있으며 그 공로를 인정받아 2016년 11월 충남도시사 표창을 받기도 했다.

한눈에 **쏙** 들어오는 **아파트 경리실무**

# 공동주택회계

Accounting for Apartment Management

정가 27,000원

저 자 | **박승풍 · 박재영**
펴낸이 | **차 승 녀**
펴낸곳 | **도서출판 건기원**

2017년 02월 20일 제1판 제1인쇄 발행
2017년 11월 10일 제1판 제2인쇄 발행
2020년 03월 31일 제2판 제1인쇄 발행
2022년 02월 15일 제3판 제1인쇄 발행
2024년 05월 30일 제4판 제1인쇄 발행

주 소 | 경기도 파주시 연다산길 244(연다산동 186-16)
전 화 | (02) 2662-1874~5
팩 스 | (02) 2665-8281
등 록 | 제11-162호, 1998. 11. 24



ISBN 979-11-5767-843-3 13320